운동역학

운동역학

저자 / (사)한국운동역학회
곽창수, 김승권, 김승재, 김창국, 류재청, 류지선, 박영진, 박 진, 성낙준,
소재무, 우상연, 이경옥, 이동우, 이연종, 이종훈, 이중숙, 최규정 (가나다 순)

개정판 1쇄 발행 / 2018년 2월 28일
개정판 2쇄 발행 / 2021년 1월 20일

기　획 / 양원석
발행인 / 이광호
발행처 / 도서출판 대한미디어
등록번호 / 제2-4035호
전화 / (02)2267-9731 팩스 / (02)2271-1469
홈페이지 / www.daehanmedia.com

ISBN 978-89-5654-344-4 93690
정가 16,000원

※ 이 책은 저작권법에 의하여 보호받는 저작물이므로 무단으로 전재하거나 복제하여 사용할 수 없습니다.
※ 교재 구성상 문헌이 인용되는 부분마다 각주를 달지 못하고, 책 말미에 참고문헌으로 일괄 게재하였습니다.
　 참고문헌 편저자 여러분의 양해를 구합니다.
※ 잘못 만들어진 책은 구입처 및 대한미디어 본사에서 교환해 드립니다.

2급 스포츠지도사

운동역학

머리말

한국운동역학회(KSSB, Korean Society of Sports Biomechanics)는 스포츠지도사 관련 자격시험을 준비하는 사람들에게 필요한 운동역학(sports biomechanics) 과목의 표준 교재를 2015년 발간하였다. 운동역학 과목은 국민체육진흥공단 체육지도자연수원에서 관장하는 자격검정 및 연수에서 2급 전문스포츠지도사, 2급 생활스포츠지도사, 유소년스포츠지도사, 노인스포츠지도사, 건강운동관리사, 2급 장애인스포츠지도사의 6개 자격 과정의 필기과목으로 지정되어 있고, 나아가 중등 체육교원 임용고시의 7개 이론과목 가운데 한 과목으로 지정되어 있을 정도로 중요한 체육학 이론 과목으로 자리매김하고 있다.

운동역학 초판 교재는 국내 운동역학 분야에서 오랫동안 강의와 연구를 해 오신 경험이 풍부한 스물한 분 학자들의 집단지성을 모아 제반 운동역학 이론들을 폭 넓고, 깊이 있고, 그리고 이해하기 쉽게 집필하려는 노력을 기울여 그 가치를 높인 바 있다. 그동안 이 교재를 체육 현장에서 활용하면서 다소 문제점이 발견되었으며, 2017년 초부터 열일곱 분의 개정판 집필위원회를 재구성하여 개정을 위한 집필 작업을 해왔다. 이번 개정판은 초판의 틀과 주제는 그대로 유지하면서 초판에서 나타난 문제점을 수정 보완하였다.

수정 보완된 내용은 첫째, 연관된 세부 주제별로 동일한 집필위원으로 구성하여 한 주제 안에서 내용의 통일성과 균형성을 높였다. 특히 III부 인체 역학의 3장 인체의 구조적 특성에서 인체분절 모형은 초판의 내용보다 제목에 더욱 적절하고 현재 학계에서 주로 활용하고 있는 내용으로 전면 수정하였다. 둘째, 제반 운동역학 공식을 한글로 이해하기 쉽게 표기한 후 그 옆쪽이나 아래쪽에 수학적 기호를 괄호 안에 일관성 있게 나타냈으며, 셋째, 교재 전반에 걸쳐 해부학적 용어를 위팔두갈래근(상완이두근, biceps brachii)의 사례와 같이 우리말(한자어, 영어)의 순서로 통일되게 표현하였다.

최근 학문은 융합, 융복합, 통합, 통섭 등의 새로운 흐름으로 전개되고 있다. 이러한 추세에 맞추어 인간의 움직임을 다면적으로 분석 연구하는 운동역학 분야, 나아가 체육학문 분야 역시 이러한 학문적 트렌드에 동참해야 할 것이다. 이 개정판 교재가 2급 스포츠지도사와 건강운동관리사, 그리고 중등 체육교원 임용고시의 운동역학 과목의 시험 준비생에게 도움을 주는 것은 물론 새로운 융합학문의 흐름에 발맞출 수 있는 학문적 기반을 제공해줄 수 있기를 기대한다.

이 개정판이 나오기까지 늦은 시간, 휴일과 연휴를 마다하고 저술과 교정을 해주신 한국운동역학회 집필위원들께 깊은 감사의 말씀을 드린다.

2018년 2월
저자 일동

저자소개

I부. 운동역학 개요
류지선 한국체육대학교 운동건강관리학과

II부. 운동역학의 이해
성낙준 호서대학교 사회체육과
박영진 경희대학교 골프산업과

III부. 인체 역학
이경옥 이화여자대학교 체육과학부
곽창수 한림대학교 체육학부
김승재 한서대학교 레저해양스포츠학과

IV부. 운동학의 스포츠 적용
김창국 고려대학교 국제스포츠학부
류재청 제주대학교 체육학부

V부. 운동역학의 스포츠 적용
박　진 서울여자대학교 체육학과
소재무 건국대학교 체육교육과
우상연 순천향대학교 스포츠과학과
이종훈 서울과학기술대학교 스포츠과학과

VI부. 일과 에너지
이연종 세명대학교 생활체육학과
이중숙 신라대학교 웰빙체육학부

VII부. 다양한 운동기술의 분석
최규정 한국스포츠개발원
이동우 광주교육대학교 체육교육과
김승권 선문대학교 스포츠과학과

차 례

- 머리말
- 저자소개

I부. 운동역학 개요
1장_ 운동역학의 정의 10
2장_ 운동역학의 목적과 내용 19

II부. 운동역학의 이해
1장_ 해부학적 기초 26
2장_ 운동의 종류 45

III부. 인체 역학
1장_ 인체의 물리적 특성 52
2장_ 인체의 평형과 안정성 63
3장_ 인체의 구조적 특성 76

IV부. 운동학의 스포츠 적용
1장_ 선운동의 운동학적 분석 86
2장_ 각운동의 운동학적 분석 103

V부. 운동역학의 스포츠 적용

1장_ 선운동의 운동역학적 분석 120
2장_ 각운동의 운동역학적 분석 147

VI부. 일과 에너지

1장_ 일과 일률 172
2장_ 에너지 180

VII부. 다양한 운동기술의 분석

1장_ 영상분석 194
2장_ 힘 분석 218
3장_ 근전도 분석 229
4장_ 기타 분석 248

▮ 참고문헌
▮ 찾아보기

I 부
운동역학 개요

이 단원에서는 운동역학이란 용어가 탄생한 배경은 무엇이며, 운동역학의 역사적 뿌리는 어디에서 출발했는가를 살펴본다. 그 밖에 운동역학의 학문적 가치의 필요성을 소개하며, 운동역학의 목적과 운동역학은 어떤 내용으로 구성되어 있는가를 소개한다.

1장 운동역학의 정의

 학습목표

- 운동역학이란 용어의 탄생과 변천을 알아본다.
- 운동역학의 역사를 알아본다.
- 운동역학이란 학문의 필요성을 살펴본다.

1. 운동역학의 용어 변천

국내에 출판된 많은 운동역학 교재들은 첫 페이지에 키네시올러지(kinesiology)와 생체역학(biomechanics)이라는 용어를 설명하고 있지만, 이들 용어의 역사적 기원에 대해서는 명확하게 기술하지 않고 있다. 키네시올러지(kinesiology)와 생체역학(biomechanics)이라는 용어의 차이는 운동역학(sport biomechanics)을 나타내는 단지 구 용어와 신 용어의 차이로 인식하고 있는 사람이 많다. 그러나 실제로 이들 용어가 내포한 내용적 의미는 다르다. 키네시올러지라는 용어의 사용은 신체운동학이 과학으로 통합된 19세기 시점부터이다. 이 용어는 아마 1857년 Dally(1795~1862)의 저서 「Cinesiolgie」에서 유래된 것으로 추측되고 있다. 당시 그는 이 책에서 1부에 중국과 인도의 의료 및 보건 방법을 소개했고, 2부에 근대의 운동연구를 스웨덴, 독일, 프랑스 중심으로 서술했고, 마지막 3부에 당시의 역학적, 생리적, 의료적 주요 연구물을 소개했다. 키네시올러지(kinesiology)는 kinesis(운동)와 logia(학문)의 결합어로 두 가지 의미로 사용되고 있다. 하나는 운동학, 즉 체육학이란 용어의 대용어로 활용되고, 다른 하나는 기능해부학을 대변하는 용어로 활용되고 있다. 체육이란 대안 용어로 사용된 키네시올러지는 미국 대학의 학과 명칭에서 찾아볼 수 있다. 미국에서 초기 체육학과(department of physical education)의 주요 기능은 교사와 체육지도자 양성에 목적을 두고 발전해왔으나, 1970년대부터는 학과의 기능이 교사 양성의 역할뿐만 아니라 연구의 기능이 요구되었다. 이 두 가지 기능을 충족하기 위한 학과의 명칭(department of kinesiology)으로 키네시올러지가 사용됐다.

다른 하나의 의미로 사용된 키네시올러지는 기능해부학(anatomical kinesiology)이란 교과목의 명칭이다. 교과목으로서의 키네시올러지는 근골격 시스템, 해부학적 관점에서 보는 운동 효율, 운동을 수행할 때 관절과 근육에서 발생하는 움직임에 관한 내용에 초점을 맞춘다. 즉, 교과목으로서 키네시올러지의 주요 내용은 운동 시 분절의 움직임을 기술하고, 관절운동에 관여하는 근들의 기능과 역할을 설명한다. 예를 들면 높이뛰기 시 동작에 관여하는 하지 관절의 움직임을 근 작용 측면에서 주동근, 길항근, 협력근, 보조근 등으로 특징화해 운동 수행을 향상 시킬 수 있다. 이는 주로 정량적인 접근보다 분절과 근들의 움직임 특성을 관찰해 설명되기 때문에 정성적 접근으로 이루어진다. 전통적으로 정성적 관찰에 의존했던 키네시올러지 교과목은 사진술이 보급됨에 따라 동작의 운동학적 움직임 분석까지 내용이 확장되었다. 즉 측정 기술의 발전과 과학적인 장비가 발전하면서 키네시올러지의 연구 내용은 인체 근의 관찰에서 신체 움직임의 운동학적 관찰로까지 영역이 확장되었다. 키네시올러지라는 용어가 국내에 처음 소개될 때 「기능학」 혹은 「기동학」이라는 명칭으로 사용되었으나, 지금은 생소할 정도로 점점 잊혀지는 용어이다.

키네시올러지라는 학문이 발전되어오던 중에 유럽과 미국을 중심으로 바이오메카닉스(biomechanics)라는 명칭과 함께 신체운동을 대상으로 하는 연구가 급격하게 진행되었다. 1960년대와 1970년대에 걸쳐 바이오메카닉스는 미국 전역의 대학원 교과과정과 학부 내 연구 영역으로 발전하게 되었다. 1970년 존 쿠퍼(John Cooper)에 의해 미국에서 첫 체육학회가 창설되었는데, 이곳에서 공식적으로 바이오메카닉스라는 용어가 사용되었다. 한편 유럽에서는 1967년 스위스 취리히(Zurich)에서 Jurg Wartenweiler 박사 주도하에 바이오메카닉스 국제학회가 개최되었으며, 이를 계기로 1973년 미국 펜실베이니아 주립대(Penn State University)에서 정식 국제생체역학학회(International Society of Biomechanics: ISB)가 창설되어 그 연구 대상을 인간 운동에 치중할 것을 강조했다.

바이오메카닉스란 생물학(bio)과 역학(mechanics)의 합성어로 우리말로 표현하면 '생체역학'이라 한다. 생체역학이란 글자그대로 살아 있는 유기체의 운동 시 발생하는 힘과 이 힘으로 인해 일어나는 효과를 분석하고 평가하는 학문이다. 살아 있는 유기체는 인간뿐만 아니라 동물 등도 포함되기 때문에 우리는 'biomechanics of sport' 혹은 'biomechanics of human movement'라는 용어, 즉 '운동역학'이란 용어를 사용해 인간 운동에 연구의 관심 범위를 두고 있다. 이와 같이 운동역학이란 운동을 수행하는 주체로, 살아 있는 인간을 대상으로 이루어진다. 인간의 운동을 연구하기 위한 생물학적 지식을 습득하기 위해서는 해부학, 운동생리학, 인체 측정학 등을 익혀야 하며, 역학적인 지식을 습득하기 위해서는 물리학, 수학, 컴퓨터학 같은 지식을 배워야 한다. 좀 더 구체적으로 설명하면 인간 운동은 근 수축력, 근 수축의 시간적·공간적 작용, 근 수축에 의해 발생한 힘에 의해 작용하는 인체 관절의 가동 양상, 신체가 움직일 때 신체를 지배하는 역학적 법칙 등 여러 가지 요인이 결합해서 복잡하게 일어난다. 이런 이유로 인간의 움직임을 규명하기 위해서는 신체의 구조를 알기 위한 해부학적·인체 측정학적 지식이 필요하며, 또한 신체의 신경과 근의 기능을 알기 위해 운동생리학의 지식이 필요하다. 뿐만 아니라 인체의 움직임 원리를 이해하기 위해서는 역학과 수학적인 지식이 요구된다. 이와 같이 운동역학은 다양한 지식을 바탕으로 인간 운동을 연구하는 응용과학(applied science)이다. 앞서 예로 든 점프 동작을 평가하기 위해서는 신체가 바닥에서 수직 방향으로 운동을 일으키게 하는 모든 힘, 즉 점프 순간의 힘뿐만 아니라 고관절, 무릎관절, 발목관절에 작용하는 힘과 관절의 움직임이 얼마나 빠르고 컸는지 등을 묘사하고 측정해야 한다. 따라서 운동연구에 대한 바이오메카닉스 접근은 질적 분석뿐만 아니라 정량적 분석이 가능하다.

정리하면 키네시올러지는 두 가지 의미로 사용되고 있는데, 하나는 체육이란 용어의 대안적인 용어로, 다른 하나는 인체의 움직임을 기능해부학적으로 살펴보는 교과목의 명칭으로 사용된다. 바이오메카닉스는 응용과학으로 유기체 움직임을 일으키는 힘과 이들 힘의 효과를 연구하는 학문이다. 바이오메카닉스 중에서도 인간의 움직임에 국한해 연구하는 영역을 운동역학(sport biomechanics)이라 한다.

2. 운동역학의 역사

운동역학의 역사는 앞서 용어의 변천에서 기술된 키네시올러지(kinesiology)와 바이오메카닉스(biomechanics)를 탄생케 한 발자취를 찾아봄으로써 조명될 수 있다. 위 용어 변천에서 살펴본 바와 같이 키네시올러지의 내용은 해부학과 관련된 교과목이므로 해부학을 다룬 고대 그리스시대부터 그 역사의 유래를 찾아볼 수 있다.

히포크라테스(Hippocrates, B.C. 475~380)는 전통적으로 내려오는 관념적이고 사변적인 의술을 배척해 귀중한 경험과 각서를 높이 평가한 학자로, 동물 해부를 하여 뼈에 많은 관찰의 결과를 남겼다. 철학자로 우리에게 더 잘 알려진 아리스토텔레스(Aristoteles, B.C. 384~322)는 'kinesiology의 아버지'라 불린 사람(그림 1-1 참조)으로, 인간 보행은 회전운동에서 병진운동으로 전환된다고 보고 복잡한 과정을 기술하고 분석한 최초의 사람이다. 또한 동물에 관한 연구에서 근들의 움직임을 처음으로 설명했고, 기하학적 분석 대상으로 삼았다. 뿐만 아니라 운동 법칙, 지레 법칙, 중심의 역할에 대한 이해를 제시했다. 그 밖에 물체는 무게에 비례하는 속도로 빨리 떨어진다고 주장했다. 즉, 무거운 물체는 가벼운 물체보다 빨리 떨어진다고 주장했다.

또 다른 그리스 학자인 아르키메데스(Archimedes, B.C. 287~212)는 아직도 수영운동학에서 유용하게 수용하고 있는 부력체를 지배하는 유체 정역학을 발견한 사람이다. 즉, 아르키메데스 법칙을 창시한 사람이다. 그는 지렛대 원리를 창안했으며, 모든 물체는 그 중량이 집중되었다고 상상한 점, 즉 중심을 결정하는 연구에 큰 업적을 남겼다. 아르키메데스에 의해 고안되었던 중심점 결정 원리는 아직도 신체 구성 결정에 사용된다.

역사적으로 그리스시대가 막을 내리면서 기원전 1세기부터 로마제국이 출현하였다. 이 시기는 도

그림 1-1. 아리스토텔레스

덕을 강조한 시기이다. 이 시기의 대표적인 학자인 알렉산드리아(Alexandria, A.D. 약 62년)는 최초로 초보적인 스팀 엔진을 개발한 사람으로 물의 증기, 가스 등에 관심을 갖고 여러 가지를 고안했지만 실용화되지는 못했다. 또 다른 로마시대의 학자인 갈렌(Galen, A.D. 131~201)은 의학을 생리학과 해부학이 포함된 종합 과학이라 믿었으며, 운동신경과 감각신경, 주동근과 저항근 등을 설명해 실제 인간 운동에 관한 지식을 제시한 최초의 사람이다. 갈렌 시대는 인간을 대상으로 해부가 금지되었기 때문에 주로 원숭이, 개, 돼지 등을 이용해 근과 관련된 연구가 수행되었다. 갈렌은 역사상 최초의 팀 닥터이자 스포츠 의사라고 불린다.

  그리스와 고대 로마시대 운동역학 역사의 특징은 아리스토텔레스, 아르키메데스가 운동에 대한 역학적·수학적 기초를 놓았다면, 히포크라테스와 갈렌은 신체의 해부학적·신경생리학적 개념들을 발전시킨 사람들이다.

  갈렌의 근에 관한 연구 이후 키네시올러지는 거의 천 년 이상을 중세 과학의 암흑시대에 머물러 있었다. 이로 인해 일찍이 관심을 가졌던 동물해부학, 동물생리학과 이동운동에 관한 과학은 긴 잠을 잤다. 그러다가 14세기 이탈리아를 중심으로 한 유럽 도시에서 봉건적 속박을 타파하고 인간정신을 회복하고자 하는 혁신의 기운이 일어났다. 르네상스였다. 이런 확산은 자연과학 발전에 불을 지폈다. 르네상스시대에 떠오른 대표적 학자가 레오나르도 다빈치(Leonard da Vinci, 1452~1519)

였다. 그는 키네시올러지 과학을 한 단계 향상시켰다. 예술가이자 공학자, 과학자인 다빈치는 동작과 관련해 인체의 구조에 관심을 가졌으며, 인체 중심과 균형성에 관심을 갖고 연구에 매진했다. 그는 또한 서 있을 때, 오르막과 내리막에 있을 때, 앉았다가 일어날 때, 점프할 때 등 다양한 상황에서 신체역학을 기술했다. 다빈치는 인간의 보행에 대해서도 연구하여 아마도 보행의 과학적 자료를 기록한 최초의 사람이다. 그 밖에 다빈치는 운동 시 다양한 근들의 상호작용과 연속적인 작용을 나타내기 위해 근들의 기시점과 부착점을 확인했다.

베살리우스(Vesalius, 1514~1564)는 인간해부학은 해부로부터 배울 수 있고 관찰될 수 있다고 주장했다. 그는 갈렌의 이론을 검증한 후 근 수축 시 근은 단축되고 두꺼워진다고 주장했다. 그는 또한 근과 신경 사이의 과학적 논쟁을 서술했다. 이와 같이 베살리우스는 한층 과학적인 근 연구에 기여했다.

운동역학과 관련된 르네상스시대의 특징은 과학적 연구가 재개되었으며, 현대 해부학과 생리학에 대한 기초가 다져졌고, 운동과 근 작용의 관련성 있는 연구가 이루어졌다.

르네상스시대를 거쳐 16세기 천문학을 선두로 수학, 물리학, 화학, 생물학 순으로 과학으로서의 입지가 확립되는 과학적 혁명기(1600~1730)에 이르렀다.

갈릴레이(Galilei, 1564~1643)는 아르키메데스 이후 역학을 집대성한 '근대 과학의 아버지'라 불렸다. 그는 낙하하는 물체의 가속도는 물체의 무게에 비례하지 않는다고 주장해 아리스토텔레스의 낙하 물체에 대한 가정을 반박했다. 또한 공간, 시간, 속도와의 관계는 운동 연구에서 가장 중요한 것이라고 간주해 고전역학의 장을 열었다. 그 밖에 갈릴레이는 저항이 없는 매질을 통과하는 투사체는 포물선을 형성한다는 것을 증명했다.

보렐리(Borelli, 1608~1679)는 갈릴레이의 제자로, 근의 움직임에 수학적 공식을 적용하려고 노력했다. 근 운동의 양상은 다양한 근들에 의해 발생하는 힘의 양과 불필요한 역학적 동작, 공기저항, 물의 저항에 의해 손실되는 힘의 손실이라 했다. 뼈는 지렛대 역할을 하며, 근은 수학적 원리에 의해 역할을 한다는 보렐리 이론을 창안했다.

보렐리는 근과 관련된 많은 연구 업적을 남겨 현대 운동학의 실제 창시자로 칭송받았으며, 이동 운동계의 현대 생체역학의 아버지로도 불렸다.

우리에게 잘 알려진 아이작 뉴턴(Isaac Newton, 1642~1727)은 현대 동역학의 창시자(그림 1-2 참조)로, 힘과 힘의 효과를 설명했다. 그는 힘을 설명하기 위해 갈릴레이의 이론을 이용하여 정지와 운동의 3가지 법칙인 관성의 법칙, 가속도의 법칙, 작용-반작용 법칙을 완성했다. 이들 법칙은 신체의 힘과 운동을 분석하는 기초로 활용되어 운동역학에 중요한 역할을 했다. 뉴턴은 또한 힘을 설명하기 위해 평행사변형 법칙을 연구했으며, 만유인력의 법칙을 공식으로 나타내 수세기 동안 풀지 못한 행성의 운동과 바다의 조석을 해결했다. 뿐만 아니라 그는 미적분을 창안했다.

그림 1-2. 아이작 뉴턴(1642~1727)[http://mirian.kisti.re.kr/]

과학적 혁명기에 운동역학은 실험과 이론이 과학 조사에서 보완 수단으로 소개되었으며, 뉴턴의 운동역학은 역학적 분석에 대한 완전한 이론을 제공했다.

뉴턴 이후 18세기 후반부터는 보행에 관한 연구가 집중적으로 이루어진 시기(보행기)이다.

이동운동의 연구 성과에 대한 현대적 시각은 보렐리 연구에 기원을 두지만 성취된 결과는 미진했다. 비로소 1836년 웨버(Webers) 형제들에 의해 과학적인 기초에 의해 근 활동의 메커니즘이 확고하게 정립되었다. 이들은 보행 시 신체는 근 수축 없이 주로 인대의 장력에 의해 직립된다는 것을 믿었다. 보행이나 달리기는 앞쪽으로 신체의 낙하운동으로 이루어진다고 간주했으며, 앞쪽으로 사지가 움직이는 것은 중력에 따른 진자운동이라고 주장했다. 웨버 형제들은 근 수축 시 각각의 근의 길이 감소를 최초로 조사했으며, 역학적 지렛대로 뼈의 역할에 대해 연구했다. 이들은 또한 최초로 중심 움직임을 시간에 따라 자세하게 기술했다.

웨버 형제들 이후 많은 학자들에 의해 동물을 중심으로 움직임의 메커니즘에 대한 연구가 활발하게 이루어졌으나, 인체 움직임에 대한 연구는 시간적으로 재현하는 방법상의 한계로 침체되다가 비로소 1878년 천문학자인 장센(Janssen)에 의해 숨통이 트였다. 그는 연속 사진을 이용해 금성의 변화를 관찰했는데, 이는 인간 운동연구에도 운동학적 사진을 활용하는 계기가 되었다.

머이브리지(Eadweard Muybridge, 1831~1904)는 1882년 『말의 운동』이란 책을 출간했다. 머이브리지는 말이 전력 질주할 때 네 발이 지면에서 떨어지는가, 아니면 한 발이라도 지면에 접촉하고 있는가에 대해 당시 캘리포니아 주지사와 그의 친구 사이의 내기를 증명하기 위해 고용된 사진사이다. 그는 말이 달리는 주로에 일렬로 여러 대의 사진기를 정렬한 후 사진기에 실을 연결해 반대편에 가슴 높이로 고정시켜 말이 달리면 실이 끊겨 자동으로 카메라가 작동해서 촬영될 수 있도록 했다. 각각의 카메라에서 얻은 사진을 연결해 연속 사진으로 만들어 말이 질주할 때는 네 발이 지면에서 동시에 떨어진다는 것을 증명했다. 이것이 유기체의 움직임에 대한 최초의 연속 영상 분석이다. 오늘날 그의 업적을 기리기 위해 국제생체역학회(ISB)에서는 머이브리지 상을 제정해 가장 연구업적이 뛰어난 학자를 선정해 수여하고 있다. 머이브리지 이후 프랑스의 머레이(Etienne Jules Marey, 1830~1904), 독일의 안슈츠(Anchutz, 1846~1907), 프랑스의 뤼미에르(Lumière) 형제(1864~1948), 미국의 에디슨(Edison, 1847~1931) 등 많은 사람들이 연속 사진 분석을 시도했다.

머레이는 움직임은 인간의 가장 중요한 기능이며, 다른 모든 기능은 움직임 성취와 관련된다고 확신한 사람으로 그는 운동연구에서 그림과 사진 방법을 이용해 운동학을 한층 발전시킨 사람이다.

이런 사진 기법은 그 밖에 브라운(Christian Wilhelm Braune, 1831~1892)과 피셔(Otto Fischer, 1861~1971)에 의해 실험연구에 활발하게 이용되었다. 이들에 의해 시도된 실험은 아직도 여전히 보행 분석에서 중요하게 간주된다. 이들이 창안한 중심을 결정하는 실험 방법에 대한 보고서는 1889년에 발행되었다. 이들은 사체를 이용해 처음으로 인체의 3면과 중심 위치를 결정했으며, 또한 신체 분절의 중심을 발견해 수학적·물리적인 정량화 연구에 기여했다. 이들의 사체 연구는 뎀스터(Dempster, 1905~1965)에 의해 한층 확장되었다.

19세기의 다른 과학자인 모소(Angelo Mosso, 1848~1910)는 1884년 근 기능 연구에 필요한 에르고그래프(ergograph)를 고안해내어 kinesiology 연구에 획기적인 공헌을 했다.

18세기 후반부터 보행을 중심으로 연구된 성과는 운동의 운동학적 및 운동역학적으로 정량화하기 위한 측정 방법과 근 활동 시 전기적 현상을 정량화를 위한 측정 방법이 발전되었다. 또한 역학적 원리가 운동역학적 및 생물학적 분석을 위해 적용되었다.

20세기의 운동역학은 제2차 세계대전 결과 역학적·기술적으로 발전된 시기이며, 인구 증가로 인해 스포츠의 사회적 및 재정적 지지가 사회적으로 크게 요구된 시기이다.

힐(Hill, 1886~1977)은 1922년 생리·의학 분야에서 노벨상을 수상했다. 그는 인간 근의 역학적 및 구조적 기능에 관해 활발한 연구 활동을 전개했다. 근 역학에 기반을 구축한 사람으로, 달리기를 할 때 소비되는 에너지를 역학적으로 밝혔다. 헉슬리(Huxley, 1924~)는 근 생리학에 물리학 지식을 적용했으며, 1953년 활주 이론(sliding filament theory)을 이용해 근의 수축을 설명했다. 큐어틴(Cureton, 1930~)은 사진 촬영 방법을 이용해 수영과 육상의 동작을 분석하여 경기력 향상을 도모했다. 20세기에 운동역학의 성장과 발전은 다양한 정치와 직업적 활동, 운동역학 학회 등의 결성에 의해 더욱 발전되었다. 20세기 운동역학의 역사는 대학에서 학문으로 발전했으며, 운동역학 연구 결과는 의학, 산업, 실용에서 사용이 증가되었고, 근골격계에 대한 운동 효과와 인간과 동물을 이해하기 위한 시도로 중요한 역할을 하게 되었다.

이상에서 살펴본 바와 같이 운동역학의 발달사는 kinesiology 역사와 함께했기 때문에 긴 역사를 가지고 있다. 국내에서 운동역학의 역사는 일부 대학에서 기능학이란 학과목으로 1970년대부터 가르치기 시작했으나, 본격적으로 자리 잡기 시작한 것은 1976년 한국운동역학회(Korean society of sports biomechanics)가 창설되면서 연구를 위한 지식과 정보 교환이 이루어지면서부터이다. 학회가 창설되면서 본격적으로 운동역학에 대한 연구가 활성화되어 활발한 학문적 발전이 이루어졌다. 국제적 학회인 생체역학회 창설은 앞서 언급했지만, 스포츠에 국한되어 창설된 국제운동역학회(International Society of Biomechanics in Sports: ISBS)는 1982년 미국 샌디에이고에서 첫 출발을 했다.

3. 운동역학의 필요성

운동역학은 인체의 움직임 원리를 이해시키고 설명할 수 있도록 도와주는 지식을 모아놓은 학문이다. 그래서 운동역학은 스포츠 상황에서뿐만 아니라 인간 움직임과 연관된 곳에서는 동작을 개선하고 향상시키기 위해, 혹은 최적화된 인간의 움직임을 도출하기 위해 필요하다. 현장에서 종사하는 스포츠와 체육 지도자나 코치들은 운동을 단순히 골격근의 움직임으로 설명하는 것만으로는 충분치 않다는 것을 깨달을 것이다. 운동이 이루어지는 원리를 모르고는 운동을 효과적이고 효율적으로 지도할 수 없다. "왜 그 동작은 그렇게 해야만 합니까?", "이렇게 하면 안 됩니까?"와 같은 질문에 과학적인 답을 주기 위해서는 운동역학적 지식과 원리가 필요하다. 운동역학은 스포츠와 체육 지도자나 코치들에게 인체의 움직임 원리를 이해시키고 설명할 수 있도록 도와주는 역할을 한다. 이를 통해 운동의 효과성과 효율성을 높인다. '가장 이상적인 인간의 움직임은 무엇인가?'는 효과(effectiveness)와 효율(efficiency)이란 측면에서 평가될 수 있다. 예를 들면 100m 달리기 선수의 동작은 효과적으로 이루어져야 한다. 100m 달리기 선수의 목적은 주어진 거리를 최대의 속도로 달리는 것이다. 만일 100m 달리기 선수가 에너지를 아끼기 위해 마라톤 선수처럼 뛸 경우 최대의 효과를 기대할 수 없다. 100m 달리기 선수가 최대의 효과를 창출하기 위해서는 효율을 버리고 최대의 에너지를 이용해 주어진 거리를 달려야 한다. 최대의 효과를 내기 위한 신체의 동작은 어떻게 발휘되어야 하는가에 대한 답은 운동역학 학문에서 찾을 수 있다. 이를테면 100m 달리기 선수가 최대의 효과를 내기 위해서는 무릎의 굴신 범위는 어떻게 이루어져야 하며, 상체의 기울기는 어느 정도가 가장 효과적이며, 발이 지면에 닿는 시간과 공중에 떠 있는 시간 비율의 가장 효과적인 조합은 얼마인지 등을 결정하는 데 운동역학의 지식과 방법이 필요하다. 이처럼 100m 달리기 같은 경우는 효과가 강조된다. 100m 달리기는 오랫동안 운동을 수행하기 위해 에너지를 저장하는 것이 아니라 오히려 운동 수행의 효과성에 더 관심을 갖는다. 이들 종목에서는 운동에 의해 요구되는 일의 정도 혹은 운동 수행에서 소비된 에너지의 양은 중요하지 않다.

반면에 마라톤 같은 중·장거리와 수영 장거리 종목에서는 효율이 강조되어야 한다. 운동을 효율적으로 한다는 것은 주어진 운동량이 최소의 에너지 소비로 이루어지는 것이다. 이때는 일과 에너지의 개념이 고려되어야 한다. 보다 효율적인 움직임은 적은 에너지를 소비해 빠른 페이스로 운동을 수행하거나 꾸준한 페이스로 운동 수행을 지속적으로 반복할 수 있는 능력이다. 마라톤 같은 장거리 달리기는 에너지 소비의 최대 율이 생리학적으로 너무 크기 때문에 100m와 같이 효율을 앞세워 전 거리를 뛸 수는 없다. 그렇다고 에너지를 보존하기 위해 달리는 속도를 최소화한다면 마라톤 선수는 효과적인 운동을 수행할 수 없다. 마라톤 같은 종목은 최대나 최소의 문제가 아니라 최적화의 문제이다. 따라서 마라톤 선수가 완주하기 위해서는 달리는 속도를 최적화할 필요가 있다. 마라톤에서 에너지가 적게 소모되면서 완주할 수 있는 동작은 어떻게 이루어져야 하는가에 대한 최적화의 답은 운동역학에서 찾을 수 있다. 앞서 100m 달리기 선수는 동작이 효과적으로 이루어져야 한다고 기술했지만, 마라톤 선수는 제한된 에너지를 가지고 주어진 거리를 가능한 한 최대의 속도로 완주하는 것이다. 마라톤에서 에너지가 적게 들면서 오래 지속적으로 달리는 적당한 신체 동작을 운동에너지와 일의 개념을 고려해 시뮬레이션(simulation) 기법을 통해 가장 효율적인 동작을 개발해낼 수 있다.

이와 같이 운동역학의 지식과 원리는 경기력과 관련해 동작을 설명하는 데 필요하다. 뿐만 아니라 운동역학은 운동 수행자가 부상을 입을 수 있는 움직임이나 기술 등을 파악하는 데도 필요하다. 여성은 남성에 비해 비접촉성 전방 십자인대 상해가 2~8배 높게 발생하는 것으로 알려지고 있다. 전방 십자인대 상해는 치료와 수술비용, 재활에 따른 고비용이 요구된다. 전방 십자인대 파열이 일어나면 무릎관절의 불안정을 유발하고, 이로 인해 2차적인 퇴행성관절염이 진행되며, 무릎 주변 근육의 위축 및 약화라는 후유증을 유발한다. 전방 십자인대 손상 원인은 다양한데, 그중 하지 근 활동을 꼽을 수 있다. 농구나 배구, 축구 등과 같은 종목에서 점프 후 착지할 경우 남성은 햄스트링 근을 적절하게 동원함으로써 무릎관절의 안정성을 확보하는 반면에 여성은 주로 대퇴사두근을 사용해 전방 십자인대의 부하를 증가시킨다고 알려졌다. 또한 점프 후 착지할 때 여성은 남성들보다 무릎 신전 모멘트와 외전 모멘트가 더 크며, 무릎이 덜 굽혀지고 대퇴의 내측 회전과 무릎의 외측 회전이 크다고 알려졌다. 근의 동원 정도는 근전도를 통해 지면 반력과 영상분석 등으로 관절의 회전력을 판단할 수 있다. 이와 같이 운동역학은 부상과 관련해 움직임을 파악하는 데 필요한 지식과 방법을 제공하고, 상해를 예방하는 필요한 정보를 제공한다.

2장 운동역학의 목적과 내용

 학습목표

- 운동역학의 목적을 알아본다.
- 운동역학에서 다루는 내용이 무엇인지 알아본다.

1. 운동역학의 목적

운동역학의 목적은 다양한 영역에서 찾을 수 있다. 여러 목적 중에 가장 중추적인 목적의 하나는 스포츠 영역에서 운동선수의 경기력 향상을 위해 기술을 발전시키는 것이다. 예를 들면 멀리뛰기 선수에게 구름판 착지 순간은 수평 거리를 결정하는 중요한 순간이다. 이는 도움닫기에서 얻은 수평 속도를 손실 없이 유지한 상태에서 신체 중심을 수직 방향으로 끌어올리는 순간으로, 경기력을 결정하는 중요한 순간이다. 멀리뛰기는 투사운동이므로 가능한 한 수평에서 45도로 날아가야 하지만, 신체가 45도로 비행하기 위해서는 도움닫기 속도를 줄여야 하는데, 이는 오히려 투사 속도에서 손해를 보아 거리를 확보하는 데 손해를 본다(그림 1-3 참조). 따라서 수평속도를 유지한 채 신체를 투사해야 하는데 이때 중요한 역할은 마지막 디딤 발이다. 즉, 마지막 스텝의 추진 각도, 추진 속도, 무릎 각도, 신체 중심과의 거리 등이 가장 효과적으로 이루어지고 있는가를 운동역학적으로 분석해 결과를 제시하는 것은 경기력 향상과 관련해 아주 중요한 목적이라 할 수 있다. 이와 같이 운동역학은 운동 종목에 지배하는 역학적 원리를 이용해 경기력을 향상시키는 데 목적이 있다.

또 다른 예를 들면, 야구 투수의 공 속도는 어떻게 결정되는가를 연구하는 것도 야구 경기력과 관련해 중요한 내용이다. 일반적으로 강속구를 구사하는 투수들은 그렇지 않은 선수에 비해 리드하는 무릎과 상체, 골반의 각속도가 크게 일어나며, 공을 손에서 놓는 순간 몸통이 앞으로 더 기울어지고, 어깨에서 외측 회전이 큰 것으로 나타난다. 이와 같이 우수한 선수와 그렇지 못한 선수들을 비교해 그 차이점을 규명해 그 결과를 경기력 향상에 적용할 수 있다.

그림 1-3. 멀리뛰기 연속 동작

경기력 향상 이외에 운동역학의 또 다른 목적 중 하나는 스포츠 손상을 최소화하는 것이다. 예를 들면 오래 달리기를 즐기는 사람들은 종종 손상에 시달려 오히려 건강을 해치는 경우가 있다. 달리기로 인해 발생하는 상해를 예방하는 방법 중의 하나는 충격력을 감소시키고, 발이 지면에 접촉하는 순간 발의 내반과 외반의 크기를 줄이는 운동화 제작을 통해 손상을 예방하고 운동 수행을 개선시키는 것이다. 운동화는 지면과 발을 연결하는 매개체로 지면에서 오는 반력을 흡수하는 데 크게 기여하며, 또한 발의 내·외반 크기를 줄여 무릎관절 등에 전달되는 비틀림력을 감소시켜 손상을 예방할 수 있다. 즉 운동역학 이론과 원리를 적용한 운동화는 운동 시 발생하는 손상 예방에 큰 도움을 줄 수 있다(그림 1-4 참조).

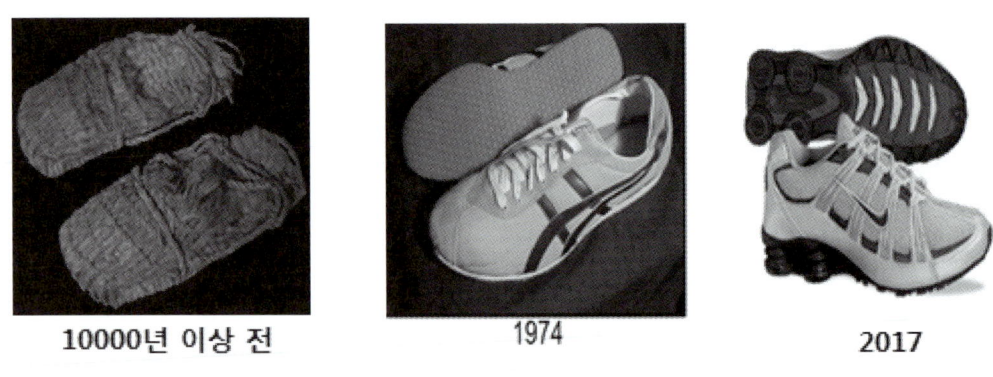

그림 1-4. 충격 흡수와 내·외반에 최적화된 최근의 운동화와 과거의 운동화(출처: Hamill FBG 2017)

이와 같이 운동역학적으로 만들어진 스포츠 장비는 손상을 예방하고 최소화하는 역할뿐만 아니라 경기력 향상에도 크게 기여한다. 혁신적인 운동 장비를 통해 경기력 향상을 도모하는 데 이 또한 운동역학의 목적이다. 장비 개발을 통해 경기력에 기여한 좋은 예는 클랩스케이트(clapskate)라 할 수 있다. 이 스케이트는 발가락 근처에 경첩(hinge)을 달아 스케이트 선수가 얼음판을 밀 때 발목의 저측 굴곡을 허용해 전통적인 스케이트보다 5%까지 속도를 유지할 수 있도록 고안해 획기적으로 경기력에 기여하고 있다(그림 1-5 참조).

그 밖에 운동역학은 스포츠 영역 이외의 다른 영역에서도 다양한 목적을 이루고 있다. 이를테면 우주 공간에서 우주인들의 근력과 뼈를 강화시키기 위한 운동을 고안해내기 위해 운동역학 지식이 활용되고 있다. 중력이 약한 우주 공간에서 트레드밀을 이용해 달리기를 할 경우 신체에 미치는 힘 등을 고려해 가장 이상적인 트레드밀을 개발해 우주인들의 건강에 일조하는 역할 등은 운동역학의 다른 목적이라 할 수 있다. 스포츠 이외의 또 다른 목적으로 운동선수 외에도 일반인의 손상 예방과 건강 유지에 기여하고 있다. 고령화 사회에서 가장 문제가 되는 낙상과 관련해 운동역학 지식은 크게 활용되고 있다. 낙상으로 인해 발생하는 손상을 예방하기 위해 지면과 의복에 관한 연구라든가,

그림 1-5. 전통 스케이트와 클랩스케이트

낙상 시 신체 분절들에 의해 지지되는 힘에 관한 연구라든가, 낙상으로부터 안전한 착지를 위한 운동역학적 특징을 규명하는 연구라든가, 낙상을 유발하는 운동역학적 요인이 무엇인가를 찾아내어 노인들의 낙상 예방과 건강에 관련된 연구에 운동역학이 일조한다(그림 1-6 참조). 이와 같이 운동역학은 기술 향상과 개발을 통한 경기력 향상, 장비를 통한 손상 예방, 장비 개발을 통한 경기력 향상뿐만 아니라 스포츠 이외에 인간의 움직임과 관련한 손상 예방과 건강 증진을 위해 큰 기여를 하고 있다.

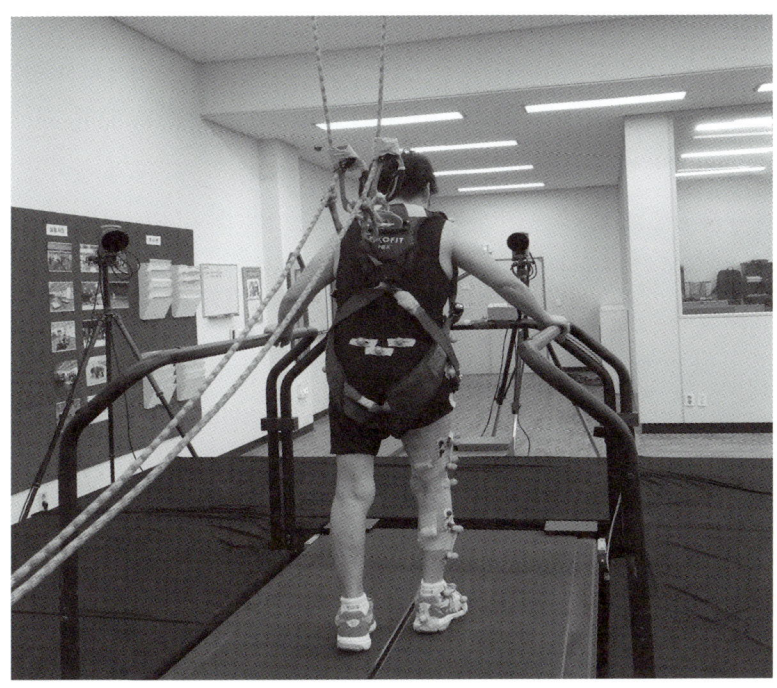

그림 1-6. 노인 낙상 발생 요인을 찾기 위한 보행 검사
(출처: 한국체대 운동역학실)

2. 운동역학의 내용

앞서 운동역학의 목적에서 살펴본 바와 같이 운동역학의 원리들은 운동역학자와 전문가들에 의해 인간 건강과 운동 수행과 관련된 영역에 적용된다. 기본적인 운동역학 개념의 지식은 체육교사, 치료사, 코치, 트레이너, 운동 지도사들에게 필수적이다. 운동역학에서 어떤 내용이 다루어지는가를 살펴보는 것은 운동역학을 깊이 있게 공부하기 전에 알아야 할 개념으로, 운동역학을 이해하는 데 도움이 될 것이다.

운동역학은 연구 주체가 인간이므로 우선 인체에 대한 기본적인 지식이 필요하다. 따라서 먼저 해부학적 지식을 습득해야 한다. 운동역학에서는 인체의 구조를 이해하기 위한 구조해부학적 지식뿐만 아니라 인체 운동과 기능을 향상시켜 운동을 수행할 때 요구되는 기능해부학적 지식이 더욱더 필요하다. 인체 분절의 명칭, 해부학적 용어, 움직임을 기술하는 용어, 운동이 일어나는 면과 운동의 중심이 되는 축에 대한 지식, 관절운동과 관련한 자유도 등을 학습해야 한다. 운동역학은 또한 인간의 운동을 관심대상으로 하기 때문에 우선 운동의 종류를 알아야 하고 인체 운동이 발생할 때 어떤 운동인가를 분류하는 지식을 습득해야 한다. 또 운동과 관련해 인체의 물리적 특성, 인체의 안정성, 인체의 구조적 특성에 관한 인체의 역학적 지식을 학습해야 한다. 이런 기초지식을 습득한 후 운동역학적 지식을 신체운동에 적용하기 위한 생체역학적 내용을 배워야 한다. 신체운동을 연구하기 위한 분야는 크게 두 가지로 나눌 수 있다. 첫째, 운동학(kinematics)으로서 이는 운동의 현상과 관련된 내용으로 운동을 일으키는 힘과 모멘트를 고려하지 않고 힘과 모멘트로 발생한 운동의 효과, 즉 결과를 공간적·시간적으로 연구하는 분야이다. 이 연구는 신체가 얼마나 빠르게 이동했는가, 얼마나 높이 이동했는가, 혹은 얼마나 멀리 이동했는가를 살펴보는 것으로 변위, 속도, 가속도 등은 운동학적 연구의 주된 분석 변인들이다. 예를 들면 골프에서 공의 비행 거리는 클럽의 속도에 의해 결정된다. 클럽의 최대 선속도를 발생시키는 요인을 운동학적으로 관찰하고자 할 때 몸통의 회전 속도(즉, 각속도)와 몸통을 중심으로 형성되는 팔의 길이(즉, 회전 반경)는 클럽의 선속도에 영향을 주는 대표적인 운동학적 요인이다. 클럽의 선속도는 선운동학(linear kinematics) 관점에서 살펴볼 수 있고, 몸통의 회전은 각운동(angular kinematics) 관점에서 살펴볼 수 있다. 이와 같이 신체의 움직임은 관절을 중심으로 분절이 회전하는 복합운동이므로 운동학 연구는 선운동과 각(회전)운동학 연구로 구분해 살펴볼 수 있다.

신체운동은 힘에 의해 발생한다. 운동을 일으키는 힘 자체를 연구하는 운동역학의 다른 한 분야는 운동역학(kinetics)이다. 교과목인 운동역학(sport biomechanics)과 혼동할 수 있는 용어이기 때문에 주의해야 한다. 운동역학 영역은 움직임의 원인인 힘을 규명하는 분야로, 운동학적 분석보다 약간 복잡하다. 힘은 보이지 않기 때문에 힘을 측정하는 기기 없이는 정확하게 측정할 수 없다.

물론 운동학적 요인들을 이용해 간접적으로 측정이 가능하지만, 이 방법은 상황에 따라 정확한 힘의 크기를 측정하는 데는 한계가 있다. 이 운동 역학도 운동학과 같이 선운동과 각운동 관점에서 살펴볼 수 있다. 신체운동 시 힘의 연구는 반드시 움직이는 상태에서만 발생하는 것이 아니다. 예를 들면 단거리 출발 자세인 크라우칭(crouching) 자세는 움직이지는 않지만, 위치와 자세를 유지하기 위해 힘이 필요하다. 이와 같이 신체가 움직이지 않는 상태에서 힘을 연구하는 분야를 '정역학(statics)'이라 한다. 정역학은 근력의 크기를 규명할 때 아주 유용하게 사용된다. 이를테면 20kg의 덤벨(dumbell)을 이용해 팔꿈치를 90도 정도 유지한 등척성 수축 상태에서 이두박근에 작용하는 힘은 얼마인가를 구할 때와 같이 정지 상태에서 근에 작용하는 부하를 구하는 데 유용하다. 반대로 신체가 가속되는 상태에서 힘이 발생하는 것을 연구하는 것을 '동역학(dynamics)'이라 한다. 동역학 지식은 다양한 신체 움직임 상태에서 움직임의 원인과 결과를 관찰해 운동역학의 목적인 경기력 향상 혹은 신체 손상 메커니즘 규명에 유용하게 사용된다(그림 1-7 참조).

운동역학의 목적을 달성하기 위해서는 위에서 기술한 바와 같이 해부학적 지식, 생리학적 지식, 인체의 역학적 특성, 역학적 지식, 다양한 신체 움직임을 규명하는데 필요한 도구와 장비에 관한 정보와 지식 등을 익혀야만 한다.

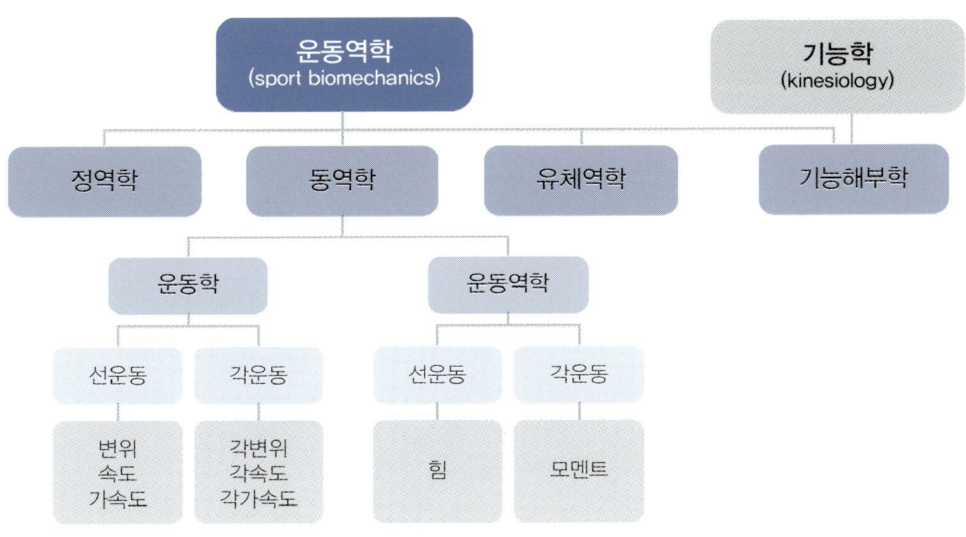

그림 1-7. 운동역학 내용 분류

II부
운동역학의 이해

운동역학을 공부하기 위한 기초로서 1장에서는 해부학적 기초, 2장에서는 운동의 종류에 대해 알아본다. 1장 해부학적 기초에서는 기능해부학의 개요, 근골격 계통, 인체의 축과 운동면 그리고 관절운동을 다룬다. 2장 운동의 종류에서는 운동의 정의와 세 가지 운동의 종류(병진운동, 회전운동, 복합운동)에 대해 알아본다.

1장 해부학적 기초

 학습목표

- 인체의 주요 뼈, 관절, 근육의 모양과 기능을 알아본다.
- 해부학적 자세와 방향 용어를 이용하여 동작을 기술하는 방법을 알아본다.
- 인체 관절의 종류와 운동 유형을 알아본다.

1. 인체의 근골격계통

가. 골격계통(skeletal system)

뼈대계통(골격계통)은 몸 전체의 뼈와 그 뼈에 관련된 연골, 힘줄(건) 그리고 인대를 포함한다. 뼈대계통은 신체의 생명 유지에 필수적인 기관들을 보호하며, 신체조직에 지지력을 제공하고, 움직임을 위한 지렛대 역할을 하기도 한다. 뼈대계통은 근육계통과 밀접하게 연결되어 있다. 인체의 큰 뼈들의 이름과 그 구조를 이해하는 것은 운동 기술을 이해하고 연습하는 데 도움이 된다(그림 2-1, 그림 2-2).

1) 구조와 기능

① 머리뼈

머리뼈(두개골, cranial bones)는 중요한 기능이 많이 있다. 이 뼈들은 뇌, 눈, 귀 같은 특수 감각기관을 보호하고 감싼다.

② 몸통

복장뼈(흉골), 갈비뼈(늑골) 그리고 척추뼈(척주)는 몸통의 뼈대를 형성한다. 가슴우리(흉곽, thorax)는 복장뼈(흉골), 갈비뼈(늑골), 갈비뼈의 연골부, 가슴의 척추뼈로 이루어져 있다. 이들 뼈로 구성된 가슴우리가 심장과 허파를 감싸고 보호한다. 이는 또 팔 이음부위와 팔의 뼈를 지지해준다. 갈비뼈(rib, costae)는 12쌍으로 이루어져 있다.

③ 팔의 뼈

팔이음뼈(견갑)는 빗장뼈(쇄골, clavicle)와 어깨뼈(견갑골, scapula)로 구성되며, 그중 빗장뼈는

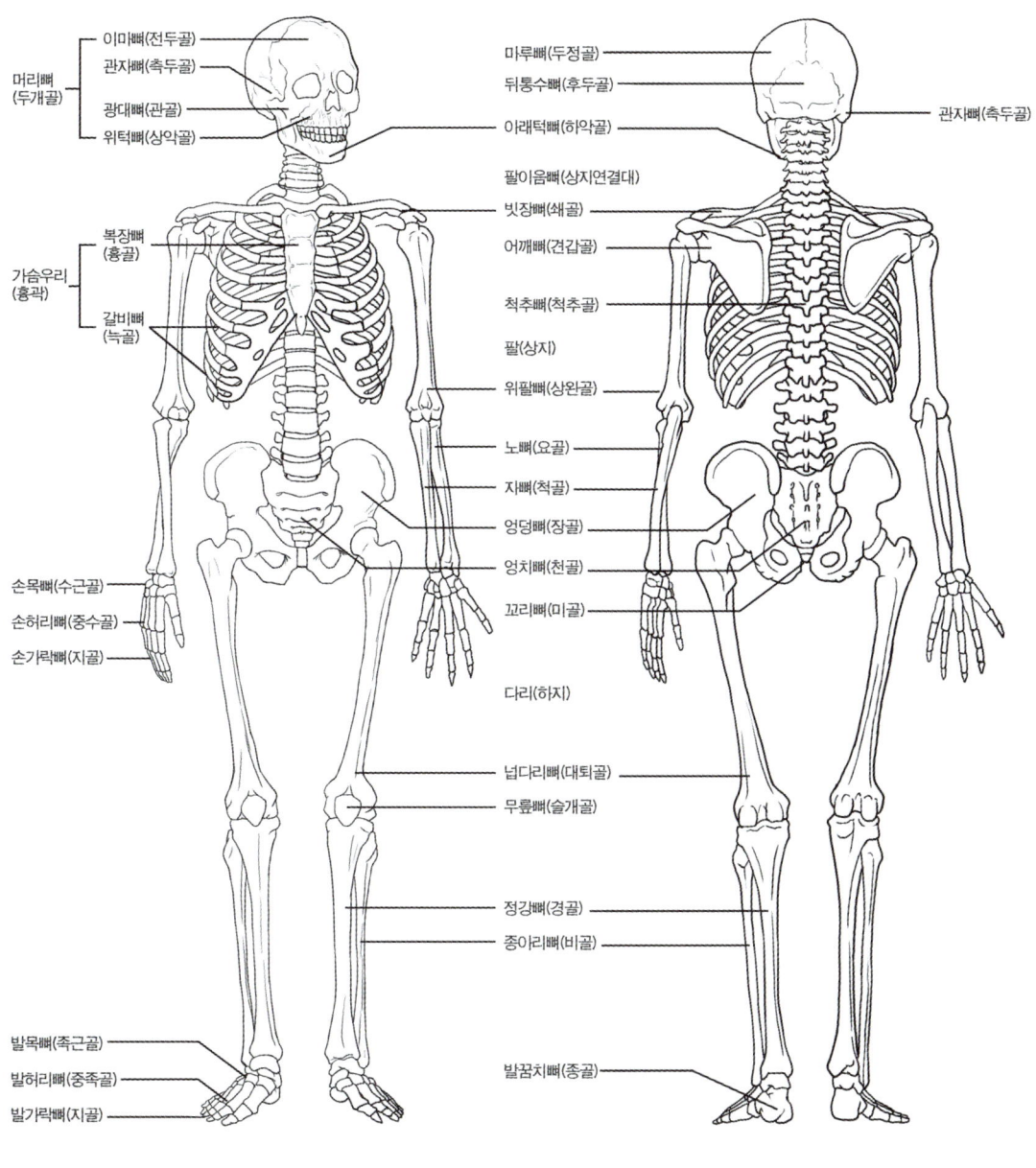

그림 2-1. 인체의 골격(전면)   그림 2-2. 인체의 골격(후면)

길고 가느다란 형태로 목의 시작부와 첫 번째 갈비뼈 위에 위치해 있다. 위팔뼈(상완골, humerus)는 팔에서 가장 길고 가장 큰 뼈이다.

아래팔(하완)은 자뼈(척골), 노뼈(요골)로 구성되며 자뼈(척골, ulna)는 아래팔의 안쪽, 즉 새끼손가락 쪽에 있는 더 긴 뼈이다. 노뼈(요골, radius)는 아래팔 가쪽, 즉 엄지손가락 쪽에 위치한, 자뼈보다 짧은 뼈이다.

④ 손의 뼈

손목의 뼈들은 손목뼈(수근골, carpals)라고 한다. 손바닥은 5개의 손허리뼈(중수골, meta-carpal bones)로 이루어진다. 엄지손가락을 제외한 나머지 손가락에는 3개의 손가락뼈(지절골, phalanx)가 있다.

⑤ 다리의 뼈

다리(하지)의 뼈(bones of lower extremities)에는 몸통을 지지하고, 다리가 부착되는 골반대(하지대)와 허벅다리(대퇴), 종아리(하퇴), 발이 있다. 골반대는 한 쌍의 볼기뼈(관골, hip bone)로 이루어져 있다. 볼기뼈는 엉덩뼈(장골, ilium), 궁둥뼈(좌골, ischium), 두덩뼈(치골, pubis)의 3개의 뼈가 하나로 융합된 형태로 이루어져 있다. 다리의 뼈들에는 넙다리뼈(대퇴골), 무릎뼈(슬개골), 정강뼈(경골), 종아리뼈(비골)가 있다. 넙다리뼈(대퇴골, femur)는 신체에서 가장 크고 가장 무거운 뼈이다. 무릎뼈(슬개골, patella)는 종자뼈(종자골) 중에서 가장 큰 뼈이다. 이는 어느 정도 납작하며, 삼각형이고, 무릎관절 바로 앞에 위치하며, 넙다리네갈래근(대퇴사두근, musculus quadriceps femoris)의 힘줄로 둘러싸여 있다. 무릎뼈는 오로지 넙다리뼈에 연결되어 있고, 움직이며, 무릎을 펴게 하는 근육의 지레를 크게 하여 회전력을 크게 만든다. 정강뼈(경골, tibia)는 다리의 아래부위를 이루는 두 개의 뼈 중 앞쪽에 있는 굵고 큰 뼈이다. 종아리뼈(비골, fibula)는 그 길이와의 비례를 보았을 때 인체에서 가장 가는 뼈이다. 종아리뼈(비골)는 정강뼈(경골)와 평행하고, 그 측면에 위치한다.

⑥ 발의 뼈

발의 뼈에는 발목뼈(족근골), 발등뼈(발배뼈) 그리고 발가락뼈 등이 있다. 발목을 이루는 7개의 발목뼈(족근골, tarsal bone)들은 손목관절의 뼈와 비슷하나 이보다 크다. 발의 뒷부분을 이루는 발목뼈(족근골)들은 발뒤꿈치[발꿈치뼈(종골, calcaneus), 목말뼈(거골, talus), 발배뼈(주상골, navicular), 입방뼈(입방골, cuboid)]이다. 발목의 앞부분을 이루는 뼈는 안쪽(내측, medial), 중간(가운데, intermediare) 그리고 가쪽(외측, lateral) 쐐기뼈(설상골, cuneiforms)로 이루어져 있다. 발배(발등)의 뼈는 발허리뼈(중족골, metatarsals)라 한다. 발가락의 뼈는 발가락뼈(지골, phalanges)라고 한다.

나. 근육계통(muscular system)

근육(근, muscle)은 수축과 이완을 통하여 운동을 일으키며, 체중의 40~50%를 차지한다. 인체는 심근과 평활근을 이용하여 인체 내 기관들이 적절하게 기능하도록 하며, 골격근을 이용해서 원하는 동작을 수행한다.

1) 근육의 종류와 구조

근육은 3가지 종류가 있다. 심장근육(심근, cardiac muscle)은 단핵이고, 가로무늬가 있다. 불수의근이며, 심장수축을 통해 조직에 혈액을 공급하고, 노폐물을 제거한다. 민무늬근육(평활근, smooth muscle)은 단핵이고, 가로무늬가 없다. 의지에 의해 움직일 수 없는, 즉 자율신경계에 의해 조절되는 제대로근(불수의근, involuntary muscle)이다. 평활근은 장, 혈관, 방광 같은 속이 빈 조직을 구성하고 있다. 뼈대근육(골격근, skeletal muscle)은 다핵이며, 가로무늬가 있는 가로무늬근육이다. 의식적으로 수축을 조절할 수 있는 맘대로근(수의근, voluntary muscle)이다.

① 골격근의 기능과 명칭

근육들은 그들의 작용, 형태, 시작점과 끝점, 위치, 갈래, 근육섬유의 방향에 따라 이름이 부여되어 있다.

- 기시부와 정지부

골격근의 양쪽 끝 부분은 뼈에 붙어 있는데, 대부분의 근육은 직접 뼈에 붙어 있지 않다. 근육은 힘줄(건, tendon)이라 부르는 강하고 질기며, 탄력성이 있는 백색의 교원섬유를 통해 뼈에 붙어 있다. 수축하는 근수축의 뼈 부착점 중에서 좀 더 고정된 부위를 이는곳(기시부, origin)이라고 하며, 기시부에 비해 더 움직이는 부위, 즉 근축의 영향을 더 받는 곳을 닿는곳(정지부, insertion)이라 한다. 보통 기시부는 몸쪽(근위: 체간에 가까운 쪽)부이며, 정지부는 먼쪽(원위: 체간에서 먼 부위)부이다.

- 굴근과 신근

관절에서 관절의 각도가 작아지게 하는 근육을 굽힘근(굴근, flexor)이라 한다. 관절에서 관절의 각도가 커지게 하는 근육을 폄근(신근, extensor)이라 한다.

- 외전근과 내전근

팔이나 다리가 몸 중심부에서 먼 쪽으로 움직이는 것은 벌림근(외전근, abductor)의 작용에 의한 것이다. 팔이나 다리가 몸 중심부에 가까운 쪽으로 모이는 것은 모음근(내전근, adductor)의 작용에 의한 것이다.

- 회전근

팔다리를 장축을 축으로 하여 회전시키는, 즉 비트는 근육은 돌림근(회전근, rotator)이라 한다.
발목의 움직임에 있어서 발등굽힘근(족배굴근)은 발을 위쪽으로 향하게 하며, 발바닥쪽 굽힘근(족저굴근)은 발이 땅을 향하게 한다. 손의 움직임에 있어서 손바닥이 아래를 향하게 아래팔을 돌리면 엎침(회내, pronation)이며, 반면 손바닥이 위를 향하게 아래팔을 돌리면 뒤침(회외, supination)이다. 올림근은 신체의 일부를 올리며, 내림근은 신체의 일부를 내린다.

• 주동근과 길항근

원하는 어떤 운동을 수행할 때 근육이 수축하는 방향으로 인체 부위가 움직이는 근육을 작용근(주동근, agonists)이라 한다. 이와 반대쪽에 있는 근육은 대항근(길항근, antagonist)이 된다. 작용근이 수축하면 반대쪽에 있는 길항근은 늘어난다.

팔의 경우 팔을 굴곡시키는 주동근은 상완이두근이 되며, 이때 상완삼두근은 길항근이 된다. 반대로 팔을 펼 때는 상완삼두근이 주동근이 되며, 상완이두근은 길항근이 된다. 팔을 굽힐 때의 상완근은 상완이두근의 협력근이 된다.

• 협력근

협력근(협동근, synergist)은 주동근의 작용을 돕는 근육이다.

2) 인체의 주요 근육

인체의 전면과 후면에 있는 표면 근육들인 전면근육(그림 2-3)과 후면근육(그림 2-4)을 실었다. 특정 기술을 수행할 때 어떤 근육이 사용되는가를 아는 것은 그 기술의 특성을 이해하는 데 도움이 되며, 체력 단련을 할 때도 매우 유용하다.

해부도에 있는 근육들은 얕은층근육(표층근, superficial muscle)이다. 그러나 근육은 여러 층으로 이루어지는 경우가 많으며, 얕은층, 중간층, 깊은층의 3층 구조로 되어 있는 곳도 많다. 운동을 할 때는 얕은층근육뿐 아니라 깊은층근육(심층근, deep muscle)들도 함께 쓰인다.

① 머리를 움직이는 근육

머리를 움직이는 주요 근육에 목빗근(흉쇄유돌근, sternocleidomastoid)이 있다. 양쪽 목빗근의 수축은 목을 굽히는 동시에 오른쪽 또는 왼쪽으로 돌아가게 한다. 목의 다른 근육들은 머리를 움직일 때 목빗근을 돕는다.

② 견갑골을 움직이는 근육

어깨뼈(견갑골)를 움직이는 근육은 어깨올림근(견갑거근, levator scapulae), 마름근(능형근, rhomboids), 작은가슴근(소흉근, pectoralis minor), 등세모근(승모근, trapezius) 등이다. 앞톱니근(전거근, serratus anterior)은 몸통을 앞 윗면에서 보았을 때 톱날처럼 보인다. 이 근육들은 모두 어깨뼈를 움직인다.

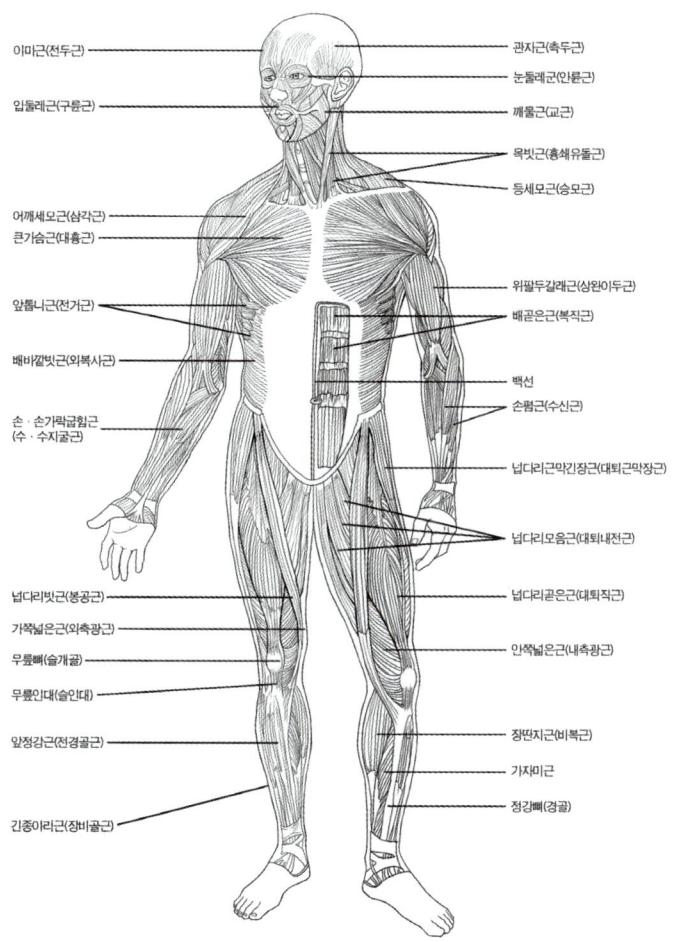

그림 2-3. 전면근육

③ 상완을 움직이는 근육

위팔뼈(상완골)를 움직이는 대부분의 근육은 팔이음뼈(상지연결대)에서 시작한다.

큰가슴근(대흉근, pectoralis major)은 팔을 구부리고 모은다. 넓은등근(광배근, latissimus dorsi)은 팔을 펴거나 모으고 안쪽으로 돌린다. 수영을 할 때 이와 유사한 움직임 때문에 이 근육을 '수영선수 근육'이라 한다. 다음의 근육은 휘돌림근(회선근)이라 한다.

작은원근(소원근, teres minor)은 팔을 모으고 돌린다.

어깨세모근(삼각근, deltoid)은 팔을 벌려 올리게 한다.

가시위근(극상근, supraspinatus) 역시 팔을 벌려 올린다.

가시아래근(극하근, infraspinatus)은 팔을 돌린다.

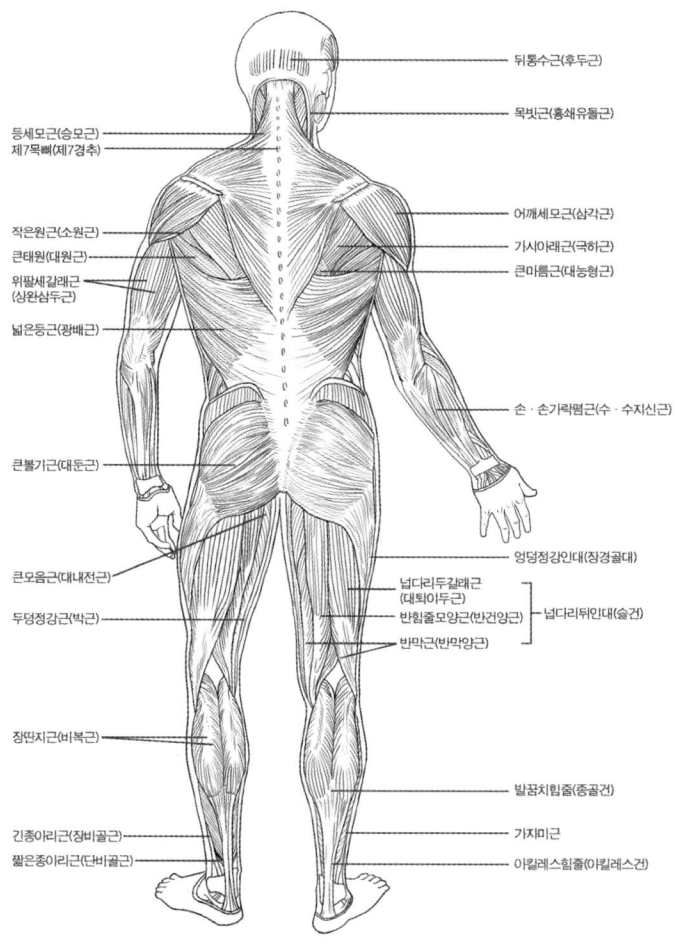

그림 2-4. 후면근육

④ 팔꿈치를 움직이는 근육

위팔근(상완근, brachialis), 위팔두갈래근(상완이두근, biceps brachii), 위팔노근(완요골근, brachioradialis)은 팔꿈치에서 아래팔을 굽혀지게 하는 근육이다. 위팔세갈래근(삼두근, triceps brachii), 팔꿈치근(주근, anconeus)은 아래팔이 펴지게 하는 근육이다.

⑤ 손목을 움직이는 근육

손목굽힘근(수근굴근, flexor crapi) 2개는 손목을 구부리고, 손목폄근(수근신근, extensor crapi) 3개는 온손가락폄근(총지신근)을 도와 손목이 펴지게 한다.

⑥ 배의 근육

배의 전면에는 배곧은근(복직근, rectus abdominis)이 있다. 윗몸일으키기를 많이 하면 '초콜릿

복근'이 되도록 발달시킬 수 있다. 배의 측면에 있는 세 층의 근육은 수축하면서 복부의 장기들을 지지한다. 가쪽에서 안쪽으로 배바깥빗근(외복사근, external obilque), 배속빗근(내복사근, internal oblique), 배가로근(복횡근, transverse abodminalis)의 순서로 위치한다.

⑦ 대퇴를 움직이는 근육

큰허리근(대요근, psoas)과 엉덩이근(장골근, iliacus)은 넓적다리를 굴곡시킨다. 두 근육을 합하여 장요근(illiopsoas)이라고 한다.

엉덩이의 대부분을 차지하는 큰볼기근(대둔근, gluteus maximus)은 넓적다리를 펴지게 한다. 걷기나 달리기에서 지면을 뒤로 밀 때 쓰인다. 큰볼기근 위가쪽에 중간볼기근(중둔근, gluteus medius) 그리고 작은볼기근(소둔근, gluteus minimus)이 있다. 넙다리근막장근(대퇴근막장근, tensor fascia lata)은 넓적다리의 가쪽에 있는 두꺼운 결합조직의 띠로, 수축하면 넙다리근막을 긴장시킨다.

⑧ 무릎관절을 움직이는 근육

무릎을 굽히는 데 쓰이는 근육은 6개이며, 넓적다리 뒤쪽에 있다. 무릎을 펴는 데 쓰이는 근육은 4개이며, 넓적다리의 앞쪽에 있다. 무릎을 굽히는 근육에는 '넙다리뒤인대(햄스트링, hamstring)'라고 하는 3개의 근육들[넙다리두갈래근(대퇴이두근, biceps femoris), 반힘줄근(반건양근, semitendinosus) 그리고 반막근(반막양근, semimembranosus)], 오금근(슬와근, popliteus), 두덩정강근(박근, gracilis), 넙다리빗근(봉공근, sartorius)의 6개가 있다.

무릎을 펴는 근육은 넙다리네갈래근(대퇴사두근, quadriceps femoris)으로, 네 갈래의 근육으로 구성되어 있다. 이들은 넙다리곧은근(대퇴직근, rectus femoris), 가쪽넓은근(외측광근, vastus lateralis), 안쪽넓은근(내측광근, vastus medialis), 중간넓은근(중간광근, vastus intermedius)이다. 안쪽넓은근과 가쪽넓은근은 넓적다리 앞 표면에서 쉽게 볼 수 있다. 넙다리빗근은 인체의 근육 중 가장 길며, '재단사(tailors) 근육'이라 한다. 그 이유는 재단사들이 바느질을 할 때 책상다리를 하기 위해 넓적다리를 가쪽으로 돌리며 앉을 때 이 근육이 작용하기 때문이다.

⑨ 발을 움직이는 근육
- 발바닥굽힘(배측굴곡, dorsiflexion)

발을 배측굴곡(발등 쪽으로 구부림)시키는 근육은 앞정강근(전경골근, tibialis anterior), 셋째종아리근(제3비골근, peroneus tertius)의 두 근육이다.

• 발등굽힘(저측굴곡, plantar flexion)

발을 저측굴곡(발바닥 쪽으로 폄)시키는 근육은 장딴지근(비복근, gastrocnemius), 뒤정강근(후경골근, tibialis posterior), 가자미근(soleus), 긴종아리근(장비골근, peroneus longus), 장딴지빗근(족척근, plantaris)의 5개 근육이다.

3) 근육 수축의 생리

근육 수축은 신경전기적 요인, 화학적 상호작용, 에너지원의 3가지 요인에 의해 발생한다.

2. 해부학적 자세와 방향 용어

가. 기능해부학의 개요

인체의 구조와 기능을 연구하는 학문이 해부학(anatomy)이다. 해부학은 그 분야가 매우 넓은데, 특히 인체의 구조와 기능을 주로 다루는 분야를 '기능해부학(functional anatomy)'이라 한다. 기능적인 측면에서 중요한 인체의 계통(system)은 뼈(골격)와 관절, 근육, 신경계통이다.

나. 기본 개념 및 용어

해부학에서는 일상용어와 다른 특별한 용어와 개념을 이용하여 인체를 설명한다. 따라서 인체를 해부학적으로 이해하기 위해서는 먼저 이러한 개념을 알아야 한다.

1) 해부학적 자세와 면

방향, 면, 공간에 대한 용어를 말할 때는 해부학적 자세(anatomical position)를 기준으로 한다. 위치나 자세에 관한 모든 기술은 이 자세를 기준으로 한다. 해부학적 자세는 인체가 서서 전방을 보는 자세로서, 팔은 몸 옆으로 떨어뜨려 내리고, 손바닥과 발은 앞쪽으로 향하도록 한 자세이다(그림 2-5).

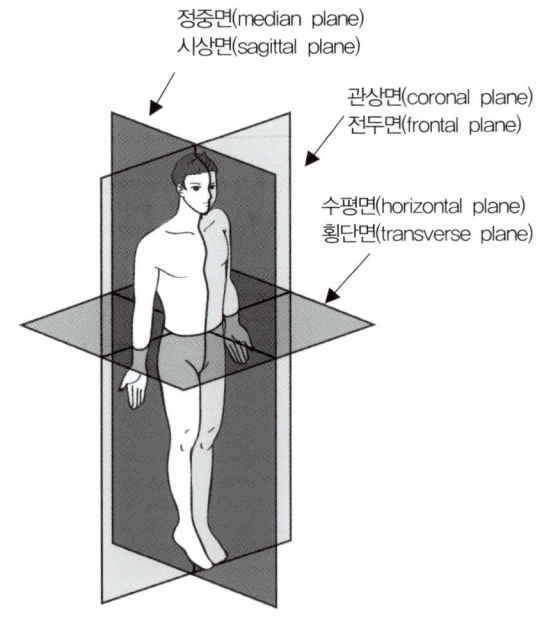

그림 2-5. 해부학적 자세(anatomical position)

3. 인체의 운동면과 축

인체에 그 무게중심을 통과하는 3개의 직교하는 축(axis)과 함께 면(plane)을 정의하면 인체의 구조와 모양, 운동을 기술하는 데 편리하다. 3개의 면은 각각 다른 두 면과 직각이며, 횡축과 시상면, 전후축과 관상면, 종축과 수평면은 각각 서로 직교한다(그림 2-6).

가. 운동면

1) 옆면(시상면, sagittal plane)

인체를 좌우로 나누는 면을 말하며, 특히 몸의 중심을 가로질러 인체를 좌우 대칭으로 나누는 면을 정중 시상면(정중면, midsagittal plane)이라고 한다.

2) 앞면(전두면/관상면, frontal plane/coronal plane)

인체를 앞뒤로 나누는 면이다.

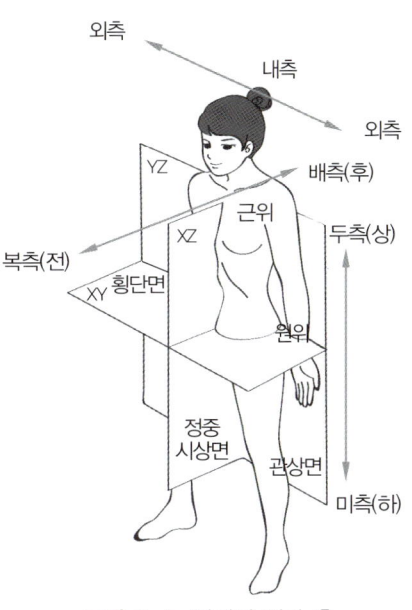

그림 2-6. 인체의 면과 축

3) 가로면(횡단면, transverse plane)

인체를 상하로 구분하는 수평면을 말한다.

4) 가로축(횡축, transverse axis)

무게중심을 좌우로 관통하는 축이다. 앞뒤 구르기나 앞뒤 공중회전을 할 때 이 축을 중심으로 회전한다.

5) 세로축(전후축, antero-posterior axis)

무게중심을 앞뒤로 통과하는 축으로, 세 축 중에서 회전관성이 가장 크다. 이 축을 중심으로 일어나는 운동에는 측전(손 짚고 옆으로 돌기)이 있다.

6) 수직축(종축, longitudinal axis)

무게중심을 위아래로 길게 통과하는 축이다. 세 축 중에서 회전관성이 가장 적다. 비틀기(twist)를 할 때 이 축을 중심으로 회전한다.

나. 방향을 나타내는 용어

신체의 부분을 기술하려면 신체를 전체로 본 관점에서 각 부분의 위치를 기술하여야 한다. 다음의 방향에 대한 용어들은 이러한 목적을 위해 쓰인다. 방향 용어는 항상 해부학적 자세를 기준으로 하여 기술한다(그림 2-7).

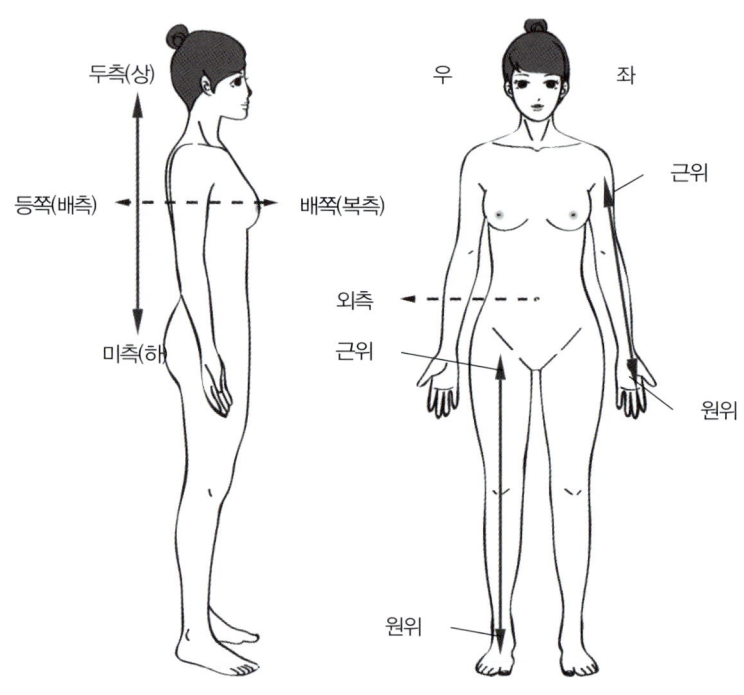

그림 2-7. 방향을 나타내는 용어

1) 앞{전, anterior 또는 ventral[배쪽(복측)]} 앞쪽 또는 상대적으로 앞쪽에 위치함을 뜻한다.

2) 뒤{후, posterior 또는 dorsal[등쪽(배측)]} 뒤쪽 또는 상대적으로 뒤쪽에 위치함을 뜻한다.

3) 위[상, superior 또는 cranial(머리쪽으로)] 가장 위쪽이나 위쪽을 뜻한다.

4) 아래[하, inferior 또는 caudal(꼬리쪽)] 가장 아래쪽 또는 아래쪽을 뜻한다.

5) 안쪽(내측, medial) 인체를 좌우로 나누는 수직선(정중 시상면)에 가까이 있음을 뜻한다.

6) 가쪽(외측, lateral) 인체를 좌우로 나누는 수직선(정중 시상면)에서 바깥 가장자리로, 멀리 있음을 뜻한다.

7) 몸쪽(근위, proximal) 부착점(이는곳)이 기시부(origin)에 가까운 쪽을 뜻한다.

8) 먼쪽(원위, distal) 부착점(이는곳)에서 먼 쪽을 뜻한다.

9) 얕은(표층, superficial) 체표면에 가까이 위치함을 나타낸다.

10) 깊은(심층, deep) 체표면 아래 깊게 위치함을 나타낸다.

4. 관절운동(articular movement)

관절(articulation)이란 두 개 또는 그 이상의 뼈 간의 접합 또는 연결 장소를 뜻한다. 관절은 움직임 유무에 따라 움직이지 않는 부동관절과 움직일 수 있는 가동관절로 구분된다.

가. 관절의 분류
1) 부동관절

부동관절은 움직임이 허용되지 않는 뼈들 사이의 관절 또는 접합부이다. 봉합(suture)과 인대결합(syndesmosis), 못박이관절(정식관절, gomphosis)의 3가지 형태가 있다. 봉합은 섬유조직의 얇은 층에 의해 연결된 뼈들에 의한 관절이다. 머리뼈가 봉합관절의 대표적인 예이다.

인대결합들은 뼈와 뼈 사이가 섬유조직에 의해 연결된 상태를 말한다. 자뼈(ulna)의 노뼈관절(radius articulates)과 정강뼈에 있는 종아리관절이 대표적인 예이다. 이러한 뼈들은 다리가 회전하거나 아래팔(전완)이 위 또는 아래를 향할 때처럼 하나로 움직이게 된다. 인대결합은 운동성이 거의 없기 때문에 '반관절(amphiarthoses)'이라고도 한다. 못박이관절은 원추형 돌기가 오목구조에 끼워져 있고 섬유조직에 의해 지지된 관절로서, 이(teeth)가 이틀에 끼워져 있는 것이 대표적 예이다.

2) 가동관절

가동관절(diarthroses)은 윤활관절(활막성관절, synovial joint)이라고도 하며, 자유롭게 움직일 수 있는 관절을 말한다(그림 2-8).

팔과 다리를 연결하는 대부분의 관절은 가동관절이다.

① 관절운동의 차원

윤활관절에는 6가지 형태가 있으며, 움직임의 축이 몇 개인가에 따라 무축성, 1축성, 2축성, 3축성 관절로 분류할 수 있다. 평면관절은 무축성 관절이며, 경첩관절과 중쇠관절은 1축성 관절이다.

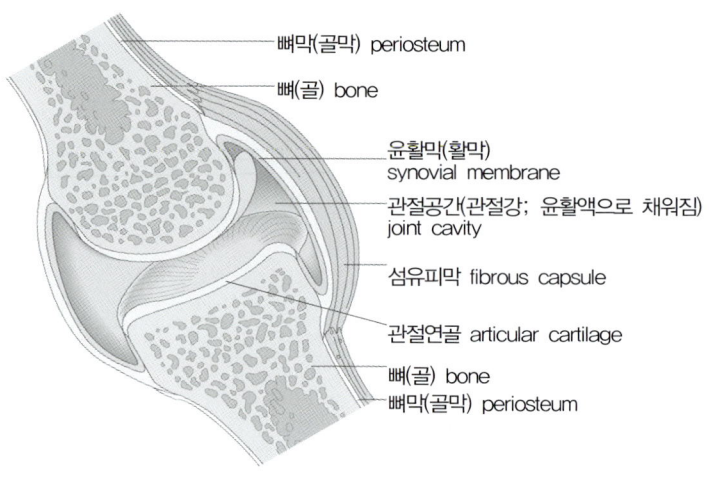

그림 2-8. 가동관절

타원관절과 안장관절은 2축성 관절이며, 절구관절은 3축성 관절로서 관절의 운동범위가 가장 크다.

- 미끄럼관절(활주관절, gliding joint)은 표면이 서로 평평하거나 약간 오목하고 볼록한 표면이 서로 마주보는 구조로, 미끄러지는 운동을 한다. 회전축이 없는 무축관절이므로 운동성이 낮다. 손목뼈와 발목뼈 사이의 관절, 견쇄관절에서 볼 수 있다(그림 2-9(d)).

- 경첩관절(접번관절, hinge or ginglymus joint)은 여닫이 문짝의 경첩처럼 볼록한 표면이 오목한 표면에 마주하고 있는 구조이다. 1축성 관절(홑축관절)이므로 굽힘(굴곡)과 폄(신전)의 운동만 할 수 있어 운동평면도 단일면일 수밖에 없다. 대표적인 관절로 팔꿈치와 무릎관절(슬관절), 손가락 관절이 있다(그림 2-9(a)).

- 중쇠관절(차축관절, pivot or trochoid joint)은 세로축(장축) 방향으로 형성된 오목한 뼈에 축 모양의 돌기를 가진 뼈가 회전하는 구조로 되어 있다. 따라서 1축 관절(홑축관절)에 속하며, 그 운동은 회전으로 제한된다. 팔꿈치에서 아래팔이 회내 또는 회외 동작을 할 때 요골과 척골이 만나는 근위부의 접점부위가 중쇠관절이다(그림 2-9(b)).

- 타원관절(ellipsoidal joint) 또는 과상관절(condyloid joint)은 타원 모양의 관절융기가 타원형의 공동과 만나는 형태의 융기관절이다. 2축성 관절이므로 상호 직각인 두 평면상의 움직임이 가능하다. 아래팔 노뼈와 손목의 일부 손목뼈 사이의 손목관절(요골손목관절, radiocarpal joint)이 대표적인 융기관절이다(그림 2-9(e)).

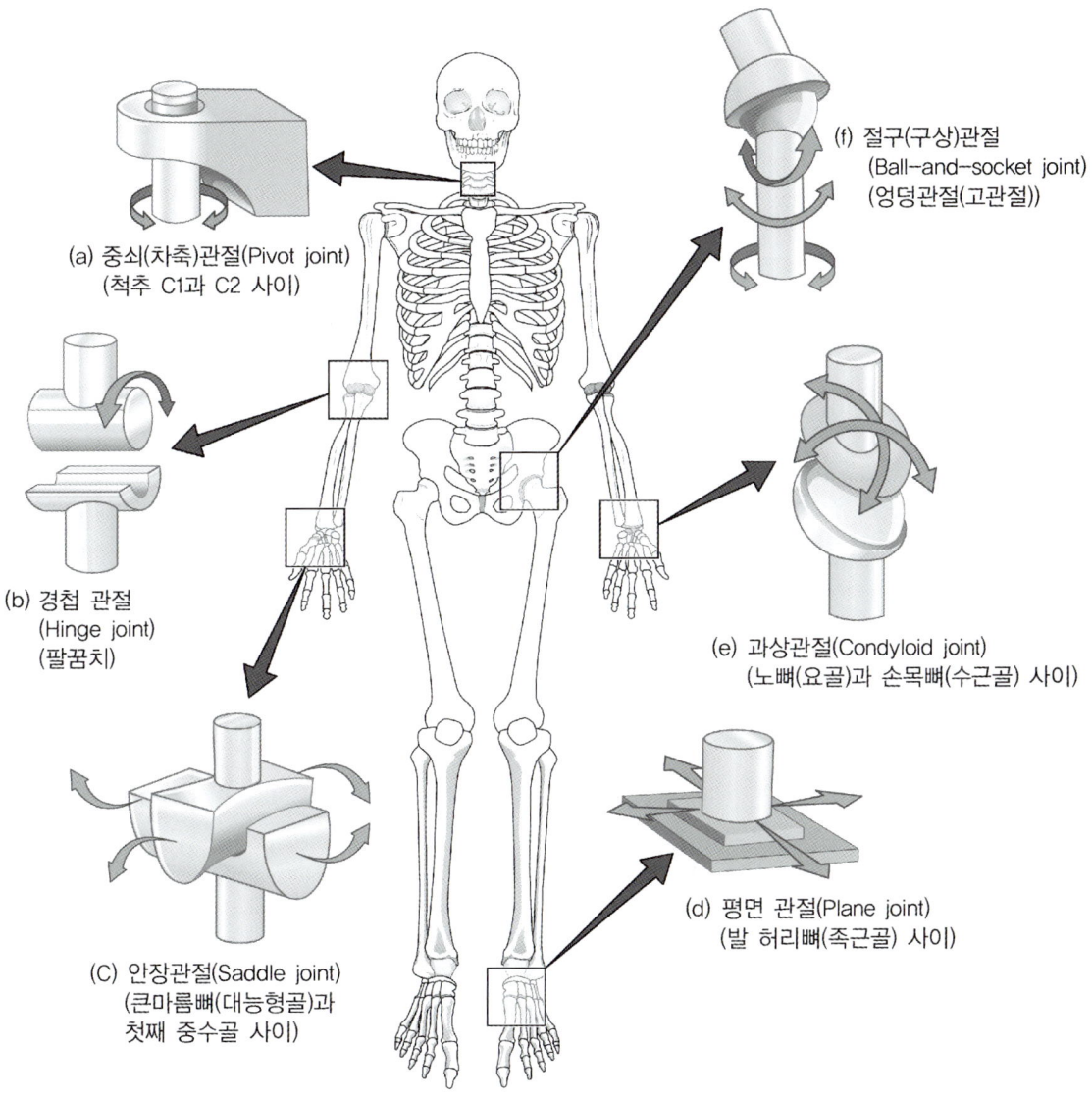

그림 2-9. 6가지 형태의 윤활(가동) 관절

- 안장관절(안상관절, saddle joint)은 한쪽 관절 표면이 한 방향은 오목하게 들어가 있고, 다른 쪽은 볼록하게 나와 있다. 마주하는 뼈의 관절 표면은 이에 맞추어 상대적으로 볼록하거나 오목한 형태이므로 두 개의 뼈 표면들이 잘 맞는다. 2축성 관절로서 서로 간에 직각으로 두 평면상의 운동이 가능하다. 즉, 굽힘(굴곡)과 폄(신전)뿐만 아니라 모음과 벌림이 가능하다. 이러한 구조는 엄지손가락의 반대쪽 운동을 가능하게 하므로 도구를 잡을 수 있게 해준다. 손목의 손목뼈와 엄지손가락에 있는 손허리뼈 사이의 관절인 손목 손바닥뼈 관절(carpometacarpal joint)에서 관찰된다(그림 2-9(c)).

- 절구관절(구상관절, ball-and-socket or spheroidal joint)은 공 모양의 뼈머리가 절구처럼 오목하게 들어간 뼈에 끼워진 형태를 갖는다. 3축성 관절로서 3가지 면에 대한 운동이 가능하므로 운동범위가 매우 크다. 어깨와 엉덩관절이 대표적인데, 어깨가 엉덩관절보다 훨씬 넓은 범위의 운동이 가능하다.

어깨관절은 위팔뼈(상완골)의 머리 부분이 어깨뼈(견갑골)의 관절오목에 끼워져 들어간 형태이다. 엉덩관절은 골반뼈의 절구 모양 오목구멍 안에 공 모양의 넙다리뼈(대퇴골) 머리가 끼워져 있는 형태이다(그림 2-9(f)).

나. 관절의 운동 유형

- 굽힘(굴곡, flexion)은 관절을 이루는 두 뼈 사이의 각도가 작아지게 하는 움직임을 나타낸다(그림 2-10). 폄(신전, extension)은 관절을 이루는 두 뼈 사이의 각도가 커지는 움직임으로, 굽힘의 반대 방향 움직임을 뜻한다(그림 2-10).

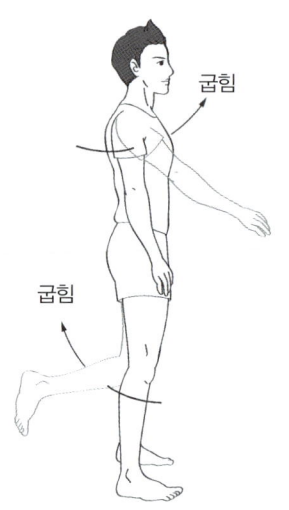

그림 2-10. 굽힘(굴곡)과 폄(신전)

- 과다젖힘(hyperextension)은 해부학적 위치를 넘어서서 관절 각도가 증가한 것이다.
- 벌림(외전, abduction)은 몸의 중심선으로부터 팔이 멀어지는 것이다(그림 2-11). 모음(내전, adduction)은 몸의 중심 쪽 가까이로 팔이 움직이는 것을 말한다(그림 2-11).

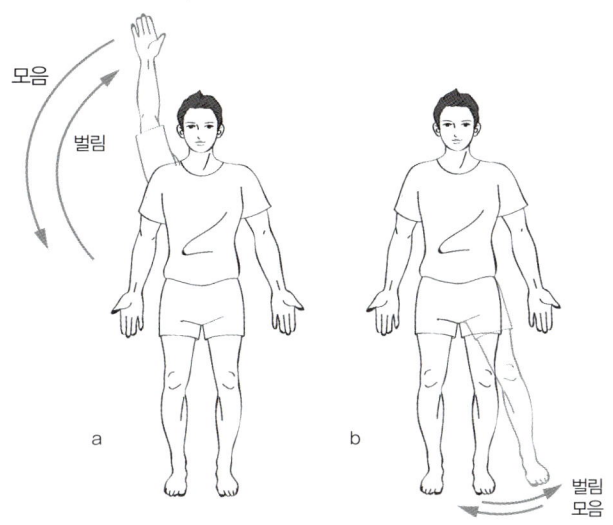

그림 2-11. 벌림(외전)과 모음(내전)

• 돌림(회전, rotation)은 머리를 좌우로 돌릴 때처럼 중심축 주위로 분절이 회전하는 것이다(그림 2-12). 휘돌림(회선, circumduction)은 어깨를 축으로 팔이 원뿔을 그리는 형태의 운동을 말한다(그림 2-12).

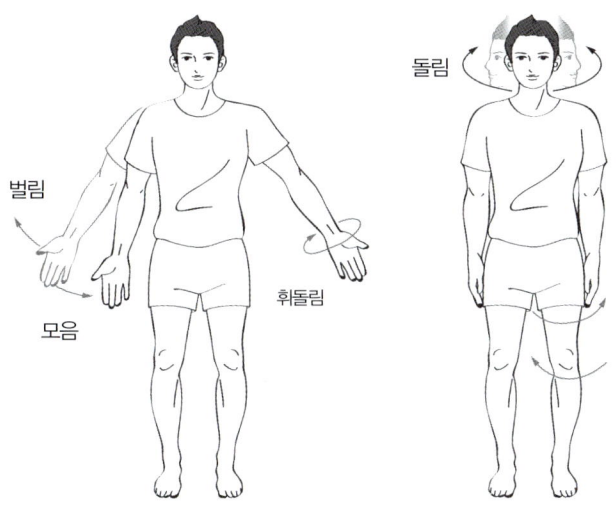

그림 2-12. 돌림(회전)과 휘돌림(회선)

• 뒤침(회외, supination)과 엎침(회내, pronation)은 아래팔과 손의 움직임을 나타내는 것이다(그림 2-13). 뒤침은 노뼈(요골, radius)와 자뼈(척골, ulna)가 평행하도록 아래팔뼈(전완골)를 움직이는 것이다. 다시 말해 손바닥이 위쪽 또는 앞쪽을 향하도록 손을 돌리는 것으로, 해부학적 자세가 된다. 엎침은 손바닥을 뒤쪽을 향하거나 아래쪽을 향하게 하는 것을 말한다.

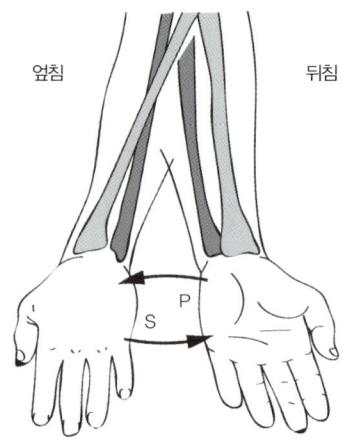

그림 2-13. 뒤침(회외)과 엎침(회내)

- 가쪽번짐(외번, eversion)과 안쪽번짐(내번, inversion)은 발의 움직임을 나타낸다(그림 2-14). 가쪽번짐은 발의 바깥쪽(새끼발가락 쪽)을 들어 올리는 동작이다. 안쪽번짐은 발의 안쪽(엄지발가락 쪽)을 들어 올리는 동작이다.

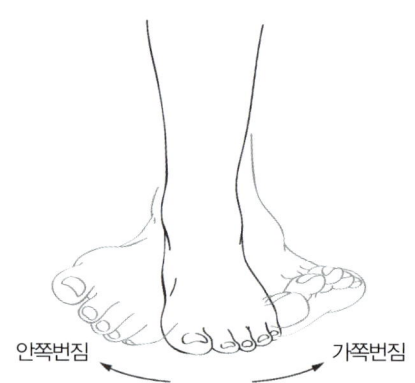

그림 2-14. 가쪽번짐(외번)과 안쪽번짐(내번)

- 내밂(돌출, protraction)은 수평면 상에서 앞쪽으로 움직이는 것을 말한다(그림 2-15). 후퇴(퇴축, retraction)는 내밂의 반대 움직임을 말한다(그림 2-15).

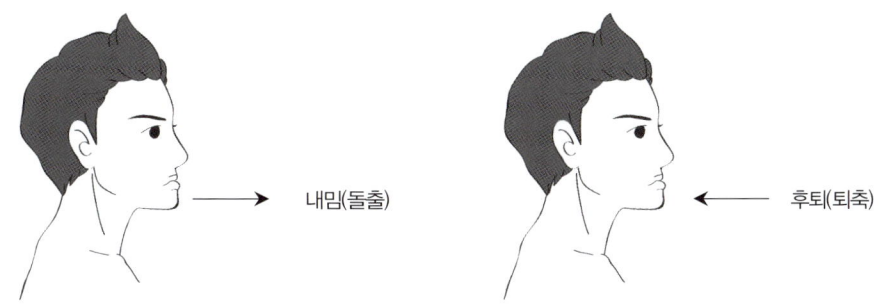

그림 2-15. 내밈(돌출)과 후퇴(퇴축)

- 올림(상전, elevation)은 어깨를 위로 올리는 것이고(그림 2-16), 내림(하전, depression)은 어깨를 아래로 내리는 것이다(그림 2-16).

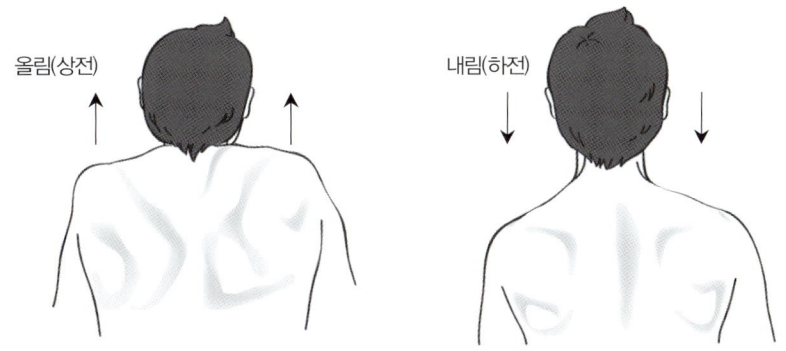

그림 2-16. 올림(상전)과 내림(하전)

- 맞섬(대립, opposition)은 엄지손가락에만 일어나며, 영장류에게만 있는 독특한 운동 능력이다. 엄지손가락 끝과 다른 손가락들을 모을 때 일어난다. 이러한 운동은 펜으로 글씨를 쓸 때처럼 도구를 이용할 수 있도록 해준다(그림 2-17). 위치복원(재배치, reposition)은 손가락이 원래 위치로 돌아갈 때 일어난다(그림 2-17).

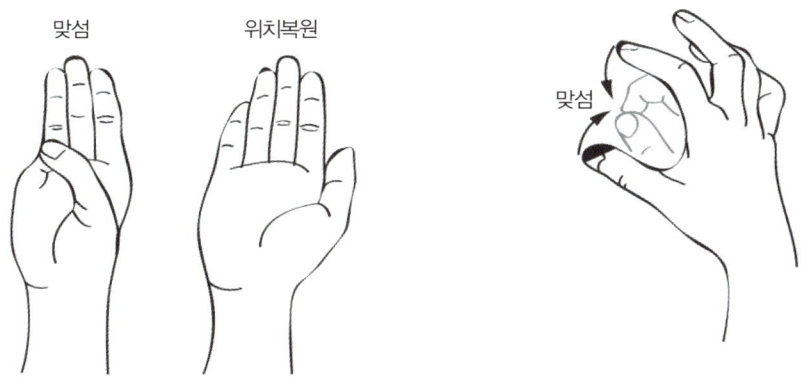

그림 2-17. 맞섬(대립)과 위치복원(재배치)

- 발등굽힘(배측굴곡, dorsiflexion)은 걸을 때 발을 내딛을 때처럼 발목관절에서 발등이 정강이를 향하게 구부리는 것이다(그림 2-18). 발바닥쪽굽힘(족저굴곡, plantar flexion)은 걸을 때 뒷발을 밀어낼 때처럼 발이 정강이에서 멀어지게 뻗는 것이다(그림 2-18).

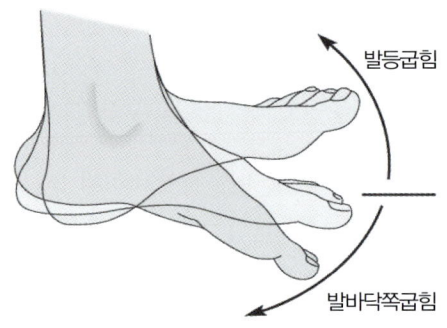

그림 2-18. 발등굽힘(배측굴곡)과 발바닥쪽굽힘(족저굴곡)

2장 운동의 종류

 학습목표

- 운동의 정의를 알아보고 그 원인을 이해한다.
- 운동의 원인에 따른 운동의 종류를 이해한다.

1. 운동의 정의와 원인

가. 운동(motion)의 정의

운동이란 어떤 물체나 신체의 위치가 시간이 지남에 따라 변하는 것을 의미한다. 운동을 일으키는 원인이 바로 힘(force)이며 물체나 신체에 힘이 작용하지 않으면 그 물체나 신체의 운동 상태는 변하지 않는다. 이와 같은 운동은 속도(velocity), 가속도(acceleration), 각속도(angular velocity), 각가속도(angular acceleration) 등의 다양한 역학량을 통해 표현되며 이러한 역학량을 가지고 운동의 상태를 표현한 법칙이 운동법칙(law of motion)이다. 이러한 물체나 신체의 운동 상태나 그 변화는 운동방정식(motion equation)에 의해 표현된다. 힘에 의해 이루어지는 모든 운동은 특정한 경로를 가지게 되는데 운동의 특성은 이 경로에 의해서 결정된다. 〈그림 2-19〉의 구심력과 편심력은 병진운동 및 회전운동을 일으키는 원인이 된다.

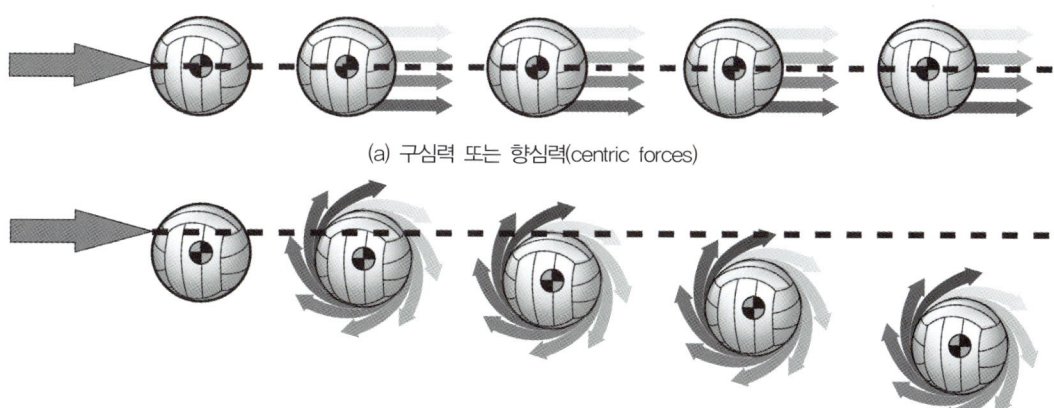

(a) 구심력 또는 향심력(centric forces)

(b) 편심력 또는 이심력(eccentric forces)

그림 2-19. 구심력과 편심력

나. 운동의 원인

1) 힘(force)

힘은 물체나 신체의 속도, 방향 등에 대하여 운동 상태를 바꾸거나 물체나 신체의 형태를 변화시키는 원인이다. 즉, 힘은 어떤 물체나 신체에 대하여 병진운동(translational motion)을 일으키는 원인이 되며 벡터(vector)로 표현한다. 어떠한 물체나 신체에 힘이 작용되면 물체나 신체의 운동속도, 방향 등이 변하게 되는데 이때 물체나 신체의 운동은 힘의 크기, 힘의 방향, 힘의 작용점에 따라 달라진다. 이 3가지 요소를 '힘의 3요소'라고 하며, 힘을 표시할 때는 이와 같은 '힘의 3요소'를 나타내주어야 한다. 힘의 크기는 가속도(a)와 물체나 신체의 질량(m)의 곱에 의해 결정된다. 힘(F)의 크기를 나타내는 단위에는 뉴턴(N), 다인(dyn), 킬로그램중(kgf) 등이 있으며, 크게 접촉력(contact force)과 비접촉력(non-contact force)으로 구분된다. 접촉력의 대표적인 예는 마찰력, 압력, 근력 등이 있으며 비접촉력의 대표적인 예는 중력 등이 있다. 이와 관련된 구체적인 내용은 본 교재의 '4부 운동역학의 스포츠 적용'에서 다루었다.

2) 모멘트(moment of force)

모멘트는 어떤 물체나 신체에 하나의 힘이 작용할 때 물체나 신체 내부의 한 점을 기준으로 이 힘이 물체나 신체를 얼마나 회전시킬 수 있는지를 나타내는 역학량으로서 회전운동(rotational motion)의 원인이 되며 벡터로 표현한다. 이러한 모멘트는 토크(torque)라고도 하며 단위는 Nm이다. 모멘트의 크기는 힘의 크기에 비례하고 회전의 기준점과 힘의 작용점 사이의 거리에 비례한다.

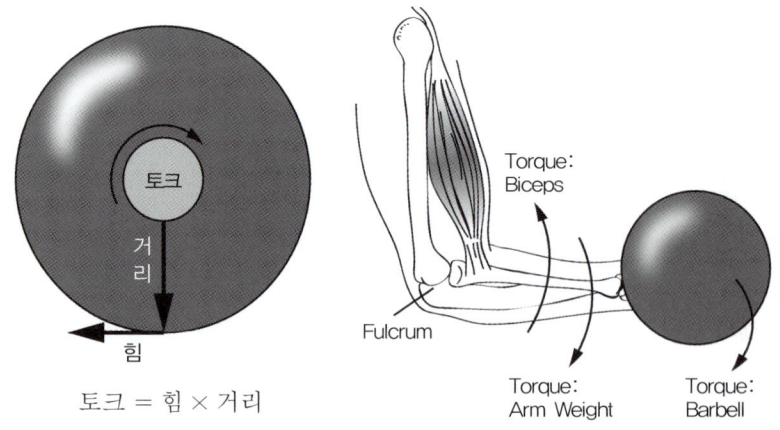

토크 = 힘 × 거리

그림 2-20. 모멘트(토크)

2. 병진운동(translational motion)

병진운동이란 움직이는 물체나 신체의 모든 입자가 같은 시간에 대하여 같은 방향과 같은 거리로 움직이는 것을 선운동(linear motion)이라고도 한다. 병진운동에는 직선운동(rectilinear motion)과 곡선운동(curvilinear motion)이 포함된다.

가. 직선운동(rectilinear motion)

어떤 물체나 신체 내의 모든 점이 상하 혹은 좌우로 똑같은 위치의 변화가 일어날 때 이 물체나 신체의 운동은 직선운동이라 한다.

그림 2-21. 직선운동

〈그림 2-21〉과 같이 운동의 방향과는 무관하게 물체나 신체 내의 임의의 두 점인 A와 A′에 대하여 A에서 B까지의 거리와 A′에서 B′까지의 거리가 같다면 이 운동은 직선운동에 해당한다. 다음은 직선운동에서 관찰되는 특정한 운동 형태에 대한 설명이다.

1) 등속운동(uniform motion)

속도가 일정한 운동, 즉 속도의 크기와 방향이 항상 일정하게 유지되는 운동을 뜻하며 등속직선 운동이라고도 한다. 등속운동에 의한 거리(distance) d는 v×t로 표시되며, 이때 v는 속도, t는 운동한 시간이다. 예를 들어 꾸준히 시속 100km/h로 주행하는 차량이 4시간 동안 이동한 총 주행거리는 400km이다. 또한 외력의 작용을 받지 않는 물체나 신체는 운동의 제1법칙인 관성의 법칙에 의해 등속운동을 지속한다. 관성의 법칙은 정지해 있는 물체나 신체는 정지 상태를 유지하려 하고 운동을 하는 물체나 신체는 그 운동 상태를 유지하려는 성질을 말하며(정지한 물체나 신체나 신체는 속도가 0인 등속운동 상태이다), 버스가 출발하거나 제동을 할 때 우리의 몸이 한쪽으로 쏠리는 경험이나 갑자기 잡아당긴 실이 끊어지는 것과 같이 실생활에서도 많이 관찰된다.

2) 등가속도운동(uniformly accelerated motion)

운동하는 물체나 신체의 가속도(속도의 변화율)가 일정한 운동으로 물체나 신체에 항상 일정한 힘이 작용할 때의 운동을 말한다. 수직낙하운동이 그 예이며 질량이 변하지 않는 경우 일정한 힘으로 운동하는 물체나 신체는 등가속도운동을 한다.

나. 곡선운동(curvilinear motion)

어떠한 물체나 신체의 움직임이 좌우, 상하의 병진운동이 합쳐진 운동을 의미한다. 다음의 〈그림 2-22〉은 곡선운동의 대표적인 예이다. 활강하는 스키어가 자세를 고정하고 슬로프를 따라 내려오는 모습(a), 회전 없이 던져진 물체나 신체나 신체의 투사체(b) 및 비행 중인 비행기가 그림과 같은 궤적으로 비행하는 모습(c)은 모두 곡선운동의 형태이다.

(a) 활강하는 스키어 (b) 투사체 (c) 비행 중인 비행기

그림 2-22. 곡선운동

다. 병진운동을 표현하는 역학량

① 거리(distance): 물체나 신체의 위치가 경로를 따라 이동한 길이의 합이며 스칼라로 표현한다.

② 변위(displacement, Δx): 물체나 신체나 신체의 위치가 바뀜에 따른 위치의 변화량(벡터)을 말한다. 처음 물체 또는 신체나 신체의 위치와 나중 물체 또는 신체나 신체의 위치를 직선으로 연결한 크기이다.

③ 속력(speed): 운동하는 물체나 신체의 빠르기를 나타내는 물리량으로서 단위 시간당 이동한 거리를 의미한다. 총 이동 거리에 대한 물체나 신체의 빠르기를 물체나 신체의 평균 속력(average speed)이라 하고, 운동을 하고 있는 순간에 대한 빠르기는 물체나 신체의 순간 속력(instantaneous speed)이라고 한다.

④ 속도(velocity): 운동하는 물체나 신체의 빠르기를 나타내는 물리량으로서 단위 시간당 이동한 변위를 의미한다. 총 이동 거리에 대한 물체나 신체의 속도를 물체나 신체의 평균 속도(average velocity)라 하고, 운동을 하고 있는 순간에 대한 속도는 물체나 신체나 신체의 순간 속도(instantaneous velocity)라고 한다.

⑤ 가속도(acceleration, a): 단위 시간당 속도의 변화율을 의미한다. 구체적인 내용은 선운동의 운동학적 분석에서 다루었다.

3. 회전운동(rotational motion)

물체나 신체가 한 점이나 한 축을 중심으로 움직이는 것을 회전운동 또는 각운동(angular motion)이라고 한다. 회전을 하는 물체나 신체의 회전축은 그 물체나 신체의 내부 또는 외부에 임의로 존재할 수 있다. 병진운동을 하는 물체나 신체의 속도와 가속도 등에 대응되는 역학량으로 각속도와 각가속도 등이 있으며 회전운동을 유지하려는 경향을 나타내는 관성모멘트(moment of inertia)를 가진다. 관성모멘트는 직선운동에서 질량에 대응하는 역학량으로서 물체나 신체의 질량에 비례하고, 회전의 기준점과 물체나 신체 간 거리의 제곱에 비례한다. 다음의 〈그림 2-23〉은 신체의 움직임에서 관찰되는 전완의 회전운동(a)과 골프클럽의 회전운동(b)에 대한 예시이다.

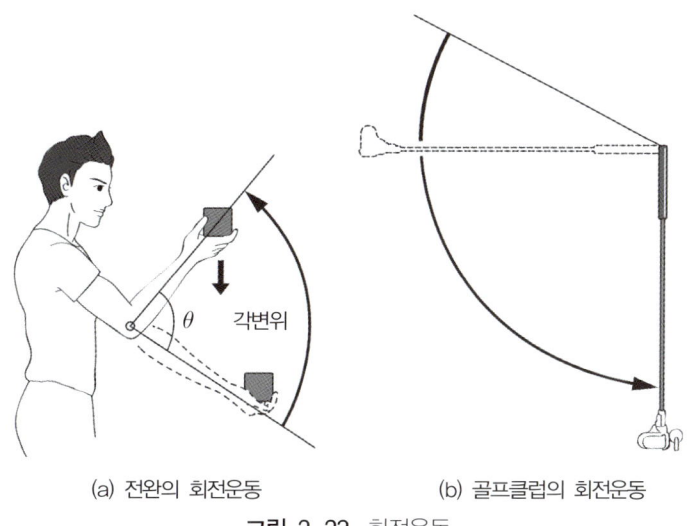

(a) 전완의 회전운동　　(b) 골프클럽의 회전운동

그림 2-23. 회전운동

가. 회전을 표현하는 역학량

① 각거리(angular distance): 임의로 고정된 축으로부터 연결된 두 점 사이의 각도를 시간의 흐름에 따라 모두 합한 각도를 의미하며 스칼라로 표현한다.
② 각변위(angular displacement): 물체나 신체의 회전에 따른 각위치의 변화량을 의미한다. 두 점 사이의 처음각에서 나중각의 차로 계산되며 벡터로 표현한다.
③ 각속력(angular speed): 물체나 신체의 회전운동에서 그 물체나 신체가 단위 시간 동안 회전한 각거리를 말한다.

④ 각속도(angular velocity): 물체나 신체의 회전운동에서 그 물체나 신체가 단위 시간 동안 회전한 각 변위를 의미한다.
⑤ 각가속도(angular acceleration): 단위 시간당 각속도의 변화율을 의미한다.
구체적인 내용은 뒤에 나오는 각운동의 운동학적 분석에서 다루었다.

4. 복합운동(general motion)

복합운동은 병진운동 및 회전운동이 결합된 복합적 운동으로서 신체 운동의 대부분이 이에 해당된다. 다음 〈그림 2-24〉는 보행과 체조 동작에서 관찰되는 복합운동의 예시이다. 보행 시 신체의 무게중심은 보행을 하는 방향으로 병진운동을 하며 사지는 반복적인 회전운동과 병진운동을 한다(a). 또한 체조선수가 공중에서 회전을 하며 착지하는 동작에서도 임의의 고정된 축을 중심으로 회전운동과 병진운동이 동시에 이루어짐을 알 수 있다(b).

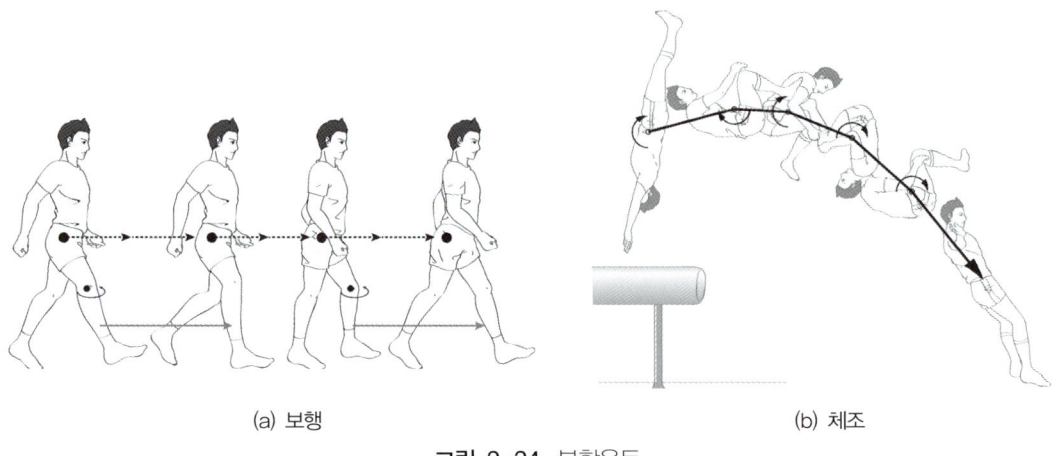

(a) 보행 (b) 체조

그림 2-24. 복합운동

Ⅲ부
인체 역학

이 단원에서는 인체의 무게중심이 왜 중요한가, 나아가 무게중심의 위치를 변경하는 원리를 이해하기 위해 지지 기저면, 안정성, 균형성, 중심선의 개념을 소개한다. 또한 중심이 위치하고 있는 코어의 중요성, 코어 안정성, 코어 운동성 운동을 소개한다.

1장 인체의 물리적 특성

학습목표

- 질량과 무게의 개념을 명확하게 이해한다.
- 운동과 무게중심, 지지 기저면, 안정성, 균형, 중심선과의 관계를 이해한다.
- 무게중심이 위치하는 코어의 중요성을 이해한다.
- 코어 안정성, 코어 운동성을 이해하여 상해예방을 위한 코어 훈련 방법을 개발할 수 있는 능력을 기른다.

1. 질량과 무게

가. 질량(mass)

질량은 어떤 물질이 가지고 있는 고유한 역학량을 의미하며 국제단위계(SI)의 단위는 킬로그램(kg)이다. 이러한 질량은 일상생활 중에 '무게'를 통해 쉽게 느낄 수 있으며 〈그림 3-1〉과 같이 물질이 존재하는 장소에 상관없이 일정하다. 한편 우리는 일상에서 킬로그램을 무게의 단위로 사용하는 경우가 많이 있다. 하지만 엄밀하게 말해서 무게의 단위는 킬로그램중(kg·g)으로 사용하는 것이 올바른 것이며, 이러한 킬로그램중은 물체가 지구의 중력에 의해서 받는 힘을 의미한다.

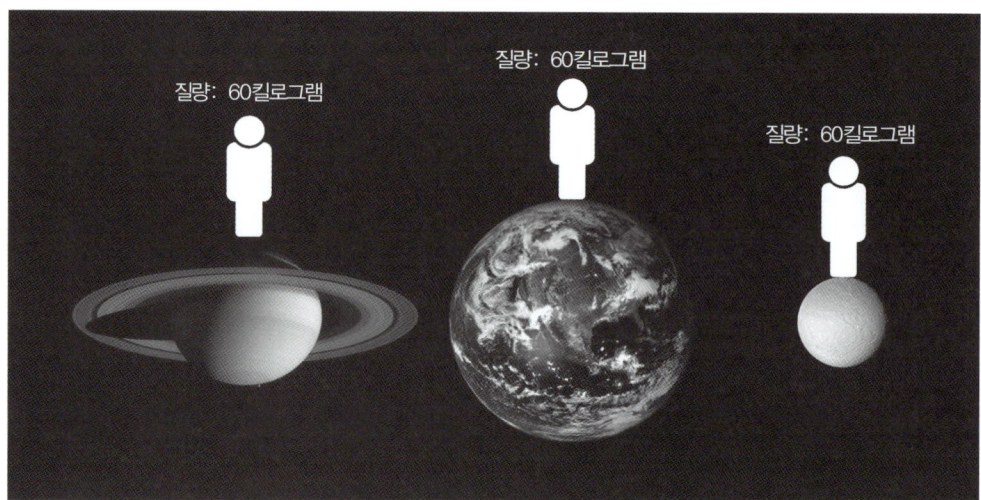

그림 3-1. 질량(mass)의 불변

나. 무게(weight)

무게는 지구가 물체에 가하는 중력의 크기를 의미하며 중량이라고도 한다. 흔히 질량과 혼동하기 쉬우나 질량(m)에 중력가속도(g)가 곱해진 양($m \times g$)으로 정의되며 국제단위계(SI)의 단위는 kg·g(kilogram-force, 킬로그램중), N(newton, 뉴턴), lb(pound, 파운드), dyn(다인) 등이 있다.

중력은 질량을 가지는 두 개의 물체 사이에 작용하는 힘으로서 두 물체 사이에 다른 무언가가 있다고 해도 변함이 없다. 뉴턴은 질량을 가지는 두 물체 사이의 거리가 r일 때, 두 물체(m_1, m_2) 사이에 작용하는 중력의 세기(F)를 다음과 같은 만유인력의 법칙(law of universal gravity)으로 제시했다.

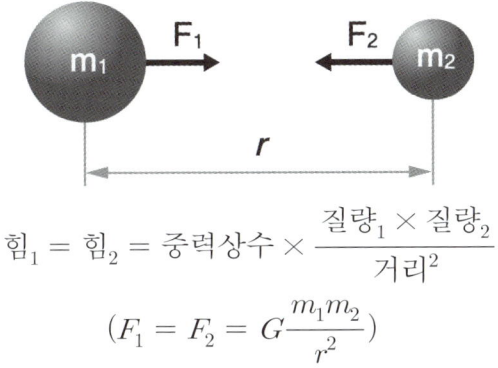

$$\text{힘}_1 = \text{힘}_2 = \text{중력상수} \times \frac{\text{질량}_1 \times \text{질량}_2}{\text{거리}^2}$$

$$(F_1 = F_2 = G\frac{m_1 m_2}{r^2})$$

여기서 G는 중력상수(6.67384×10^{-11} m$^3 \cdot$s$^{-2} \cdot$kg^{-1})이며 m_1을 지구의 질량(5.97219×10^{24}kg), r은 지구의 반지름(6,378.1km)이다. 뉴턴의 가속도 법칙($F = m \times a$)을 적용하여 구한 가속도 a는 다음과 같다.

$$m_2 \times a = (6.67384 \times 10^{-11} m^3 s^{-2} kg^{-1}) \times \frac{5.97219 \times 10^{24} kg \times m_2}{6,378.1 km^2}$$

$$a \approx 9.8 m/s^2$$

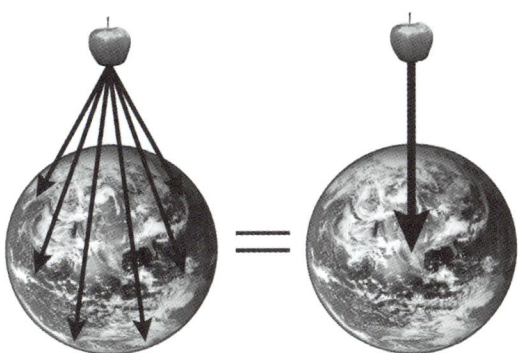

그림 3-2. 사과에 작용하는 중력의 크기는 지구의 각 부분이 사과에 작용하는 중력의 합과 같다. 따라서 사과는 지구의 중심 방향으로 중력의 작용을 받는다.

이때 가속도 a는 〈그림 3-2〉와 같이 지구의 중력에 의해 물체가 지구의 중심 방향으로 받는 가속도를 말하며, g로 표기한다. 따라서 지구 위에 존재하는 모든 물체는 지구의 중심방향으로 지구의 중력에 의해 힘을 받게 되는 것이며 그때의 가속도가 약 $9.8m/s^2$인 것이다. 즉, 무게는 이러한 중력가속도(g)에 질량(m)이 곱해진 값으로, 측정하는 장소에 따라 달라질 수 있다. 예를 들어, 〈그림 3-3〉과 같이 달에서 측정하는 60kg의 질량을 가지는 신체의 무게는 $9.78kg \cdot g$(달의 중력가속도: $1.63m/s^2$)으로 지구에서 측정하는 무게인 $58.8kg \cdot g$의 약 1/6 정도이다. 또한 같은 지구에서 측정하는 무게일지라도 측정하는 장소의 고도에 따라 무게는 달라진다.

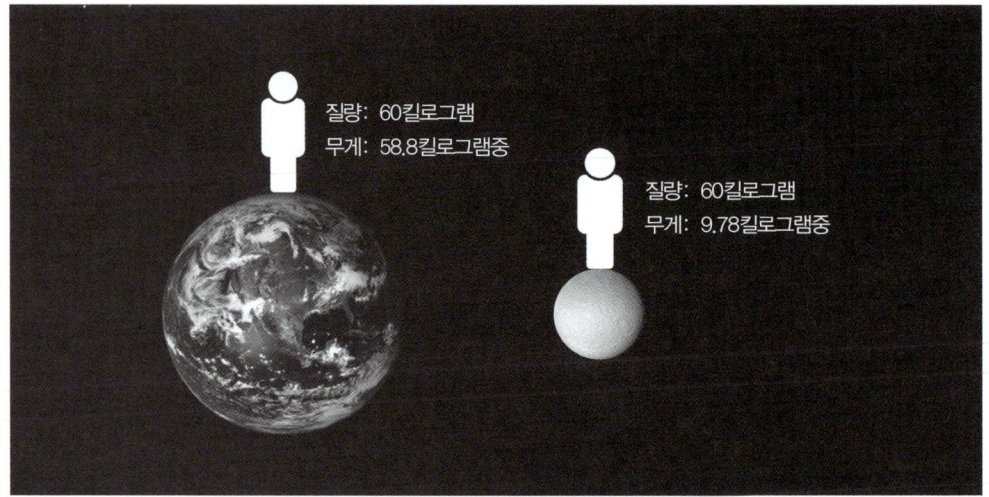

그림 3-3. 지구와 달에서의 질량과 무게

2. 인체의 무게중심

가. 무게중심

무게중심은 물체의 무게를 균등하게 나누어 균형을 이루게 하는 점이다. 그러므로 무게중심은 '균형점'이라고도 할 수 있으며, 물체의 위치, 모양과 밀접한 관계가 있다.

기하학에서 삼각형의 무게중심은 삼각형의 세 꼭짓점에서 각 꼭짓점의 마주보는 변의 중심점을 연결하고, 3개의 연결선이 만나는 하나의 점이다. 이때 삼각형의 중심을 가운데로 하여 사방으로의

> **무게중심**
> 물체의 무게를 균등하게 나누어 균형을 이루게 하는 점. '균형점'이라고도 한다.
> **균형**
> 정지해 있거나 움직이는 지지 기저면에 대해 몸의 무게중심을 제어하는 과정(Rose, 2003)

그림 3-4. 삼각형의 무게중심

무게는 균등하다(그림 3-4 참조).

이제 삼각형 위에 다른 삼각형을 세워보자(그림 3-5 참조). 어떻게 하면 삼각형의 뾰족한 꼭짓점 위에 다른 삼각형을 세울 수 있을까? 꼭짓점 위에 세우려는 삼각형의 무게중심과 아래에 있는 삼각형의 무게중심을 서로 연결했을 때, 그 연결선 상에 두 무게중심이 위치하면 삼각형은 쓰러지지 않고 균형을 유지할 수 있다. 이 선이 중심선 혹은 중심 연결선이다. 중심선 안에 모든 삼각형의 중심이 일치할 때 뾰족한 삼각형 꼭짓점 위에 다른 삼각형이 놓여도 쓰러지지 않고 안정을 유지할 수 있게 된다. 이것이 무게중심이 안정성뿐만 아니라 균형과도 밀접한 관계를 가지는 이유이다. 균형이 잡혔다는 것은 안정성이 있다는 말로도 표현할 수 있기 때문이다.

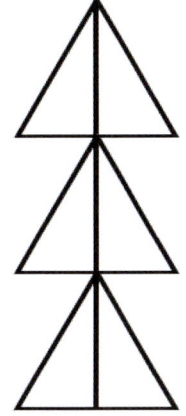

그림 3-5. 삼각형 위에 다른 삼각형 세우기

아래 〈그림 3-6〉의 A, B, C 사람 탑 중 쓰러지지 않는 사람은 누구일까? 아래에 있는 사람과 위에 있는 사람의 무게중심을 연결했을 때 두 무게중심 연결선(중심선)이 일치하는 A 위에 있는 사람이 떨어지지 않는다. B와 C는 아래에 있는 사람과 위에 있는 사람의 무게중심 연결선이 일치하지 않아 위에 있는 사람이 떨어지게 된다. 이렇듯 무게중심은 안정성, 균형과 밀접한 관계를 가지고 있다. 이러한 의미에서 무게중심은 균형점이라고 할 수 있다.

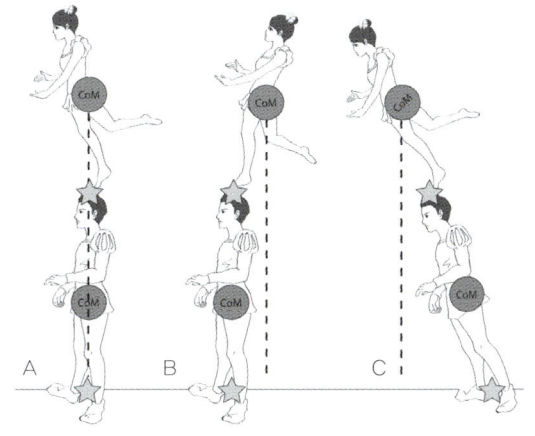

그림 3-6. 무게중심 연결선

> **중심선**
> 무게중심을 중력 방향으로 내린 선

이제 무게와 모양이 다른 물체의 중심에 대해 이야기해보자. 다음 〈그림 3-7〉은 서로 다른 무게를 막대 양끝에 올려놓고 두 물체를 떨어뜨리지 않고 균형을 유지하려고 한다. 막대의 어느 부분을 잡아야 막대 위에 있는 다른 무게의 물체가 떨어지지 않을까? 막대 끝에 걸려 있는 각각의 물체에 작용하는 힘은 중력 중심 방향으로 W1, W2이다. 아르키메데스의 지렛대 법칙에 따라 무게중심은 W1×d1=W2×d2의 공식을 충족하는 선상에 있다. 여기에서 d1과 d2는 막대 양끝에 있는 물체의 무게중심부터 축까지의 거리이다. 예를 들어 m_1이 30kg, m_2가 20kg, 막대의 길이가 1m이면, 두 물체의 균형을 유지하고 있는 막대의 무게중심은 가벼운 물체 중심으로부터 0.6m인 지점, 무거운 물체 중심으로부터 0.4m인 지점이 된다. 즉, 균형을 잡아주는 중심의 위치는 무게가 무거운 쪽에 가깝게 위치한다. 무게의 중심이기 때문에 무거운 쪽에 가까운 것이다.

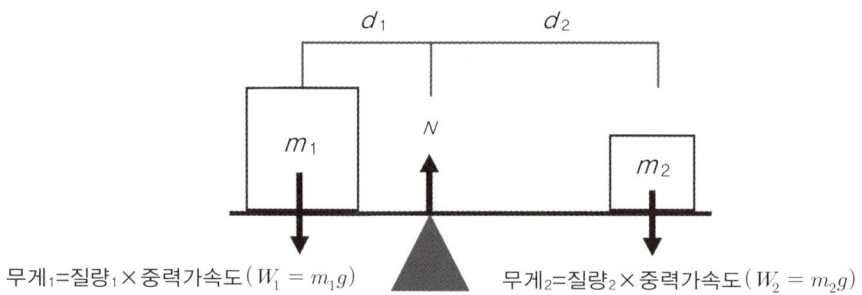

그림 3-7. 무게가 다른 두 물체 사이의 무게중심

나. 인체의 무게중심

움직이고 있는 물체의 무게중심은 운동의 특성에 따라 위치가 변화한다. 그러므로 움직인다는 것은 무게중심의 위치를 변화시키는 것과 같다고 할 수 있다. 어떤 물체의 윗부분에 무게중심이 있으면 물체는 매우 불안정한 상태가 되어 쉽게 쓰러진다. 하지만 무게중심이 물체의 아랫부분에 있으면, 안정한 상태가 되어 잘 쓰러지지 않는다. 그러므로 무게중심은 물체의 안정성과 밀접한 관계를 갖는다.

보통 인체의 무게중심은 배꼽 근처에 있다. 여자는 둔부의 발달로 남자보다 약간 아래에 위치한다. 〈그림 3-8〉을 보면 아기를 어깨 위에 올린 아빠의 무게중심은 원래의 위치보다 위에 있음을 볼 수 있다. 가방을 오른 어깨에 멘 남자의 무게중심은 역시 오른쪽으로 기울어져 있고, 책을 가슴에 안은 여자의 무게중심은 앞 방향으로 쏠려 있으므로 이것을 방지하기 위해 상체를 뒤로 밀어내고 있다. 이것이 허리에 부담을 줄 것이다. 이렇듯 우리는 무게가 더해진 방향으로 무게중심이 향하고 있는 것을 알 수 있다.

그림 3-8. 무게중심의 위치 변화

다. 인체 활동과 무게중심

인체의 무게중심은 삼각형의 무게중심처럼 간단하게 찾아낼 수 없다. 왜냐하면 인체는 다양한 크기와 모양을 가진 분절들로 이루어지기 때문이다. 인체는 크게 1개의 머리, 2개의 팔, 1개의 몸통, 2개의 다리로 6개 분절의 연결체이다. 머리가 동그랗다고 가정할 수 있다면 원의 어느 한 지점에서 마주보는 점과 연결하여 만나는 점이 무게중심이 된다(그림 3-9 참조). 그러나 머리는 동그란 원이 아니다. 양팔은 위팔, 아래팔, 손으로 구성되어 있다. 다리는 허벅지, 정강이, 발의 분절로 연결되어 있다. 이렇게 모양도 다르고 크기도 다른 인체의 무게중심은 어떻게 찾을 수 있을까?

그림 3-9. 원의 무게중심

인체의 무게중심을 계산하는 방법은 여러 가지가 있다. 여기에서는 정적 자세와 동적 자세 시 무게중심을 계산하는 방법을 소개한다. 무게중심 계산 방법을 이해하면서 정적일 때와 움직일 때 무게중심의 위치를 아는 것이 왜 중요한지 생각해본다.

1) 정적 자세 시 무게중심 찾기

① 균형판법(Balance Board Method)
- 저울을 이용하여 직립 자세의 무게를 측정한다.
- 균형판의 한쪽에는 저울을 설치하고, 다른 한쪽에는 축을 설치하여 수평으로 균형을 잡는다. 균형판의 무게(A)를 측정한다.
- 머리는 저울을 향하고 다리는 축을 향하게 하여 똑바로 눕는다. 이때의 무게(B)를 측정한다.
- 균형판의 길이를 측정한다. 균형판의 길이는 그림에 표시된 대로 판이 저울에 닿은 부분부터 축까지의 길이이다.

- 균형판 위에 누워 있는 인체의 무게(체중)를 구한다. 이 무게는 B의 무게에서 A의 무게를 뺀 값이다.
- 지레의 원리를 이용하여 인체의 무게중심을 계산한다.

  무게중심의 높이 = 균형판 무게 × 균형판 길이 / 전체 체중
- 무게중심의 높이를 신장으로 나누어 무게중심점의 높이에 대한 비율을 구한다.

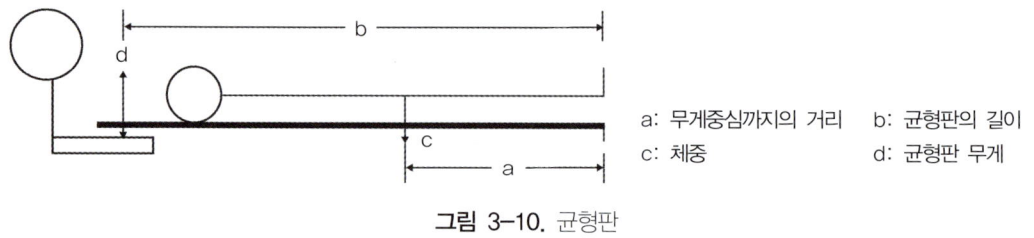

a: 무게중심까지의 거리   b: 균형판의 길이
c: 체중   d: 균형판 무게

그림 3-10. 균형판

표 3-1. 균형판을 이용한 무게중심 계산방법

몸무게 =	kgs
키 =	cms
균형판 무게 =	kgs
균형판 길이 =	cms
균형판 위의 체중 =	kgs
균형판의 무게를 뺀 체중 =	kgs
균형판의 무게를 뺀 체중 = 균형판 위의 체중 - 균형판 무게	
무게중심점의 높이 =	cms
무게중심점의 높이 = 균형판의 무게를 뺀 체중 × 균형판 길이 / 체중	
키에 대한 무게중심의 비율 =	%

② 매다는 방법

매달아서 무게중심을 찾는 방법은 물체의 모양이 복잡하여 중심의 위치를 찾기가 어려울 때 사용하는 방법이다.

- 추에 실을 묶는다.
- 무게중심을 구하고자 하는 물체의 귀퉁이를 실로 묶어 손으로 든다.
- 추가 아래를 향하여 줄을 당기고 있을 때 줄이 향하고 있는 방향과 같은 선을 긋는다.
- 다른 모퉁이에 줄을 묶은 뒤 손으로 든다.
- 위와 같은 방법으로 선을 긋는다.
- 여러 개의 선이 만나는 점이 중심이다.

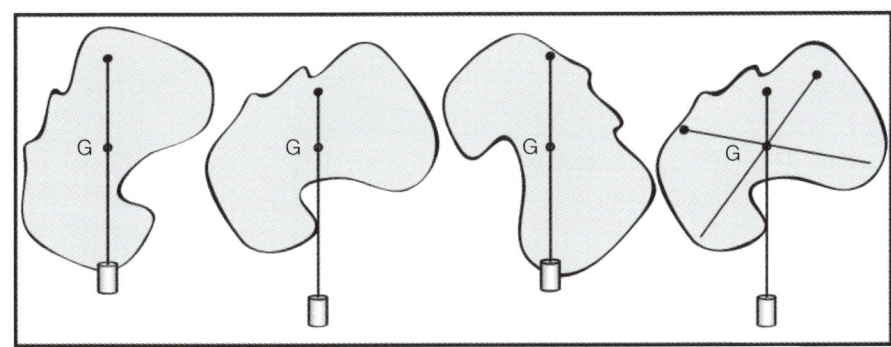

그림 3-11. 매달아 무게중심을 구하는 방법

2) 운동하는 인체의 무게중심

움직이는 인체의 무게중심의 위치에 관한 지식은 움직임을 이해하는 데 필요하다. 무게중심은 인체가 어떻게, 어떤 방향으로 향하는지, 인체가 어떻게 이 위치에서 저 위치로 이동하는지를 가장 잘 설명해주는 점이다. 왜냐하면 그것이 분절의 위치에 따른 동작을 설명하고, 앞으로의 동작을 예측할 수 있게 해주기 때문이다.

움직이는 인체의 무게중심(center of gravity)은 여러 가지 요인에 의해 영향을 받는다. 즉, 무게중심은 여러 분절 무게가 어떻게 분포되어 있느냐에 따라, 그리고 이러한 분절들의 위치에 따라 변화한다. 분절 무게의 분포가 사람마다 다르듯이 남자와 여자도 다르다. 1955년 뎀스터(Dempster)는 사체를 가지고 전체 체중에 대한 신체 각 분절의 평균 무게 %를 구하기 위해 각 분절을 잘라 냉동시켜 저울로 달아 무게를 구하였고, 분절들을 매다는 방법을 이용하여(그림 3-11 참조) 각 분절의 무게중심의 위치를 찾아내어 분절 길이에 대한 % 거리를 구하였다.

이것이 동적 자세 시 인체 무게중심의 위치를 찾아내는 뎀스터(1955)의 분절 중심을 이용한 무게중심 계산법이다. 그의 실험 덕분에 우리는 체중만 알면 분절의 무게를 계산할 수 있다. 또한 움직이는 인체의 무게중심을 구할 수 있다. 뎀스터의 실험결과는 인체 분절의 무게중심의 위치뿐만 아니라 어떻게 분절 무게와 위치가 인체 중심의 위치에 영향을 미치는지를 이해할 수 있게 되었고, 나아가 무게가 각각 다른 분절들이 연결되어 있는 움직이는 인체에서 중심의 위치가 각 분절들과 어떤 관계를 가지면서 어떻게 움직임을 유도하는지 이해할 수 있게 되었다. 그러나 뎀스터의 분절 중심을 이용한 무게중심 계산법은 2차원적인 분석이라는 한계를 가진다.

〈표 3-2〉에 뎀스터의 전체 체중에 대한 분절 무게 비율과 신체 분절의 근위, 원위 점에서의 무게중심의 위치에 대한 비율자료를 제시한다.

표 3-2. 뎀스터의 2차원 분절 무게 비율과 신체 분절 중심 비율

분절	관절 중심점 (근위에 대한 원위)	분절 무게/체중 (p)	분절 무게중심/분절 길이	
			근위	원위
머리	C7-T1부터 외이도까지	0.0810	1.000	0.000
손	손목의 중심부터 세 번째 손가락의 두 번째 손가락관절까지	0.0060	0.506	0.494
하완	팔꿈치 중심부터 척골 경상돌기까지	0.0160	0.430	0.570
상완	견갑상완관절부터 팔꿈치 중심까지	0.0280	0.436	0.564
하완 & 손	팔꿈치 중심부터 척골 경상돌기까지	0.0220	0.682	0.318
팔	견갑상완관절부터 팔꿈치 중심까지	0.0500	0.530	0.470
발	비골부터 두 번째 중족골 머리	0.0145	0.500	0.500
정강이	대퇴골과부터 안쪽 복사까지	0.0465	0.433	0.567
허벅지	대퇴골의 대전자부터 대퇴골과까지	0.1000	0.433	0.567
정강이 & 발	대퇴골과부터 안쪽 복사까지	0.0610	0.606	0.394
다리	대퇴골의 대전자부터 안쪽 복사까지	0.1610	0.447	0.533
몸통	대퇴골의 대전자부터 견갑상완관절까지	0.4970	0.495	0.505

〈그림 3-12〉는 달리는 순간의 동작을 뎀스터(1955)의 분절 중심 계산을 통해 무게중심을 찾아낸 것이다. 이 사람은 한 팔과 다리를 몸의 진행 방향인 앞 방향으로 이동시켜 무게중심의 위치 또한 복부의 앞쪽으로 이동시켰다. 이때 무게중심 연장선(중심선)을 중력 방향으로 그어보면 들려 있는 앞발의 끝에 와 있어 매우 불안정한 자세임을 알 수 있다. 단거리달리기의 출발 동작에서는 순간적으로 무게중심선이 기저면을 벗어나 신체의 균형이 흐트러지지만 바로 다음 발을 내딛어 새로운 기저면을 형성하므로 넘어지지 않고 달릴 수 있는 것이다. 그러므로 빠른 속도로 뛸 수 있는 사람은 신속하게 팔다리를 진행 방향으로 이동시켜 무게중심을 자신의 몸 밖에 둘 수 있는 사람이라고 할 수 있다.

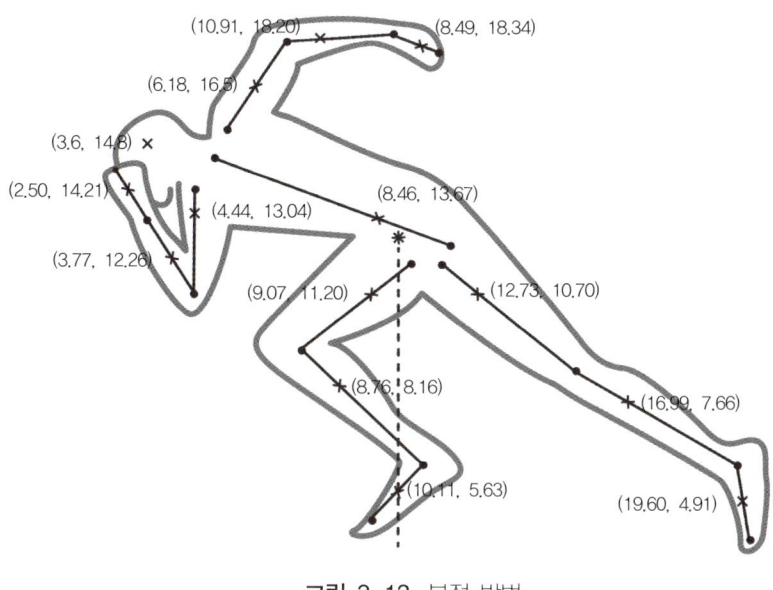

그림 3-12. 분절 방법

라. 무게중심 이동의 원리

인체의 무게중심을 아는 것은 왜 필요할까? 인체의 움직임과 무게중심은 어떤 관계를 가질까? 인체의 정적 자세는 무게중심을 고정시킨 것이다. 인체의 동적 움직임은 무게중심의 위치를 바꾸어야 가능하다. 그러므로 움직인다는 것은 무게중심을 이동시키는 것이라고 할 수 있다. 그렇다면 우리는 어떻게 무게중심을 고정시키고, 어떻게 무게중심의 위치를 변화시킬까?

정적인 자세에서 무게중심의 위치를 고정시키는 것은 분절의 위치를 변화시키지 않으면, 즉 분절을 고정시키면 가능해진다. 그렇다면 동적인 자세에서 무게중심의 위치를 변화시키는 방법은 사지의 위치를 변화시키면 가능해진다. 성인이 앞 방향으로 걷는 것은 무릎을 들어 올려 무게중심의 위치를 위와 앞으로 이동시켜 가능한 것이다. 위와 앞 방향으로 다리를 들어 올려 내미는 것은 무게를 위와 앞 방향으로 이동시켜 무게중심을 앞으로 이동하게 하여 걷는 것이다. 머리의 무게가 가장 무겁고, 무릎 분절의 움직임이 덜 발달된, 보행을 막 시작하는 어린아이의 경우, 가장 무거운 머리를 앞으로 내밀어 무게를 앞 방향에 두면서 무게중심의 위치를 앞 방향으로 이동시켜 걷는 전략을 이용한다. 즉, 움직임은 분절의 위치를 움직이고자 하는 방향으로 이동하여 무게중심의 위치를 변화시켜 가능한 것이다. 지구상의 모든 움직이는 동물은 자신의 분절을 움직이고자 하는 방향으로 이동시켜 움직임을 만든다. 누워 있는 아기는 머리를 이동하고자 하는 방향으로 돌려 무게를 쏠리게 하고 무게가 쏠린 방향으로 돌아가게 된다. 어린아이의 운동 발달을 보면 무게중심 이동 원리를 잘 이용하고 있음을 알 수 있다. 암벽을 타는 사람들의 모습을 보면 먼저 가고자 하는 방향으로 무게중심을 이동시켜놓고 팔, 다리를 움직인다. 마치 춤을 추는 듯한 움직임을 볼 수 있다. 레슬링이나 유도, 스모 같은 스포츠에서도 무게중심 이동의 원리는 적용된다. 두 사람이 마주 잡고 상대방을 쓰러뜨려야 하는 이런 스포츠는 누가 무게중심의 위치를 견고히 고정시키고 상대방의 무게중심을 무너뜨리느냐에 따라 승패가 결정된다. 테니스, 배드민턴 같은 스포츠는 무게중심을 좌우, 상하, 앞뒤로 이동하면서 공을 주고받는 것이다. 그러므로 무게중심은 신체의 이동, 자세, 안정성뿐만 아니라 스포츠에서도 중요한 개념이다.

2장 인체의 평형과 안정성

📖 **학습목표**

- 무게중심과 자세조절, 인체의 평형과 안정성, 넘어짐과의 관계를 이해한다.
- 인체의 평형과 다감각(시각, 전정계, 고유수용성감각)과의 관계를 이해한다.
- 넘어짐 예방을 위한 운동 프로그램 작성의 원리를 이해하고, 프로그램을 개발할 수 있는 능력을 기른다.
- 안정성과 코어의 중요성을 이해한다.
- 안정성의 종류에 대하여 알아본다.
- 정적인 안정성에 영향을 미치는 요인을 이해한다.

1. 인체의 평형

가. 균형(balance)과 평형(equilibrium)

자세(posture)는 주위 환경에 반응하여 넘어지지 않고 균형을 유지하려는 신체 분절의 정렬이다. 인체는 내력과 외력에 반응하여 자세를 정렬하여 신체의 무게중심을 유지하려고 조절한다. 무게중심을 유지하려는 자세조절을 균형(balance) 혹은 평형(equilibrium)이라고 한다. 무게중심을 조절하는 능력은 내부의 근육 간/내(inter/intra muscular coordination), 그리고 분절 간/내 (inter/intra segmental coordination) 서로 주고받는 힘의 조절, 즉 협응과 외부로부터 정보를 받아들이는 감각기관의 작용을 통해 이루어진다. 그러므로 무게중심을 잘 조절하여 균형을 유지하는 능력은 단지 근육 훈련만으로 이루어지는 것이 아니라 감각기관의 훈련 또한 필요하다.

나. 균형유지에 필요한 기관

인체의 평형기관은 공간에 대한 방향감(partial orientation)으로 인체의 위치에 대한 공간 인식

 인체의 평형
내력과 외력에 반응하여 자세를 정렬하여 신체의 무게중심을 유지하려는 자세조절을 균형(balance) 혹은 평형(equilibrium)이라고 한다.

인체의 평형기관
평형감각을 담당하는 기관으로 시각, 고유수용성감각, 전정계의 감각기관과 중추신경계가 있다.

을 담당한다. 인체 평형기관은 평형감각을 담당하는 기관으로 시각, 고유수용성감각, 전정계의 감각기관과 중추신경계가 있다. 이러한 감각기관은 서 있거나 움직이는 주위 환경이나 우리의 움직임에서 발생하는 정보를 중추신경계에 전달한다.

시각은 빛에 반응하여 주변 환경의 시각적인 길이, 깊이, 거리 등의 구조적 정보를 제공하고, 환경 내의 물체나 인체의 상대적인 공간적인 위치에 관한 정보를 제공한다. 그 결과 인체가 지면의 변화를 예측하고, 앞에 놓인 장애물을 피하는 데 도움을 주어 활동능력을 향상시키고, 안전하게 움직일 수 있게 한다.

고유수용성감각은 피부층, 근육, 건, 관절감각으로 구분할 수 있다. 피부층에서는 촉감, 압감, 진동에 대한 정보를 수집한다. 촉감은 옷이나 모자, 운동기구의 재질, 바람의 세기, 방향 등에 관한 정보를 수집한다. 압감은 누르는 힘의 정도, 방향, 크기 등에 대한 정보를 수집한다. 진동은 외부의 진동이나 운동 중 운동기구와 인체 내의 상호작용으로 주고받는 진동을 감지한다. 고유수용성감각의 두 번째 감각기관은 근육이다. 근육은 근방추와 골지힘줄기관으로 구분한다. 근방추와 골지힘줄기관은 근육의 굽힘, 폄, 모음, 벌림 등 운동의 방향, 힘의 크기, 방향, 힘이 발생하는 속도의 변화량 등을 감지한다. 그러므로 근육운동을 할 때에는 골지힘줄기관도 자극될 수 있는 운동이 필요하다. 근육만 짧게 수축하고 이완하는 것은 골지힘줄기관의 역할을 축소하는 것이다. 세 번째 감각 기관은 관절감각이다. 우리 인체에서 관절이 가장 많은 부위는 손과 발이다. 손과 발은 관절의 수가 많아 관절을 연결하는 인대와 근육의 수가 상대적으로 많다. 관절에 붙어 있는 근육은 건을 포함하고 있으므로 손과 발은 감각을 받아들이는 우수한 감각 수용기라고 할 수 있다. 그러므로 고유수용성감각을 높일 수 있는 방법은 손과 발을 동시에 이용하는 것이다. 또한 고유수용성감각은 시각 정보가 차단되었을 때, 즉 어두운 환경에서 감각 정보를 더 많이 제공한다. 그러므로 고유수용성감각을 높일 수 있는 두 번째 방법은 시각을 차단하고 움직이는 것이다.

세 번째, 인체가 가지는 감각기관은 전정계이다. 전정계는 귀 속(내이)에 위치하여 머리를 움직일 때 활성화되며 시각계와 고유수용성감각계 정보가 없거나, 왜곡되었거나, 부정확할 때 시각보다 빠르게 반응하는 정적·동적 자세유지에 중요한 기관이다. 전정계는 중력에 민감한 센서로 작용하여 시각이 주변의 움직임을 중추신경계에 전달할 때 머리의 움직임에 대한 각운동, 중력에 대한 상대적인 위치 변화를 신경계로 전달하여 동적 자세 유지에 특히 중요하다. 노화가 되면 전정계 유모세포(hair cell)의 밀도가 낮아지고, 전정안 반사가 감소되어 무른 지면 위에서 걷거나 사람이 많이 다니는 길에서 옆 사람에게 부딪히지 않고 걷는 것에도 균형을 잡지 못하여 넘어짐에 대한 두려움을 가지게 된다.

뇌에서 전정계 정보가 필요한 이유는 전정계가 지구 중력에 대하여 인체의 평형을 유지하는 근육군에게 안정된 힘과 방향을 제공하게 하는 역할을 하기 때문이다. 그러므로 전정계는 시각계가 차단되거나, 나도 움직이고 주변 환경도 움직이는 상태에서 머리와 몸체의 움직임을 공간 내에서 인식하는 유일한 감각기이다. 그러므로 전정계는 ① 머리의 삼차원적인 x, y, z 방향의 운동과 회전운동의 가속 및 감속운동으로 인한 정보를 중추신경계에 전달하고, ② 안구의 근육운동에 의한 시야의 안정성(orientation)에 도움을 주며, ③ 자세유지를 위한 근육의 긴장도 조절에 기여한다. 전정기능검사는 지지 기저면의 변화에 따른 신체의 균형과 직립 반사 검사로, ① 두 발 모아 차려 자세로 서 있는 롬버그(Romberg) 검사, ② 팔짱끼고 세로로 발끝 붙여 서기인 Mann검사(Tandem Romberg), ③ 한 발로 서기(30초 동안 눈 뜨고, 눈 감고, 눈 가리고)가 있다. 또한 고유수용성감각과 시각을 제거한 상태에서 스펀지 위에서 팔짱끼고 눈 감고 서기가 있다(그림 3-13 우측 그림 스펀지 위에서 눈 감고 서기 참조).

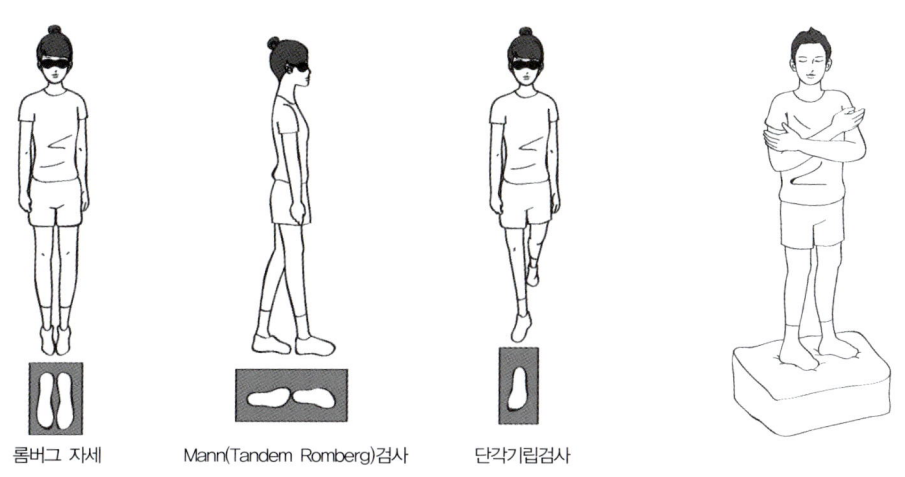

롬버그 자세   Mann(Tandem Romberg)검사   단각기립검사

그림 3-13. 직립반사검사와 스펀지 위에서 눈 감고 서기

다. 인체의 안정성과 넘어짐

다음 그림(그림 3-14 참조) 중 무게중심이 가장 높은 사람은 까치발을 하고 있는 사람이다. 이 사람보다 무게중심을 더 높이고 싶으면 두 팔을 어깨 위로 들어 올리는 것이다. 반면 무게중심이 가장 낮은 사람은 엎드려 네 발로 기는 사람이다. 이러한 그림을 통해 무게중심의 위치는 지지 기저 면적과 밀접한 관계가 있음을 알 수 있다. 즉, 지지 기저 면적이 좁으면 무게중심이 높아 불안정한 상태가 되고, 지지 기저 면적이 넓으면 무게중심의 위치가 낮아 안정된 동작을 취할 수 있게 된다. 운동성을 높이고 싶을 때에는 지지 기저 면적을 좁혀 무게중심점의 위치를 높게 하고, 안정성을 높이고 싶을 때는 지지 기저 면적을 넓게 하여 무게중심점을 낮추면 된다.

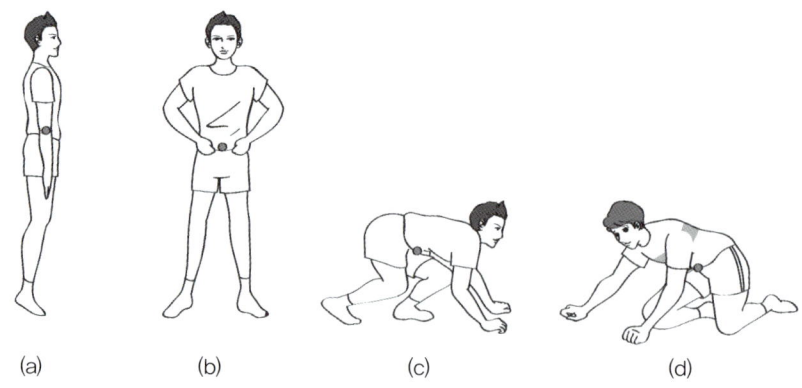

그림 3-14. 무게중심과 지지 기저면, 안정성과의 관계

이것이 넘어짐을 예방하는 운동 프로그램 개발의 원리가 된다. 넘어지는 것은 균형을 잡지 못해 일어난다. 균형은 정지해 있거나 움직이는 지지 기저면에 대해 무게중심을 제어하는 과정으로 정의하고 있다(Rose, 2010). 넘어지지 않고 균형을 잡기 위해서는 무게중심을 제어하는 훈련을 해야 한다. 무게중심 제어 훈련은 지지 기저면의 변화를 통해 할 수 있다. 그것은 지지 기저면의 재질 또는 상태를 변화시키거나 지지 기저 면적을 바꾸는 것이다. 지지 기저면의 상태를 변화시키는 방법은 딱딱하거나 무른 지면과 같이 재질의 변화를 주는 것, 정지해 있다가 움직이는 상태로 변화를 주는 것이다. 지지 기저 면적의 변화를 주는 것은 지지 기저 면적을 좁히거나 넓히는 것이다. 이렇듯 지지 기저면의 변화를 통해 무게중심의 위치가 변화하므로 지지 기저면의 재질, 상태, 면적을 변화하면 자연히 무게중심을 조절하는 훈련이 된다.

라. 인체의 안정성과 코어

운동에서 무게중심은 움직임의 중심축이라고 할 수 있다. 중심축이 고정되어야 움직임이 안정된다. 반면에 중심축이 고정되지 않으면 안정을 잃게 되어 넘어지거나 손상을 입게 된다. 중심축을 고정시키기 위해서는 중심축 주위에 있는 근육들을 강화시킨다. 이 중심축 주위를 '코어(core)'라고 한다.

코어(core)는 본래 '중심'이라는 의미로, '몸의 중심'이라는 뜻으로 사용되고 있다. 몸의 중심이란 우리 몸의 무게중심이 위치하는 곳이다. 그러므로 코어는 옆면(전후면/시상면, sagittal plane), 앞면(좌우면/관상면, frontal plane), 가로면(수평면/횡단면, transverse plane)이 만나

> **코어(core)**
> '중심'이라는 의미로, '몸의 중심'이라는 뜻으로 사용한다. 우리 몸의 무게중심이 위치하는 곳으로, 옆면(sagittal plane), 앞면(coronal plane), 가로면(transverse plane)이 만나는 지점

는 지점이다(그림 3-15 참조). 그러므로 이 세 면을 고려한 코어는 경추, 흉추, 요추, 천추, 미추를 포함하는 척주와 복부 그리고 골반과 엉덩이 부분이 포함된다. 코어는 몸의 중앙 부분에 위치하면서 상체와 하체를 연결시켜주는 연결고리 역할을 하는 부분이므로 사지 움직임의 기초를 제공하고, 부하(load)를 지탱하며, 척수와 신경근을 보호하는 만큼 매우 중요하다. 그러므로 코어는 자세 및 균형의 안정성을 유지할 뿐만 아니라 파워를 생성하는 데 핵심적인 역할을 하는 부위이다. 코어는 운동선수들에게 몸통과 골반에서 힘을 생성하여 사지로 전달하는 통합적인 운동기능을 담당하므로 사지 재활운동 시에도 먼저 코어의 기능 회복을 위한 훈련이 사지의 문제를 해결할 수 있다. 코어는 순간적인 파워를 내는 파워 공장일 뿐만 아니라, 충격 전달을 조절해주는 제어자의 역할도 하기 때문이다.

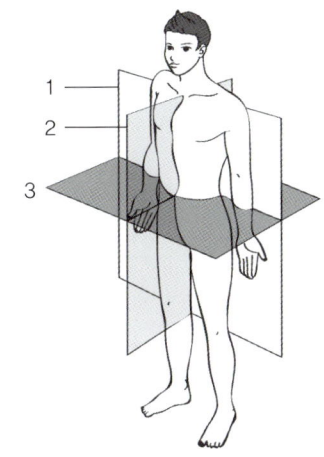

그림 3-15. 옆면, 앞면, 가로면이 만나는 지점

코어는 우리가 몸을 움직일 때마다 중심을 잡아주고 움직임을 위한 힘을 발생시키는 힘의 원천으로 모든 힘과 운동성이 발생하는 파워 공장이다. 또한 사지의 움직임을 안정시키는 작용을 하므로 균형에 중심적인 역할을 한다.

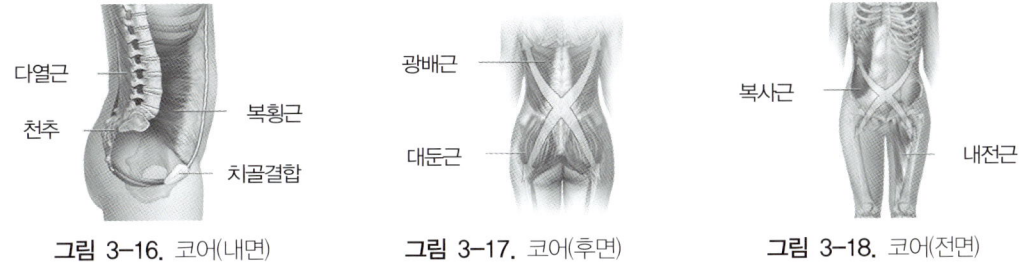

그림 3-16. 코어(내면) **그림 3-17.** 코어(후면) **그림 3-18.** 코어(전면)

코어 근육은 심부 근육으로 척주와 골반에 붙어 있고, 견갑을 지탱해주는 근육들이다. 즉, 몸통의 폄에 작용하는 넓은등근(광배근, latissimus dorsi)과 큰볼기근(대둔근, gluteus maximus), 몸통 굽힘에 작용하는 배가로근(복횡근, transverse abdominis)과 배속빗근(내복사근, internal oblique), 그리고 엉덩관절의 굽힘과 모음 등에 관여하는 엉덩허리근(장요근, Iliopsoas)과 넙다리모음근(대퇴내전근, femoral adductor muscles), 넙다리벌림근(대퇴외전근, femoral abductor muscles) 등이 있다.

〈그림 3-17〉의 후면 코어의 넓은등근은 견갑과 척주를 안정화하는 데 기여하며, 큰볼기근은 엉덩이관절 신전과 요추를 보호하는 역할을 한다. 그러므로 큰볼기근육이 쇠약해져 처진 사람은 허리 통증이 있을 가능성이 높다고 할 수 있다. 전면 코어의 배곧은근(복직근, rectus abdominis), 배빗근(복사근, obliques)은 갈비뼈와 척주를 보호하고, 엉덩이 내전근은 하지운동을 제공하고 엉덩이관절의 안정성에 기여한다.

코어 근육들은 갈비뼈, 골반, 천추와 같이 움직임이 없는 뼈에서 시작하여 대퇴, 상완골과 같이 움직이는 뼈에 착지한다. 이러한 이유로 코어 근육군은 관절에 걸쳐있는 근육들처럼 근육의 길이를 크게 변화시킬 수 없다. 그러므로 코어 근육은 길이를 크게 변화시키지 않고 힘을 내는 방식으로 움직인다는 것이 특

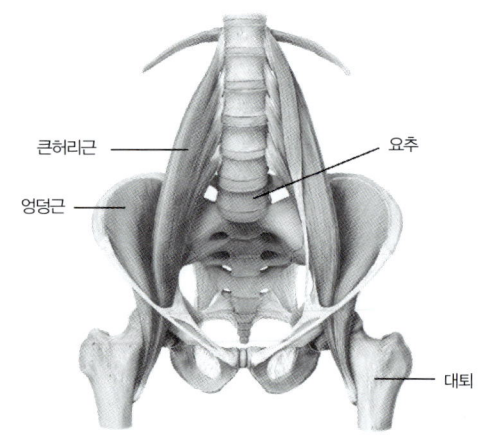

그림 3-19. 엉덩허리근

징이다. 이것이 코어 근육이 안정근으로 작용할 수 있는 이유이다. 나아가 이러한 코어근육의 부착 특징이 코어 근육이 쉽게 쇠약해질 수 있는 원인이 되며, 그렇기 때문에 코어 근육 훈련이 필요한 이유이다. 코어 근육이 착지하는 대퇴와 상완을 움직이게 하는 관절은 엉덩이관절과 어깨관절이다. 엉덩허리근의 기시점은 요추이며 착지점은 대퇴이다(그림 3-19 참조). 배곧은근과 복사근은 대퇴의 근육과 사선으로 연결되어 있으며, 넓은등근과 큰볼기근도 사선으로 연결되어 있다. 그러므로 결론적으로 코어운동이라 함은 단순히 싯업과 같은 복근운동만이 아니라 엉덩이관절과 어깨관절의 가동성을 최대로 만들어주는 운동이어야 한다.

마. 코어 훈련

보통 코어운동이라 하면 윗몸일으키기를 통한 복근운동을 주로 거론하여왔다. 그러나 코어는 복근뿐만 아니라 엉덩이, 척주를 포함하므로 엉덩허리근(장요근, iloposoas), 넓은등근, 척추세움근(척추기립근, etector spinae), 가시사이근(극간근, interspinalis), 가로돌기사이근(횡돌간근, inter transversari), 허리네모근(요방형근, quadratus lumborum), 뭇갈래근(다열근, multifidus), 복근(abdominal muscle) 그리고 등허리근육막(흉요근막, thoracolumbar fascia) 등과 같은 근육들도 훈련해야 한다.

1) 코어 안정성(core stability) 훈련

코어 안정성이란 복부와 허리, 골반 부위의 근력 강화 훈련을 위하여 일반적으로 사용되고 있으며, 이 부위의 근육은 긴장성 또는 자세 근육으로 전신운동을 하는 동안 허리의 안정성 및 자세조절에 중요한 역할을 한다(Marshall & Murphy, 2005; Akuthota & Nadler, 2004). 자세조절과 사지의 움직임을 안정(stabilization)시키는 코어근이 균형에 중심적인 역할을 하기 때문이다.

운동성(mobility)은 원하는 움직임을 만들어내는 능력이고, 안정성(stability)은 원하지 않는 움직임이 일어나지 않도록 저항하는 능력이다. 운동성에 관여하는 것은 관절, 소프트 티슈(soft tissue) 길이, 그리고 근육군을 둘러싸고 있는 신경들의 조절을 포함한다. 반면 안정성은 능동적·수동적 속박들이 섞여서 만들어진다. 수동적 속박은 관절낭, 인대 그리고 관절 구조들로 이루어지고, 능동적 속박은 근육의 길이 조절, 근육조직을 둘러싸고 있는 것들의 운동제어 같은 것이다.

코어근육은 운동 시 근육의 길이는 크게 변하지 않으면서 힘을 내어 운동을 안정화하고, 힘을 한 사지에서 다른 사지로 전달하는 근육이다. 전통적으로 사람들이 하는 근육훈련은 근육을 분리하여 하는 운동으로 인체의 바깥쪽에 있는 근육들이다. 반면 코어근육은 심부근육들이다. 코어는 움직임이 일어나는 주요 부위라기보다 움직임을 안정화하고, 힘을 전달하는 중심부위이다. 코어 근력은 힘을 조절할 수 있는 능력인 코어 안정성 입장에서 힘을 만들어낼 수 있는 능력이라고 할 수 있다. 코어 안정성의 5가지 요인은 근력, 근지구력, 유연성, 운동제어 그리고 기능이다. 운동제어와 기능이 부족하다면 다른 3개의 요인은 소용없게 된다. 그러므로 코어 안정성 운동은 단순히 근력, 근지구력, 유연성만 증가시키는 운동이 아닌, 운동을 조절하는 기능적 운동의 조건을 갖추어야 한다. 이러한 조건의 운동을 위해서는 균형의 정의에 의해 지면의 상태를 다양하게 하는 것이 필수조건이다. 지면의 상태는 정지된 지면과 움직이는 지면의 두 가지로 할 수 있다. 정지된 지면은 외력에 의해 움직이는 지면과 전혀 움직임이 없는 지면으로 구분된다. 외력에 의해 움직임이 없는 지면은 우리가 살고 있는 모든 환경이 여기에 속한다. 외력에 의해 움직이는 지면은 공기가 들어간 지면, 스프링 같은 탄성을 가진 지면, 무빙 워크(moving walk) 등이 있다. 움직이는 지지 기저면은 에스컬레이터, 엘리베이터, 진동판(vibrator), 물 등이 있다. 그러므로 코어근육의 안정성을 위해서는 지면의 상태를 다양하게 바꿔주는 것이 필요하다. 지면의 상태가 지면 반력의 크기, 방향, 속도를 좌우하기 때문이다(이경옥, 2010).

흔들리는 지지 기저면과 무게중심의 높이를 다양하게 해주는 운동은 자연적으로 코어를 많이 사용하게 되므로 코어운동이라고 할 수 있다. 왜냐하면 흔들리는 지지 기저면에 대응하는 훈련은 코어근육을 좀 더 동원하려는 노력으로 향상될 수 있기 때문이다(이경옥·권보영, 2011).

그러므로 코어 안정성 운동이 갖는 첫 번째 성취는 정적·동적 운동 중 상해로부터 척주와 그를 둘러싼 근육들을 보호하는 것이다. 이것이 척추 재활운동으로, 코어운동을 권하는 첫 번째 이유이다. 두 번째로 우리는 효율적·효과적으로 코어 안정성을 유지하면서 동적 움직임 중에 힘을 전달하고 생산하기를 원한다. 이것은 달리는 사람이나 올림픽 선수들에게만 필요한 것이 아니라, 허리를 안전하게 유지하면서 냉장고 깊숙이 있는 우유통을 꺼낼 수 있는 것까지 포함한다. 코어 안정성이 좋은 사람은 운동을 할 때뿐만 아니라 일상생활에서도 상해위험이 적을 뿐만 아니라 통증이나 불편감을 가질 확률도 낮다.

2. 기저면

최상의 스포츠 경기력을 발휘하기 위해서는 몸의 안정성을 적절하게 유지해야 한다. 체조경기에서는 착지할 때 안정성을 높이는 것이 유리한 반면, 육상 단거리달리기의 스타트 자세는 안정성이 낮은 것이 유리하다. 따라서 경기상황에 따라 적절한 몸의 안정된 자세를 유지하는 것이 중요하다. 안정성은 물체가 자세의 평형을 유지하려는 성질, 즉 운동 상태가 변하는데 대한 저항을 의미한다. 안정성에는 정적인 안정성과 동적인 안정성이 있다. 정적인 안정성은 물체에 작용하는 모든 힘과 토크의 합이 0인 상태로서 평형을 이룬 상태를 말한다. 정적인 안정성에 영향을 미치는 요인은 기저면의 크기, 무게중심의 높이, 무게중심선의 위치, 물체의 질량, 마찰력 등이 있다. 동적인 안정성은 움직이고 있는 상태의 안정성을 의미하며, 운동지각능력과 밀접한 관계가 있다.

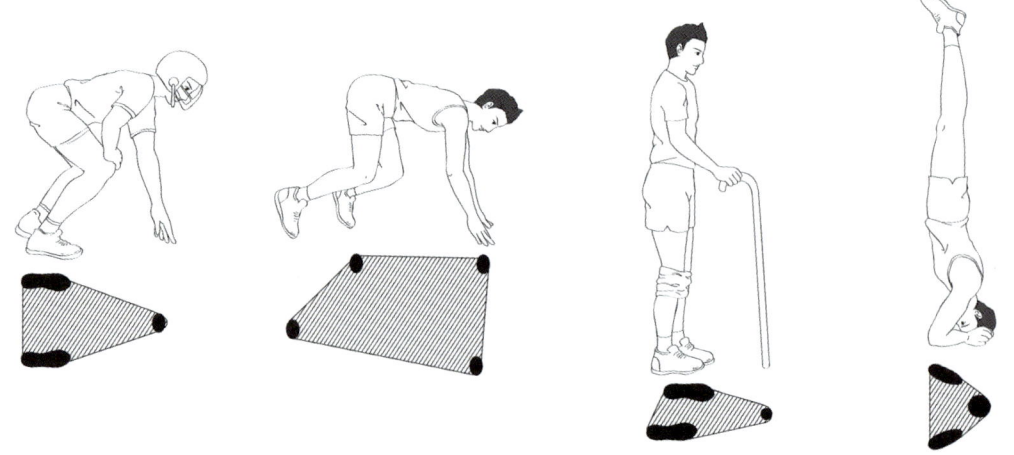

그림 3-20. 다양한 형태의 기저면 크기

기저면은 물체 또는 인체 등이 지면과 접촉하는 각 점들로 이루어진 전체 면적을 말한다(정철수·신인식, 2005). 즉, 기저면은 물체가 바닥에 접촉하고 있는 실제 면적이 아니라 〈그림 3-20〉과 같이 물체가 지지된 점들을 바깥쪽 한계로 그려진 선에 의하여 둘러싸인 면적이다. 기저면이 넓을수록 물체의 안정성이 높아지며, 좁을수록 안정성이 감소한다. 두 발을 벌리고 한 손으로 지면을 짚는 것보다는 두 손으로 짚는 것이 기저면이 넓어져서 안정성이 높아지며, 두 발로 서 있을 때 지팡이를 짚으면 기저면이 넓어져서 안정성이 더 높아지게 된다.

체조경기의 평균대에서 외발서기나 외줄타기 묘기, 토 댄싱(toe dancing)은 기저면이 발바닥이나 발가락으로 매우 좁기 때문에 안정성을 유지하기 어렵다(그림 3-21). 반면 평균대 연기에서 앞뒤 두 발 벌려

그림 3-21. 평균대 연기

서기나 레슬링 자유형경기에서 두 발을 넓게 벌리고 두 손을 지면에 닿게 하는 자세는 기저면이 넓기 때문에 안정성이 높아서 외력이 작용하여도 쉽게 넘어지지 않는다(그림 3-22).

기저면의 크기와 안정성과의 관계를 물체에 작용하는 토크의 크기로도 설명할 수 있다. 물체에 외력이 작용하면 토크를 발생시켜 물체의 안정성이 깨어진다. 그러나 물체의 기

그림 3-22. 레슬링 자유형 준비 자세

저면이 크면 이러한 가능성은 점점 감소하게 된다. 씨름이나 레슬링경기에서 상대방과 서로 밀고 당길 때 자연스럽게 안정성을 크게 하기 위하여 기저면을 넓히게 된다. 이러한 동작은 상대방의 외력에 의해 발생된 토크에 대응하기 위하여 자세를 낮추고 기저면을 넓혀서 안정성을 크게 하기 위한 것이다.

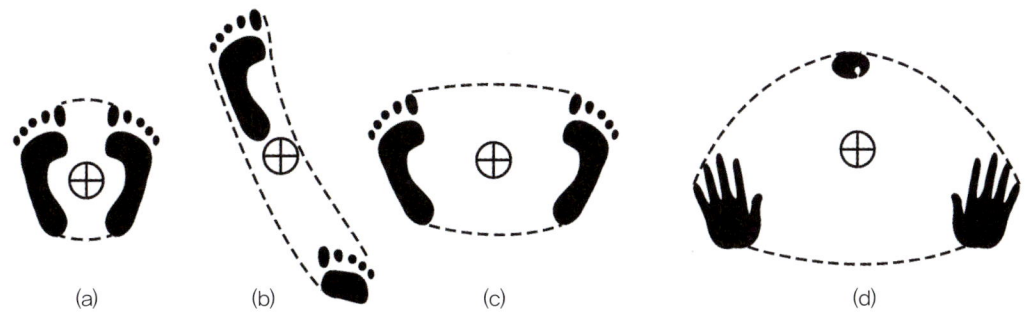

그림 3-23. 기저면의 크기와 안정성과의 관계

기저면의 크기뿐만 아니라 모양도 안정성에 영향을 미친다. 즉 힘의 작용 방향에 대하여 기저면이 설정되어야 한다. 〈그림 3-23〉에서 보는 바와 같이 (a)는 기저면이 작아서 안정성이 낮으며, (b)는 기저면의 모양이 전후 방향으로 작용하는 힘에 대하여 안정성이 높으며, (c)는 좌우 방향으로 작용하는 힘에 대하여 안정성이 높다. (d)는 기저면의 크기가 근본적으로 크기 때문에 안정성이 높다. 따라서 같은 기저면이라 하더라도 힘이 작용하는 방향에 대하여 어떻게 기저면의 모양이 전개되어 있는가에 따라 물체의 안정성이 달라진다.

3. 무게중심의 높이

물체의 안정성은 그 물체의 무게중심 높이와 반비례한다. 즉, 물체의 무게중심 높이가 높으면 안정성이 낮아지고, 무게중심 높이가 낮으면 안정성이 높아진다. 자동차나 배를 탈 때 흔들리면 안 넘어지려고 무의식적으로 안정성을 높이기 위하여 자세를 낮춘다. 또한 레슬링이나 유도, 씨름 등 투기종목의 경우 상대방과 겨루기를 할 때 자세를 낮게 하는 이유는 안정성을 높이기 위한 전략이다. 배의 경우도 안정성을 높이기 위하여 무거운 화물은 배의 제일 아랫부분인 화물칸에 두는 것도 배의 무게중심(경심)을 낮추어서 배의 전복을 방지하기 위한 전략이다.

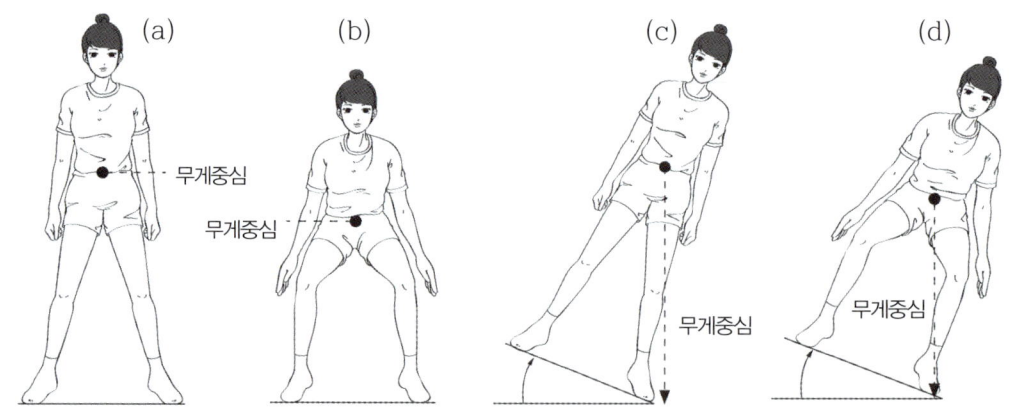

그림 3-24. 자세에 따른 무게중심의 높이와 안정성과의 관계

안정성과 무게중심 높이와의 관계를 이해하기 위하여 〈그림 3-24〉처럼 같은 기저면의 크기로 처음에는 똑바로 서 있다가 그다음에는 웅크린 자세를 취해보자. 그리고 두 자세에서 각각 동일한 각도만큼 옆으로 기울여보자. 똑바로 서 있는 자세(a)에서 몸을 옆으로 기울인 자세(c)는 무게중심선이 기저면을 벗어나 있어서 옆 방향으로 넘어지는 불안정한 자세라고 할 수 있다. 반면 웅크린 자세(b)에서 몸을 옆으로 기울인 자세(d)에는 무게중심선이 기저면 내에 위치하고 있어서 안정성이 높

다고 할 수 있다. 그러므로 안정성에 미치는 다른 요인들이 같을 경우 무게중심의 위치가 낮을수록 안정성이 높다는 것을 알 수 있다(성낙준 역, 1998).

안정성과 무게중심 높이와의 관계를 이해하기 위한 또 다른 예는 〈그림 3-25〉와 같이 토크의 크기로서 설명이 가능하다. (a)는 건물의 높이가 10층이고 (b)는 단층이며 기저면이 같다고 가정하고 지진에 의한 외력이 F, 건물 무게중심의 높이가 각각 d_1, d_2라고 할 때 (a) 건물에 발생하는 토크의 크기는 Fd_1, (b) 건물에 발생하는 토크의 크기는 Fd_2가 된다. 건물 (a)와 (b)에 작용하는 힘(F)은 동일하기 때문에 두 건물에 작용하는 토크의 크기는 $Fd_1 > Fd_2$가 되어 (a) 건물에 발생하는 토크의 크기가 (b) 건물에 발생하는 토크의 크기보다 커진다. 결국 (a) 건물이 (b) 건물보다 안정성이 더 낮기 때문에 지진에 의한 붕괴 가능성이 더 높아진다고 할 수 있다.

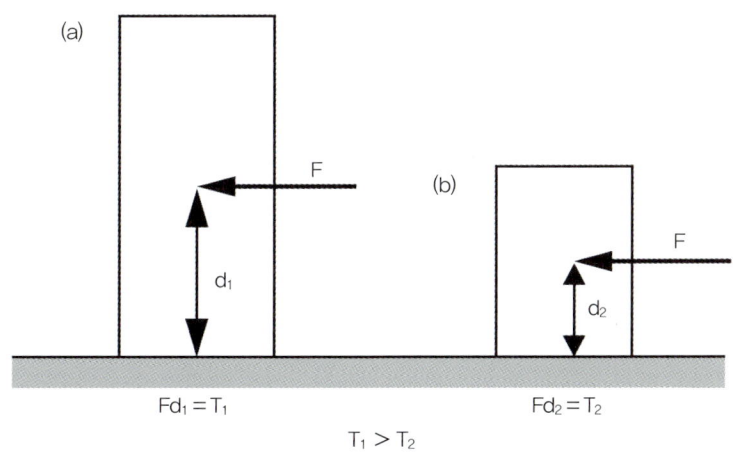

그림 3-25. 무게중심의 높이에 의한 토크의 크기와 안정성과의 관계

4. 중심선의 위치

중심선(center of line)은 물체의 무게중심을 통과하는 수직선을 말한다. 보통 '무게중심선(line of gravity)'이라고 부르기도 한다. 중심선이 기저면의 어디에 위치하느냐에 따라 안정성은 달라진다. 중심선이 기저면의 중앙에 가까울수록 안정성은 점점 더 높아지고, 이와 반대로 기저면 가장자리에 가까워질수록 안정성은 낮아진다. 물체의 중심선이 기저면을 이탈하면 물체는 넘어지게 된다.

달리는 버스에서 안정성을 유지하기 위해 가급적 발을 넓게 벌려 기저면을 크게 한다. 만약 발을 모아서 선 자세로 있을 때 버스가 갑자기 멈추면 인체 중심선이 기저면을 이탈하게 되어 넘어지게 되므로 이를 방지하기 위하여 발을 넓게 벌리는 것이다. 좀 더 현명한 승객이라면 발을 버스의 진행 방향으로 벌려서 기저면을 크게 하여 중심선이 기저면을 이탈하지 않도록 조치할 것이다. 일상생활에서 한 손으로 물건을 들 때 중심선을 기저면 내에 위치시키기 위하여 보상작용으로 몸을 반대 방향으로 기울인다. 이러한 보상작용이 주어지지 않으면 물건을 든 쪽으로 중심선이 이동하여 기저면을 이탈하게 될 것이다. 만약 이렇게 되면 우리 몸은 기저면을 이탈하여 물건을 든 쪽으로 넘어지게 될 것이다.

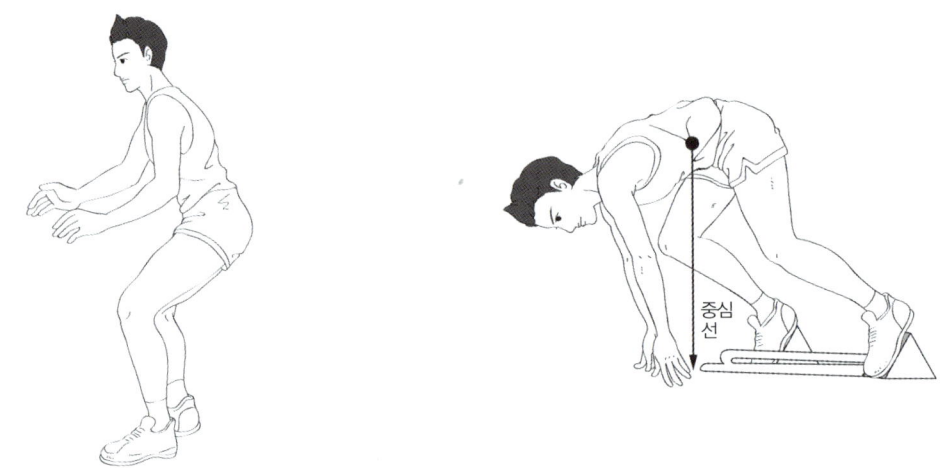

그림 3-26. 안정성을 극대화시키는 레슬링 수비 자세와 안정성을 재빨리 깨뜨리기 위한 육상 출발 자세

레슬링이나 유도의 수비 자세에서 안정성을 높이기 위하여 기저면을 넓히고, 무게중심을 낮추고 중심선을 상대방 힘의 작용점으로 이동시켜 몸의 안정성을 높인다. 이와 반대로 육상 단거리 출발 자세의 경우 안정성을 빨리 깨뜨리기 위하여 선수는 기저면을 좁히고 중심선을 가능하면 기저면 앞쪽으로 치우치게 한다. 기저면을 좁히기 위하여 두 발 사이의 간격을 최대로 줄이는 번치스타트 방법을 사용하고 있고, 지면에서 손을 떼면 곧바고 넘어질 정도로 기저면을 좁힌 자세로 유지하고 있다가 출발 신호와 함께 기저면 바깥쪽으로 무게중심을 이동시키면서 출발한다.

농구의 경우 상대방 공격을 마크할 때 수비수는 중심선을 발뒤축 가장자리(margin of support base)에 두어 공격수의 공격을 잘 수비할 수 있게 한다. 만약 수비수의 중심선이 발뒤축이 아닌 발 앞축 부위에 위치시킨다면 상대방의 공격방향에 대하여 안정성을 깨뜨리는 데 시간이 걸리므로 그만큼 공격수의 이동 상황에 적절히 대응할 수 없게 된다.

중심선과 기저면과의 관계를 이해하기 위하여 가장 잘 설명할 수 있는 방법 중의 하나는 자신의 몸을 벽에 완전히 기대고 있다가 동체를 앞으로 숙여서 지면에 손을 닿게 하는 실험이다. 이 경우 동체를 앞으로 천천히 숙이게 되면 손이 지면에 닿기도 전에 몸이 전방으로 넘어지게 된다. 넘어지는 이유는 만약 벽이 없다면 동체를 앞으로 숙일 경우 몸의 균형을 유지하기 위하여 몸의 다른 부위가 후방으로 이동하여 보상작용을 할 수 있는 반면, 벽이 있는 경우 벽이 몸의 다른 부위의 보상작용을 가로막기 때문에 중심선이 기저면을 벗어나 앞으로 넘어지게 되는 것이다.

영화 「취권」에서 술에 취하여 중심선이 기저면을 벗어나 넘어질 듯하면서도 넘어지지 않는 이유는 중심선이 기저면의 가장자리를 벗어나는 시점과 동시에 다른 발이 이동 방향으로 움직여서 새로운 기저면을 형성하여 중심선이 기저면 위에 항상 놓이게 하는 것이다. 걷기와 달리기 등의 이동운동이나 축구나 농구의 방향전환동작 등도 이와 같은 형태에 의한 것이다.

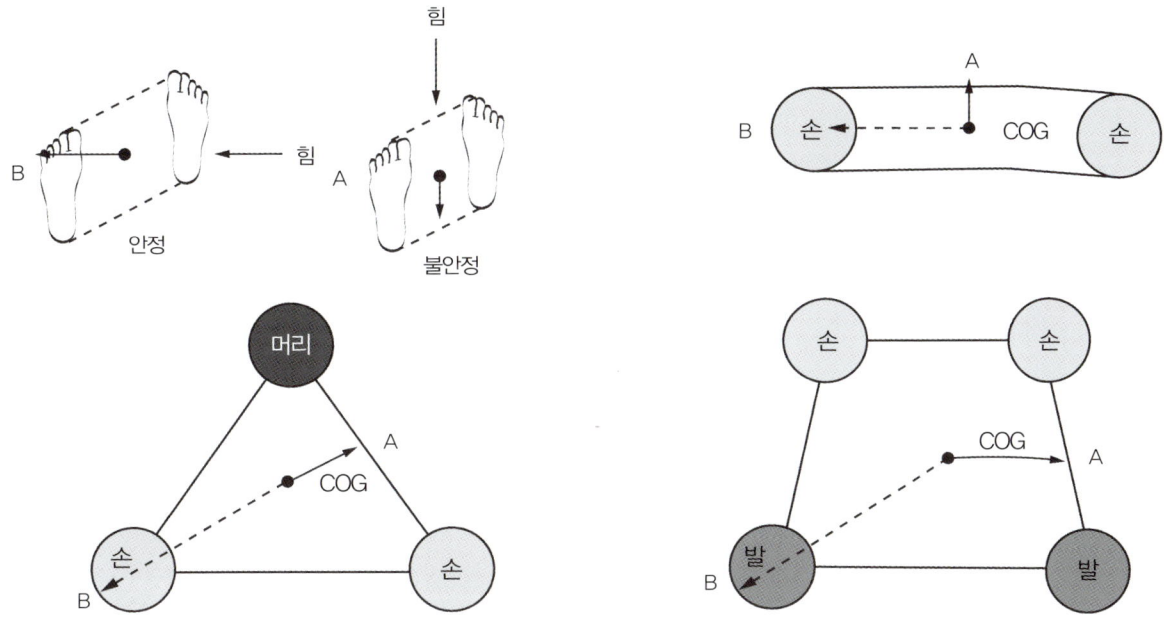

그림 3-27. 힘의 방향에 대한 기저면과 중심선과의 관계

한편 물체에 외력이 작용할 때 작용하는 방향에 대하여 중심선의 이동거리가 기저면의 가장자리로부터 가까우면 가까울수록 안정성이 낮고 멀면 멀수록 안정성이 높다. 〈그림 3-27〉에서 보는 바와 같이 외력이 작용하는 방향에 대하여 중심선으로부터 기저면의 가장자리까지 거리는 A쪽 방향보다는 B쪽 방향이 더 길기 때문에 A쪽 방향보다는 B쪽 방향으로 외력을 받을 때가 안정성이 더 높다.

이 밖에도 안정성에 영향을 미치는 요인은 물체의 질량, 마찰력, 심리적 요인, 생리적 요인 등이 있다. 즉, 물체의 질량과 마찰력이 크면 클수록 물체의 안정성은 높다. 계곡의 외나무다리를 건널 때 현기증이 나고 중심을 잡기가 어려운 것은 시각적, 심리적 요인이 작용한 결과이며, 신체의 평형 조절기관인 세반고리관의 기능 여부에 따라 안정성에 영향을 미치는 생리적 요인이 있다.

3장 인체의 구조적 특성

 학습목표

- 자유물체도와 강철분절연쇄계에 대하여 알아본다.
- 여러 인체모형에 대하여 알아본다.
- 인체지레의 역학적 이점에 대하여 이해한다.
- 인체지레의 종류와 인체 움직임의 예에 대하여 알아본다.

1. 인체의 분절모형

가. 자유물체도

물리학 및 공학 분야, 더 나아가서 운동역학 분야에서 활용하는 하고 있는 자유물체도(free body diagram)는 특정한 조건아래서 물체에 작용하는 작용력, 반작용력, 움직임을 시각화한 그래픽 도해이며, 자유물체도는 한 물체 또는 연결된 물체들에 작용하는 모든 힘과 모멘트를 묘사하며, 복잡한 역학적 문제에 대한 해법을 제공할 수 있다. 운동역학 분야에서 자유물체도를 그릴 수 있는 역량을 배우는 것은 인체나 물체의 움직임에서 나타나는 정역학과 동역학과 관련된 주제를 이해하는데 중요한 단계가 될 수 있다.

그렇다고 자유물체도가 축척된 그림을 세밀하게 그린다는 의미가 아니라 문제를 해결하기 위해 수정된 도표라고 할 수 있다. 자유물체도는 다음의 다섯 가지 요소로 구성된다.

① 물체의 단순화된 형태 : 질점 또는 사각형상자
② 물체에 작용하는 방향으로 향 직선 화살표로 표시된 힘
③ 물체에 작용하는 방향으로 향한 곡선 화살표로 표시된 모멘트
④ 좌표계
⑤ 작용력에 대한 반작용력

자유물체도에서 나타난 힘과 모멘트의 수는 특정한 문제와 그 가정에 좌우된다. 일반적인 가정에서 공기저항과 마찰력은 무시하고 유연성이 없는 경체(rigid body)로 간주한다. 정역학에서는 모든 힘과 모멘트의 총합이 영(0)이 되면서 균형을 이루는데 이 점에 대하여 물리적으로 만약 힘과 모멘

트의 총합이 영이 아니면 가속되고 있고 정역학적 원리가 적용되지 않는다고 해석한다. 동역학에서 힘과 모멘트의 총합은 영이 아니다.

자유물체도는 어떤 물체 전체를 나타내지 않을 수 있으며, 살펴보고 싶은 물체의 한 부분만을 잘라내어 모델링할 수 있다. 이러한 기술은 물체의 내력을 밖으로 드러내게 하여 분석을 가능하게 한다. 체조 링 종목의 십자버티기(아이언크로스)의 사례를 들면, 링 줄과 기계체조 선수에 작용하는 힘을 분석하기 위해서 체조선수와 단지 하나의 링 줄만을 나타내 힘의 방향을 살펴볼 수 있다. 더욱 세밀한 인체부위에 대하여 분석하고 싶다면 링 줄을 제외하고 단지 체조선수만을 나타내면서 손 부위에 작용하는 힘을 살펴본다거나 어깨 부위에 작용하는 힘과 모멘트를 살펴볼 수 있다.

물체는 다음의 세 가지 방법으로 모델화 할 수 있다.
1) 질점(particle) : 입자모델은 물체에 회전 효과가 없거나 그 물체의 길이가 길어질지라도 관심대상이 아닐 때 사용될 수 있다. 물체는 작고 상징적인 질점으로 나타낼 수 있으며, 물체도에는 고정 벡터의 힘을 여러 화살표로 축약될 수 있다.
2) 연장된 강체(rigid body) : 회전 효과에 주요 관심을 두며, 스트레스와 스트레인은 관심이 없다. 힘 화살표는 힘의 작용선을 따라 그려진다. 연장된 강체에 대한 힘은 이동(미끄럼) 벡터이다.
3) 연장된 비강체(non-rigid body) : 힘의 작용점 위치가 결정적이며, 물체도에 표시되어야만 한다. 비강체에 대한 힘은 고정 벡터이며, 힘의 작용점을 나타내기 위해 화살표의 꼬리 또는 끝을 활용한다.

나. 강체분절연쇄계

물리학에서 강체(rigid body)는 변형이 없거나 무시할 정도로 작은 고체 물체를 말한다. 강체에서 두 주어진 점 사이의 거리는 작용된 외력과 관계없이 일정하다. 일반적으로 강체는 질량이 연속적인 분포된 것으로 간주된다.

인체 분절들은 용이한 분석을 위하여 각각의 분절들은 강체로 간주되며, 이 단원에서는 앞에서 세 번째의 서술된 연장된 비강체 모델을 제외하고 인체나 물체를 질점이나 연장된 강체로 간주하여 움직임을 분석한다. 인체는 분절들이 관절을 통해 연결되어 사슬을 형성하고 있기 때문에 강체분절연쇄계(rigid body link system)로 볼 수 있다. 인체 분절들로 연결된 인체모형은 다음과 같은 가정이 필요하다.

첫째, 각각의 분절은 일정한 질량을 가지며, 이 질량은 질량중심에 위치한 점질량(point mass)으로 간주한다.

둘째, 분절의 질량중심 위치는 한 곳에 고정되어 변하지 않는다.

셋째, 관절의 형태는 경첩관절 또는 구상관절로 간주한다.
넷째, 각각의 분절의 질량중심점에 대한 관성모멘트는 운동 중에도 일정하다.
다섯째, 각각의 분절의 길이는 운동 중에도 일정하다.

여기서 계(system)는 분석 대상이 되는 물체의 범위를 말한다. 계는 연구자의 의도에 따라 그 범위가 달라질 수 있다. 가령 체조의 공중돌기 동작과 같이 전신의 운동을 분석할 때는 몸 전체가 하나의 계를 이루며, 달리기동안 다리의 운동에만 관심이 있다면 다리 부위가 계가 되어 몸통이나 팔은 계의 외부에 존재하게 된다. 계의 외부에서 계로 작용하는 힘을 외력(external force)이라 부르고, 계를 구성하는 분절 사이에 작용하는 힘을 내력(internal force)이라고 한다. 외력은 전체적인 계의 운동을 유발하거나 변화시킬 수 있는 반면 내력은 전체적인 계의 운동을 유발하거나 변화시키지 못한다.

인체 움직임에 대한 자유물체도는 강체분절연쇄계를 이용하여 그릴 수 있고, 이러한 자유물체도에는 계에 작용하는 외력과 내력을 시각화하여 그려 넣는다. 외력으로는 중력, 수평성분의 마찰력과 수직성분의 수직력으로 이루어진 지면반력, 공기저항, 부력, 밀거나 당기는 힘 등이며, 내력에는 근력, 관절에서 뼈와 뼈 사이에 작용하는 압력인 골력(bone on bone force)과 관절반력(joint reaction force) 등이 있다. 〈그림 3-28〉은 수직뛰기 도약 순간의 모습을 각각의 인체분절들을 강체분절연쇄계로 가정하고 좌표계와 외력인 몸무게와 지면반력을 나타낸 자유물체도이다. 〈그림

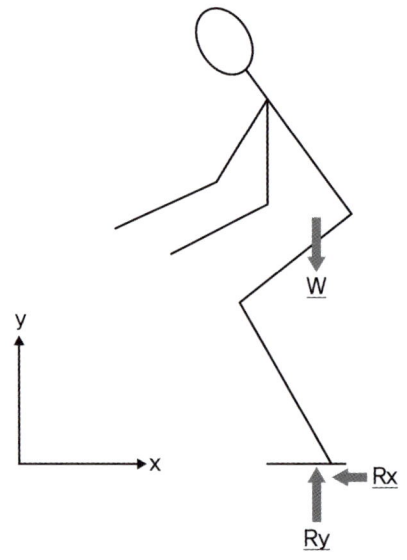

그림 3-28. 수직뛰기 도약 순간 머리, 몸통, 위팔, 아래팔, 넓적다리, 종아리, 발 분절로 이루어진 2차원 시상면의 자유물체도. 왼쪽 아래에는 X축과 Y축의 직교좌표계가 있으며, 표시된 외력으로 W는 체중을, Rx는 수평지면반력, Ry는 수직지면반력임(Miller & Nelson(1976)에서 개작됨).

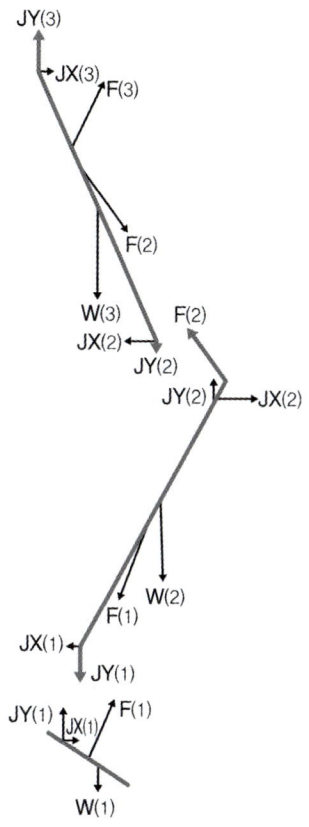

그림 3-29. 외력과 내력을 나타내는 다리의 넓적다리, 종아리, 발 분절의 자유물체도. 표시된 외력인 W(1), W(2) W(3)은 분절들의 무게를, 내력인 JX(1), JY(1), JX(2), JY(2), JX(3), JY(3)는 수평 및 수직 관절반작용력, F(1), F(2), F(3)는 합성 근력임(Miller & Nelson(1976)에서 개작됨).

3-29〉는 인체를 더욱 세밀하게 관찰하기 위해 다리의 넓적다리, 종아리, 발 분절들을 분리하여 분절들의 외력인 분절 무게들과 내력인 관절반작용력과 합성근력을 나타낸 자유물체도이다.

다. 인체 모형

초기에 Dempster(1955)는 인체 분절 매개변수에 대한 가장 광범위한 사체 분석 가운데 한 연구를 수행하였는데 그는 전쟁 중에 사망한 8명의 남자 군인 사체를 조사하였다. 인체 분절의 질량은 무게를 직접 측정하여 얻었으며, 그 무게중심점은 칼날(knife-edge) 균형 기술을 활용하여 측정하였다. 분절의 관성모멘트는 평행축의 원리와 결합된 진자 방법을 이용하여 측정하였다. 이 자료에서 회귀방정식을 유도하여 인체 분절 매개변수들을 예측하였다. Dempster는 1개의 머리와 목, 1개의 몸통, 2개의 위팔, 2개의 아래팔, 2개의 손, 2개의 넓적다리, 2개의 종아리, 2개의 발 등 총 14개 분절로 이루어진 인체 모형을 제시하였다〈그림 3-30〉.

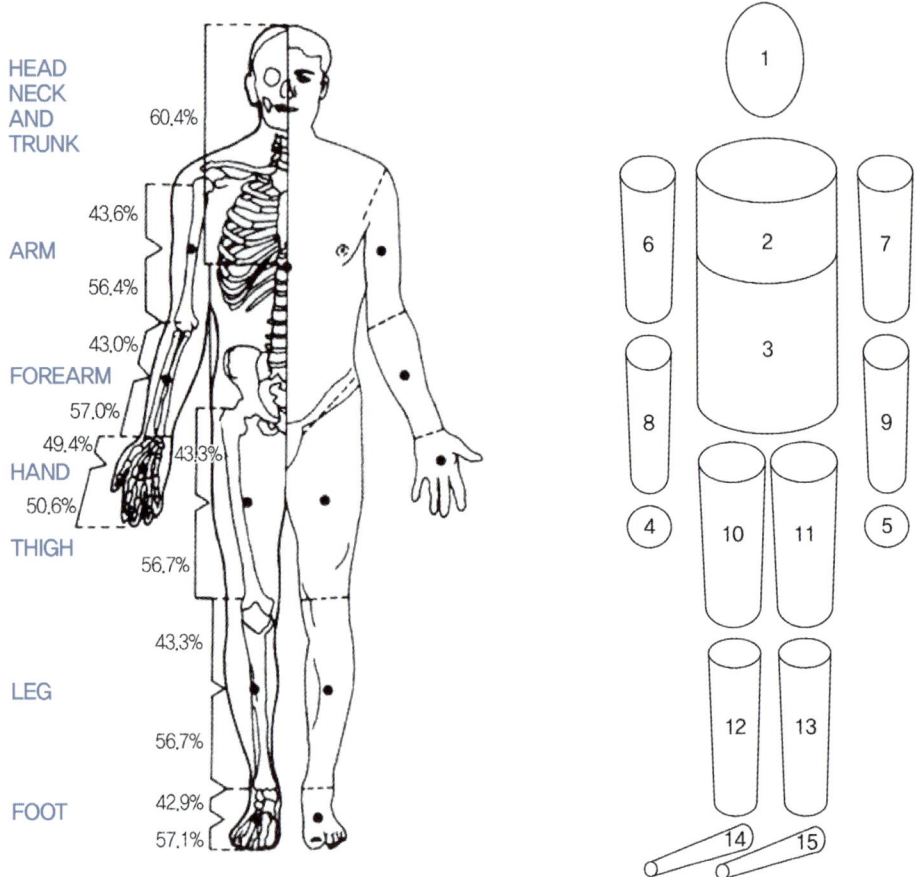

그림 3-30. Dempster(1955)의 인체모형과 각각의 분절중심의 몸쪽과 먼쪽 부위에 대한 상대적 위치(Dempster(1955)에서 개작됨).

그림 3-31. Hanavan(1964)에 의해 제안된 15개 인체 분절로 구성된 인체의 수학적 모형(Hanavan(1964)에서 개작됨).

근래에 와서 컴퓨터의 보급과 함께 인체 분절 매개변수의 광범위한 계산을 빠르고 정확할 수 있게 되면서 인체의 수학적 모델을 제시할 수 있게 되었다. Hanavan(1964)은 15개 분절로 이루어진 수학적 모형을 고안하였다〈그림 3-31〉. 이 15개 분절은 1개의 회전타원면 머리, 2개의 직타원기둥형 위아래 몸통, 2개의 구체형 손, 나머지 10개의 직원뿔형 분절들로 이루어졌다. 개별 대상자에 대한 25개의 표준 인체측정학적 측정값을 활용하여 필수적인 길이와 지름을 정의하였다. 분절들의 질량을 근사치를 계산하기 위해 회귀분석을 활용하였으며, 이 자료를 기반으로 인체 분절들의 주관성모멘트와 질량중심 위치를 계산하였다.

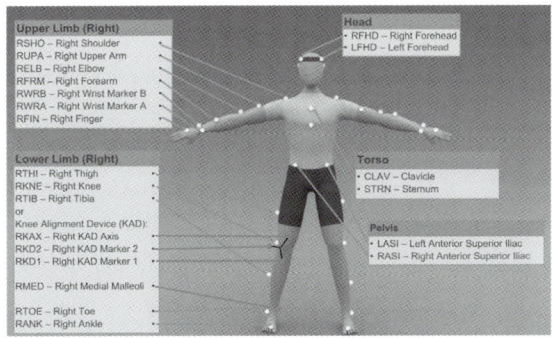
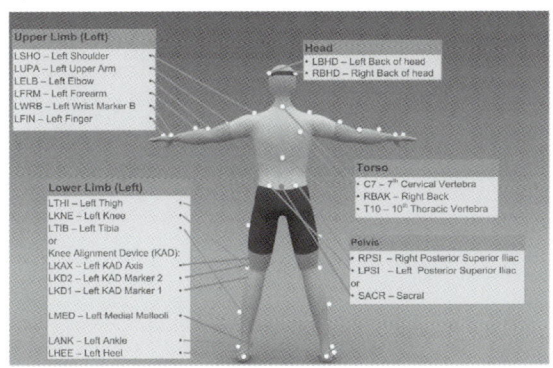

그림 3-32. 바이콘(Vicon)의 플러그인 게이트(Plug-In Gait) 전신모델을 위한 a. 앞에서 본 반사마커들의 부착 위치, b. 뒤에서 본 반사마커들의 부착 위치, c. 반사마커로부터 캡처되어 라벨링 뼈대를 보정하기 위한 정적(스탠딩) 시기의 T-포즈(Vicon Nexus User Guide(2016)에서 개작됨).

 최근 적외선 카메라들과 반사마커를 이용한 자동 동작분석시스템에서 다양한 인체 모형을 제시하고 있는데 바이콘(Vicon) 동작분석 시스템의 경우 플러그인 게이트(Plug-in Gait) 전신 모델〈그림 3-32〉을 스포츠 동작분석이나 임상적 분석을 위해 활용하고 있다. 플러그인 게이트 전신모델은 전통적인 Newington-Helen Hayes 보행모델에 기초하여 설정되었으며, 이는 반사마커의 궤적과 인체측정학적 측정값(질량, 키, 다리 길이 등)의 매개변수를 활용하여 관절 운동학과 운동역학적 변인을 계산한다. 반사마커의 경우 머리에 4개, 몸통에 5개, 골반에 4개, 양팔에 각각 7개, 양다리에 각각 6개씩 총 49개의 반사마커를 매뉴얼에 정해진 해부학적 위치에 부착한다. 플러그인 게이트 모델은 측정된 XYZ 반사마커 위치로부터 운동학적 모델의 관절중심을 직접 계산하기 때문에 모델화된 분절들의 길이와 위치는 마커들의 위치에 따라 직접적으로 좌우되기 때문에 정확한 마커의 위치가 매우 중요하다. 이 모델은 각각의 분절을 정의하기 위해 세 개 이상의 점을 필요로 한다(Vicon Nexus User Guide, 2016).

2. 인체지레의 종류

인간은 석기시대부터 큰 돌과 같은 물체를 움직이거나 그 물체에 힘을 적용시킬 때 역학적 이점을 얻기 위하여 지레(levers)를 사용해왔다. 여기서 역학적 이점(mechanical advantage, MA)이란 일정한 길이의 지레를 활용하여 힘을 증폭시키는 조치를 말한다. 지레는 받침점이라고 불리는 고정된 축을 중심으로 회전할 수 있는 고정 막대로 구성되는 단순 기계이다. 막대의 한쪽 끝에 작용한 물리적 힘(힘점)은 다른 한쪽 끝의 물체를 움직이게 한다(작용점). 이때 받침점을 물체에 더욱 가깝게 접근시킬수록 최소의 노력으로 큰 물체를 효율적으로 들어 올릴 수 있게 해준다.

지레는 〈그림 3-33〉과 같이 회전축의 역할을 하는 받침점, 힘을 입력하는 힘점, 힘이 출력되는 작용점 등으로 이루어진다. 힘점에서 받침점까지의 거리인 힘팔의 길이가 작용점에서 받침점까지의 거리인 작용팔의 길이보다 크면 지레는 기본적으로 입력하는 힘이 증폭되어 출력되는 원리가 작용한다.

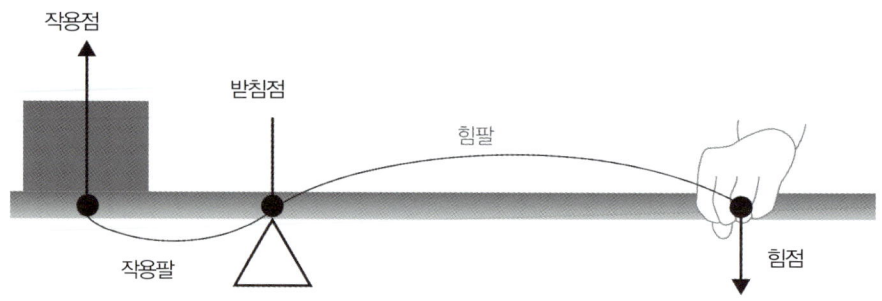

그림 3-33. 지레의 구성요소

이렇게 구성된 단순 지레는 역학적 이점을 갖는데, 이를 공식으로 나타내면 아래와 같다. 힘팔 길이를 작용팔 길이보다 길게 할수록 역학적 이점 값이 1보다 커지게 된다. 힘팔 길이와 작용팔의 길이가 같을 경우 역학점 이점은 1이 되며, 힘팔 길이가 작용팔 길이보다 더욱 짧아지면 역학적 이점이 1보다 작게 된다.

$$역학적\ 이점(MA) = \frac{힘팔\ 길이}{작용팔\ 길이}$$

지레는 받침점, 힘점 그리고 작용점의 상대적 위치에 따라 1종 지레, 2종 지레, 3종 지레의 3가지 종류의 지레로 분류되며, 이러한 각기 다른 종류의 지레는 다양한 수준의 역학적 이점을 제공할 수 있다.

가. 1종 지레

가장 일반적인 지레 종류이며, 받침점이 가운데 있고 작용점과 힘점이 각각 양끝에 위치한다. 역학적 이점이 1보다 클 수도 작을 수도 있다. 1종 지레로 분류되는 일반적인 사례로는 공사현장에서 사용하는 쇠지렛대, 놀이터의 시소, 가위, 대저울 등을 들 수 있다. 인체 움직임에서 1종 지레의 사례를 살펴보면 머리뼈과 1번 목뼈 사이의 관절에서 고개를 앞뒤로 끄덕이는 움직임에서 나타나는데, 이 관절이 받침점, 뒤쪽 근육군들의 수축이 힘점, 머리뼈의 앞쪽 부위의 무게가 작용점 역할을 하게 된다(그림 3-34a).

나. 2종 지레

받침점과 힘점이 양끝에 있고 작용점이 가운데에 위치한다. 역학적 이점이 1보다 항상 크다. 2종 지레로 분류되는 일반적인 사례로는 병따개, 호두까개, 외바퀴 손수레, 자동차 브레이크 페달 등을 들 수 있다. 인체 움직임에서 2종 지레의 사례를 살펴보면 발뒤꿈치를 들어올리면서 발끝으로 서 있는 움직임으로 발끝이 받침점, 종아리근육군들이 힘점, 발끝과 종아리근육군 사이에 위치하는 인체 무게중심선이 작용점 역할을 한다(그림 3-34b).

다. 3종 지레

받침점과 작용점이 양끝에 있고 힘점이 가운데에 위치한다. 역학적 이점이 1보다 항상 작다. 예를 들어 공사현장의 삽, 낚싯대, 핀셋 등을 들 수 있다. 인체 움직임에서 3종 지레의 사례를 살펴보면 아래팔을 굽히면서 물체를 드는 동작으로 팔꿉관절이 받침점 역할을, 아래팔에 부착된 위팔두갈래근육의 수축이 힘점 역할을, 손에 드는 물체 무게가 작용점 역할을 한다(그림 3-34c).

인체 내 대부분의 근육과 뼈의 조합은 주로 3종 지레로 이루어지는데, 이것을 역학적 이점으로 계산하면 힘팔의 길이가 작용팔에 대하여 상대적으로 매우 짧기 때문에 1보다 매우 작게 나타나면서 역학적 이점이 거의 없다고 할 수 있다. 그렇다면 인체 움직임이 이렇게 역학적 이점이 없는 구조를 갖는 이유는 무엇일까? 그 이유는 인체 3종 지레의 이러한 불리한 역학적 이점에도 불구하고 인체 분절 끝의 더욱 큰 움직임, 즉 큰 운동범위로 보상할 수 있기 때문이다. 다시 말해서, 위팔두갈래근의 상대적으로 짧은 길이의 단축성 수축이 아래팔 분절의 큰 운동범위를 일으키고, 이 움직임은 이어서 아래팔 분절의 먼쪽 부위에서 훨씬 빠른 끝속력의 이점을 제공한다.

Ⅲ부 인체 역학

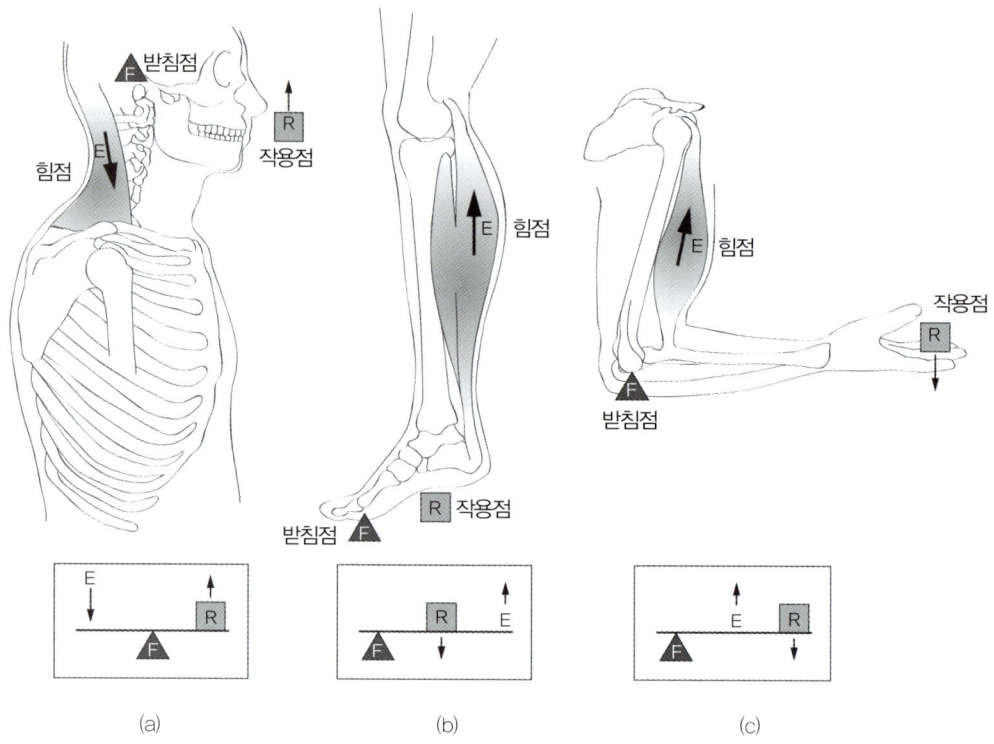

그림 3-34. 3가지 종류의 지레와 인체 움직임의 예

> **참고자료**
>
> 테니스 라켓으로 공을 치는 경우는 3종 지레로 설명된다. 이때 라켓 그립 끝이 받침점, 힘을 가하는 손의 위치가 힘점, 라켓헤드와 공이 함께 작용점이 되면서 3종 지레를 이루게 된다. 이 3종 지레 형태를 테니스 서브 같은 전체 동작으로 확대하여 살펴보면 발끝→요추관절→어깨관절→팔굽관절→손목관절과 라켓 등의 순서로 받침점의 역할이 순차적으로 이어지는 지레작용을 활용하면서 라켓 끝의 최대 속력을 달성하여 파워 있는 서브를 유발한다.
>
>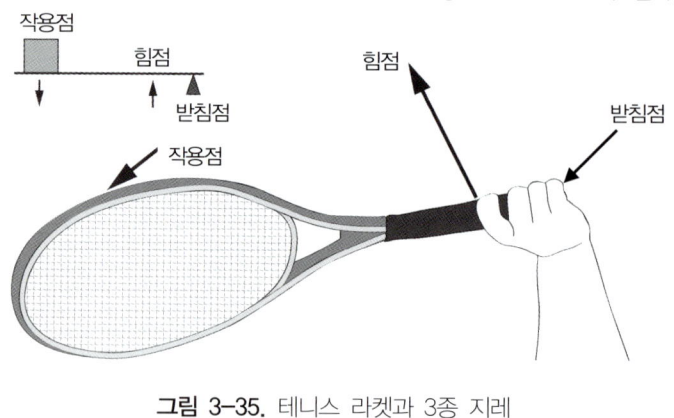
>
> 그림 3-35. 테니스 라켓과 3종 지레

Ⅳ부
운동학의 스포츠 적용

스포츠 기술을 수행하는 동안 물체나 인체의 움직임은 크게 선운동과 각운동의 두 가지 성분으로 분해될 수 있다. 운동의 원인인 힘을 고려하지 않고 물체나 인체의 움직임을 묘사하는 운동학적 변인에는 선운동에서는 변위, 속도, 가속도 등으로, 각운동에서는 각변위, 각속도, 각가속도 등으로 구성된다. 이러한 스포츠 기술의 운동학적 변인들은 우리에게 운동의 운동범위와 같은 기하학적 정보를 제공함과 동시에 물체나 인체의 운동과 그 원인인 힘 사이의 관계를 규명하는 운동역학 탐구의 기초 자료를 제공한다.

1장 선운동의 운동학적 분석

 학습목표

- 거리와 변위, 속력과 속도의 차이점을 알아본다.
- 평균 속력과 평균 속도의 개념을 이해한다.
- 가속도의 개념을 이해하고, 양(+)과 음(-)의 가속도가 갖는 의미를 이해한다.
- 투사체운동의 수평성분과 수직성분의 개념을 이해한다.
- 중력과 공기저항이 스포츠 장면에서 어떤 영향을 미치는지 이해한다.
- 투사체의 투사궤도에 영향을 미치는 투사각도, 투사속력, 상대투사높이가 스포츠 장면에서 어떻게 상호작용하는지 이해한다.

1. 거리와 변위

거리(distance)와 변위(displacement)는 유사한 의미를 갖는 듯이 보일 수도 있지만 뚜렷이 다른 정의와 의미를 갖는 양이다. 거리는 물체가 두 지점을 얼마나 멀리 움직였는가를 나타내는 스칼라양으로, 두 지점을 잇는 실제 경로를 나타낸다. 반면에 변위는 두 지점을 잇는 최단거리, 즉 가상의 직선거리의 길이와 방향을 나타내는 벡터양이다.

거리와 변위의 차이에 대한 더욱 깊은 이해를 위하여 한 사람이 농구코트에서 왼쪽 코트 A지점에서 시작하여 사이드라인을 따라 사각 모양으로 걸어서 제자리로 돌아왔다고 가정하자(그림 4-1 참조). 그 사람은 왼쪽 위의 A지점에서 시작하여 동쪽으로 10m, 남쪽으로 5m, 서쪽으로 10m, 마지막으로 북쪽으로 5m를 걸어서 제자리인 A지점으로 다시 돌아왔다. 이 사람이 걸은 거리는 총 30m(동쪽 10m + 남쪽 5m + 서쪽 10m + 북쪽 5m = 30m)인 반면에 변위는 걷기 시작한 지점과 도착한 지점이 같기 때문에 0m가 된다. 다시 말해 변위 같은 벡터양은 거리와 더불어 방향도 고려해야 한다. 이 사례에서 동쪽으로의 10m 걷기는 서쪽으로의 10m 걷기와 상쇄되고, 남쪽으로의 5m 걷기는 북쪽으로의 5m 걷기와 상쇄되어 0m(동쪽 10m - 남쪽 5m - 서쪽 10m + 북쪽 5m = 0m)가 된 것이다. 물론 스칼라양인 거리는 방향을 무시하고 총 이동경로인 30m로 표현하면 된다.

또 다른 예를 들어보면, 한 농구선수가 센터서클 중앙의 A지점에서 왼쪽 엔드라인의 B지점까지 12m 드리블해서 갔다가 반대 방향으로 돌아서 다시 센터서클의 중앙 A지점을 지나 오른쪽 엔드라인의 C지점까지 24m 드리블해서 갔다고 가정했을 때 농구선수가 이동한 거리와 변위를 계산해보자(그림 4-2 참조).

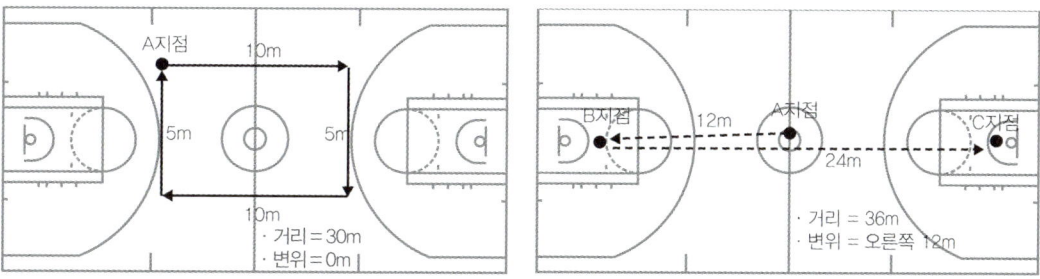

그림 4-1. 농구코트에서 걷는 동안의 거리와 변위   **그림 4-2.** 농구코트에서 드리블하는 동안의 거리와 변위

농구선수가 이동한 거리는 A지점에서 B지점까지 12m, B지점에서 A지점까지의 거리 12m, A지점에서 C지점까지의 거리 12m를 모두 더한 36m이다. 반면에 변위는 A지점에서 B지점까지의 12m는 B지점에서 A지점까지의 거리 12m로 상쇄되고, A지점에서 C지점까지의 거리 12m만을 고려하여 오른쪽 12m가 된다. 이 사례에서처럼 농구선수가 그 운동방향을 바꿀 때 변위는 방향 변화를 고려하여 반대방향을 향하는 것은 항상 상쇄된다는 것을 의미한다.

2. 속력과 속도

가. 스칼라양의 속력과 평균 속력

앞서 언급한 거리와 변위가 명확히 다른 의미를 갖는 것처럼 속력과 속도 역시 이와 유사하지만 다른 의미를 갖는다. 속력(speed)은 물체가 얼마나 빠르게 움직이고 있는가를 나타내는 스칼라양이다. 속력은 물체가 거리를 이동하는 비율로 생각할 수 있다. 빠르게 움직이는 물체는 높은 속력을 가지며, 짧은 시간 동안에 상대적으로 큰 거리를 이동한다. 반면에 느리게 움직이는 물체는 낮은 속력을 가지며, 같은 시간 동안에 상대적으로 작은 거리를 이동한다. 이동이 전혀 없는 물체는 영(0)의 속력을 갖는다고 한다.

속력은 이동거리(s)를 걸린 시간(t)으로 나누어 계산하고, 단위는 m/s, m/min, km/h 등으로 나타낸다.

$$속력 = \frac{이동거리}{시간} \quad \left(v = \frac{s}{t}\right)$$

평균 속력(average speed)은 속력과 거의 유사한 개념이지만 다소 차이가 있다. 평균속력은 이동한 총 거리(Δs)를 전체 걸린 시간(Δt)으로 나눈 값으로 정의됨으로써 상대적으로 짧은 시간 동안에 발생할 수 있는 속력의 변화를 잘 나타내지 못할 수 있다. 다시 풀어서 식으로 정리해보면 평균 속력은 다음과 같다.

$$평균\ 속력 = \frac{총이동거리}{총걸린시간}\ \ (v = \frac{\Delta s}{\Delta t})$$

실제 스포츠 현장에서 평균 속력 사례를 살펴보면 세계적인 100m 달리기선수인 우사인 볼트의 100m 속력 곡선을 들 수 있다(그림 4-3 참조). 이 그림은 100m 달리기를 5개의 20m 구간으로 나누어 개개 구간의 평균 속력을 계산한 그래프로, 80m 구간에 도달하여 최대 평균 속력인 12.42m/s를 보이고, 이 구간 이후 100m까지 11.98m/s로 50~60m 구간의 평균 속력 값 정도로 감소하는 결과를 보이고 있는데, 대부분의 우수선수들도 이러한 유형의 평균 속력을 보이고 있다. 따라서 경기력 향상을 위한 선수들이나 코치들의 궁극적인 목표는 마지막 100m 결승선을 통과하는 순간까지도 최대한 속력을 감소시키지 않는 노력이 될 것이다.

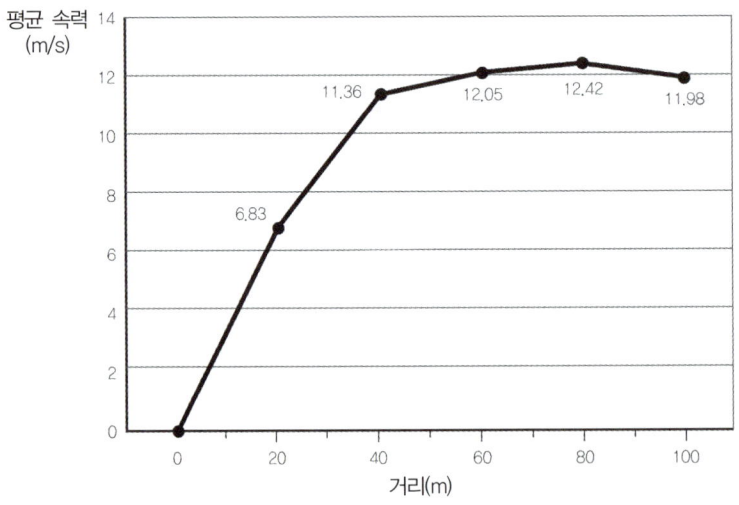

그림 4-3. 2012년 런던올림픽에서 우사인 볼트의 100m 평균 속력 곡선(Brian MAC Sports Coach에서 개작됨)

나. 벡터양의 속도와 평균 속도

속도(velocity)는 물체가 그 위치를 변화하는 비율을 나타내는 벡터양이다. 한 농구선수가 상대방 선수를 따돌리기 위해 한 지점에 두 걸음 정도 앞으로 드리블했다가 다시 두 걸음 뒤로 빠르게 이동하여 원래의 위치로 드리블해 돌아온다고 가정하자. 이러한 움직임은 상대방 선수에게 현란한 움직임으로 보일 수 있겠지만, 그 속도는 영(0)이 된다. 이 농구선수는 항상 원래의 위치로 돌아오기 때문에 이 사람의 운동이 위치에서의 변화를 발생시키지 못하게 된다. 운동 중인 농구선수가 그 속도를 최대화하고 싶다면 원래의 위치에서 변위되는 양을 최대화시키는 노력을 아끼지 않아야 한다. 다시 말해 이 농구선수는 모든 드리블이나 발걸음을 시작한 원래의 위치에서 가능한 한 멀리 움직이는 노력이 필요하며, 방향을 반대로 바꿔서 원래의 시작위치로 돌아오지 말아야 할 것이다.

속도는 벡터양이기 때문에 방향을 갖는다. 따라서 한 물체의 속도를 계산하고자 할 때는 반드시 방향을 염두에 두어야 한다. 자동차가 단지 80km/h의 속도로 달리고 있다는 표현은 충분치 않으며, 이 표현에 방향 정보를 포함시켜야 물체의 속도를 정확히 표현한 것이다. 즉, 북쪽으로 80km/h의 속도로 달리고 있다고 표현해야 충분한 설명이 된다. 이 점이 속력과 속도의 중요한 차이 가운데 하나인데, 속력은 스칼라양으로 방향을 고려하지 않는 반면에 속도는 벡터양으로 방향을 고려한다(표 4-1 참조).

속도는 변위(d)를 걸린 시간(t)으로 나누어 계산하고, 벡터양이라는 성분 표시로 속도 v 위에 화살표를 표기한다. 단위는 속력과 동일하게 m/s, m/min, km/h 등으로 나타낸다.

$$속도 = \frac{변위}{시간} \quad (\vec{v} = \frac{d}{t})$$

속도 벡터의 방향을 표현하는 것은 어렵지 않으며, 단순히 물체가 이동하는 방향을 표현하면 된다. 이때 물체가 속력을 높이고 낮추는 것은 속도의 방향 표현에는 문제가 되지 않는다. 물체가 오른쪽으로 이동하면 그 속도가 오른쪽이라고 표현해주고, 아래쪽으로 이동하면 그 속도가 아래쪽이라고 표현한다. 일반적으로 데카르트 직교좌표계에서 X축은 수평축을, Y축 수직축을 나타낸다. 이때 좌표계의 원점을 기준으로 X축의 오른쪽을 양(+)의 방향으로, 왼쪽을 음(-)의 방향으로 표현하며, Y축의 위쪽을 양(+)의 방향으로, 아래쪽을 음(-)의 방향으로 표현한다.

평균 속도(average velocity)는 속력과 속도의 차이와 같이 평균 속력에서 방향이 포함된 것으로 일정한 시간 간격, 즉 총 걸린 시간(Δt) 동안에 위치가 변한 정도를 나타낸다. 다시 풀어서 식으로 정리해보면 평균 속도는 다음과 같다.

$$평균\ 속도 = \frac{총\ 변위}{총\ 걸린시간} \quad (\vec{v} = \frac{\Delta d}{\Delta t})$$

수직뛰기 동안에 무게중심점의 수직속도(V_y) 변화곡선을 살펴보면 초기에 무릎을 굽히면서 인체가 아래쪽 방향으로 내려갈 때 그 수직 속도는 0.8m/s로, 아래쪽 방향의 움직임이 멈추고 위쪽 방향으로 전환되기 직전의 움직임이 없는 순간의 수직속도는 0m/s로, 몸이 위쪽 방향으로 올라가면서 마지막 도약 직전의 수직속도는 (+)2.06m/s로 나타나고 있다(그림 4-4 참조).

표 4-1. 속력과 속도의 차이

속력(speed)	속도(velocity)
물체가 얼마나 빠르게 움직이고 있는가를 나타내는, 즉 물체의 위치가 변화하는 비율의 크기만 나타내는 스칼라양이다.	물체가 얼마나 빠르고 동시에 어떤 방향으로 움직이고 있는가를 나타내는, 즉 물체의 위치가 변화하는 비율의 크기와 방향을 나타내는 벡터양이다.
80km/h	북쪽 80km/h

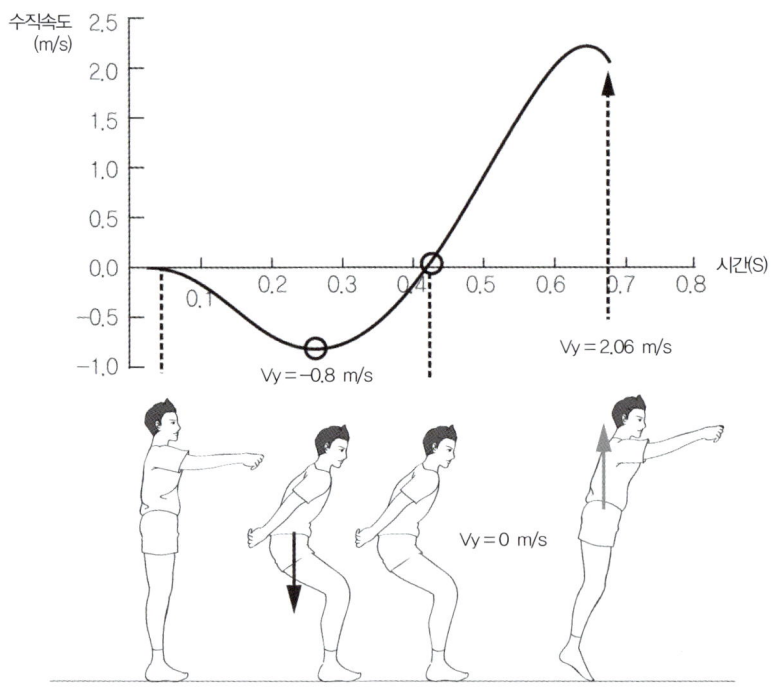

그림 4-4. 수직뛰기 동안의 무게중심의 수직속도 변화곡선(Shrestha에서 개작됨)

3. 가속도

자동차를 운전할 때 가속페달을 밟아서 속도(혹은 속력)를 변화시킬 수 있다. 이때 발생하는 속도의 변화를 단위시간에 일어나는 속도의 변화율로 나타낸 것이 가속도(acceleration)이다. 즉, 가속도는 속도의 변화율 또는 시간의 변화에 따른 속도의 변화 정도를 말한다.

가. 운동의 가속도

스포츠 장면에서는 인체(혹은 물체)의 위치가 변할 뿐만 아니라 속도의 변화도 일어난다. 이와 같이 인체(혹은 물체)가 운동하는 속도의 크기나 방향이 변할 때(그림 4-5) 그 물체는 가속도를 갖고 있다고 한다.

$$가속도 = \frac{속도\ 변화}{시간\ 변화} \quad (\vec{a} = \frac{\Delta v}{\Delta t}) \quad \text{※ 시간 변화: 속도가 변화하는 데 걸린 시간}$$

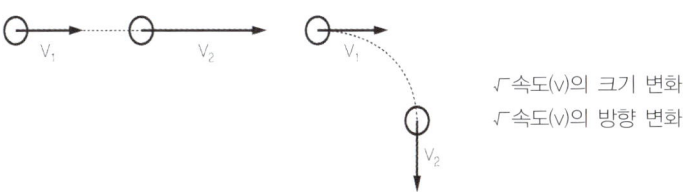

그림 4-5. 가속도 발생의 원인

일반적인 의미에서 가속도는 속력의 증가나 속도의 증가를 의미한다. 만약 나중 속도(v_2)가 처음 속도(v_1)보다 크면 양(+)의 수가 될 것이고, 인체(혹은 물체)의 운동은 주어진 시간 동안 속도가 증가할 것이다. 예를 들어 단거리 주자들의 속도가 출발선을 떠날 때 3m/s이고 1초 후에 5m/s라면 가속도는 양(+)의 값을 나타낼 것이다.

$$가속도 = \frac{5m/s - 3m/s}{1s} = 2m/s^2$$

따라서 물체의 운동 방향이 양(+) 혹은 음(-)으로 설명되지 않는다면, 나중 속도(v_2)가 처음 속도(v_1)보다 더 크므로 가속도는 양(+)의 값이고 주자의 속도는 증가하게 될 것이다(그림 4-6).

그림 4-6. 단거리 출발

가속도는 음(−)의 값으로도 나타낼 수 있다. 방향을 나타내는 의미로 사용되지 않을 때 음(−)의 가속도는 물체가 천천히 감속하거나 속도가 감소하는 것을 의미한다. 예를 들어 야구에서 주자가 슬라이딩을 하면서 베이스에 멈출 때 가속도는 음(−)이 된다(그림 4-7).

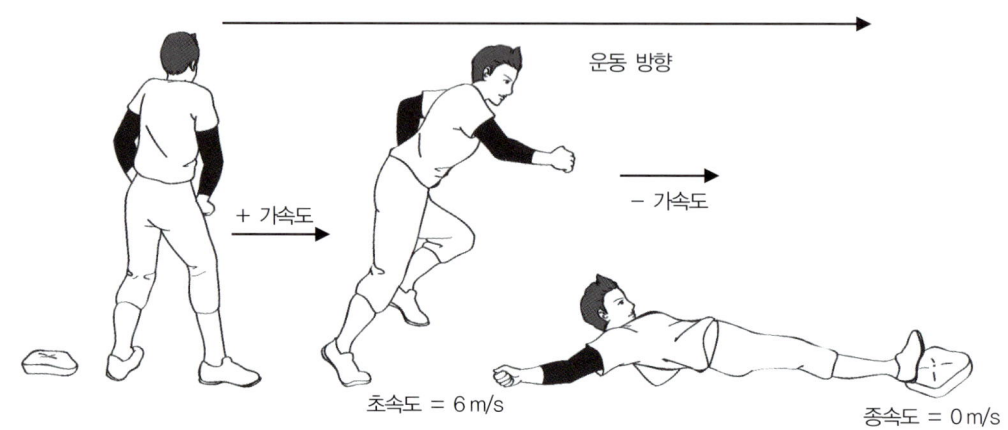

그림 4-7. 베이스 도루를 하는 동안의 양(+)과 음(−)의 가속도

출처: 박성순 외 역, 스포츠 기술의 생체역학, 동화문화사, 1985.

만약 슬라이딩 직전 주자의 속도가 6m/s이고, 운동을 멈추게 하는 슬라이딩 동작을 0.5초 동안 취했다면 처음 속도(v_1)=6m/s, 나중 속도(v_2)=0, 시간=0.5초이다. 이때 가속도는 다음과 같다.

$$가속도 = \frac{0-6m/s}{0.5s} = -12m/s^2$$

이런 상황처럼 나중 속도(v_2)보다 처음 속도(v_1)가 큰 값이면 음(−)의 수가 될 것이고, 인체(혹은 물체)의 운동은 주어진 시간 동안 속도가 감소하는 것을 나타내게 된다.

그러나 양(+)이나 음(−)이 물체의 운동 방향을 표시하는 경우도 있기 때문에 양(+)의 가속도 값이 반드시 인체(혹은 물체)의 속도가 증가하는 것을 의미하는 것은 아니다. 공중에서 떨어지는 공의 경우를 생각해보자. 공은 중력의 영향으로 점점 더 빨리 떨어져 속도를 얻는다. 예를 들어 0.2m/s에서 0.4m/s로 그리고 0.6m/s로 점차 속도가 빨라진다고 하자. 아래 방향은 음(−)의 방향으로 간주되므로 공의 속도는 실제로 −0.2m/s에서 −0.4m/s로 그리고 −0.6m/s가 된다. 만약 처음 속도(v_1)=−0.2m/s, 나중 속도(v_2)=−0.4m/s, 시간=0.02초라면 이때 가속도는 다음과 같다.

$$가속도 = \frac{-0.4m/s - (-0.2m/s)}{0.02s} = -10m/s^2$$

이런 상황에서 공은 속도를 증가시키고 있지만, 속도는 음(-)의 방향으로 증가되기 때문에 공의 가속도는 음(-)이 된다(그림 4-8).

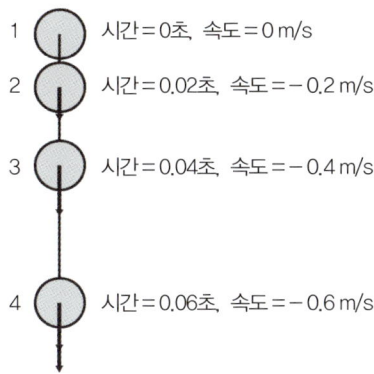

그림 4-8. 자유낙하한 공: 시간이 경과함에 따라 속도는 점점 빨라진다(음의 방향으로 가속)

한편, 가속도가 0과 같아지는 경우가 있다. 속도가 일정할 때, 즉 처음 속도(v_1)와 나중 속도(v_2)가 같을 때 가속도는 0이다. 100m 달리기의 전력질주 구간에서 주자의 가속도는 0에 가까울 것이다. 왜냐하면 주자는 그 구간에서 최대속도로 일정하게 달리고 있기 때문이다(그림 4-9).

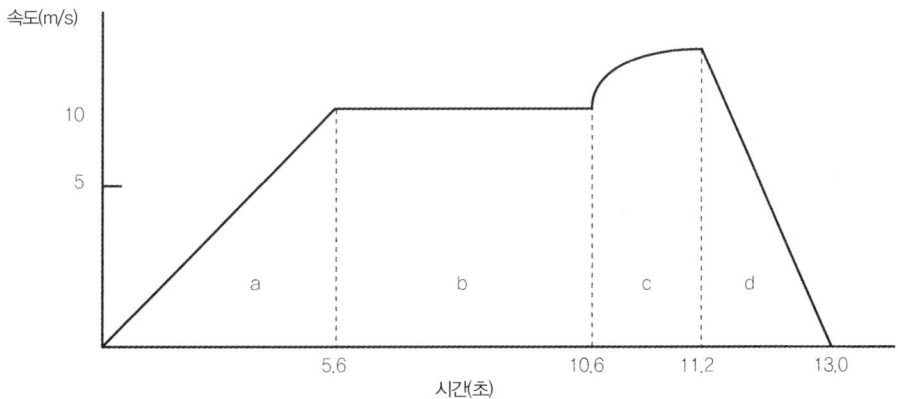

a) 스타트 대시 구간: 일정한 양(+)의 가속도(속도 증가)   b) 전력질주 구간: 가속도 0(일정한 속도 유지)
c) 라스트 스퍼트 구간: 가속도 변화(속도 증가)   d) 멈추기 구간: 일정한 음(-)의 가속도(속도 감소)

그림 4-9. 100m 달리기를 하는 동안의 시간-속도 곡선

나. 중력가속도

어떤 물체가 운동할 때 가속도가 일정한 경우 이것을 '등가속도운동'이라 한다. 등가속도운동의 대표적인 경우가 자유낙하운동이며, 이는 일정한 높이에서 떨어뜨린 물체는 그 크기에 관계없이 동일한 시간에 지면에 도달한다는 것이다. 이와 같은 현상이 일어나는 원인은 지구의 표면을 향해 수직으로 물체를 끌어당기는 힘인 중력 때문이다. 중력은 아래 방향으로 수직가속도를 일정하게 발생시키는 힘이며, 이 힘에 의하여 발생하는 가속도는 투사체의 무게, 모양, 크기에 관계없이 일정하게 유지된다. 중력에 의하여 일정하게 발생하는 가속도를 중력가속도(gravitational acceleration)라 한다.

위쪽은 양(+), 아래쪽은 음(-)이라는 규약을 사용할 때, 중력가속도는 음의 양($-9.8 m/s^2$)으로 취급된다. 중력가속도는 모든 낙하체나 투사체뿐만 아니라 투사된 인체에도 영향을 미친다.

〈그림 4-10〉에서 위쪽(+방향)으로 투사된 인체(2)는 수직속도가 0이 되는 최고점(3)에 도달할 때까지 $9.8 m/s^2$의 비율로 감속하며, 최고점(3)에서 결국 떨어지기 시작하여 지면에 도달할 때까지 다시 아래쪽(-방향)으로 $9.8 m/s^2$의 비율로 가속한다.

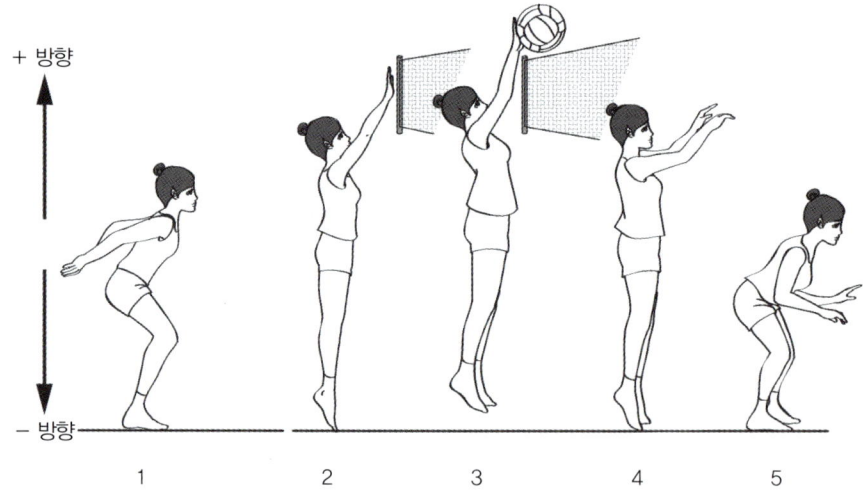

그림 4-10. 배구의 블로킹. 블로킹을 하는 사람은 지면과 접촉하고 있는 동안에는 양(+)의 가속도를 갖게 되지만, 공중으로 투사된 이후에는 위쪽 방향이나 아래쪽 방향 모두 음(-)의 가속도를 가진다.

중력가속도의 특성은 다음과 같다.
① 물체 질량의 크기와 관계없이 $9.8 m/s^2$이다.
② 지구 중심 방향이다.
③ 상승운동을 할 때는 $9.8 m/s^2$으로 감소하고, 하강운동을 할 때는 $9.8 m/s^2$으로 증가한다.

4. 투사체(혹은 포물선)운동

어떤 힘에 의하여 공중으로 던져진 물체를 투사체(projectile)라고 한다. 즉, 농구공, 투포환, 멀리뛰기를 하기 위해 이륙한 선수, 발사된 화살 등 아무런 보조 없이 공중에서 운동을 계속하는 경우 모두 투사체이다. 이들 투사체는 포물선의 경로를 따라 움직이기 때문에 투사체의 운동을 '포물선운동'이라고도 한다. 투사체의 운동을 이해하기 위해서는 수평성분과 수직성분의 특성과 자유낙하운동의 원리를 잘 알고 있어야 한다.

가. 투사체운동의 수평성분과 수직성분

투사체에 따라 운동학적 양에 대한 관심사는 달라진다. 투포환, 투원반, 투창, 넓이뛰기 등은 최대 수평변위가 승패를 결정짓고, 높이뛰기, 장대높이뛰기 등의 선수들은 경기에서 승리하기 위하여 수직변위를 최대화해야 한다. 야구, 축구, 농구 등과 같은 구기운동에서는 정확한 지점으로의 패스와 성공적인 골을 위하여 수평성분과 수직성분의 속도와 움직임의 궤도를 잘 조정해야 한다.

투사체운동에서 수직성분은 중력의 영향을 받지만, 공기저항을 무시한다면 수평성분은 어떠한 힘의 영향도 받지 않는다. 또한 운동의 수직성분은 투사체의 최대 높이와 관련되어 있고, 수평성분은 투사체가 날아간 거리와 관련되어 있다. 따라서 투사체운동의 수직성분과 수평성분은 서로 독립적이다.

〈그림 4-11〉은 그 예를 나타낸 것이다. 같은 순간 같은 높이에서 한 공은 손에서 떨어뜨렸고, 다른 한 공은 직선 타구가 되도록 배트로 수평 방향으로 때렸다면 두 공의 수직성분은 같기 때문에 공은 동시에 지면에 떨어질 것이다. 그러나 수평방향으로 때린 공은 수평성분의 운동을 갖고 있기 때문에 수평적인 변위를 갖게 된다.

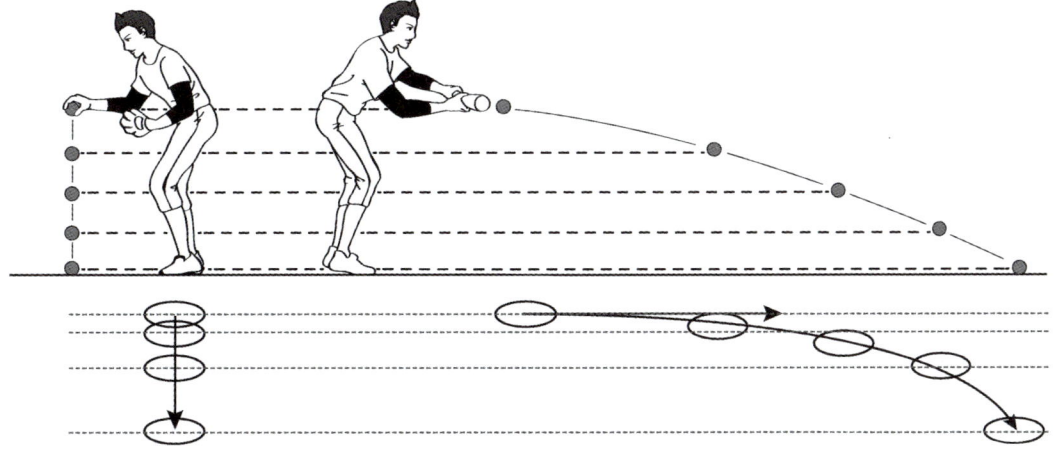

그림 4-11. 수평속도 없이 자유낙하 시킨 공과 수평방향으로 쳐진 공의 움직임 궤적: 수평·수직요소는 서로 독립적이고, 수직요소는 같다.

나. 투사체운동에 영향을 미치는 중력과 공기저항

투사체운동에는 공통적으로 작용하는 중력이 있다. 중력은 투사체의 수평성분이 아닌 수직성분에 영향을 미치는 주요인으로서 지구의 표면을 향해 수직으로 물체를 가속시킨다. 투사물체가 손에서 떨어지거나 경기자가 지면에서 떨어지게 되면 곧바로 중력이 작용하여 운동의 방향을 바꾼다는 의미에서 그것들은 낙하하기 시작한다. 투사된 물체는 중력과 공기저항이 없다면 주어지는 속도와 방향으로 계속 나아갈 것이다(Newton의 제1법칙: 관성의 법칙). 그러나 중력이 작용하기 때문에 투사된 물체는 시간이 경과할수록 중력이 작용하지 않는다고 가정했을 때의 진행 방향과 점점 거리가 멀어진다(그림 4-12).

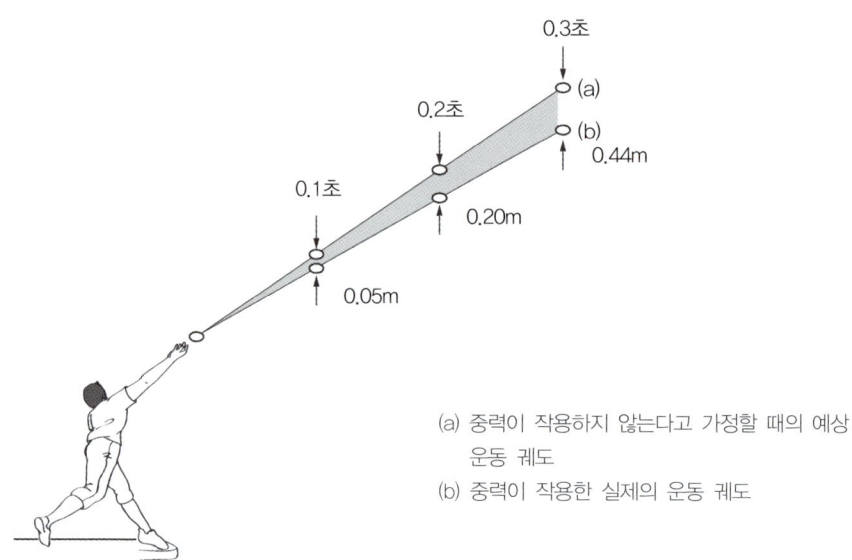

(a) 중력이 작용하지 않는다고 가정할 때의 예상 운동 궤도
(b) 중력이 작용한 실제의 운동 궤도

그림 4-12. 던져진 포환의 운동 궤도

만일 공기저항이 없다면, 투사된 물체는 중력이 항상 아래로 작용하여 물체가 정지할 때까지 감속시키는 저항력으로 작용하기 때문에 물체의 속도는 높이 올라감에 따라 점점 작아지고, 일정 높이에 이르면 속도가 0이 되어 다시 낙하하기 시작한다. 물체가 아래쪽으로 떨어질 때 그 물체의 속력은 중력가속도($-9.8m/s^2$)를 얻기 때문에 점차 빨라지게 된다. 그러나 수평속도성분의 값은 뉴턴의 관성의 법칙에 따라 변하지 않는다(그림 4-13).

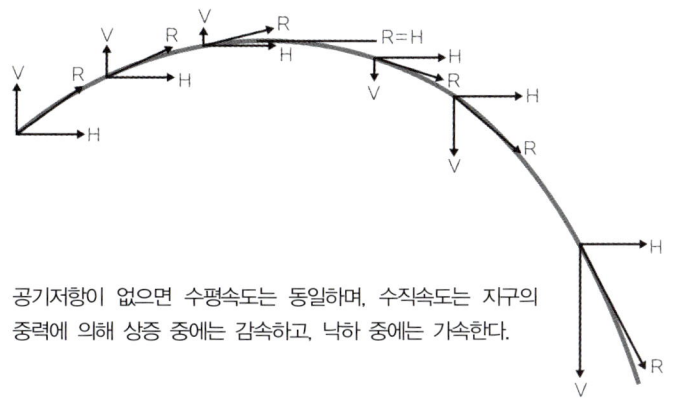

공기저항이 없으면 수평속도는 동일하며, 수직속도는 지구의 중력에 의해 상승 중에는 감속하고, 낙하 중에는 가속한다.

그림 4-13. 투사된 물체의 궤적을 변화시키는 중력: 수평속도(H), 수직속도(V), 합성속도(R)의 변화

따라서 중력의 영향을 받는 투사체운동의 특성은 다음과 같다.
① 투사 높이와 착지 높이가 같다면 좌우대칭의 포물선운동을 한다.
② 올라가고 내려가는 사이의 순간적인 정점(최고 높이)에서의 수직속도는 0m/s이다.
③ 투사 높이와 착지 높이가 같다면 투사 시와 착지 시의 속도는 같다.
④ 수평 방향은 등속도운동이고, 수직 방향은 등가속도운동이다.

한편, 어떤 물체가 공기저항이 없는 상태에서 투사되었다면 비행 중 이 물체의 수평속도성분은 일정한 상태를 유지할 것이다. 그러나 실제상황에서는 대부분 공기저항이 투사체의 수평속도성분에 영향을 미친다(그림 4-14). 주어진 속도로 던져지거나 쳐진 야구공이나 골프공은 맞바람보다 뒤쪽에서 바람이 불 때 훨씬 더 많이 날아간다. 또한 공중에서 직하방으로 투사하는 경우에도 그 투사체의 속도는 어느 지점에서든지 공기저항의 영향을 받게 된다.

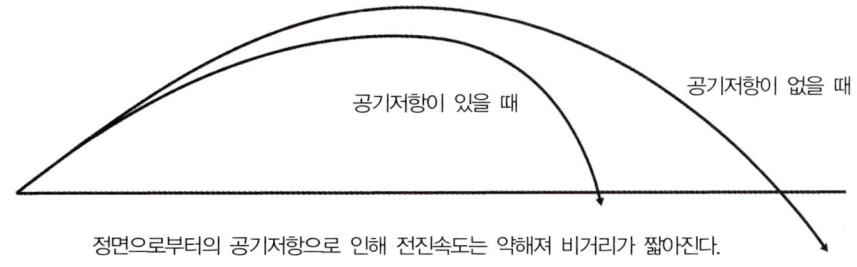

그림 4-14. 투사체의 궤적을 변화시키는 공기저항의 영향

다. 투사궤도에 영향을 미치는 요인

투사체의 투사궤도에 영향을 미치는 요인은 투사각도(projection angle), 투사속력(projection speed), 상대투사높이(relative projection height)의 3가지이다. 이런 요인들이 어떻게 상호작용하는지 이해하는 것은 스포츠 장면에서 공이나 다른 도구들을 다루거나 예측하는 데 매우 유용하다.

1) 투사각도

투사궤도의 모양은 투사각에 의하여 결정된다. 공기저항이 없다고 가정하면, 투사체의 궤도는 투사각에 의하여 결정되는 3가지 일반적인 모양 중 하나로 추측할 수 있다. 수직투사운동은 투사체가 곧바로 수직으로 올라갔다가 똑같이 내려오는 경로를 갖게 될 것이다. 만일 투사각이 완벽하게 수평(0°)으로 투사된 물체는 포물선의 반쪽을 닮은 궤도를 그리게 될 것이며, 투사각이 0°~90° 사이의 각도라면 포물선(좌우대칭형)이거나 포물선과 비슷한 모양(공기저항의 영향을 받는 경우)이 될 것이다(그림 4-15).

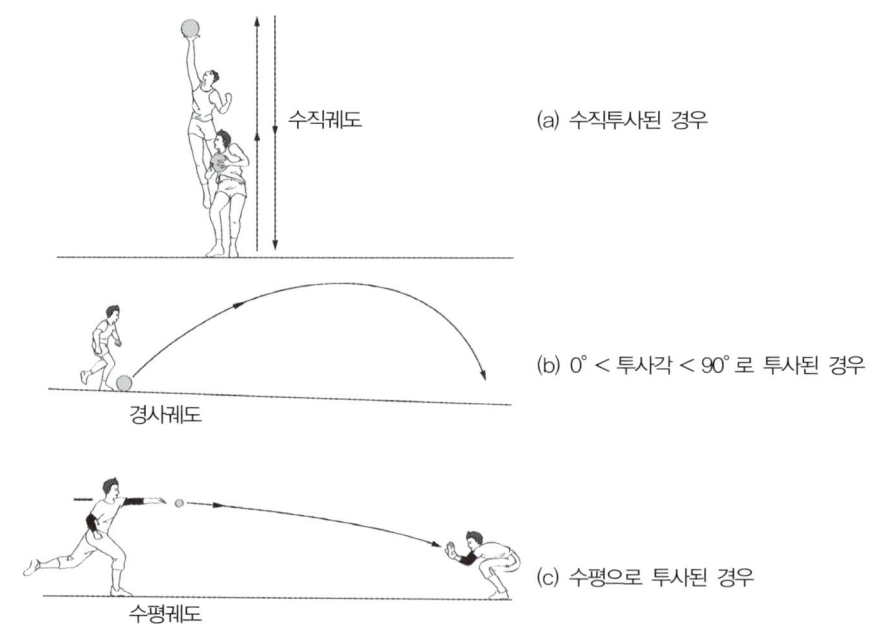

그림 4-15. (a) 수직, (b) 0~90° 사이, (c) 수평으로 투사된 경우의 투사궤도

한편, 주어진 같은 속력에서 시점(던지는 지점)과 종점(물체가 떨어지는 지점)이 같은 높이에 있을 때 각기 다른 각도로 투사된 물체의 수평거리와 수직거리는 다르게 나타난다. 수직(90°)에 가까운 투사각도로 던져진 경우는 수평거리보다 수직거리가 더 크고 좁으며, 비교적 높은 포물선을 나타낸다. 수평(0°)에 가까운 투사각도로 던져진 공은 비교적 평편하고 긴 포물선 모양을 그린다(그림 4-16).

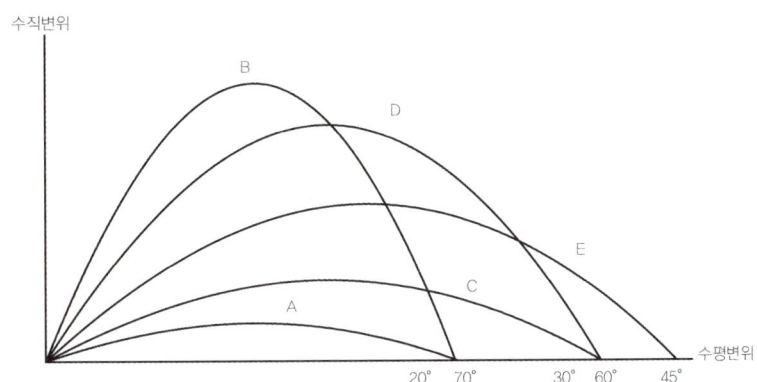

그림 4-16. 투사각도는 투사체의 수평 및 수직변위에 영향을 미친다: 같은 속도와 높이에서 A(20°), B(70°), C(30°), D(60°), E(45°)의 각도로 투사된 경우

투사각은 많은 스포츠 종목에서 직접적으로 승패를 좌우한다. 예를 들면, 농구경기에서의 슈팅각도는 골 성공률에 커다란 영향을 미치고, 체조나 다이빙경기의 경우는 체공시간이 길수록 공중에서 다양한 동작을 연출할 수 있으므로 수직속도를 증가시키기 위해 투사각도를 높이는 것이 필요하다. 그러나 야구에서 빠른 송구를 위해서는 수직속도를 감소시키고 수평속도를 크게 하기 위해 투사각도를 낮게 하는 것이 필요하다.

2) 투사속력

투사각도와 상대투사높이 등이 일정할 때 투사속력은 투사체 궤도의 크기와 길이를 결정한다. 예를 들면 물체가 수직 방향(90°)으로 투사되었을 때, 투사체의 최초속력(이륙속도)은 궤도 정점의 높이를 결정한다. 스포츠 장면에서 순수한 수직투사의 경우 농구의 리바운드 점프, 배구의 스파이크 점프 같은 신체의 투사운동으로 점프의 높이를 결정하는 것은 도약할 때 신체 무게중심의 수직속도이다. 물체가 0°~90° 사이의 각도로 경사지게 투사되었을 때, 투사속도는 투사궤도의 수평길이와 투사높이를 모두 결정한다(그림 4-17). 투사각이 일정할 때, 투사속력이 클수록 수평이동거리와 정점(최고 높이)은 더 커진다.

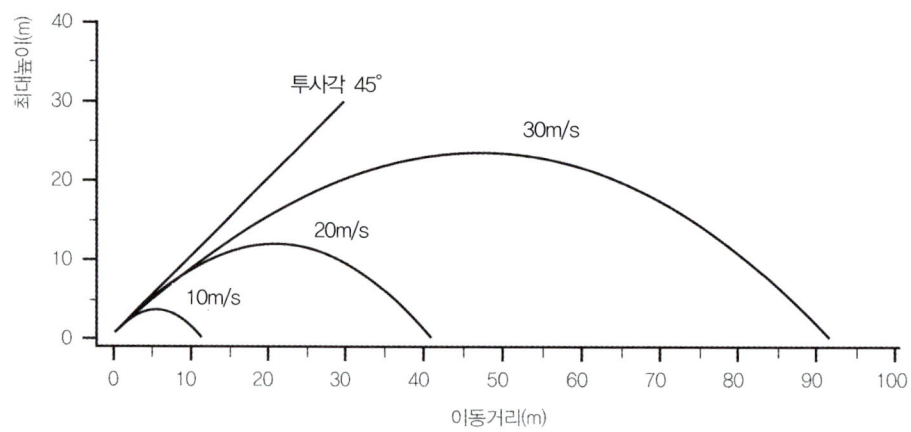

그림 4-17. 투사각이 일정할 때 투사속력이 투사체에 미치는 영향

3) 상대투사높이

상대투사높이는 물체가 최초로 투사되었을 때와 지면에 도달했을 때 혹은 멈추었을 때 높이의 차이를 말한다. 포환이 지면으로부터 2m 지점에서 투사되었을 때, 상대투사높이는 2m이다. 왜냐하면 투사높이는 포환이 착지한 지점보다 2m 높게 위치하고 있기 때문이다. 만약 날아간 공이 언덕 위에 떨어졌다면 투사된 높이가 착지된 높이보다 낮기 때문에 상대투사높이는 음(−)의 값이 될 것이다(그림 4-18). 투사속도가 일정하다면 상대투사높이가 높으면 높을수록 비행시간이 더 길어질 것이다. 그러므로 체조나 다이빙경기에서는 더 많은 공중동작을 수행할 수 있고, 투척경기에서는 투사체의 수평변위를 더 크게 가져갈 수 있게 된다.

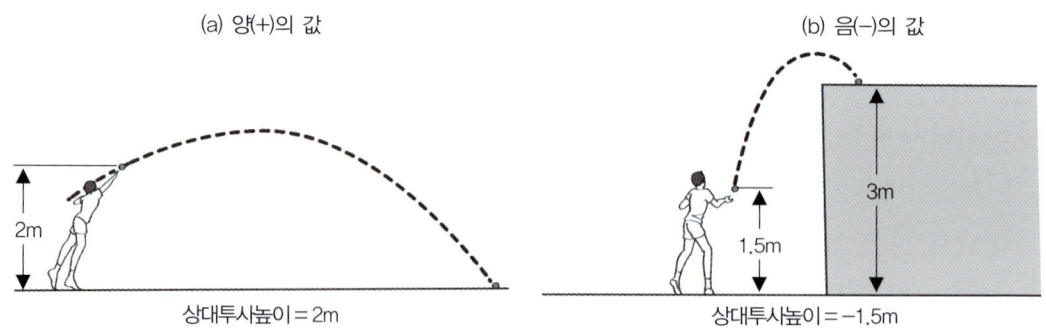

그림 4-18. 양(+)의 값과 음(−)의 값을 가진 상대투사높이

라. 적정한 투사 조건

투척경기나 도약경기 같은 스포츠경기에서는 최대의 수평변위나 수직변위를 성취하는 것을 목적으로 수행된다. 이때 선수는 투사속도를 최대화하는 것이 첫 번째 과제다. 또한 투척경기에서는 또 다른 과제, 즉 상대투사높이를 최대화하는 것이 중요하다. 왜냐하면 상대투사높이가 크면 클수록 더 긴 비행시간을 갖게 되고, 결과적으로 투사체의 수평변위가 더 커지기 때문이다.

한편, 선수나 운동경기에서 가장 많은 변화를 가져올 수 있는 요인은 적정 투사각이다. 투사속도가 일정하고 공기역학을 고려하지 않은 경우 상대투사높이가 0일 때, 최대의 수평변위를 산출해내는 투사각도는 45°이다. 상대투사높이가 양(+)의 수로 증가할수록 적정 투사각도는 감소하고, 상대투사높이가 음(-)의 수로 증가함에 따라 적정 투사각도는 증가한다(그림 4-19).

따라서 투사체운동의 투사높이에 따른 적정 투사각도와 투사거리에 연관된 특성은 다음과 같다.

① 상대투사높이가 0인 경우(투사높이=착지높이)는 45°로 던질 때 최대의 수평이동거리를 얻을 수 있다.

② 상대투사높이가 0보다 큰 경우(투사높이>착지높이)는 45°보다 다소 낮은 각도로 던져야 최대의 수평이동거리를 얻을 수 있다.

③ 상대투사높이가 0보다 작은 경우(투사높이<착지높이)는 45°보다 다소 높은 각도로 던져야 최대의 수평이동거리를 얻을 수 있다.

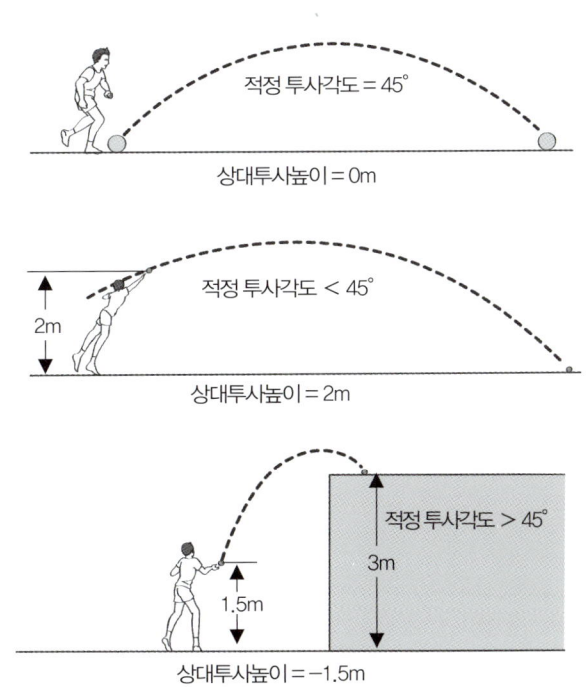

그림 4-19. 상대투사높이에 따른 적정 투사각도

예를 들면, 축구경기에서 롱 킥을 하는 경우에는 45° 각도에 가깝게 공이 투사되어야 더 멀리 보낼 수 있다. 포환던지기의 경우는 상대투사높이가 2m 정도로 상대적으로 매우 높은 편이다. 이 경우에는 45° 각도로 던지는 것보다는 45°보다 다소 낮게 던지는 것이 더 멀리 보낼 수 있다. 농구의 중거리 슛이나 골프에서 언덕 위로 공을 보낼 경우에는 45°보다 다소 높게 각도를 잡아야 더 멀리 보낼 수 있다.

한편, 신체가 투사체가 되는 넓이뛰기운동 같은 경우에는 이륙각도가 투사속도에 영향을 미치기 때문에 적정 각도를 결정하는 것은 더욱 복잡해진다.

일반적으로 인체가 투사체가 되는 점프운동에서 높은 도약속도는 성취할 수 있는 투사각도를 구속하는 역할을 한다. 예를 들어 멀리뛰기운동에서 이륙지점과 착륙지점의 높이가 같기 때문에 이론적으로 적정 이륙각도는 45°이다. 그러나 학자들의 연구결과에 의하면 멀리뛰기 수행자가 이론적인 최적의 이륙각도(45°)를 얻기 위해서는 수평속도를 약 50% 정도 감소시켜야 할 것으로 예측되기 때문에 효과적이지 못하다. 대체로 엘리트 선수들에 의해 적용된 실제 이륙각도는 약 18~27° 사이에 분포되어 있다.

던지기경기에서 투사된 도구의 유체역학적 특성 또한 투사궤적에 영향을 미친다. 투포환, 투원반, 투창, 투해머 같은 투척경기에서 투포환의 궤적만이 유체역학적 힘에 의하여 뚜렷한 영향을 받지 않는다. 따라서 투척경기에서는 투포환경기를 제외하고는 투사체의 유체역학적 특성을 고려한 전략이 필요하다.

2장 각운동의 운동학적 분석

> **학습목표**
> - 각운동의 운동학적 개념을 알아본다.
> - 스포츠 상황과 각운동의 관계에 대해 이해한다.
> - 각운동과 선운동의 관계를 이해한다.

각운동(angular motion)은 물체가 동일한 회전 경로로 움직일 때 일어나기 때문에 물체의 모든 부분이 같은 시간에 같은 각을 움직이게 된다. '회전운동'이라고도 하며, 물체의 질량중심을 벗어난 방향으로 힘이 작용할 때 일어난다. 2차원 각운동학은 일반적으로 극좌표계에서 표현되며 원형 경로로 정의된 움직임의 해석에 잘 적용할 수 있다. 〈그림 4-20〉과 같이 기계체조 선수가 철봉에서 반시계 방향으로 휘돌기를 하고 있다. 또한 〈그림 4-21〉은 보디빌더 선수가 레그 익스텐션을 한다고 생각해보자. 다시 말해 고정된 축인 철봉을 중심으로 신체 중심이 회전하는 기계체조 선수와 고정된 무릎관절 중심을 축으로 발 분절 중심이 회전하는 보디빌더 선수의 운동을 기술하고 관찰하는 것을 각운동학(angular kinematics)이라한다.

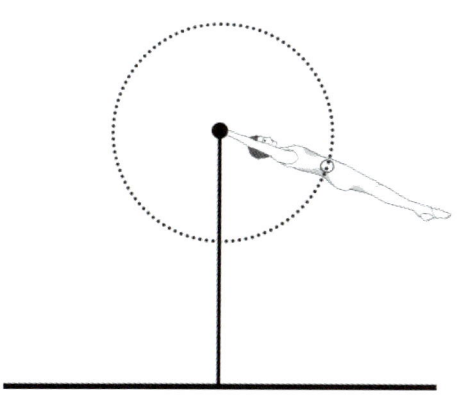

기계체조 선수가 고정되어 있는 철봉을 중심으로 신체 중심은 시계 반대방향으로 회전운동을 하고 있다.

그림 4-20. 기계체조 선수의 회전운동

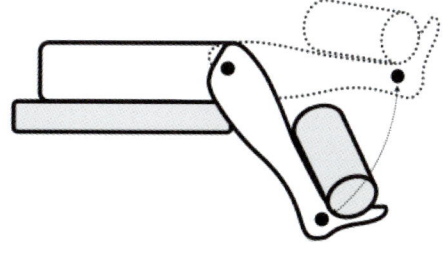

보디빌더 선수가 레그 익스텐션을 하고 있다. 이때, 고정되어 있는 무릎관절 중심을 축으로 발 분절은 굴곡/신전운동을 반복적으로 수행한다.

그림 4-21. 보디빌더 선수의 레그 익스텐션

1. 각운동의 단위

각운동학은 일반적으로 극좌표계(polar coordinate)에서 반지름의 길이(r)와 방향(θ, theta)의 성분으로 나타내며, 평면 위의 위치를 각도와 거리를 써서 나타내는 2차원 좌표로 설명된다. 이때 반지름의 길이(r)는 극(0)에서의 거리를 의미하고, θ는 0°에서의 각도를 의미한다(그림 4-22 참조). 여기서 r은 다음과 같이 구할 수 있다.

$$r = \sqrt{x^2 + y^2}$$

또한 직교좌표계를 예를 들어 점(위치, P)은 x와 y좌표계로 나타낼 수 있다. 세타(θ)는 스칼라양으로 라디안(radian), 회전(revolution), 도(degree) 등을 사용하며, 1회전은 360°이고, 1도는 1회전을 360으로 나눈 값이다. 다음과 같이 라디안은 호의 길이가 반지름과 같을 때 중심각의 크기이며, 약 57.3°가 된다.

$$rad = \frac{2\pi r}{r} = 2\pi$$
$$2\pi\, rad = 360°$$
$$rad = \frac{360°}{2\pi} = 57.2958° ≒ 57.3°$$
$$1° = \frac{1\,rad}{57.3} ≒ 0.0175\,rad$$

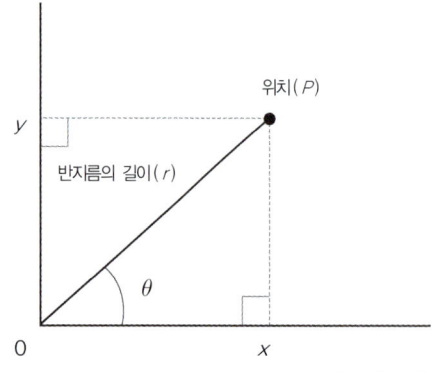

직교좌표계에서 r은 극(0)에서 위치(P)까지 반지름의 길이이며, 점의 위치는 (P)로 나타냈다.

그림 4-22. 직교좌표계에서 반지름의 길이(r)와 점의 위치(P)

2. 각거리와 각변위

가. 각거리

각거리(angular distance)는 고정된 축으로부터 연결된 2개의 점이 특정 시간 동안 물체가 움직인 전체 각도를 말하며, 방향이 없는 양의 값을 가지는 스칼라양이다. 〈그림 4-23〉에서 점선

―·― 와 점선 ―――로 된 호를 생각해보자. 이때, 각운동은 시계방향이 음(-), 시계반대방향은 양(+)의 값임을 알고 있어야 한다.

> 예제: 2차원 좌표계에서 축(0)이 고정되어 있고 회전하는 물체가 있다고 가정해보자(그림 4-23 참조). 이때 위치 1(P_1)에서 위치 2(P_2)까지 0의 고정축을 중심으로 반지름 길이(r)의 원을 그리며 회전했다면 어떤 호가 각거리인가?
>
> - 풀이: 각거리는 위치 1에서 위치 2까지 고정된 축을 중심으로 움직인 전체 각도이며, 반시계 방향으로 회전한 점선 ―·― 호(270°)를 말한다.

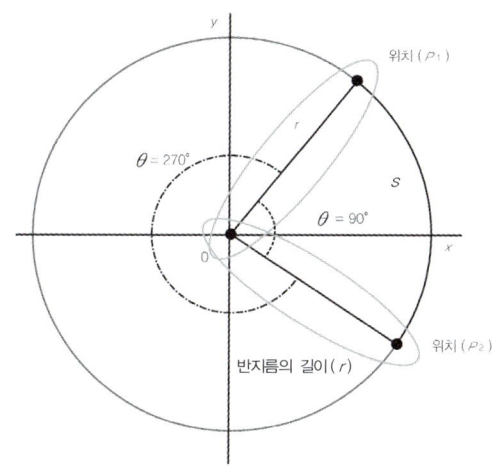

그림 4-23. 회전운동에서 시간 변화에 따른 각도 변화

나. 각변위

각변위(angular displacement)는 〈그림 4-23〉과 같이 위치 1에서 위치 2로 s만큼 이동한 각위치의 변화로서 $\theta = \theta_2(P_2) - \theta_1(P_1)$이며, 즉 처음 위치와 마지막 위치의 지점 간 적은 각도로서 Δt 동안 각위치의 변화량이다. 따라서 각변위 세타(θ)는 점선 ―――호(90°)를 말하며 방향을 갖는 벡터양이다.

> 예제: 사람이 누워 있는 상태에서 대퇴의 움직임을 기술하고자 한다(그림 4-24 참조). 엉덩관절 중심(H)점과 무릎관절 중심(K)점이 위치해 있을 때, 대퇴의 각변위를 구해보자. 이때 엉덩관절 점의 xy좌표는 각각 0.2, 0.2, 무릎관절 점의 xy는 0.6, 0.7이다.

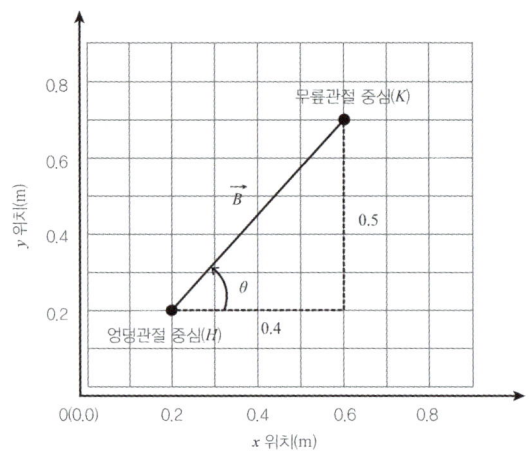

그림 4-24. 힙관절 중심과 무릎관절 중심의 좌표계

- 풀이: 대퇴의 벡터 $\vec{B}$는 엉덩관절 중심(H)점과 무릎관절 중심(K)점을 연결한 것으로, x축과 $\vec{B}$ 사이의 각변위는 다음과 같다.

$$\theta = \tan^{-1}\left(\frac{y}{x}\right)$$

즉, 대퇴의 각변위$(\theta) = \tan^{-1}\left(\dfrac{0.5}{0.4}\right) = 51.34°$

예제: 기계체조 선수가 고정되어 있는 철봉을 축으로 신체 중심이 시계반대방향으로 회전운동을 한다고 가정해보자(그림 4-25 참조). 이때 P_1의 위치에서 P_2의 위치까지 각변위가 70° 일 때 각거리는 얼마인가?

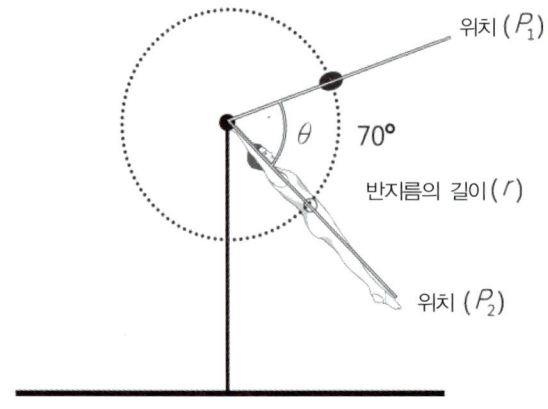

그림 4-25. 회전운동에서 기계체조 선수의 각거리와 각변위

- 풀이: 각거리는 위치 1에서 위치 2까지 고정된 축(철봉)을 중심으로 전체 이동한 거리로서 항상 양(+)의 값을 갖는다. 즉, 각거리 = 1회전(360°) − 각변위(70°) = 290°

3. 각속력과 각속도

가. 각속력

각속력(angular speed)은 선운동에서 속력과 같은 개념이며, 각속도의 절댓값으로 항상 양의 값을 갖는다. 따라서 각거리를 소요된 시간으로 나누어 구할 수 있다.

예제: 〈그림 4-25〉와 같이 위치 1에서 위치 2까지의 각거리가 270°이다. 이때 소요된 시간이 각각 1.5와 2초(sec)라면 각속력은 얼마인가?
- 풀이: 소요시간이 1.5초일 때
  각속력 = 각거리(270°)/소요시간(1.5초) 즉, 180°/초(sec)이다.
  소요시간이 2초일 때
  각속력 = 각거리(270°)/소요시간(2초) 즉, 135°/초(sec)이다.

이와 같이 회전소요시간(sec)이 적어지면 각거리(deg)는 더 증가된다.

나. 각속도

각속도(angular velocity)는 각변위의 시간에 대한 변화율로 벡터양이며, 문자로 오메가(ω)를 사용한다. 즉, 회전운동 하는 물체의 각변위가 시간의 함수라면, 움직인 물체의 각속도는 시간에 대한 미분값이다.

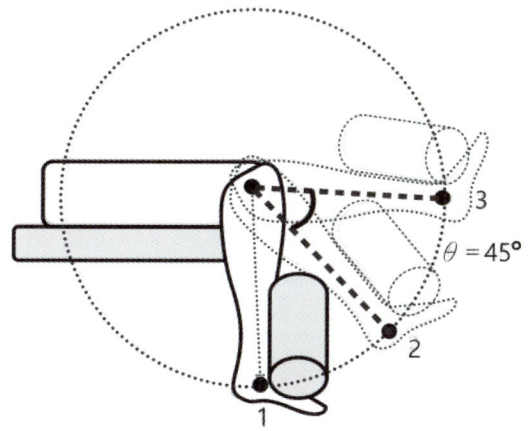

그림 4-26. 레그 익스텐션에서 각속도

예제: 〈그림 4-26〉과 같이 보디빌더 선수가 레그 익스텐션(leg extension)을 하고 있을 때, 발목 분절의 위치 2에서 위치 3까지 각변위가 45°, 이동한 시간이 0.5초였다면, 이때 각속도(ω)는 얼마인가?

- 풀이: 각속도(ω) = $\dfrac{d\theta}{dt}$

  = $\dfrac{45°}{0.5}$

  = 90°/초(sec)

예제: 만일 위치 1에서 2까지 각변위가 동일하게 45°, 이동한 시간이 0.3초였다면, 각속도는 얼마인가?

- 풀이: 각속도(ω) = $\dfrac{d\theta}{dt}$

  = $\dfrac{45°}{0.3}$

  = 150°/초(sec)

특히, 다음과 같이 기계체조 선수가 철봉에서 회전하는 경우, 일정한 시간 동안 각변위의 변화율로 평균 각속도는 방향과 함께 나타낼 수 있다.

예제: 〈그림 4-27〉과 같이 기계체조 선수가 철봉을 축으로 1번 위치에서 360° 회전하여 다시 1번 위치까지 1.5초와 2초였을 때 각각 평균 각속도($\omega_{average}$)는 얼마인가?

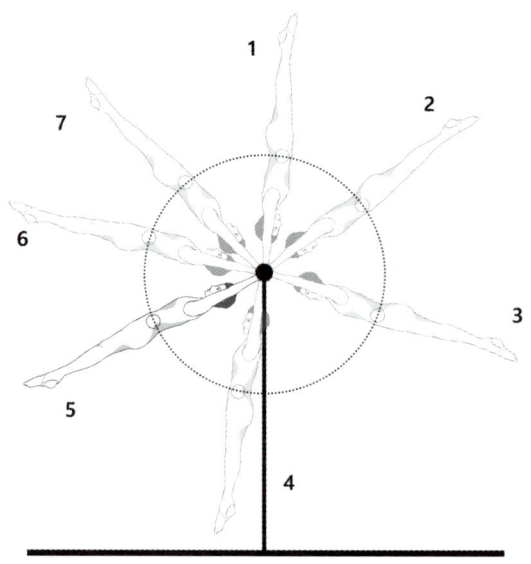

그림 4-27. 철봉에서 회전 시 기계체조 선수의 평균 각속도

- 풀이: 1회전이 1.5초일 때, 평균 각속도($\omega_{average}$) = $\dfrac{\theta}{t}$

$$= \dfrac{1회전(360°)}{소요시간(1.5\text{sec})}$$

$$= 240°/초(\text{sec})$$

- 풀이: 1회전이 2초일 때, $\omega_{average}$ = $\dfrac{1회전(360°)}{소요시간(2\text{sec})}$

$$= 180°/초(\text{sec})$$

4. 각가속도

물체가 이동하는 과정에서 각속도가 변화하기도 한다. 각가속도(angular acceleration)는 각속도의 시간에 대한 변화율로 벡터양이며, 문자로는 알파(α)를 사용한다. 특히 〈그림 4-28〉과 같이 철봉에서 기계체조 선수의 각속도는 중력의 영향을 받기 때문에 일정한 속도로 회전하지 않는다. 즉, 회전운동 하는 물체의 각속도가 시간의 함수라면 단위시간당 변한 각속도이고, 움직인 물체의 각가속도는 시간에 대한 미분값이다.

예제: 철봉에서 회전운동 시 각 장면 1~4까지 0.3초 간격으로 촬영했다면, 위치 2에서 위치 3 구간까지의 평균 각가속도는 얼마인가? 그리고 각 구간별 평균 각가속도를 생각해보자.

- 풀이: 평균 각가속도(average angular acceleration) $\bar{\alpha}$는 각속도의 변화량을 시간의 변화로 나눈 값이며, 다음과 같이 $\bar{\alpha} = \dfrac{\Delta \omega}{\Delta t} = \dfrac{최종\ 각속도(\omega_2) - 처음\ 각속도(\omega_1)}{최종\ 시간(t_2) - 처음\ 시간(t_1)}$

즉, $\bar{a} = \dfrac{95°/\text{sec} - 55°/\text{sec}}{0.3초} = \dfrac{40°/\text{sec}}{0.3초} = 133.3°/\text{sec}^2$

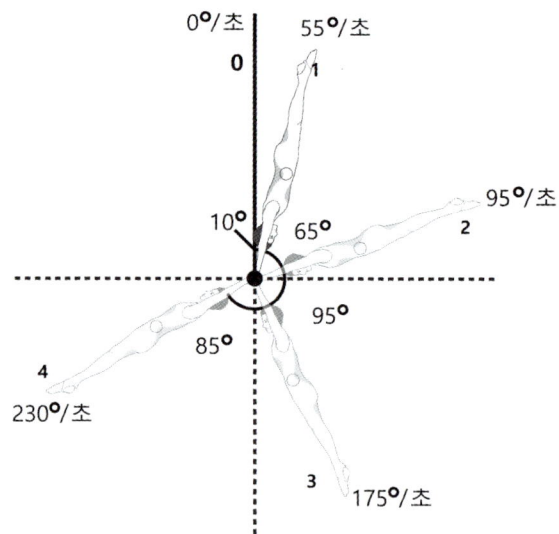

그림 4-28. 철봉에서 회전구간별 기계체조 선수의 평균 각가속도

또한 〈그림 4-28〉과 같이 기계체조 선수의 회전운동 시 각 구간별 소요시간이 0.3초라면, 평균 각가속도의 결과는 〈표 4-2〉와 같다.

표 4-2. 철봉에서 회전구간별 평균 각가속도

회전구간	평균 각가속도
0~1	183.3° /sec^2
1~2	133.3° /sec^2
2~3	266.7° /sec^2
3~4	183.3° /sec^2

5. 선속도와 각속도와의 관계

선속도란 선운동에서 속도라는 용어를 쓸 때 각운동에서 각속도와 구분하기 위하여 표기하는 방법으로 일반적으로는 선속도의 속도이다. 다음 〈표 4-3〉은 선운동학과 각운동학에서 사용하는 용어의 표현방식을 비교한 것이다.

표 4-3. 선운동학과 각운동학에서 사용하는 용어

선운동학	각운동학
거리	각거리
변위	각변위
속력 = 거리 / 시간	각속력 = 각거리 / 시간
속도 = 변위 / 시간	각속도 = 각변위 / 시간
가속도 = (최종 속도 - 처음 속도) / 시간	각가속도 = (최종 각속도 - 처음 각속도) / 시간

출처: Hay, 1985, 「The Biomechanics of Sports Techniques」

선속도와 각속도의 관계를 이해하기 위해서는 선운동과 각운동을 연결할 수 있는 라디안(radian) 혹은 호(arc)의 개념을 이해해야 한다. 라디안이란 각운동에서 사용되는 각도(degree), 회전(revolution) 등과 같은 단위 중의 하나로 기본 개념은 다음과 같다.

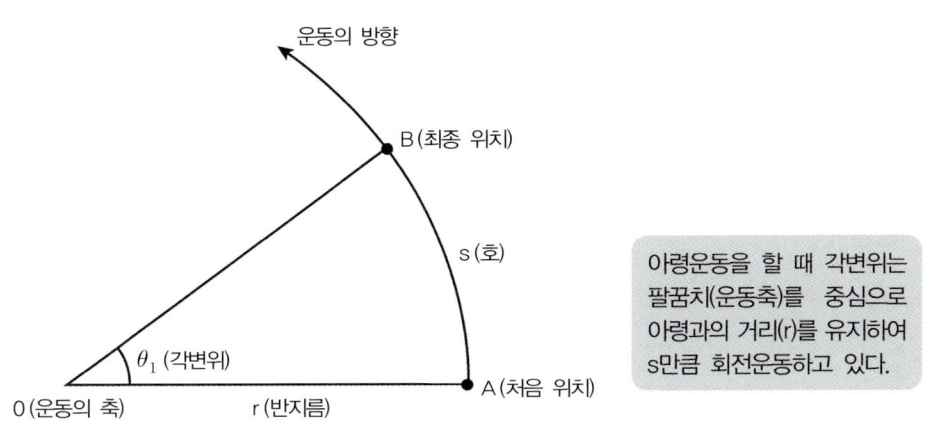

그림 4-29. 아령운동에서 각변위의 크기

예제: 〈그림 4-29〉와 같이 선수가 팔꿈치를 고정하여 아령운동을 한다고 가정해보자. 이때 팔꿈치가 고정되어 있어 운동의 축(O)이 되고, 이 축으로부터 아령까지의 거리는 r이다. 그리고 상완의 근육이 수축하면 아령은 호(s)를 따라 움직이게 된다. 즉, 아령이 처음에 위치 지점(A)부터 팔꿈치를 굴곡하여 최종 위치 지점(B)까지 움직인 거리가 있다면 다음과 같이 정의할 수 있다.

- 풀이: 각변위$(\theta_1) = \dfrac{호(s)}{반지름(r)}$

예제: 만약 〈그림 4-30〉과 같이 최종 위치 (B)가 반지름(r)만큼이어서 $s=r$이므로, 위 식과 같이 적용할 경우 각변위(θ_2)=r/r로 변경된다. 따라서 〈그림 4-29〉와 구분하기 위해 각변위는 θ_2로 표현하였다. 즉, r/r은 1이며, 이를 1라디안이라 부른다.

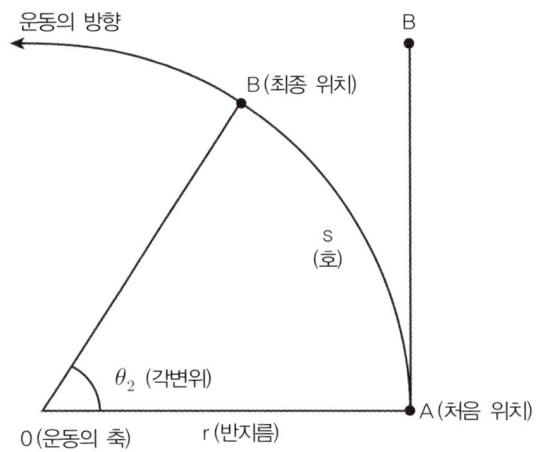

처음 위치(A)와 최종 위치(B) 사이의 각변위(θ_2)=57.3° 이다. 각운동의 단위에서 이미 설명한 부분이다.

그림 4-30. 라디안의 정의

- 풀이: 각변위$(\theta_2) = \dfrac{호(s)}{반지름(r)} = \dfrac{반지름(r)}{반지름(r)} = 1$ 라디안

즉, 라디안이란 회전운동을 하는 물체의 이동한 원호 길이가 반지름의 길이와 같을 때 사잇각(θ_2)의 크기를 1로 나타내는 단위이며, 1라디안은 57.3°가 된다.

이러한 관점에서 우리가 흔히 알고 있는 파이(π)는 3.14 라디안을 의미한다. 그리고 3.14(파이)에 1라디안 57.3°를 곱하면(3.14×57.3°=179.9°), π는 180°를 의미하며 원을 반으로 나눈 반원이다. 이를 이용하면 2π는 360°가 되는 것이다.

6. 운동상황에서 선속도와 각속도와의 관계

운동상황에서 물체의 이동속도를 높이기 위해서는 회전운동을 증가시켜야 한다. 육상 해머던지기 선수는 해머를 더 멀리 보내기 위해 최대한 몸에서 멀리 떨어뜨려놓고 빠르게 회전시키려 노력한다. 골퍼의 경우에도 드라이버를 때 공을 멀리 보내기 위해 몸통과 클럽의 회전운동을 크게 해야 한다. 골프 클럽의 길이는 14개로 매우 다양한데, 그 이유는 클럽의 길이에 따라 공이 날아가는 거리에 차이가 있기 때문이다. 아이스하키 선수 역시 퍽(puck)을 더욱 빠르고 멀리 보내기 위해 스틱

(stick)의 회전을 크게 유지하며, 소프트볼 투수는 공의 속도를 빠르게 하기 위하여 자신의 팔 회전을 빠르게 한다.

이와 같이, 모든 투사체운동 혹은 선운동을 하는 경기는 물체가 빠르게 이동하는 속도가 운동의 성패를 좌우한다고 볼 수 있다.

예제: 소프트볼 투구 동작에서 선수가 잡고 있는 공의 처음 위치가 A이고 최종 위치가 B, 그리고 A부터 B까지 소요된 시간(t)이라고 가정해보자(그림 4-31). 이때 공이 갖게 되는 평균 속력을 $\bar{s}$라고 한다면 다음과 같은 식으로 나타낼 수 있다.

- 풀이: 공의 평균속력$(\bar{s}) = \dfrac{호(AB)}{시간(t)}$

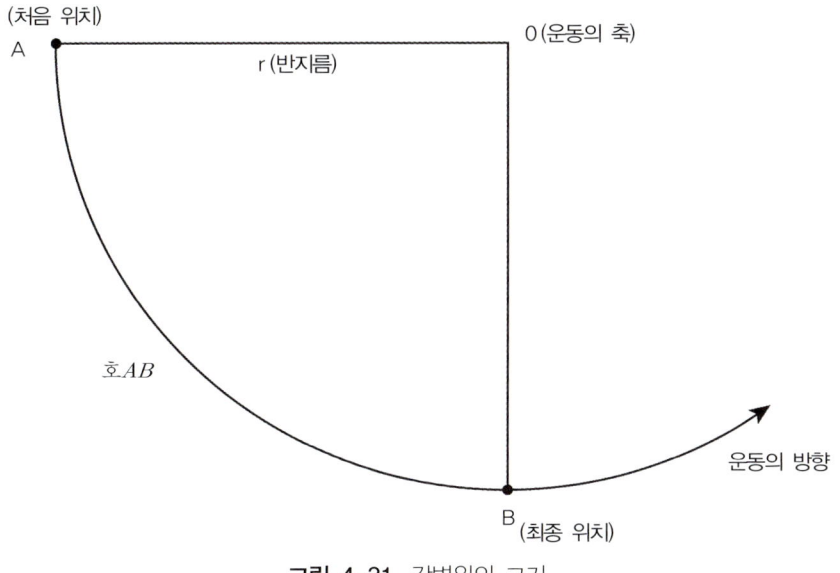

그림 4-31. 각변위의 크기

예제: 〈그림 4-31〉과 동일한 동작을 각운동으로 나타내보자〈그림 4-32〉. 공과 팔 전체의 평균 각속력($\bar{\sigma}$)은 각거리(호AB)/시간(t)이며, 정리하면 [(호AB/반지름(r))/시간(t)이기 때문에 평균 각속력은 다음과 같은 식으로 나타낼 수 있다.

- 풀이: 평균 각속력$(\bar{\sigma})$ = [호AB/반지름(r)]/시간(t)

이때 호AB/반지름(r)은 라디안으로 측정된 값임을 알아야 한다.

종합하면 평균 속력($\bar{s}$)=호AB/시간(t)이고, 평균 각속력($\bar{\sigma}$)은 [호AB/시간(t)](1/r)이기 때문에

두 식은 모두 호AB/시간(t)를 갖고 있다.

따라서 이 두 식을 합치면 평균 각속력($\overline{\sigma}$)=평균 속력($\overline{s}$)(1/r)

이를 정리하면, 평균 각속력($\overline{\sigma}$)=평균 속력($\overline{s}$)/반지름(r)이 된다.

만일 평균 속력($\overline{s}$)으로 정리하면, $\overline{s}$=반지름(r)×평균 각속력($\overline{\sigma}$)으로 "평균 속력이란 평균 각속력에 반지름을 곱한 값과 같다"이며, 선운동과 각운동의 관계를 가장 간단하게 보여주는 관계식이다.

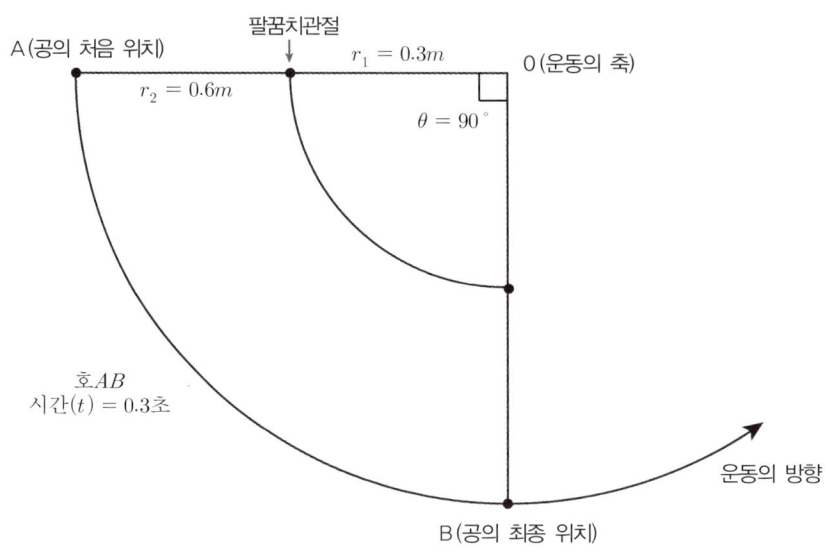

그림 4-32. 공과 팔 전체의 평균 각속력

이와 같이 앞의 예제를 통해 알 수 있듯이 소프트볼 투구 동작에서 선수의 팔이 처음 위치 A에서 최종 위치 B로 움직였을 때, 평균 각속력의 크기는 팔꿈치관절이나 공 등 회전하는 물체의 어느 부분에 관계없이 동일하다. 그 이유는 평균 각속력이 물체의 회전 크기, 즉 각거리(θ)와 관련이 있고, 회전축으로부터 가깝거나 먼 것에는 영향을 받지 않기 때문이다. 또한 회전축(어깨관절)에서 가까운 팔꿈치관절의 평균 각속력이나 그보다 멀리 떨어져 있는 손 혹은 공의 평균 각속력이 같은 이유는 이러한 논리에 근거를 두고 있다. 단, 팔은 회전운동을 할 때 강체처럼 변하지 않는다.

그러나 평균 속력은 고정되어 있는 축을 중심으로 가까운 곳과 먼곳은 평균 속력에 차이가 있다. 〈그림 4-32〉에서 회전축으로부터 팔꿈치관절은 0.3m 떨어져 있고, 공이 0.6m 떨어져 있다고 가정한다면, 공이 팔꿈치관절보다 평균 속력이 2배 빠르게 된다. 다시 말해 팔꿈치관절의 반지름(r_1)은 0.3m인데 비하여 공의 반지름(r_2)은 0.6m로 2배 크기 때문이다.

운동분석의 차원에서 보면 평균은 중요한 개념이긴 하지만, 분석의 내용에 큰 의미를 나타내지 못할 때도 있다. 즉, 평균은 운동의 큰 틀을 보여주기에 좋은 자료이나 운동 순간의 내용을 알기에

2장 각운동의 운동학적 분석

는 약점을 갖고 있다. 따라서 평균 개념보다 순간 개념을 이해하는 것이 운동 분석에서는 중요하다고 볼 수 있는데, 만약 소프트볼 투구 동작을 매우 짧은 시간 혹은 거리로 나누어서 평균 속력($\bar{s}$), 평균 각속력($\bar{\sigma}$)의 값을 만들면 이것은 순간 속력(s), 순간 각속력(σ)이라 한다. 그리고 매우 짧은 시간이나 거리에서 나타나는 속력의 개념은 속도와 동일하게 된다.

이는 순간 속력이 순간 속도(v)이며, 순간 각속력은 순간 각속도(ω)이다. 기호로 표시하면 $\bar{s}=s=v$이고, $\bar{\sigma}=\sigma=\omega$이다.

따라서 평균속력($\bar{s}$)=반지름(r)×평균 각속력($\bar{\sigma}$)으로 정의된 관계식은 순간 속도 = 반지름 × 순간각속도($v=r\omega$)로 나타낼 수 있다. 이때 선속도(v)는 운동궤도의 접선(tangential) 방향으로 나타나는 순간 속도이다. 따라서 원운동을 하는 물체는 매 순간 접선 방향으로 순간 속도를 가지며, 그 크기는 반지름(r)과 순간 각속도(ω)의 곱이다.

예제: 〈그림 4-32〉에서 공의 처음 위치(A) 0°에서 최종 위치(B)는 90°이며, 이때 걸린 시간이 0.3초라고 가정해보자. 팔꿈치관절의 평균 각속력, 그리고 공의 평균 각속력은 각각 얼마인가?(단, 팔꿈치관절은 회전축에서 0.3m, 공은 0.6m 떨어져 있다.) 두 지점의 평균 각속력은 〈표 4-3〉에서 설명하였듯이 각속력=각거리/시간으로 정의되기 때문에 두 부위가 움직인 각거리와 시간이 같으므로 평균 각속력도 같다.

- 풀이: ① 팔꿈치관절의 평균 각속= 90°÷0.3초=300°/초
  ② 공의 평균 각속력= 90°÷0.3초=300°/초

예제: 만약 위 문제에서 질문을 평균 각속력이 아니라 평균 속력으로 바꾸면 그 의미는 상당한 차이가 있다. 이는 선수가 잡고 있는 공의 처음 위치(A)가 0°이고, 최종 위치(B)가 90°이고, 소요시간이 0.3초라고 가정했을 때, 팔꿈치관절의 평균속력과 공의 평균속력은 얼마인지 구해보자. 여기서 고려해야 할 사항이 몇 가지 있는데, 첫째, 회전축에서 팔꿈치관절까지의 거리이며, 이 거리를 0.3m로 가정한다. 둘째, 회전축에서 공까지의 거리는 0.6m로 가정한다. 그리고 공을 던지는 선수의 팔과 공은 강체처럼 회전한다고 가정해보자.

- 풀이: ① 팔꿈치관절의 평균속력은 얼마인가? 앞서 팔꿈치관절의 평균 각속력=300°/초이므로 이를 라디안으로 바꾸려면 300°/초를 1라디안(57.3°)으로 나누어주면 된다.

> 평균속력은 평균 각속력에 회전의 반지름을 곱한 값과 같다. 즉 예제에서 산출된 평균 각속력에 각 부분의 반지름 값을 곱해주면 된다. 이때 주의할 것은 각운동과 선운동을 함께 이동할 수 있는 단위는 라디안이기 때문에 평균 각속력에서 나온 도(°)/초 값을 라디안(rad)/초로 바꿔야 한다.

즉, (300°/초)/1 라디안(57.3°)=5.24 rad/초

따라서 팔꿈치관절의 평균속력($\bar{s}$)=팔꿈치관절까지의 반지름(0.3m)×5.24rad/초이며, 1.57m/초가 된다.

② 공의 평균속력은 얼마인가? 위 방법과 동일하게 생각해보자. 공까지의 반지름(0.6m)×5.24rad/초이며, 즉, 3.14m/초가 된다.

이와 같이 팔꿈치관절과 공의 평균속력은 각각, 1.57m/초, 3.14m/초로 평균 각속력과 달리 평균 속도의 차이가 있으며, 두 값의 차이는 정확하게 반지름(r) 값과 비례함을 알 수 있다.

만약에 물체 이동에 관한 선속도의 값을 알고 있으나, 각속도의 값을 알고 싶다면 어떻게 풀어야 할까?

예제: 골프 선수가 클럽으로 공을 임팩트 할 때 클럽헤드의 스위트 스폿(sweet spot) 선속도가 20m/초이고, 회전축에서 스위트 스폿까지의 거리는 1.3m였다. 이때 클럽헤드의 각속도는 얼마인가?

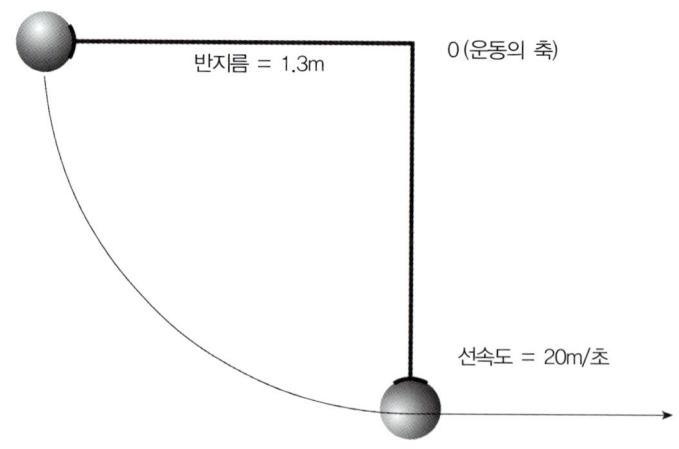

그림 4-33. 공과 팔 전체의 평균 각속력

- 풀이: 이때 선속도(v)=반지름(r)×각속도(ω)의 공식을 대입하여 그대로 계산하면, 선속도(20m/초)=반지름(1.3m)×각속도이다. 각속도를 정리하면, 각속도(ω)=선속도(20m/초)/반지름(1.3m). 따라서 각속도는 15.38이고 단위는 시간(sec)이 남게 되는데, 이때 라디안이 단위로 다시 쓰이게 된다.

  즉, 각속도(ω)=15.38 rad/초

즉, 물체가 1초에 20m를 움직이는 선속도를 가지고 있다면, 각속도는 15.38 rad/초이다. 이를 각도로 표시하면, 15.38에 1라디안(57.3°)을 곱하여 881.27°가 되며, 2.45 회전이다. 즉 각속도는 1초에 881.27°를 움직이며, 이를 회전으로 환산하면 1초에 2.45 회전을 하는 것이다.

V부
운동역학의 스포츠 적용

우리가 활동하는 지구상의 모든 물체는 일상에서 힘의 지배를 받게 된다. 이러한 힘은 크기와 방향을 동시에 갖고 있는 물리량으로, 이를 '벡터'라고 한다. 벡터는 시작과 끝이 있고, 크기는 선분의 길이이며, 방향은 화살표로 표시한다. 그리고 이러한 벡터는 함께 작용할 때 합성이 가능하며, 하나의 벡터는 각각의 성분으로 분해가 가능하다.

1장 선운동의 운동역학적 분석

 학습목표

- 힘의 정의와 벡터적 특성을 이해한다.
- 힘의 다양한 종류를 이해하고, 각 힘이 갖고 있는 내용을 이해한다.
- 힘의 개념을 알아본다.
- 힘의 종류와 작용에 대해 알아본다.
- 힘과 운동의 역학적 관계를 이해한다.
- 뉴턴의 3가지 법칙을 알아본다.
- 선운동량과 충격량을 알아본다.
- 선운동량의 보존법칙에 대해 알아본다.

1. 힘의 정의와 단위

　모든 물체는 정지해 있으면 변형 없이 계속 정지해 있으려는 성질을 갖고 있다. 특히 무거운 물체일수록 변화하기 힘든데, 이러한 물체 고유의 특성을 이탈리아 물리학자 갈릴레이(1564~1642)는 관성(inertia)으로 개념화시켰다. 즉, 관성이란 "정지하고 있는 물체는 계속 정지해 있으려 하고, 움직이는 물체는 일정한 속도로 움직이려 한다."는 물체 고유의 성질이다. 이렇게 물체가 갖고 있는 고유의 성질을 정량적으로 측정한 것을 '질량(mass)'이라 하며, 따라서 질량은 "그 물체가 갖고 있는 관성을 직접 측정한 것"으로 정의한다.

　우리가 활동하는 모든 일상에서 우리의 몸은 힘(force)의 지배를 받게 되어 있다. 스포츠 활동 역시 힘의 지배를 받게 되는데, 체조 선수가 안마 종목에서 두 팔을 이용하여 기술을 연결하거나, 다이빙 선수가 다이빙대 끝에 서서 균형을 잡거나, 빙상 선수가 스케이팅을 반복적으로 수행할 수 있는 것은 힘이 작용하기 때문에 가능하다. 따라서 힘은 모든 운동에서 중요한 역할을 하는 것으로, 움직이지 않는 물체를 움직이게 하는 것도 힘의 작용이요, 물체가 균형을 잡고 정지해 있는 것 역시 힘의 균형 때문에 가능한 것이다. 따라서 힘이란 "정지하고 있는 물체를 움직이고, 움직이고 있는 물체의 속도 또는 운동 방향을 바꾸거나, 물체의 형태를 변형시키는 작용을 하는 물리량"으로 정의할 수 있다.

힘은 크기(magnitude)와 방향(direction)을 갖는 벡터(vector)양이다. 따라서 힘이 작용한다는 것은 크기와 방향이 반드시 있다는 의미이며, 힘의 영향을 받은 물체는 힘의 방향으로 주어진 힘의 크기만큼 가속된다. 또한 힘은 한 물체가 다른 물체에 영향을 미치는 '작용'이 있으며, 크기는 같으나 방향이 정반대인 '반작용'이 있다. 즉, 힘은 짝(pair)으로 작용하는 특징을 갖고 있다. 힘이 작용하게 되면 앞에서 설명하였듯이 힘을 받은 물체는 가속되거나 변형된다. 만약 인체를 강체(rigid body)라 가정하고 힘이 작용한 상황을 이해한다면 인체는 가속은 되지만 변형은 안 되는 것으로 해석한다. 그러므로 운동역학에서는 인체에 힘이 작용하였을 때 변형은 없고 가속만 다루게 된다. 힘이 작용하여 힘을 받은 물체가 움직이는 상황을 수식으로 표현하면

$$힘 = 질량 \times 가속도 \quad (F = ma) \text{ ---------- (1)}$$

이다. 이 수식에서 F는 물체에 작용하는 전체(알짜) 힘을 의미하며, m은 힘을 받은 물체의 질량(mass), a는 힘을 받은 물체가 갖게 되는 가속도(acceleration)이다. 힘이 작용하면 힘을 받은 물체는 힘이 작용한 방향으로 움직이며, 속도가 변하게 된다. 이때 작용한 힘의 크기는 N(Newton)이란 단위를 사용하는데, 이는 영국의 물리학자이자 수학자인 뉴턴(Isaac Newton, 1642~1727)의 연구업적을 기리기 위한 것으로 그의 이름의 첫 번째 글자를 약자로 표시한 것이다.

우리가 힘에 관한 문제를 접하면서 예를 들어 ① "물체에 100N의 힘이 작용하였다고 가정하면 ……" 또는 실험상황에서 ② "피험자의 몸무게가 700N일 때 ……" 등에 나타난 뉴턴(N)이란 단위는 무엇을 의미하는가? 뉴턴(N)을 분석해보면 위의 공식 (1)에 나타나 있듯이 질량과 가속도라는 두 가지 요소가 함께 작용하고 있음을 알 수 있다. 여기서 질량의 단위는 kg이며 가속도의 단위는 m/s²으로, 이를 결합하면 kg·m/s²이다. 즉, 뉴턴(N)은 kg·m/s²이며, 1N의 의미는 "1kg 질량의 물체가 1m/s²의 가속도를 갖는다."는 것이다.

앞서 예 ①에서 "물체에 100N의 힘이 작용하였다고 가정하면 ……"은 무엇을 의미하는가? 이 경우에는 질량과 가속도 조건이 결합하여 하나의 힘을 형성한 것으로, 여러 가지 조합이 가능하다. 예를 들어 1kg의 물체가 100m/s²의 가속도를 갖는 것도 100N이고, 10kg의 물체가 10m/s²의 가속도를 갖는 것 역시 동일한 100N이며, 100kg의 물체가 1m/s²의 가속도를 갖는 것 역시 100N이다. 따라서 예 ①의 경우에는 구체적으로 질량과 가속도를 제시하는 것이 아니라 문제 풀이를 위해 힘이 있다는 것을 표시한 것이라고 볼 수 있다. 그러나 예 ②에서 "피험자의 몸무게가 700N일 때 ……"는 힘의 값이 매우 구체적이다. 이때의 힘은 무게(weight)이며, 질량(mass)과 중력가속도(gravity)의 곱으로 표현된다.

무게 = 질량 × 중력가속도 ($W = mg$) -------- (2)

수식 (2)를 자세히 보면 수식 (1)과 매우 유사한 구조로 되어 있으며, 가속도만 중력가속도를 사용한다. 즉, 몸무게는 힘의 일부분이며, 사용된 중력가속도는 9.81㎧이란 상수로 정의되어 있다. 따라서 ②의 예에서 700N을 풀이해보면

700N = 질량 × 9.81㎧

이란 방정식이 성립하고, 이를 질량으로 정리하여 풀이하면

질량 = 71.4kg

이다. 따라서 71.4kg의 피험자가 9.81㎧의 가속도를 갖고 있을 때를 의미한다.

우리가 일반적으로 힘이라 말할 때는 질량(mass)과 가속도(acceleration)의 곱으로 나타내는 것을 의미한다. 그러나 물체 자체가 갖고 있는 힘을 말할 때에는 무게를 의미하므로 질량(mass)과 중력가속도(gravity)의 곱으로 풀이를 해야 하고, 이때는 반드시 중력가속도를 사용해야 한다.

2. 힘의 벡터적 특성

힘이 작용하면 물체는 힘이 작용한 방향으로, 힘이 작용한 크기만큼 이동하게 된다. 즉, 힘은 크기와 방향을 동시에 갖는 물리량이다. 이러한 물리량을 벡터양(vector quantity) 혹은 벡터라 하며 힘, 변위, 속도, 가속도, 운동량, 충격량 등이 이에 속한다. 한편 크기는 있지만 방향이 없는 물리량을 스칼라양(scala quantity) 혹은 스칼라라고 하며, 질량, 거리, 속력, 온도, 에너지 등이 이에 속한다.

벡터는 앞서 설명하였듯이 크기뿐만 아니라 방향을 갖고 있기 때문에 시작(시점)과 끝(종점)이 있다. 예를 들어 〈그림 5-1〉과 같은 벡터가 있다고 가정하면 A는 시작이며, B는 끝이고, 방향은 A에서 B로 연결한 화살표 방향이며, 크기는 선분 AB만큼이다. 이와 같은 벡터를 기호로는 $\overrightarrow{AB}$ 혹은 $\vec{a}$로 나타내고, 벡터 $\overrightarrow{AB}$의 크기를 기호로 $|\overrightarrow{AB}|$로 나타내며, 이는 선분 AB의 길이를 의미한다.

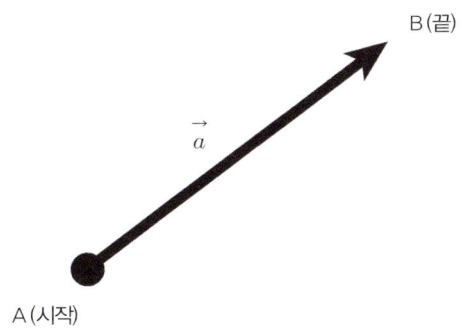

그림 5-1. 일반적인 벡터의 표시방법

벡터의 종류는 다양하다. 먼저 시작과 끝이 일치하는 벡터를 '영벡터'라 하고, 크기는 0이며, $\vec{0}$으로 표시한다. 크기가 1인 벡터를 '단위벡터'라 하고, $|\overrightarrow{AB}|=1$이며, 특히 x, y, z축 방향으로의 단위벡터는 각각 i, j, k로 표시한다. 크기는 같으나 방향이 정반대인 벡터는 '역벡터'이며, $-\overrightarrow{AB}$ 혹은 $\overrightarrow{BA}$로 표시한다. 그 밖에 평면에서 유향선분(directed segment)으로 나타내는 벡터를 '평면벡터'라 하고, 공간에서 유향선분으로 나타내는 벡터를 '공간벡터'라 한다. 한편 두 벡터 $\vec{a}$와 $\vec{b}$가 크기와 방향이 모두 같으면 두 벡터를 '상등'이라 하고, $\vec{a}=\vec{b}$로 표현한다.

벡터는 합성할 수도 있고 분해할 수도 있다. 예를 들어 〈그림 5-2〉와 같이 벡터 $\vec{a}$와 벡터 $\vec{b}$가 있을 때 이를 합성하는 방법은 두 가지이다. 하나는 평행사변형법이며, 다른 하나는 삼각형법이다. 평행사변형법은 두 벡터를 이용하여 평행사변형을 만든 다음에 두 벡터의 원점에서 대각선을 그은 것이 두 벡터의 합이 된다. 이렇게 새로 만들어진 벡터 $\vec{c}$를 '합벡터'라 하고, $\vec{c}=\vec{a}+\vec{b}$이다. 삼각형법은 하나의 벡터 끝에 다른 벡터를 수평이동 시켜서 연결한 다음에 시작점과 끝점을 연결하면 그것이 새로 만들어진 합벡터($\vec{c}$)가 된다.

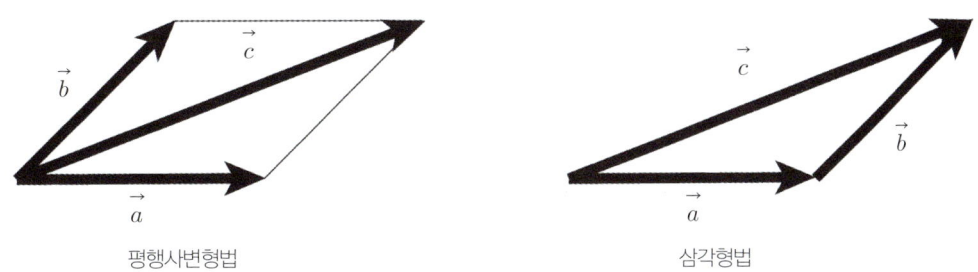

평행사변형법   삼각형법

그림 5-2. 벡터의 합성

벡터의 합성과 반대로 한 개의 벡터 $\vec{c}$가 있을 때 벡터 $\vec{c}$와 같은 효과를 갖는 둘 이상의 성분벡터로 나누는 것을 '벡터의 분해'라고 한다. 〈그림 5-3〉은 하나의 벡터 $\vec{c}$를 같은 크기를 갖는 두 개의 벡터로 나눈 결과를 그림으로 보여주고 있다. 평면에서 일반적으로 하나의 벡터는 두 개의 성분으로 분해되는데, 아래의 그림과 같이 먼저 벡터 $\vec{c}$의 시작 지점을 기준으로 수평선과 수직선을 그어 직각좌표계를 만든다. 그다음에 〈그림 5-2〉의 평행사변형법과 동일한 방식으로 수평 방향과 수직 방향의 벡터를 만들면 된다. 이렇게 만들어진 수평 방향의 벡터를 벡터 $\vec{c}$의 '수평성분'이라 부르고, 수직 방향의 벡터를 벡터 $\vec{c}$의 '수직성분'이라 부른다. 그리고 벡터 $\vec{c}$의 수평성분과 벡터 $\vec{c}$가 이루는 각을 θ로 정의한다. 여기에서는 벡터 $\vec{c}$의 수평성분을 벡터 $\vec{a}_x$로 정의하고, 벡터 $\vec{c}$의 수직성분을 $\vec{b}_y$로 정의하겠다. 벡터 $\vec{c}$의 수평성분은 벡터 $\vec{a}_x$이며, 크기는 $c\cos\theta$이고, 벡터 $\vec{c}$의 수직성분은 벡터 $\vec{b}_y$이며, 크기는 $c\sin\theta$이다. 그리고 합벡터의 크기 $c^2 = a_x^2 + b_y^2$이다.

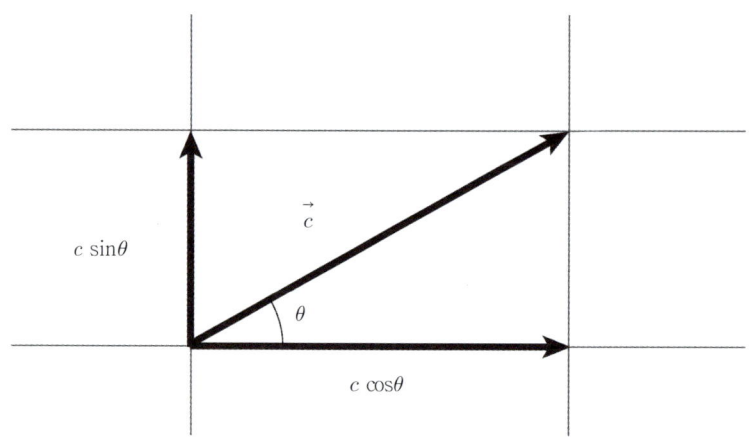

그림 5-3. 벡터의 분해

벡터의 분해를 예를 들어 설명해보고자 한다.

예제: 투포환 선수가 10m/s의 속도로, 42°의 각도로 포환을 던졌다. 이때 포환의 수평성분 속도는 얼마이며, 수직성분 속도는 얼마인가?

- **풀이**: 이 문제에서 10m/s는 벡터 $\vec{c}$에 해당한다. 그리고 이 벡터 $\vec{c}$는 수평선과 42°의 각도로 투사되었음을 알 수 있다. 즉, 포환은 지면과 42°의 각도(투사각)로, 10m/s의 속도로 투사되었다는 내용이다. 이때, 수평성분과 수직성분의 크기를 알기 위해서는 벡터 $\vec{c}$의 수평성분이 $c\cos\theta$, 수직성분은 $c\sin\theta$를 활용하면 된다.

먼저 수평성분 $c\cos\theta$는 $(10m/s) \times (\cos 42°)$이다. 함수표에 의하면 $\cos 42° = 0.7431$이므로

10m/s에 0.7431을 곱하면 7.431m/s가 된다. 수직성분 $c\sin\theta$는 $(10\text{m/s}) \times (\sin 42°)$이다. 함수표에 의하면 $\sin 42° = 0.6691$이므로 10m/s에 0.6691을 곱하면 6.691m/s가 된다. 따라서 위의 문제 "투포환 선수가 10m/s의 속도로, 42°의 각도로 포환을 던졌다."는 내용을 다른 표현으로 정리하면 "투포환 선수는 포환을 수평으로 7.431m/s의 속도, 수직으로 6.691m/s의 속도를 동시에 갖도록 하였다."로 해도 동일한 결과를 얻을 수 있다.

예제: 배구 선수가 스파이크한 공이 지면과 접촉한 후 50m/s의 속도로 70°의 각도로 튕겨 올랐다고 가정하면, 이 공의 수평속도와 수직속도는 각각 얼마인가?

- **풀이**: 이 문제 역시 벡터 $\vec{c}$에 해당하는 값은 50m/s이고, 투사각 θ는 70°이다. 이 경우에도 수평성분 $c\cos\theta$와 수직성분 $c\sin\theta$를 활용하면 된다. 먼저 수평성분의 경우 c는 50m/s이고, $\cos 70°$는 삼각함수표에 의하면 0.3420이다. 따라서 수평성분 $c\cos\theta$는 $(50\text{m/s}) \times (0.3420)$이며, 17.1m/s이다. 수직성분 $c\sin\theta$는 $(50\text{m/s}) \times (\sin 70°)$이다. 함수표에 의하면 $\sin 70° = 0.9397$이므로 50m/s에 0.9397을 곱하면 46.935m/s가 된다. 즉, 배구공의 움직임을 표현해보면, 공은 지면과 접촉한 후 수평으로 17.1m/s의 속도로, 그리고 수직으로 46.935m/s의 속도로 튕겨 올랐다. 공의 움직임을 보면 수평보다 수직으로 같은 시간에 약 3배가량 속도가 빠른 것으로 나타났다. 즉, 공은 수평 방향보다 수직 방향으로 더 큰 영향을 받았다고 할 수 있으며, 움직인 내용 역시 수평 방향보다는 수직 방향이 더 큰 것을 알 수 있다.

3. 힘의 종류

힘이란 정지하고 있는 물체를 움직이거나 혹은 움직이는 물체의 운동 방향을 바꿀 수 있는 물리량으로 정의하였다. 운동역학은 스포츠 혹은 더 넓게 인간 삶의 현장에서 다양하게 나타나는 힘을 다루는 학문이라고 볼 수 있다. 힘의 종류를 살펴보면 크게 내력(internal force)과 외력(external force)으로 구분한다. 예를 들어, 인체(human body)를 하나의 시스템으로 보면 뼈, 근육, 인대, 건, 연골, 피부 등 여러 개의 개별 조직들로 구성되어 있다. 이들 조직은 서로 다른 조직에게 힘을 작용하면서 존재하고 있는데 인체라는 하나의 단위에서 이들이 발휘하는 모든 힘은 내력이다. 이에 반하여 외력은 인체라는 시스템의 외부에서 작용하는 힘을 말한다. 예를 들어, 육상선수가 달리기를 할 때 선수의 발과 지면이 접촉하면서 만드는 마찰력은 외력이다. 또한 선수에게 시원함을 제공하는 공기저항 역시 외력이며, 지구 중력장에서 선수에게 작용하는 중력도 외력이다. 이러한 외력은 접촉력(contact force)과 비접촉력(non-contact force)으로 구분된다. 접촉력이란 인체가 다른 물체와 접촉을 하면서 나타나는 마찰력, 공기저항, 부력 등이며, 비접촉력이란 인체와 직접 접촉을 하지는 않지만 영향을 주는 힘인 중력을 의미한다. 따라서 힘의 종류는 시스템을 어떻게 정하느냐에 따라 결정되며, 일반적으로 운동역학의 경우 사람이 주체이기 때문에 인체의 내부에서 일어나는 힘은 내력으로 그리고 밖에서 인체에 작용하는 모든 힘은 외력으로 볼 수 있다.

가. 근력

근력(muscle force)은 근육의 수축에 의해 발생하는 힘으로 내력이다. 근육은 수의근(voluntary muscle)과 불수의근(involuntary muscle)으로 구분하며, 스포츠 혹은 일상 운동과 관련 있는 근육은 수의근이라 한다. 인체가 운동을 할 경우에 인체시스템이 작동하게 된다. 뇌가 명령을 내리면 근육이 수축하고, 근육의 끝 부분인 건이 뼈에 연결되어 관절을 축으로 가동범위 내에서 뼈를 움직여 인체의 움직임을 구현해낸다. 근력의 기능은 자세와 움직임을 제어하는 역할로 뼈를 안정화시키고, 신체 움직임의 강약을 조절하며, 내력으로 만들어진 힘의 크기를 조절하여 인체가 필요에 맞추어 활동하도록 한다.

근육조직은 긴 수축조직의 한 종류로 내장근(내장장기)과 심근(심장)은 불수의근이며, 운동에 관여하는 대부분의 근육은 골격근이며 수의근이다. 근 수축은 근육 조직의 가장 기본을 이루는 두 개의 단백질, 즉 액틴(actin)과 마이오신(myosin)의 미끄러짐 작용으로 일어난다. 근 수축에 있어서 역학적 측면은 생화학적 측면과 다르게 수축 시 근육의 길이 변화로 판단한다. 근 수축 형태는 첫째, 등척성 수축(근 길이 변화 없이 장력 발생), 둘째, 등장성 수축(근 길이 변화 시 장력 발생), 셋째 등속성 수축(근 수축 속도가 일정하게 유지)이 있다(그림 5-4 참조). 근육의 역할은 힘을 발생시켜 뼈를 지렛대로 하고 관절을 축으로 이용하여 역학적인 움직임을 구성하는 것이다. 지레는 1종, 2종, 3종으로 구분되는데 인체는 대부분 3종 지레로 건이 관절 부위에 접착되어 힘에서는 손해를 보나 가동범위가 증가하여 거리와 속도에서는 이로운 구조로 되어있다.

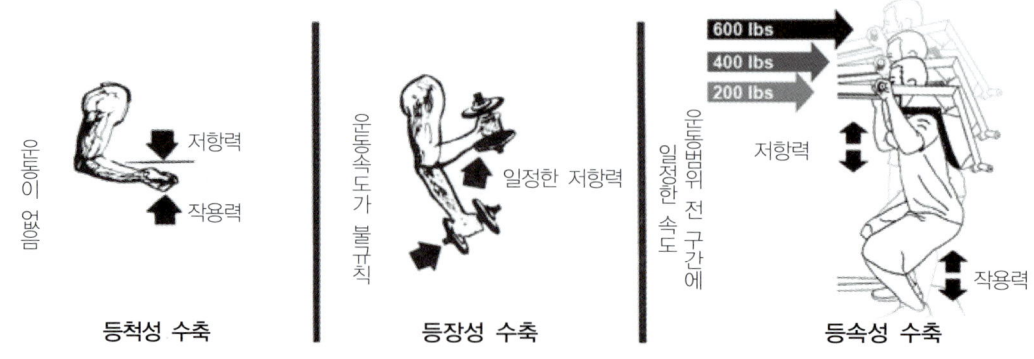

그림 5-4. 등척성(isometric) 수축과 등장성(isotonic) 수축, 그리고 등속성(isokinetic) 수축

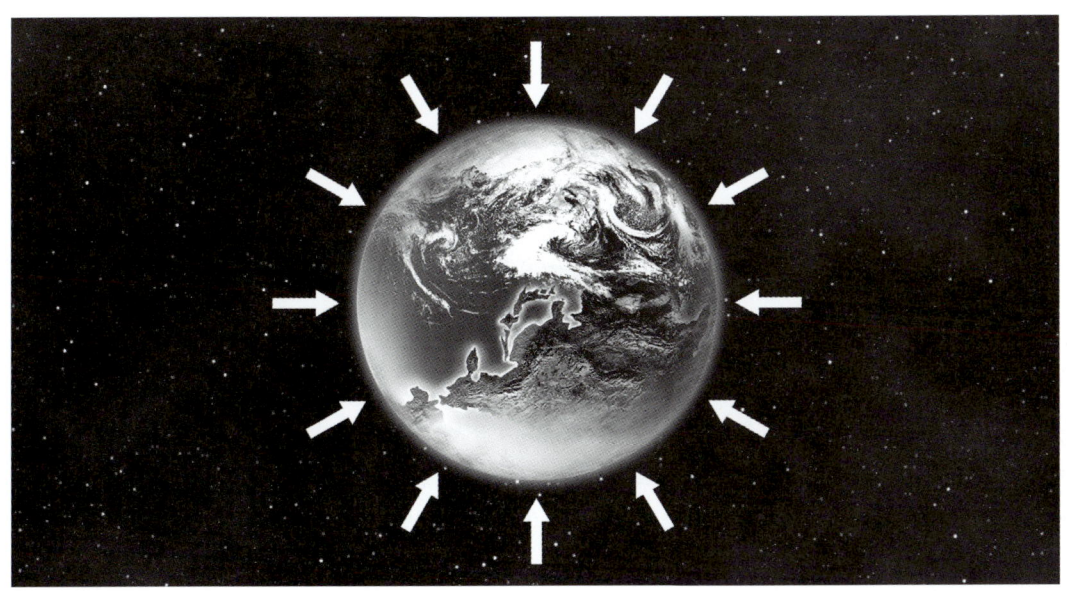

그림 5-5. 중력(지구로 당기는 힘)

나. 중력

중력(gravitational force)이란 자연의 현상으로 질량을 갖고 있는 물체가 다른 물체를 끄는 힘을 말한다(그림 5-5 참조). 중력의 크기는 무게라고 부르는데, 몸무게란 우리 몸을 지구가 잡아당기는 중력의 크기이다. 예를 들어, 우리가 흔히 60kg이라고 하는 것은 물체의 양을 의미한다. 이것이 무게가 되려면 중력의 크기가 합쳐져야 한다. 지구 위에서는 무게가 질량에 비례하기 때문에 둘을 구분하지 않고 사용하지만 정확하게 표현하려면 kg 뒤에 힘을 나타내는 'F'를 붙여서 'kgF'로 표기하거나 혹은 'N'을 사용하고, 이를 '킬로그램힘'이나 '킬로그램중' 또는 '뉴턴'으로 읽어야 한다.

물체의 양(질량)은 장소에 관계없이 항상 동일한 양을 보유한다. 그러나 중력의 영향을 받는 무게는 장소에 따라 다르다. 예를 들어, 지구에서 60kgF의 무게를 갖고 있는 사람이 달에 갔다면 달의 중력은 지구의 1/6이므로 10kgF의 무게를 나타내게 될 것이다. 우리가 살고 있는 지구는 모든 물체에 중력이 영향을 미치고 있다. 이를 지구의 중력장(gravitational field)이라 하는데, 크기는 중력가속도의 값과 같고 지구중심으로부터 멀어질수록 작아진다. 중력가속도는 중력이 만들어내는 물체의 단위 시간당 속도 변화량으로, 일반적으로 'g'라 표기하고 그 값은 $9.81 m/s^2$이다.

지구는 타원체이므로 극지방은 지구중심과 가깝고 적도지방은 지구중심과 멀리 떨어져있다. 따라서 중력의 크기는 극지방이 크고, 적도지방이 작게 나타나는 차이를 보이게 된다. 그러나 이러한 크기는 미세한 차이라서 일반적으로 동일한 중력을 적용한다. 물체에 가해지는 중력의 성질은 물체의 질량에 비례하며, 물체의 무게에 상관없이 상승과 하강에서 동일하게 적용된다. 만약 물체가 무중력상태에 놓이게 되면 지구와 다른 영향을 받게 되는데, 인간이 무중력 위치인 우주에 장기간 체류하게 되면 골격이 약화되고, 미네랄 손실, 심혈관계에 영향을 받아 다시 지구의 중력장으로 왔을 때 적응시간이 오래 걸리게 된다.

다. 마찰력

마찰력(frictional force)이란 물체가 움직이고 있거나 혹은 움직이려 할 때 나타나는 힘을 말하며(그림 5-6 참조), 그 세기는 마찰계수와 수직항력에 비례한다.

$$마찰력 = 마찰계수 \times 수직항력 \quad (F_f = \mu N)$$

이 힘은 서로 다른 두 가지의 형태로 나타나는데 하나는 미끄럼 마찰력(sliding friction)이고 다른 하나는 구름 마찰력(rolling friction)이다. 미끄럼 마찰력은 물체가 다른 물체와 접촉하여 운동을 하거나 혹은 하려할 때 접촉면에서 '운동을 방해하는 힘'이다. 예를 들어, 역도장에 철제 원반(플레이트)이 있다. 이 물체는 현재 움직이지 않고 그냥 놓여있는 상태이기 때문에 마찰력은 '0'이다. 만약 선수가 발로 원반을 움직이려 힘을 가하게되면 미끄럼 마찰력이 힘을 가한 반대의 방향으로 발생하게 된다. 이때 미끄럼 마찰력은 원반이 움직이지 않아도 내재적으로 존재하게 되고, 움직이기 직전에 최대가 된다. 선수가 힘을 더 크게 하여 원반이 움직이면 미끄럼 마찰력은 최대의 크기에서 일정부분 감소하게 되고, 줄어드는 크기는 접촉하고 있는 두 물체인 원반과 바닥의 재질과 밀접한 관련이 있다. 한편 구름 마찰력은 공이나 바퀴 같은 원형의 물체가 면 위를 구를 때 물체의 형태가 변형되면서 발생하는 마찰력이다. 예를 들어, 골프의 퍼팅 스트로크에서 골프 볼은 잔디 위를 굴러가게 되는데 골프 볼과 잔디는 아주 작기는 하지만 형태가 변형되면서 구름 마찰력이 발생하게 된다. 마찰력을 계수(coefficient)로 구분하여 계수가 '0'인 경우에는 마찰이 없는(frictionless) 상태이며, '1'인 경우에는 마찰이 너무 커서 움직임이 없는(motionless) 경우이다. 미끄럼 마찰력은 일반적으로 0.1~1.0의 계수를 가지며, 구름 마찰력의 계수는 0.1 혹은 그 이하이다.

마찰력은 운동을 방해하는 요소이지만 운동에서 매우 중요하게 작용한다. 스키나 스노보드의 경우, 눈 표면을 이동하면서 속도를 감속하거나 혹은 방향을 바꿀 때 마찰력을 이용하여 속도를 제어

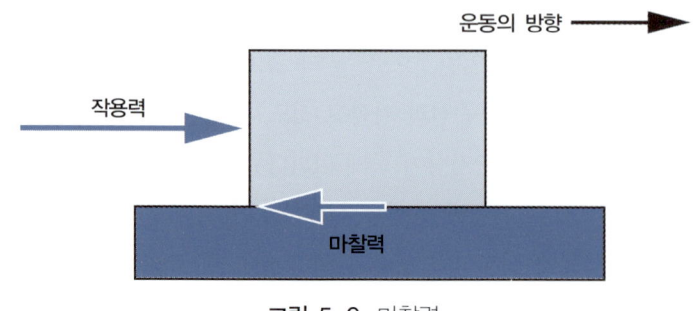

그림 5-6. 마찰력

한다. 경륜용이나 도로용 자전거는 바퀴의 폭이 좁아 지면과 접촉하는 면이 적으므로 속도에 극화된 형태를 보여준다. 반면에 산악자전거의 경우 바퀴가 넓고, 요철 형태로 되어있어 마찰력을 극대화하고 안정성 역시 확보하는 형태로 만들어져 있다. 자동차의 경우에도 타이어의 표면에 따라 멈추는 길이가 달라지는데 새 타이어의 경우 요철 부분이 명확하여 달리기와 멈추기가 비교적 정확하게 발휘되지만, 오래된 타이어는 요철 부분이 닳아 마찰력을 발휘하기 힘들고 비가 올 때는 수막현상이 나타나 마찰력이 극도로 작아져서 사고로 이어지기도 한다

라. 부력

중력이 작용할 때 유체(물 혹은 공기) 속에 있는 물체 무게의 반대 방향으로 나타나는 힘을 부력(buoyant force)이라고 하며, 그 크기는 유체의 밀도, 유체에 잠긴 물체의 부피, 그리고 중력가속도에 비례한다.

부력 = 유체의 밀도 × 유체에 잠긴 물체의 부피 × 중력가속도 $(F_b = \rho_f V_{disp} g)$

예를 들어, 수영 선수가 물에서 팔을 쭉 펴고 있다면 선수의 무게는 지구 중심방향을 향하지만 부력은 그와 정반대의 방향으로 나타난다(그림 5-7a 참조). 이때 유체에서 무게의 중심과 부력의 중심 위치에 차이가 있을 수 있는데 잠시 후 균형이 잡히며, 균형이 잡혀진 그곳이 무게와 부력의 중심이 만나는 지점이다(그림 5-7b 참조). 물체가 물속에 있으면 모든 방향에서 압력이 가해진다. 이때 물체가 받는 압력의 크기는 수심에 따라 다르며, 윗부분과 옆부분보다 아래 부분에서 위로 밀어 올리는 압력이 상대적으로 크게 작용한다. 부력은 물에만 존재하는 것이 아니라 공기(대기)에서도 존재한다. 열기구나 헬륨가스로 채워진 소형비행선은 공기의 부력이 작용한 결과이다. 수상 스포츠 종목 중 수영, 요트, 카약 등은 부력의 영향을 많이 받는다.

부력의 크기는 물체가 유체 속에 있을 때 물체에 의해 옮겨진 유체의 크기와 같다. 아르키메데스

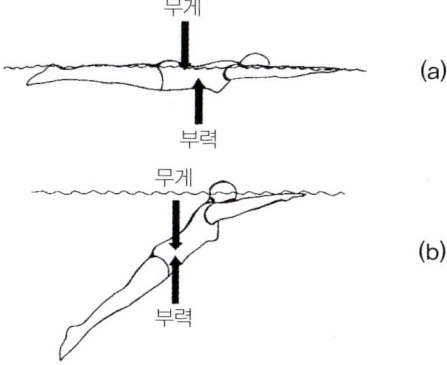

그림 5-7. 부력 [Hay(1985)에서 개작됨]

(Archimedes)가 처음으로 발견하여 이를 아르키메데스의 원리로 불린다. 예를 들어, 목욕 욕조에 물을 채운 다음 표시를 해놓고, 사람이 들어가서 물의 위치가 변한 부분에 표시를 하면 위치 차이가 날 것이다. 이렇게 처음과 나중위치 차이만큼의 물의 양이 사람에게 작용하는 부력의 크기이다. 부력을 좀 더 이해하기 위해서 비중(specific gravity)과 밀도(density)에 대한 개념도 알아야 한다. 비중이란 표준물질의 밀도에 대한 비교물질의 밀도의 비율이다. 여기에서 표준물질(비중 1)이란 액체의 경우에는 보통 1기압의 4℃의 물을 취하고, 기체의 경우에는 1기압의 0℃의 공기이다. 비중은 온도 및 압력(기체)에 따라 달라진다. 또한 비중은 무차원이며 액체에서는 밀도와 거의 일치하므로 비중과 밀도는 그 값이 같다고 생각해도 무방하다. 인체의 구성 물질을 비중으로 살펴보면 지방은 약 0.8의 비중을 가지며, 근육은 약 1, 그리고 뼈는 1.5~2의 비중을 갖는다. 따라서 물이 1의 비중 값을 갖고 있으므로, 지방은 물에 뜨고, 뼈는 가라앉게 된다. 한편 밀도는 물질의 질량을 부피로 나눈 값으로 물질마다 고유한 값을 지닌다. 일반적으로 밀도는 고체, 액체, 기체의 순으로 크기가 나타나는데, 물의 경우에는 예외적으로 액체, 고체, 기체 순으로 밀도가 크다. 수영장에서보다 바다에서 수영을 하는 것이 훨씬 수월한 이유는 바닷물의 비중이 1.01~1.05 정도로 크기 때문이다.

마. 유체 저항

스키점프 선수가 인런(inrun)을 통과하여 점프한 후 아웃런(outrun)에 착지하였을 때 선수는 공기로부터 두 개의 동시 효과를 받게 된다. 하나는 선수가 이동하는 공간 주변의 공기가 장애물로 작용하며, 다른 하나는 선수의 이동 속도가 공기에 의해 느려지게 된다. 이러한 변화는 선수가 이동을 하면서 공기에 힘을 작용하기 때문에 나타나는 것으로 공기에 의한 선수에게 가해지는 반작용력이라 볼 수 있다. 이렇게 나타나는 반작용력 중에 하나는 항력(drag force)으로 선수가 움직이는 속도의 방향과 반대 방향으로 나타나며, 저항력(resistance force)이라고도 한다. 항력의 크기는 공기의 밀도, 물체의 상대적 속도, 항력계수, 그리고 물체의 횡단면적에 비례한다.

$$\text{항력} = \frac{1}{2} \times \text{공기의 밀도} \times \text{물체의 상대적 속도} \times \text{항력계수} \times \text{물체의 횡단면적}$$
$$(F_D = \frac{1}{2}\rho v^2 C_D A)$$

물을 걷거나 수영을 할 때 우리는 항력을 경험할 수 있다. 항력은 형상(form) 항력, 표면(skin or surface) 항력, 파도 혹은 조파(wave) 항력으로 구분할 수 있다(그림 5-8 참조). 형상 항력은 유체를 움직이는 물체의 형태에 의해 나타나는 것으로 앞서 예시하였던 스키점프 선수가 인런을 서서 이동한다면 선수의 전후에 압력차가 크게 발생할 것이다. 이렇게 발생한 압력은 힘으로 작용하여 선수의 이동속도를 저하 시킨다. 따라서 선수들은 몸을 최대한 숙여서 형상 항력을 최소화하면서 이동하게 된다. 표면 항력은 선수의 피부 등 표면과 유체 사이의 마찰에 의한 저항력을 뜻하며 표면 마찰 저항력이라고도 한다. 한때 수영 종목에서 피부보다 표면 항력이 작은 특별 슈트를 입고 대회에 참가하였으나 이는 부정한 방법이라 하여 특별 슈트가 퇴출되기도 하였다. 파도 항력은 스포츠 종목 중 수영에서 나타나는 특별한 저항력이라 할 수 있다. 예를 들어, 수영선수가 출발을 하여 물 속에 완전히 잠기면 형상 항력과 표면 항력의 영향을 받는다. 그런데 이 선수가 잠수를 끝내고 수면으로 올라와 움직일 때에는 두 개의 항력 이외의 항력이 작용하게 되는데 이것이 바로 파도 항력이다. 즉, 선수 신체의 일부분은 공기의 영향을 받고 또 다른 일부분은 물의 영향을 받으며, 물과 공기 사이에 선수가 움직임으로서 파도가 나타나며 이런 선수의 작용에 대한 반작용력이 파도 항력이다.

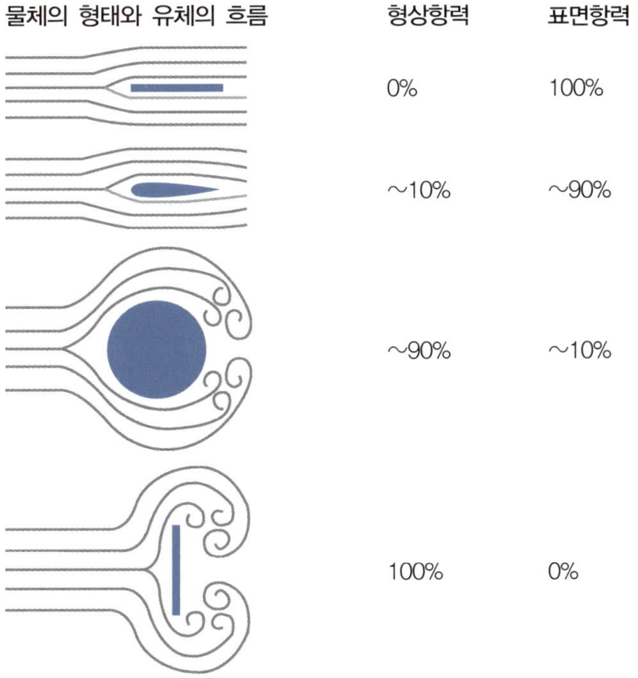

물체의 형태와 유체의 흐름	형상항력	표면항력
(가늘고 긴 수평 막대)	0%	100%
(유선형)	~10%	~90%
(원형)	~90%	~10%
(수직 막대)	100%	0%

그림 5-8. 형상 항력과 표면 항력

바. 양력

스포츠 선수들은 동작에 맞서는 항력도 알아야 하지만 동작을 도와줄 수 있는 양력(lift force)에 대한 이해를 갖고 있어야 한다. 예를 들어, 원반던지기에서 원반이 날아가는 반대 방향으로 항력이 발생할 때 동시에 항력과 직각 방향으로 양력이 발생한다. 양력은 원반의 형태가 어떠한 모양을 하느냐에 따라 다르기는 하지만 항력에 대해 정확하게 수직 방향으로 나타나는 것이 특징이다. 비행기의 날개 구조 역시 양력을 고려한 설계의 대표적인 경우이다(그림 5-9 참조). 양력의 크기는 공기의 밀도, 물체의 상대적 속도, 양력계수, 그리고 날개의 면적에 비례한다.

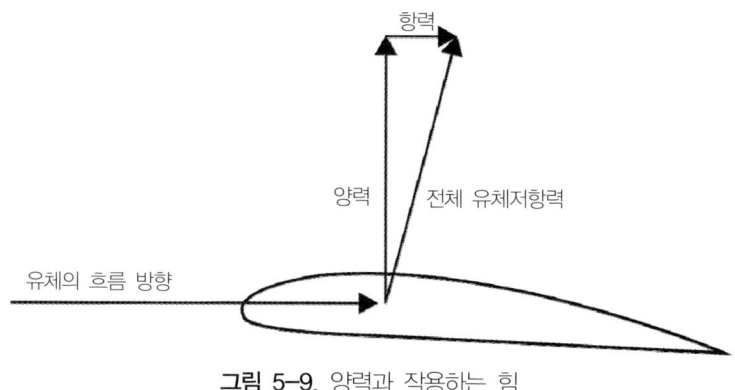

그림 5-9. 양력과 작용하는 힘

$$양력 = \frac{1}{2} \times 공기의 밀도 \times 물체의 상대적 속도 \times 양력계수 \times 날개의 면적$$

$$(F_L = \frac{1}{2}\rho v^2 C_L S)$$

비행기가 이륙할 때 거대한 비행기를 띄우는 것 역시 양력의 도움이라 할 수 있다. 스키점프는 양력을 필요로 하는 대표적인 운동이라 할 수 있다. 출발지점에서부터 인런에서 선수의 자세는 경사의 방향과 신체가 평형을 이루면서 최소화하여 항력을 줄이는 것이 바람직하다. 인런의 마지막 부분인 이륙판을 떠날 때 선수는 몸을 최대로 펴는 동작을 하는데 이것이 바로 양력을 극대화 하려는 동작이다. 양력이 증가하면 체공시간이 길어지므로 더욱 멀리 이동할 수 있게 된다. 따라서 유체를 이용하는 스포츠의 경우 선수의 자세나 형태, 그리고 기구의 형상과 구조가 승리에 결정적인 역할을 한다.

축구의 프리킥 상황에서 볼이 휘는 모습을 한번 쯤 보았을 것이다. 이러한 현상은 어떻게 나타나

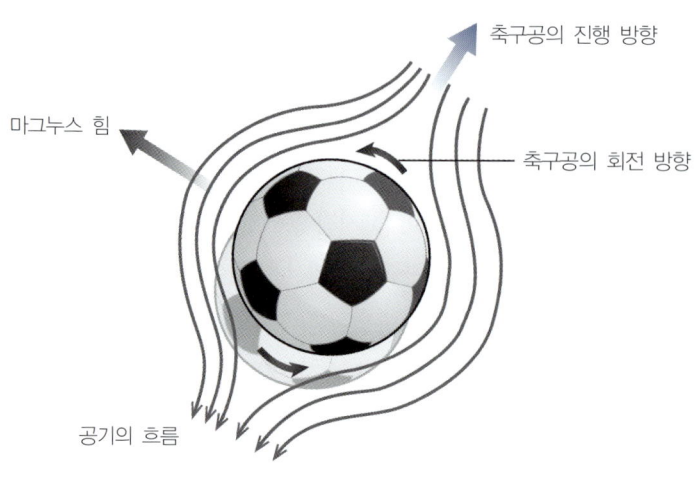

그림 5-10. 축구공의 마그누스 효과

는 것일까? 독일의 물리학자 마구누스(Magnus)가 처음으로 회전하면서 날아가는 포탄이나 총알이 한쪽으로 휘는 이유가 공기의 압력 차이라고 밝혀 낸 다음부터 이 원리는 "마구누스 효과"로 알려져 있다. 그 내용은 물체가 회전을 하면서 유체 속을 지나갈 때 물체의 외부에 압력이 발생하고, 발생한 압력의 차이에 의해 물체의 이동경로가 변경된다는 논리이다. 축구 경기에서 오른발잡이가 발의 안쪽으로 찼을 때 오른쪽은 공기의 압력이 커지고(고기압, 낮은 속도 발생) 왼쪽은 공기의 압력이 작아지기(저기압, 높은 속도 발생) 때문에 압력이 높은 쪽에서 낮은 쪽으로 공을 미는 힘(마구누스 힘)이 발생한다(그림 5-10 참조). 마구누스 힘은 유체의 밀도, 회전각속도, 공의 반지름, 공의 속도, 그리고 공의 단면적에 비례한다.

마구누스 힘
$= \frac{1}{2} \times$ 유체의 밀도 $\times$ 회전각속도 $\times$ 공의 반지름 $\times$ 공의 속도 $\times$ 공의 단면적 $\times$ 상수
$(F = \frac{1}{2}\rho\omega\gamma VAl)$

4. 뉴턴의 선운동 법칙

운동장에 놓여 있는 축구공을 움직이기 위해서는 주위로부터 힘[1]을 받아야 하며 돌진하는 자동차를 세울 때에도 힘이 필요하다. 이와 같이 물체의 운동에는 힘이 큰 영향을 미친다. 힘의 역할에 대해 다음과 같은 두 가지 관점이 있다.

- 아리스토텔레스(Aristoteles, B.C. 384~322): 물체가 운동을 계속하려면 힘을 계속 받아야 한다.
- 갈릴레오 갈릴레이(Galileo Galilei, 1564~1642): 물체는 스스로 운동을 계속 유지하려는 성질을 가지고 있으므로 물체에 힘이 작용하지 않더라도 일정한 속력으로 계속 진행할 것이다.

이러한 관점에 대해 아이작 뉴턴(Isaac Newton, 1642~1727)은 운동에 미치는 힘의 역학에 대해 세가지 법칙으로 정리하였는데, 400년이 지난 오늘까지도 물체의 운동을 나타나는데 사용한다. 영국의 천문학자이자 수학자이며, 유명한 물리학자인 뉴턴은 1687년 『프린키피아(Principia)』

> **힘의 역할**
> 힘은 물체의 운동을 변화시키는 일을 한다. 힘을 주면 정지한 물체를 움직이게 하거나 움직이는 물체를 멈추게 할 수 있다. 물체가 움직일 때 움직이는 쪽으로 힘을 주면 물체가 더 빨리 움직이며, 반대쪽으로 힘을 주면 물체가 느려진다. 힘을 주는 방향이 물체가 움직이는 방향과 다르면 물체가 움직이는 방향이 틀어진다.
> 또한, 힘은 물체의 변형을 일으키기도 하는데, 그 예로 고무줄을 당기면 고무줄이 늘어나고, 공을 누르면 공이 움푹 들어간다. 이와 같이 물체를 늘이거나 압축시킬 때, 또는 구부리거나 부러뜨릴 때 힘이 필요하다.

를 출판하였다. 이 저서에서 힘과 운동에 관한 3가지 기초적 운동법칙을 발표하였는데, 이를 '뉴턴의 운동법칙'이라 한다. 뉴턴의 운동법칙은 만유인력의 법칙과 함께 고전역학의 기초를 이루고 있으며, 제 1운동법칙인 관성의 법칙, 제 2운동법칙인 가속도의 법칙, 제 3운동법칙인 작용-반작용의 법칙으로 구성되어 있다.

물리에서 '힘'이라 하면 물체의 운동을 변화시키는 어떠한 작용이나 영향을 말한다. 힘을 말할 때는 크기와 함께 방향도 고려해야 하기 때문에 물체에 2개 이상의 힘이 가해질 때 물체가 받는 알짜 힘은 그저 단순한 두 힘의 합이 아니다. 만일 물체에 작용하는 힘이 모두 상쇄되어 알짜 힘이 '0'이라면, 물체의 운동 상태는 바뀌지 않는다. 정지해 있거나 운동 중인 물체는 운동을 계속 유지하려는 성질을 가지고 있는데, 이를 '관성(inertia)'이라고 하며, 물체의 질량이 클수록 유지하려는 성질이 강하다. 물체의 운동 상태를 변화시키기 위해서는 외부에서 힘을 가해주어야 하는데, 힘이 클수록 운동 상태가 빨리 변할 것이다. 외부에서 같은 힘을 가한다면 질량이 큰 물체일수록 자신의 운동 상태를 그대로 유지하려는 성질이 강하기 때문에 운동 상태는 천천히 변할 것이다. 또한, 어느 한 물체가 다른 물체를 밀거나 당긴다면 힘을 가하는 물체도 같은 크기의 힘을 반대 방향으로 받게 된다. 이러한 성질을 정리한 것이 바로 힘과 운동법칙이다.

가. 관성의 법칙

다른 천체에 의한 중력을 무시할 수 있는 우주 공간에서 돌멩이를 어느 한 방향으로 던지면 이 돌멩이는 멈추는 일 없이 계속 앞으로 나아갈 것이다. 이처럼 외부로부터 물체에 힘이 작용하지 않으면 물체는 등속도운동(항상 속도가 변화지 않는 일정한 운동)을 한다. 물체는 계속해서 처음의 운동 상태를 유지하려는 성질이 있으며, 이러한 성질을 관성(inertia)이라고 한다.

외부로부터 물체에 힘이 작용하지 않거나 작용하는 힘의 합이 '0'이면, 정지하고 있던 물체는 계속 정지해 있고 운동하던 물체는 계속해서 등속도운동을 한다.

뉴턴은 관성에 대하여 다음과 같이 정리하였다.

물체가 운동하고 있는 상태에서나 정지한 상태에서 원래의 상태를 유지하려는 성질을 관성이라 한다. "외부로부터 물체에 어떠한 힘이 작용하지 않는 한 정지하고 있는 물체는 계속 정지해 있고, 움직이는 물체는 계속해서 움직이며 같은 속도의 직선운동을 계속한다." 이를 '관성의 법칙' 또는 '뉴턴의 제 1운동법칙'이라고 한다. 굴러오는 축구공을 멈추는 것보다 볼링공을 멈추는 것이 더 어렵다는 점에서 알 수 있듯이 관성의 크기는 물체의 질량에 비례한다.

관성의 법칙을 뒤집어 생각하면 "정지하고 있는 물체를 움직이게 하거나 운동하고 있는 물체의 속도를 바꾸려면 외부에서 힘을 가해야 한다."라고 할 수 있다. 여기에서 어떤 물체는 힘을 조금만 가해도 속도가 쉽게 변하는 데 반하여 어떤 물체는 아주 큰 힘을 가해도 속도가 조금밖에 변하지 않는다. 예를 들어 정지해 있는 축구공은 발로 툭 차기만 해도 굴러가지만 서 있는 자동차는 여러 사람이 힘을 합하여 밀어야 겨우 움직인다.

　모든 스포츠 활동에서 관성의 적절한 응용은 운동의 효과와 기술을 향상시키며, 상해 예방에 많은 도움이 된다. 예를 들자면, 골프에서 공을 칠 때 멀리 비거리를 향상시키려면 클럽헤드와 공이 임팩트 되는 시점에서 클럽헤드의 속도가 빨라야 한다. 그렇게 하기 위해서는 임팩트가 이루어진 후에도 클럽헤드가 관성에 의해 폴로스루를 해야 한다. 야구의 배팅, 테니스의 스매싱과 같이 충격을 주어야하는 운동에서도 폴로스루는 운동의 효과를 증진시키는데 매우 중요하다.

그림 5-11. 여러 가지 폴로스루

나. 가속도의 법칙

　물체의 속도 변화는 작용한 힘의 크기에 따라 달라진다. 골프공이 골프클럽에 의하여 강하게 임팩트 되면 멀리 날아가지만 약하게 임팩트 되면 멀리 날아가지 못한다. 골프공은 임팩트 직후 공의 속도가 클수록 멀리 날아간다. 공의 속도를 크게 하려면 골프 클럽헤드에 큰 힘을 작용하여 클럽헤드의 속도를 증가시켜야 한다. 이와 같이 물체의 속도 변화는 작용한 힘의 크기에 비례한다.

　"물체에 힘을 가하면 힘의 방향으로 질량에 반비례하고 힘의 크기에 비례하는 가속도가 생긴다."는 뉴턴의 제 2운동법칙인 가속도의 법칙을 몇 개의 간단한 문장으로 설명하면 다음과 같다.

① 힘을 가하면 가속도가 발생한다.
② 힘의 방향으로 가속도가 발생한다.
③ 질량에 반비례하여 가속도가 발생한다.
④ 힘의 크기에 비례하여 가속도가 발생한다.

하나하나의 뜻을 정확하게 알아보기로 하자.

"힘을 가하면 가속도가 발생한다." 는 것은 주로 관성의 법칙이 힘이 작용하지 않을 때 물체의 운동을 설명하는 법칙인데 반하여 가속도의 법칙은 힘이 작용할 때 물체의 운동을 설명하는 법칙이라는 것이다. 여기에서 가속도가 생긴다는 말은 '속도가 변화한다', 즉 정지하고 있던 물체는 움직이게 되고, 운동하고 있던 물체는 속도가 더 빨라지거나 느려지게 된다는 것이다.

"힘의 방향으로 가속도가 발생한다."는 것은 앞으로 밀면 앞으로 가속도가 생기며 결코 뒤쪽으로 가속도가 생기는 일은 없다는 뜻이다. 예로 언덕 위에서 아래로 굴러 내려오는 자동차를 밀어도 계속 굴러 내려오는 경우를 생각해보자. 이때 언덕 위쪽 방향으로 밀어도 언덕 아래로 굴러 내려 왔으므로 힘의 반대 방향으로 가속도가 생겼다고 잘못 생각하기 쉽다. 그러나 언덕 위로 밀지 않고 내버려둔 것보다는 굴러 내려오는 속도가 줄었을 것이므로, 언덕 위쪽 방향인 힘의 방향으로 가속도가 생긴 것이다.

"질량에 반비례하여 가속도가 발생한다."는 것은 관성의 법칙에서 질량이 크면 관성이 크고, 관성이 크면 속도를 변화시키기 어려우므로, 질량이 큰 물체일수록 속도를 변화시키기 어렵다는 것이다.

마지막으로 **"힘의 크기에 비례하여 가속도가 발생한다."**는 것은 큰 힘을 가하면 속도가 많이 변화하고, 작은 힘을 가하면 속도가 작게 변화한다는 것이다.

가속도의 법칙을 수식으로 나타내면 F는 작용한 **힘**, m은 물체의 **질량**, a는 물체의 **가속도**가 된다.

$$힘 = 질량 \times 가속도\,(F = ma), \quad 가속도 = \frac{힘}{질량}\,\left(a = \frac{F}{m}\right)$$

즉, 힘은 힘을 받는 물체의 질량과 그 힘으로 인해 생긴 물체의 가속도를 곱하여 나타낼 수 있으며, 이를 '뉴턴의 제 2운동법칙'이라고 한다.

다. 작용-반작용 법칙

작용-반작용 법칙은 상호작용하는 물체들 사이의 작용력과 반작용력은 크기가 같고 방향은 서로 반대이며, 동일 직선상에 있는 것을 의미한다. 한 물체가 다른 물체에 힘을 가할 때 힘을 받는 물체는 힘을 작용한 물체로부터 받은 힘과 동일한 크기의 힘이 반대 방향으로 작용한다. 예를 들어, 총을 어깨에 올리고 사격을 하면 발사하는 순간 어깨에 강한 충격을 느끼게 되는데, 이와 같은 충격은 발사되는 순간 총알이 날아갈 때 생긴 힘이 탄도의 반대 방향으로 작용하기 때문이다.

〈그림 5-12〉의 (a)와 같이 두 개의 용수철저울을 연결한 후 양쪽에서 잡아당기면 각 용수철저

운동의 제1법칙은 제2법칙의 특수한 경우인가?

$F = ma$에서 F가 '0'이면 a도 '0'이다. 즉, 물체에 작용하는 힘이 '0'이면 물체가 등속운동을 한다는 것인데, 이것은 뉴턴의 제 1운동법칙과 동일하다. 그렇다면 뉴턴의 제 1운동법칙이 제 2운동법칙의 특수한 경우라는 뜻일까? 만일 그렇다면 제 2운동법칙만 있으면 되지 않을까? 결론부터 말하면 그렇지 않다. 뉴턴의 제 1운동법칙은 물체는 관성을 가지고 있다는 것이고, 제 2운동법칙은 힘을 질량과 가속도의 곱으로 정의한다는 것이다. 즉, 뉴턴의 제 2운동법칙으로 물체가 등속 운동하는 경우를 설명할 수는 있지만, 정지한 물체의 관성을 설명할 수 없다.

울의 눈금이 같게 나타난다. 이것은 두 용수철저울이 서로 같은 크기의 힘으로 당기고 있다는 것을 뜻한다. 이러한 관계는 그림 (b)와 같이 두 물체가 떨어져 있을 때나 그림 (c)와 같이 두 물체가 운동하고 있을 때에도 성립한다. 이와 같이 힘은 반드시 두 물체 사이에 서로 작용하며, 물체 A가 물체 B에 힘을 작용하면 동시에 물체 B도 물체 A에 같은 크기의 힘이 작용한다. 이때 어느 한쪽의 힘을 '작용'이라 하면, 다른 쪽의 힘을 '반작용'이라고 한다. 작용과 반작용의 법칙은 힘이 물체 사이의 상호작용으로 나타난다.

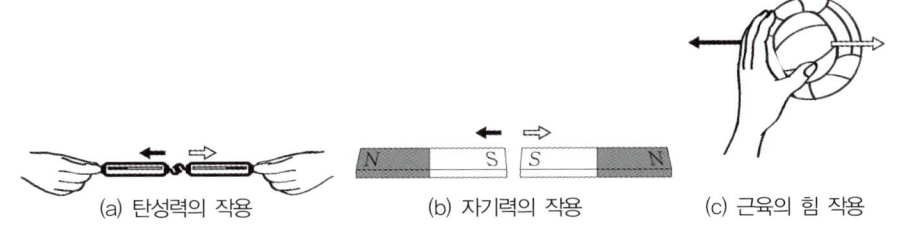

(a) 탄성력의 작용　　(b) 자기력의 작용　　(c) 근육의 힘 작용

그림 5-12. 물체 사이의 상호작용

작용과 반작용의 법칙은 다음과 같이 A와 B 관계로 생각하면 편하다.

A가 B에 힘을 작용하면 항상 B도 A에 같은 크기의 힘을 반대로 작용한다.

여기서 주의해야 할 것은 작용을 받는 물체와 반작용을 받는 물체는 서로 다르다는 것이다. 그림 (c)에서 손으로 공을 밀어낼 때 손이 공에 힘을 주고(작용), 그 반작용으로 공은 손에 힘을 준다. 이와 같이 한 물체가 작용-반작용을 모두 받는 것이 아니므로 작용과 반작용의 힘이 합쳐져서 평형을 이룰 수는 없다. 작용력과 반작용력은 서로 다른 물체에 작용하기 때문에 합해서는 안 된다는 것이다. 만약 작용력과 반작용력을 합하면 크기가 같고 방향이 정반대이기 때문에 무조건 '0'이 되는데, 절대로 합해서는 안 된다.

5. 선운동량과 충격량

스포츠 현장에는 매우 짧은 순간에 충격을 주고받으면서 운동에 변화를 주는 경우가 종종 있다. 배구 경기에서는 아주 짧은 순간에 스파이크를 하며, 태권도 경기에서는 팔과 다리를 빠르게 움직

> **헬리콥터의 꼬리에 회전날개가 있는 이유**
> 헬리콥터에 회전날개가 하나만 있다고 생각해보자. 헬리콥터의 엔진을 켜면 날개에 힘이 가해져서 돌기 시작한다. 이때 **엔진이 날개를 밀면 날개도 엔진을 반대 방향으로 민다.** 이에 따라 헬리콥터 본체는 날개의 회전 방향과 반대 방향으로 돌게 되어 똑바로 비행하기 힘들다. 이러한 본체의 회전을 막기 위해 두 번째 날개를 장착하여 첫 번째 회전 날개와 반대 방향으로 회전시키는 것이다. 헬리콥터가 떠오르거나 앞으로 진행하는 원리도 작용-반작용의 법칙과 관련이 있다. 헬리콥터 위의 커다란 날개가 돌아 공기를 아래로 밀면 반작용으로 공기가 날개(헬리콥터)를 밀어 올린다. 이때 앞으로 나아가고 싶으면 공기를 약간 뒤쪽으로 밀면 앞쪽으로 추진력을 얻을 수 있다.

여 상대방을 가격한다. 스포츠 상황에서 경기력을 높이려면 물체에 충격을 주고받는 원리를 잘 이해하고 활용하여야 한다.

일상생활이나 스포츠 현장에서 두 물체가 서로 충돌하는 경우가 많다. 자동차의 충돌사고나 테니스의 라켓과 공이 충돌하는 스트로크, 당구에서 공과 공끼리 충돌하는 경우 등이 있다. 이와 같이 두 물체가 충돌하였을 때 운동이 어떻게 변화하는가를 알아보기로 하자.

가. 운동량

같은 속도로 날아오는 무거운 농구공과 가벼운 고무공이 각각 몸에 부딪힐 때 느낌은 어떠한가? 또 같은 고무공으로 빨리 던질 때와 느리게 던질 때 각각 몸에 부딪히는 느낌은 어떠한가?

운동하는 물체가 충돌할 때 일으키는 운동 효과를 비교하려면 물체의 질량과 속도를 모두 고려해야 한다. 물체가 운동하는 양은 질량과 속도의 곱으로 나타낼 수 있는데, 이러한 물리량을 '운동량(momentum, 모멘텀)'이라고 한다.

질량 m인 물체가 **속도** $\vec{v}$로 운동한다면, 이 물체의 **운동량** $\vec{p}$는 다음과 같다.

$$운동량 = 질량 \times 속도 \quad (\vec{p} = m\vec{v})$$

이때 운동량의 방향은 물체의 속도와 같은 방향이며, 그 단위는 kg·m/s이다. 운동량은 운동하고 있는 물체가 가지고 있는 물리량으로, 물체가 얼마나 빨리 운동하는가를 말해주는 것이 아니라 운동이 얼마나 크게 일어나고 있는가를 말해주는 양이다.

움직이는 물체는 모두 운동량을 가지고 있다. 그러나 움직이고 있는 물체가 가지고 있는 운동량은 그 크기가 모두 같은 것은 아니다. 예를 들어, 똑같은 질량을 가진 야구 배트를 느리게 휘두르는 것보다 빠르게 휘두르는 것이 배트에 공이 맞았을 때 더 멀리 날아간다. 그 이유는 똑같은 질량의 무게를 갖더라도 느리게 휘두르는 것보다 빠르게 휘두르는 것이 속도가 더 크므로 큰 운동량을 갖게 되기 때문이다. 날아오는 야구공을 손으로 받을 때 공의 속도가 빠를수록 손에 미치는 충격은 훨씬 크며, 같은 속도로 날아오는 야구공과 탁구공의 경우에는 질량이 큰 야구공이 주는 충격이 더 크다. 이와 같이 운동하는 물체가 가지고 있는 운동량의 크기에 따라 그 효과는 다르게 나타나며, 어떠한 물체가 가지고 있는 운동량은 충돌할 때 충돌되는 물체의 운동량에 영향을 미치므로 충돌이 없을 때는 커다란 의미가 없기 때문에, 운동량은 부딪치고 가격 또는 타격 하는 스포츠 활동에서 아주 다양하게 적용된다.

복싱의 가격 동작이나 배구의 스매싱 동작에서 "체중을 실어야 한다."는 말을 자주 한다. 체중을 싣는다는 것은 몸 전체를 운동 방향으로 이동시켜 팔만 움직인 것보다 질량을 늘림으로써 운동량을 증가시킨다는 것을 의미한다.

선수가 움직이고 있는 것은 질량이 움직이고 있다는 것을 의미한다. 선수의 신체 질량이 움직이면, 선수는 일정한 양의 운동량을 가지게 된다. 운동량은 발생한 운동의 양을 의미하므로, 운동량의 크기는 물체의 질량과 속도에 달려 있다. 그러므로 운동량을 증가시키려면 질량이나 속도 또는 두 가지 모두를 증가시켜야 한다.

운동량은 움직이는 선수나 물체에 항상 존재하며, 특히 충돌이나 가격과 충격이 이루어지는 스포츠 현장에서는 매우 중요한 역할을 한다. 어떠한 물체나 상대방에게 영향을 주기 위해 사용하는 무기로 생각한다면 운동량을 이해하기 쉬울 것이며 운동량을 증가시키기 위해서는 질량과 속도를 증가시켜야 한다. 운동선수가 질량을 증가시키는 최선의 방법은 지방보다는 근육량을 증가시키는 것이다. 근육이 발달하게 되면, 파워가 증가하여 선수는 보다 빠르게 움직이면서 동작을 효율적으로 수행할 수 있게 된다.

모든 스포츠 상황에서 최대의 운동량이 요구되는 것은 아니다. 대부분의 운동기능에서는 최대의 운동량보다 적절히 조절된 운동량을 더욱더 필요로 하는 경우가 발생한다. 예를 들면, 미식축구에서 펀트 킥(punt kick)을 하는 선수는 앤드 존(end zone) 근처에서 공이 아웃 오브 바운드(out of bound) 되도록 조절해야 하므로, 정확한 거리로 날아갈 수 있도록 하기 위해서는 공에 정확한 운동량이 가해져야 한다. 이는 공을 차는 선수의 다리 역시 정확한 크기의 운동량을 발휘할 수 있도록 적절하게 조절되어야 한다. 마찬가지로, 농구에서 3점 슛을 시도할 때도 슈터는 공이 링 안에 들어갈 수 있도록 공에 정확한 운동량을 발휘하여야 한다.

나. 충격량

테니스공을 라켓으로 치면 공은 힘이 작용하는 순간, 힘에 의한 가속도가 생겨서 운동한다. 그러나 그 사이에 작용하는 힘은 크기가 일정하지 않을 뿐만 아니라, 그 짧은 시간 동안에 측정하기도 어렵다. 이처럼 짧은 시간 동안에 힘이 작용하여 충격이 주어지는 경우 물체의 운동은 어떻게 나타날까?

충돌이 일어날 때는 뉴턴의 제 2운동법칙인 가속도의 법칙만을 적용하여 물체의 운동을 나타내기 어렵다. 물체가 움직이는 속도는 힘과 힘을 작용한 시간에 따라 달라지는데, 물체가 받는 힘과 시간

> **작은 차와 큰 차 몰기**
> 트럭과 탁구공이 부딪치면 탁구공은 빠른 속도로 다시 튕겨나가지만, 트럭은 전혀 영향을 받지 않는다. 이처럼 두 물체가 충돌할 때, 물체의 질량이 클수록 속도의 변화가 적어진다.
> 같은 원리로 차량 사고가 일어났을 때, 큰 차보다 작은 차의 속도 변화가 크기 때문에 작은 차에 탄 사람이 큰 차에 탄 사람보다 더 많은 피해를 입는다. 차량끼리의 충돌뿐 아니라 차량이 도로의 가드레일이나 나무에 부딪히는 사고일 때도 큰 차의 속도는 급격히 변하지 않기 때문에 상대적으로 안전하다.

을 곱한 것을 '충격량(impulse)'이라 한다.

정지하고 있는 물체에 일정 시간 동안 힘을 작용할 때 물체가 얻는 운동량은 작용한 힘의 크기가 클수록, 또 작용한 시간이 길수록 크다. 즉, 물체가 같은 운동량을 갖게 하려면 큰 힘을 짧은 시간 동안 작용할 수도 있고, 작은 힘을 오랫동안 작용할 수도 있다.

이와 같이 운동량은 힘과 작용 시간의 영향을 동시에 받는다. 따라서 운동량에 영향을 주는 물리량을 힘과 작용 시간의 곱으로 나타낼 수 있으며, 이를 '충격량(impulse)'이라고 한다. 어떤 물체에 일정한 **힘** F를 **시간** Δt 동안 작용하였다면 물체에 작용한 **충격량** $\vec{I}$는 다음과 같다.

$$충격량 = 힘 \times 작용시간 \ (I = F\Delta t)$$

충격량의 단위는 힘의 단위와 시간의 단위의 곱인 N·s이며, 작용한 힘과 같은 방향이다.

물체의 충격량은 받는 힘이 클수록, 힘을 받는 시간이 길수록 커진다. 충격량은 운동량의 변화를 의미하기 때문에 운동량의 변화가 크면 충격량도 커지며, 동일한 물체에서는 속도의 변화가 커지면 충격량이 커진다. 충격량이 동일할 때에는 힘과 시간은 서로 반비례한다.

축구, 럭비, 레슬링 등에서는 사람과 사람, 테니스에서는 공과 라켓(운동용구와 다른 운동용구), 배구에서는 공과 사람(운동용구와 사람)이 충돌하는 경우가 매우 많다. 상대방에게 충격을 줄 때는 충격력을 크게 하는 것이 유리하고, 충격을 받을 때는 적어야 유리하다. 이와 같이 운동 중에 충돌이 일어날 때 충격력의 원리를 활용하면 많은 도움을 받을 수 있다.

창던지기의 경우, 창을 최대한 몸 뒤쪽에서부터 앞쪽으로 멀리 팔을 휘돌리면서 창의 투척속도를 증가시키기 위해서는 긴 시간과 긴 거리에 걸쳐서 힘을 작용시켜야 하므로, 던지기 직전 최종 발디딤을 할 때는 아주 짧은 시간에 접지 동작을 취하므로 창을 던질 때 빠르게 던지게 된다.

이와는 반대로 공을 받을 때는 충격량이 적어야 공을 떨어뜨리지 않고 안전하게 잡을 수 있으며, 태클을 받을 때도 충격량이 적어야 본래의 자세를 유지하는 데 유리하다. 충격량이 동일할 때는 힘과 시간은 서로 반비례한다. 그러므로 운동량이 변화하는 시간을 길게 하여 충격을 줄일 수 있다.

동일한 속도로 날아오는 공을 한 번은 손을 몸으로 끌어당기며 받고, 한 번은 팔을 뻗은 채로 받아 공이 손에 접촉한 시간을 각각 달리 해보자. 두 경우 모두 공이 처음 손에 닿는 순간의 운동량은 같으나, 공을 받고 난 후 공이 정지하였으므로 운동량은 '0'으로 충격량은 같아진다. 그러나 접촉시간을 길게 하여 충격력을 줄여주면 선수들의 부상방지와 지속적인 경기력에 도움이 된다.

스포츠경기에서는 충격력을 크게 하는 것이 유리할 때도 있고, 충격력을 적게 하는 것이 유리할 때도 있다. 예를 들어 장거리 선수가 착용하는 신발이나 야구 선수가 끼는 글러브는 접촉시간을 길게 하여 충격력을 줄여야 부상을 방지할 수 있고, 라켓에 묶는 줄을 팽팽하게 매야 공과 라켓의 접촉 시간이 짧아지고 충격력이 커져 공을 상대에게 강하게 넘겨줄 수 있다. 물체를 움직이거나 가속시키고 운동량을 일으키려면 근력이 발휘되어야 하며, 힘을 가할 때에는 항상 시간이 소요된다. 물체에 일정한 시간 동안 일정한 크기의 힘을 작용시킨 것을 "물체에 충격량을 주었다."라고 한다.

힘과 작용 시간의 결합 정도는 선수의 신체적 능력에 좌우된다. 강하고 유연한 선수는 그렇지 못한 선수보다 큰 범위에 걸쳐 강함 힘을 오랜 시간 동안 작용시킬 수 있다. 마찬가지로, 힘과 시간을 잘 조화시키기 위해서는 기술이 수반되어야 한다. 운동기능에 따라 짧은 시간에 강한 힘을 작용시켜야 하기도 하고, 약한 힘을 보다 긴 시간 동안에 작용시켜야 할 경우도 있다.

다. 운동량과 충격량

물체에 일정한 시간 동안 힘을 주면 물체의 속도가 달라진다. 이때 물체에 가한 충격량은 물체의 운동량의 변화량과 같다.

$$충격량 = 운동량의 변화량 = 나중 운동량 - 처음 운동량$$

우리 주변에는 충격량의 성질을 이용한 현상들을 많이 볼 수 있다. 다음은 그 예이다.

야구공을 덜 아프게 받는 방법

같은 운동량을 변화시킬 때 작용 시간이 짧을수록 힘을 많이 주어야 한다. 야구공을 손으로 받을 때 손을 뒤로 빼면서 받으면 야구공이 손에 힘을 작용하는 시간이 길어지므로 손이 받는 힘의 크기가 작아진다.

자동차의 에어백

자동차에 장착된 에어백은 자동차가 충돌할 때, 같은 충격량을 받더라도 충돌하는 시간 Δt를 늘려 운전자에게 작용하는 힘을 작게 하여 피해를 줄이는 장치이다.

자동차의 범퍼

물체가 큰 힘을 받으면 모양이 많이 변하고, 운동 상태 역시 짧은 시간 동안 많이 변한다. 예를 들어 달리는 자동차가 벽에 부딪혔을 때, 큰 힘을 받는다면 아주 빨리 멈춰 설 것이고 작은 힘을 받는다면 서서히 멈출 것이다.

> **태권도의 지르기와 권투의 펀치**
>
>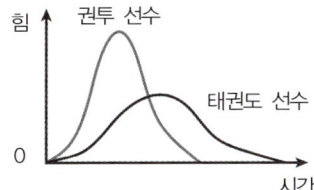
>
> 일반적으로 태권도에서 주먹을 사용할 때 '지르기'라는 표현을 쓴다면, 권투에서는 '치기(펀치)'라는 표현이 적당할 것이다.
> 태권도에서의 지르기는 글자 그대로 지르는 것이지 치는 것은 아니다. 기왓장을 여러 장 깨뜨릴 때의 순간 사진을 보면, 기왓장이 단번에 깨지는 것이 아니라 위쪽에서부터 차례로 한 장씩 깨어진다. 즉, 기왓장이 모두 깨어지는 데는 시간이 걸리며, 이 시간 동안 주먹은 차례로 기왓장을 깨면서 맨 마지막 기왓장까지의 거리를 이동한다. 권투 선수의 펀치에도 기왓장은 깨어지지만 보통 주먹을 치고 나서 바로 회수하는 습관 때문에 짧은 시간 동안만 힘을 작용한다. 그러므로 여러 장의 기왓장을 깨는 경우, 태권도 같은 지르기의 형태는 상대적으로 적은 힘으로 긴 시간 동안 기왓장을 격파하기 때문에 권투의 순간적으로 치는 형태보다는 수월하게 기왓장을 깰 것이다.

만약 자동차의 범퍼가 단단하게 만들어져서 순간적으로 차가 멈추면, 자동차는 큰 힘을 받기 때문에 차에 탄 사람이 다칠 위험이 크다. 범퍼가 잘 찌그러지도록 만들어졌다면 자동차가 서서히 멈추기 때문에 갑자기 멈출 때보다 받는 힘이 적어 차에 탄 사람이 다칠 위험이 적어진다. 즉, 자동차의 범퍼는 잘 찌그러지도록 하여 자동차가 받는 힘의 크기를 줄여 차에 탄 사람을 보호하는 역할을 한다.

6. 선운동량의 보존

물체끼리 충돌이나 결합, 분열할 때, 외부에서 따로 힘이 작용하지 않으면 물체들의 총 운동량은 항상 일정하게 보존된다. 이것을 '운동량 보존의 법칙(law of conservation of momentum)'이라고 한다.

처음 운동량의 총합 = 나중 운동량의 총합

운동량 보존의 법칙은 움직이는 두 물체가 충돌했을 때에도 적용되는데, 〈그림 5-20〉에서와 같이 야구 선수가 야구공을 배트로 쳤을 때 야구공과 배트의 총 운동량은 충돌 전과 후에도 동일하게 운동량이 보존된다.

야구 배트의 질량을 m_1, 야구공의 질량을 m_2라 하고, 임팩트 직전과 직후의 배트의 속도를 v_1과 v_2, 임팩트 직전과 직후의 공의 속도를 v_3와 v_4라 할 때, 야구 배트와 공의 총 운동량은 충돌 전과 충돌 후에 동일하므로 다음과 같은 공식이 성립된다.

$$m_1 v_1 + m_2 v_3 = m_1 v_2 + m_2 v_4$$

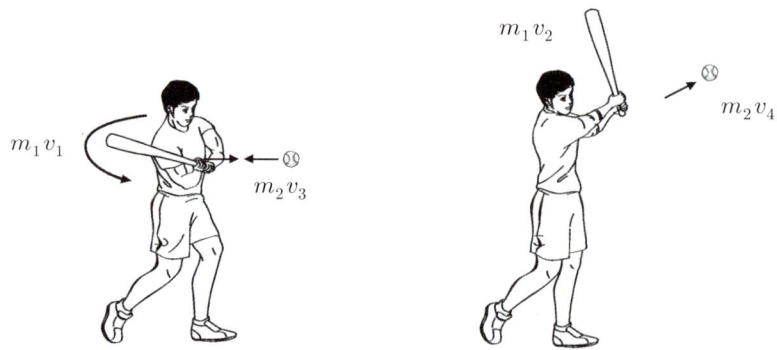

그림 5-13. 야구에서 배팅 전후의 총 운동량 보존

모든 스포츠 현장에서 충격을 가할 때 운동량을 전혀 소실하지 않고 다른 물체에 운동량을 전달한다는 것은 쉽지 않다. 질량과 길이가 같은 야구 배트로 일정한 속도로 스윙하여 야구공을 맞추더라도 담장을 넘는 홈런이 나오기도 하지만, 투수 앞 땅볼이 되는 경우도 종종 있다. 투수 앞 땅볼의

경우 운동량 보존의 법칙에 위배된다고 할 수 있지만, 야구공이 배트의 스위트 스폿(sweet spot)에 정확히 맞지 않으면 배트의 총운동량을 모두 공에게 전달하지 못하게 된다.

운동량 보존의 법칙은 당구공같이 충돌하여도 깨지거나 찌그러지지 않을 때만 성립되는 것이지 발로 깡통을 찼을 때와 같이 변형이 생기면 운동량 보존법칙이 성립되지 않는다. 그러나 공과 같이 변형이 되었다가 다시 원래의 모양으로 돌아올 때는 운동량 보존의 법칙이 성립된다.

7. 충돌

충돌(collision)은 두 물체가 서로 부딪치는 경우를 의미하며, 스포츠 현장에서 일어나는 모든 상황들이 충돌을 동반한다고 본다. 그러나 일반적으로 충돌이라는 용어 자체를 중요한 요인으로 생각하지 않는 경향이 있기 때문에 생활체육 지도자들은 스포츠 상황에서 일어나는 충돌을 안전과 기술 향상 그리고 장비개발과 밀접한 관련이 있음을 강조해야 한다.

여기서는 충돌과 관련 있는 중요한 역학적 요인인 탄성과 복원계수에 대하여 기술하고, 임팩트와 리바운드의 개념에 대해서도 간략하게 설명한다.

가. 탄성

탄성(elasticity)은 어떠한 물체에 힘이 가해졌을 때, 그 물체가 변형되었다가 원래 상태로 되돌아가려고 하는 성질을 말한다. 탄성에 영향을 미치는 요소로는 그 물체 자체가 가지고 있는 고유의 성질과 그 물체가 부딪치는 상대 재질에 따라 탄성의 정도가 다르게 나타난다. 예를 들어 동일한 높이에서 콘크리트 코트와 나무 코트에 각각 공을 떨어뜨리면 공의 종류와 재질에 따라 튀어 오르는 높이가 각각 다르게 나타남을 알 수 있다. 또한 세계적인 테니스 선수들 가운데 클레이 코트에 강한 선수와 하드 코트에 강한 선수로 나누어진다는 것은 스포츠경기에서 코트 재질의 탄성 정도에 따라 경기력에 많은 영향을 받는다는 것을 알 수 있다. 이와 같이 물체가 부딪치는 물체의 재질, 온도, 충돌 강도 등에 의해 원래 상태로 복원되려는 정도가 달라지는데, 이때 복원되려는 크기를 '탄성계수(coefficient of elasticity)'라고 한다.

> **사격을 할 때 총을 어깨에 밀착시키는 이유**
> 사격을 할 때 총을 어깨에 잘 밀착시키지 않고 발사하면 총의 반발 때문에 큰 충격을 느끼게 된다. 이때 어깨가 받는 충격을 줄이려면 어깨에 총을 단단히 밀착시키고 발사해야 한다.
> 총을 발사하기 전에는 총과 사람이 정지해 있었으므로 전체 운동량이 '0'이다. 따라서 총을 발사한 후, 총알의 운동량의 방향은 반대이지만 총과 사람의 운동량의 합과 같다. 즉, 총과 사람이 하나의 물체처럼 밀착하면 전체 질량이 늘어나기 때문에 총이 뒤로 튕겨나가는 속력이 줄어들 것이다. 또 총과 어깨가 동시에 밀려나기 때문에 총이 어깨를 치는 충격을 거의 느끼지 않을 것이다.

〈그림 5-14〉는 배드민턴 라켓에 묶는 줄의 장력 변화에 따른 셔틀콕의 속도 차이를 보여준다. 일반적으로 라켓에 묶는 줄의 장력을 24파운드 정도로 약하게 묶으면 라켓 줄에 변화가 많이 발생하여 셔틀콕의 반발 속도에 크게 영향을 미친다. 한편 라켓에 묶는 줄의 장력을 30파운드 정도로 강하게 묶으면 라켓 줄의 변화가 적게 발생하여 셔틀콕의 반발 속도에 영향을 거의 미치지 않는다. 이러한 사실로부터 초보자의 경우 장력을 약하게 하면 본인이 의도한 것보다 줄의 탄성 영향으로 셔틀콕을 더 멀리 보낼 수 있다는 장점이 있으며, 장력을 강하게 묶으면 줄의 탄성 변화가 적어 본인이 의도한 만큼 정확하게 셔틀콕을 보낼 수 있는 컨트롤 측면에 장점이 있다고 볼 수 있다.

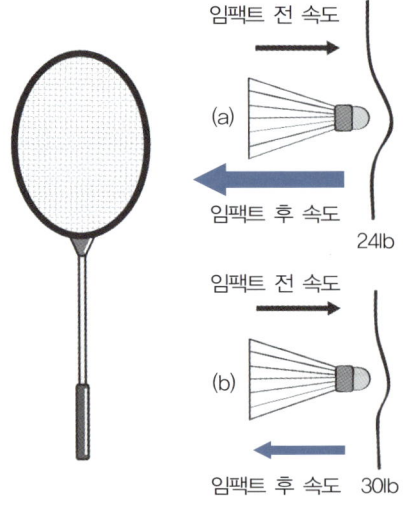

그림 5-14. 라켓의 장력 변화에 따른 셔틀콕의 속도 변화

〈그림 5-15〉에서와 같이 골프 선수와 야구 선수가 골프 클럽이나 야구 배트로 공을 강하게 쳤을 때 골프공이나 야구공은 찌그러지면서 탄성에너지를 저장하였다가 클럽이나 배트를 떠나면서 다시 본래의 모양으로 되돌아와 운동에너지로 전환된다. 이렇게 생성된 운동에너지로 인하여 골프공이나 야구공은 더 멀리 날아가게 된다.

 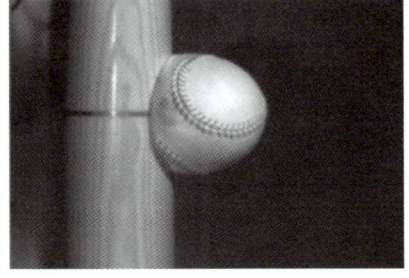

그림 5-15. 임팩트 시 골프공과 야구공의 변형

나. 복원계수(충돌계수)

어떠한 물체가 최초로 한 번 충돌 후 변형되었다가 복원되는 정도의 크기를 '충돌계수' 또는 '복원계수(coefficient of restitution)'라고 일컫는다. 물체마다 가지는 탄성이 서로 다르기 때문에 복원되는 속도도 각각 다르며, 진흙 같은 물체와 충돌하게 되면 복원되지 않는 경우도 있다. 충돌하는 물체 또는 운동도구의 충돌 전·후 상대속도의 비율을 복원계수 혹은 충돌계수라고 하고, 다음의 식과 같이 나타낸다.

$$복원계수 = \frac{충돌\,후\,상대속도}{충돌\,전\,상대속도} = \left| \frac{V_후 - v_후}{V_전 - v_전} \right|$$
(V : 물체 1의 속도, v : 물체 2의 속도)

스포츠 상황에서 복원계수에 가장 큰 영향을 미치는 요인으로는 표면의 재질을 들 수 있다. 예를 들어 나무 배트보다 알루미늄 배트로 공을 타격했을 때 복원계수가 더 크며, 테니스에서 하드 코트보다 클레이 코트에서 바운드 될 때 복원계수가 더 커서 높이 바운드 된다. 이와 같이 운동도구의 복원계수는 경기 내용에 많은 영향을 미치기 때문에 공이나 라켓, 배트 등에 대한 복원 계수를 제한하는 경우가 많다. 골프의 경우 드라이버 비거리를 제한하기 위하여 드라이버 헤드의 복원계수를 0.83으로 제한하고 있으며, 배구의 경우에는 관중의 흥미를 유도하기 위하여 배구공의 공기 주입량을 조절해 복원계수를 낮춤으로써 랠리 시간을 증가시킨다.

다. 임팩트와 리바운드

야구 배트나 골프 클럽으로 공을 칠 때, 농구공을 바닥에 바운드 할 때, '충돌(collision)' 또는 '임팩트(impact)'라고 하며, 임팩트 후에 물체가 분리 또는 튀어 나가는 것을 '리바운드(rebound)'라고 한다. 물체가 충돌할 때 생기는 힘을 '임팩트 힘(impact force)'이라 하며, 임팩트 힘에 영향을 주는 요인은 임팩트 순간 두 물체의 총 운동에너지, 힘이 가해지는 거리, 충돌 면적 등이다. 일반적으로 충돌 물체의 운동에너지가 크면 클수록 임팩트 힘이 크며, 힘이 가해지는 시간이 길면 임팩트 힘은 적어지고, 힘이 가해지는 면적이 넓어지면 임팩트 힘은 적어진다.

임팩트에는 '직접 임팩트(direct impact)'와 '간접 임팩트(indirect impact)'가 있는데, 직접 임팩트는 농구공을 바닥에 떨어뜨릴 두 물체가 정면으로 충돌할 때 생기는 임팩트를 말한다. 간접 임팩트는 농구에서 공을 바닥에 비스듬히 밀어내는 바운드 패스와 같이 두 물체가 사각으로 충돌할 때 생기는 임팩트로서 '사각 임팩트'라고도 한다.

스포츠 장면에서 생기는 탄성체의 충돌은 대부분 사각 충돌이며 회전을 하고 있기 때문에 리바운드 각도가 항상 일정하지는 않다. 농구의 패스와 슈팅 시 백보드에서의 회전과 리바운드, 테니스의 서브와 스매싱, 축구의 킥 등에서 리바운드 방향은 경기를 수행하는 데 많은 영향을 준다. 리바운드 방향은 리바운드 힘의 방향에 의해 결정되며, 리바운드 힘의 방향은 임팩트 각도에 의해 결정된다. 〈그림 5-16〉에서 톱스핀이 걸린 테니스공이 지면에 충돌할 때 표면에 생기는 회전력은 후방으로 작용하고, 이에 대한 반작용회전력은 전방으로 작용한다. 전방으로 작용하는 힘으로 인하여 톱스핀이 걸린 테니스공의 리바운드 힘은 회전이 없을 때 정상 리바운드 힘보다 크다.

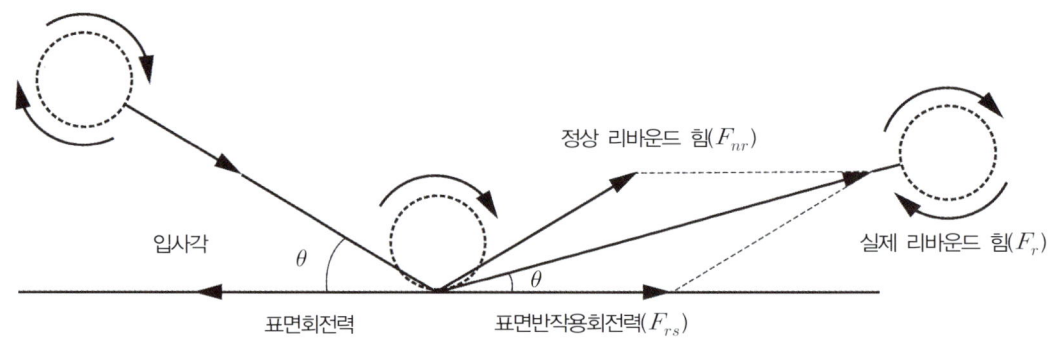

그림 5-16. 톱스핀이 걸린 테니스공의 리바운드 힘과 방향

2장 각운동의 운동역학적 분석

 학습목표

- 토크의 개념과 관성모멘트에 대해 알아본다.
- 뉴턴의 각운동법칙을 알아본다.
- 각운동량과 회전충격량을 알아본다.
- 각운동량보존 및 전이에 대해 알아본다.
- 구심력과 원심력에 대해 알아본다.

1. 토크(torque, 힘의 모멘트)

스포츠를 위한 신체의 움직임은 대부분 각운동(angular motion)에 의해 이루어지고 있다. 따라서 운동 기술을 분석하기 위해 각운동을 일으키는 원리에 대해 이해하는 것이 중요하다. 각운동에서 선운동(linear motion)의 힘에 대응되는 것이 토크이다. 힘은 물체의 선운동을 변화시키지만, 토크는 물체의 각운동을 변화시킨다. 즉, 회전축을 지나지 않는 모든 힘은 토크를 일으킨다.

가. 토크의 개념

토크는 일반적으로 물체가 회전하려는 힘을 나타내는 개념이며, 어떤 물체의 회전 중심선에서 벗어나 힘이 작용하게 되면 그 물체는 회전운동(rotational motion)을 하게 되고 이를 '모멘트(moment)'라고 일컫는다. 〈그림 5-17〉처럼 물체의 중심선에서 벗어나 힘을 작용하게 되면 회전운동이 발생하게 되고, 토크의 크기는 작용하는 힘과 물체의 회전 중심(축)으로부터 힘의 작용선까지의 직선거리 크기(모멘트 암)에 의해 결정된다. 토크와 관련되는 역학적 요인으로는 힘과 거리 그리고 무게중심을 들 수 있다.

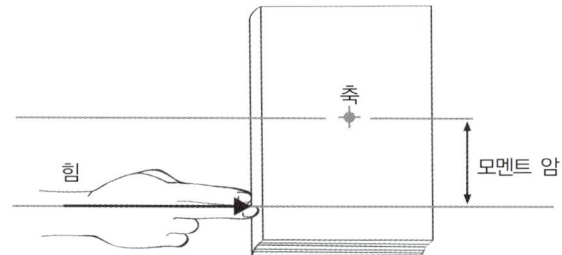

그림 5-17. 물체에 힘이 가해질 때의 회전운동

$$\text{토크} = \text{힘} \times \text{모멘트 암} \quad (\tau = Fd)$$

일상생활에서 토크의 개념을 가장 쉽게 접할 수 있는 놀이는 시소이다. 놀이터에 있는 시소를 보면 토크의 원리를 쉽게 이해할 수 있다. 체중이 서로 다른 사람들이 회전축으로부터 거리를 다르게 하여 시소의 균형을 맞추는 모습을 볼 수 있는데, 이는 시소의 회전에 체중만이 아니라 회전축으로부터의 거리가 균형을 맞추는데 중요하다는 것을 의미한다. 따라서 시소에서 축을 중심으로 양쪽의 토크는 체중(힘)과 축으로부터 떨어진 거리(모멘트 암)의 곱이므로 〈그림 5-18〉에 나타낸 것처럼 체중이 각각 30kg와 60kg의 두 사람이 시소 위에 타고 있어도 30kg의 사람이 축에서 2배 멀리 떨어져 앉아 있으면 양쪽의 토크는 같아진다.

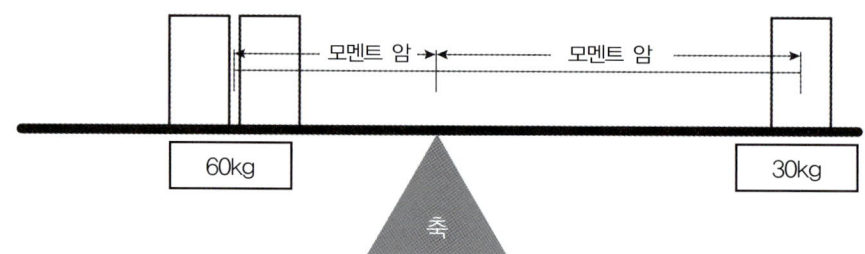

그림 5-18. 질량과 모멘트 암의 상호관계

나. 스포츠 상황에 적용

인체 운동의 관절에서 사지의 움직임은 근육에 의해 생성된 토크로 조절된다. 힘을 발휘하는 근육이 붙어 있는 지점이 관절과 어느 정도 떨어져 있기 때문에 근육의 작용선과 회전축인 관절 사이에 모멘트 암이 존재하고 토크가 발생한다. 〈그림 5-19〉에서와 같이 암컬(arm-curl) 동작 시 덤벨의 무게는 팔꿈관절(주관절, elbow joint) 주위에서 아래팔(전완, forearm)을 신전(폄, extension)시키려는 토크를 발생시킨다. 팔꿈치 각도가 (b)와 같이 90° 일 때 모멘트 암이 최대이고 토크도 가장 크다. 그러나 팔꿈치 각도가 (a)와 같이 신전되거나 (c)와 같이 굴곡(굽힘, flexion)되면 모멘트 암의 길이가 상대적으로 줄어들어 토크도 감소하게 된다. 따라서 암컬 운동 시 팔꿈치 각도에 따라 덤벨 무게에 의한 저항토크가 달라지므로 근육에 걸리는 부하도 달라진다.

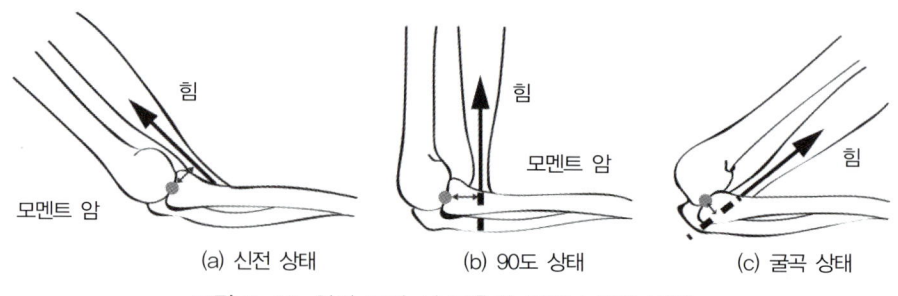

그림 5-19. 암컬 동작 시 근육의 모멘트 암의 변화

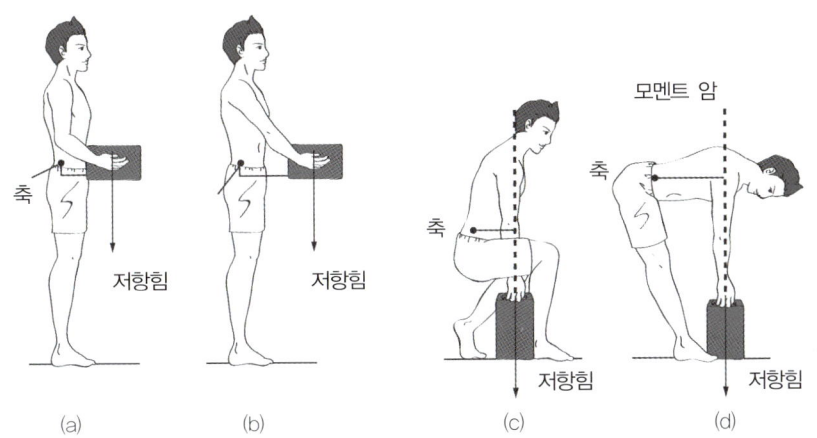

그림 5-20. 무거운 물체를 들 때 자세 변화에 따른 토크의 변화

스포츠 현장에서 토크의 원리는 효과적인 동작을 수행하는 데 기초가 된다. 역도 경기와 같이 무거운 물체를 들어 올릴 때 물체나 바벨을 몸의 중심에 가까이 유지하면 모멘트 암의 길이가 짧아지므로 저항토크도 감소하게 되어 적은 힘으로도 물체나 바벨을 쉽게 들 수 있다. 〈그림 5-20〉에서 (a)와 (c)의 경우는 (b)와 (d)에 비하여 모멘트 암의 길이가 짧아 저항토크가 작기 때문에 상대적으로 적은 힘이 요구된다. 그러나 (d)와 같이 허리를 굽혀 무거운 무게를 들어 올리는 경우 모멘트 암의 길이가 길어지기 때문에 다른 동작에 비하여 저항토크가 매우 커진다. 이러한 동작을 하는 경우에는 허리근육에 큰 토크가 적용되어 상해 발생 요인이 증가한다.

〈그림 5-21〉의 철봉 대차돌기에서 신체가 지면과 수평 위치에 있을 때 모멘트 암이 가장 크기 때문에 중력에 의한 토크는 이 지점에서 최대가 된다. 그러나 신체 무게중심이 철봉에 수직으로 위치할 때에는 중력에 의한 토크는 일어나지 않는다. 따라서 철봉 대차돌기에서 효과적으로 회전하기

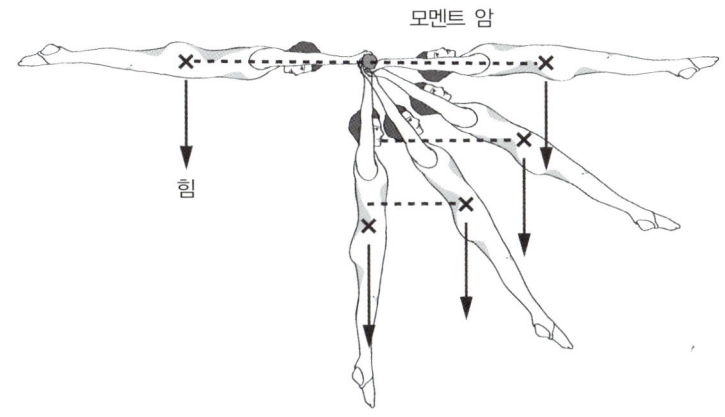

그림 5-21. 대차돌기 시 중력에 의한 토크 변화

위해서는 내려갈 때 몸을 펴서 철봉과 신체 무게중심의 거리를 멀게 하여 중력에 의한 토크를 크게 하고, 올라갈 때는 몸을 약간 굽혀 신체 무게중심을 철봉에 가깝게 함으로써 중력에 의한 저항토크를 적게 한다.

2. 관성모멘트(moment of inertia)

저항관성은 외부로부터 가해진 힘에 대해 물체의 운동 상태를 변화시키지 않으려는 특성을 말한다. 선운동에서 저항관성은 물체의 질량에 비례하므로 무게가 무거울수록 저항관성이 크기 때문에 물체를 움직이기 어렵게 된다. 이와 마찬가지로 회전운동에서도 외부의 회전력에 대해 물체의 운동 상태를 변화시키지 않으려는 저항 특성이 있다. 이러한 저항 특성을 회전운동에서는 '관성모멘트(moment of inertia)'라고 한다.

가. 관성모멘트의 개념

관성(inertia)이란 운동 변화에 대한 저항으로서 현재의 운동 상태를 계속 유지하려는 물체의 속성으로, 그 크기는 물체의 질량(mass)에 비례한다. 각 운동에서도 이러한 물체의 속성이 존재하는데, 이를 관성모멘트라 한다. 관성모멘트는 회전운동에 대한 관성의 크기를 나타내는 양이다. 즉, 임의의 회전축에 대한 질량의 분포를 나타내는 물리량으로 관성능률이나 회전모멘트 등의 용어로 표현되기도 한다. 회전하는 물체의 관성 크기를 결정하는 주요 요인으로는 물체의 질량과 회전축에 대한 질량분포 두 가지가 있다.

1) 물체의 질량

회전운동에서 저항도 질량의 크기에 따라 달라진다. 질량이 작은 물체보다 큰 물체를 회전시키는 것이 더 어렵다. 물체를 회전시키려고 할 때 물체의 질량이 크면 클수록 회전에 대한 저항이 커진다. 그러나 물체가 회전을 하고 있다면 물체의 질량이 클수록 회전을 계속하려는 경향이 더 크다. 예를 들어 무거운 야구 배트는 가벼운 야구 배트보다 스윙하기가 더 어렵다. 야구 배트가 무거울수록 배트를 움직이게 하고, 멈추는 데 더 많은 힘이 필요하다. 그러나 타자가 야구 배트를 움직이기에 충분한 토크를 작용하게 된다면 무거운 배트는 가벼운 배트보다 관성에 의해 스윙을 계속하려고 한다.

2) 질량분포

회전운동에서는 질량의 크기뿐만 아니라 회전축과 물체의 질량중심점 사이의 거리에 따라 달라진다. 〈그림 5-22〉에서 야구 배트의 경우 웨이트링을 배트의 끝 쪽에 끼워 스윙하는 경우와 배트의 손잡이에 가깝게 끼워 스윙하는 경우 중에서 어느 것이 더 스윙하기 어려운지 생각해보도록 한다. 동일한 질량의 배트라 하더라도 회전축으로부터 더 먼 곳에 웨이트링이 끼워져 있는 배트가 스윙하기 더 어렵다. 즉, 각운동의 경우 질량이 회전축에서 멀어질수록 회전을 시작하거나 멈추기가 더 어렵다는 것을 말한다. 그러므로 각운동에서 관성의 특징은 전체 질량과 회전축에 대한 질량분포 두 가지를 함께 고려해야 한다.

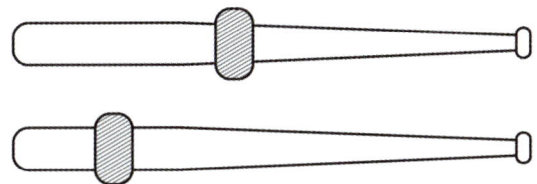

그림 5-22. 웨이트링의 위치 변화에 따른 관성모멘트 변화

각운동에 있어서 관성모멘트는 물체의 질량뿐만 아니라 질량이 회전축 주위에 어떻게 분포되어 있는가에 의해 결정된다. 모든 물체는 회전축으로부터 특정한 거리에 있는 각각의 질량입자들로 구성되어 있다. 각 입자의 질량에 대한 관성모멘트는 다음과 같이 표현된다.

$$\text{관성모멘트} = \text{각 입자의 질량} \times \text{회전반경}^2 \quad (I = \sum mr^2)$$

〈그림 5-23〉에 나타낸 것과 같이 물체 전체의 관성모멘트는 물체가 포함하고 있는 모든 질량입자의 관성모멘트의 합이다.

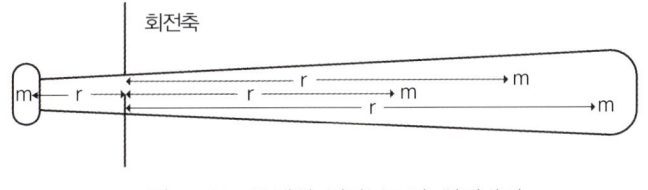

그림 5-23. 물체의 질량분포와 회전반경

예를 들어, 같은 무게의 야구 배트라도 길게 잡고 스윙하는 것보다 짧게 잡고 스윙하는 것이 더 쉽다. 이와 같이 회전운동에서 물체의 질량이 클수록, 축으로부터 질량중심점까지의 거리가 길수록 관성저항인 관성모멘트가 커진다. 〈그림 5-24〉의 (a)에서 줄의 길이가 2인 공이 회전축 주위로

> **회전반경**
> 회전축에서 회전하는 성질이 변화하지 않고 회전축에 대한 물체의 질량이 집중되는 지점까지의 거리

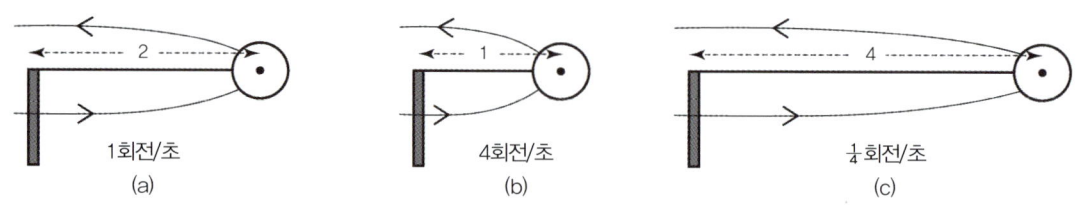

그림 5-24. 회전운동 시 반지름의 변화에 따른 관성모멘트의 변화

초당 한 바퀴씩 회전한다고 가정하면 회전축에서 공까지의 거리를 1/2로 줄인 (b)는 회전반경이 1/2로 축소되어 관성모멘트가 1/4로 감소하기 때문에 공을 회전하기 더 쉬워져 초당 4회전을 하게 된다. (c)는 축으로부터 공까지의 거리가 2배로 증가하였기 때문에 공의 관성모멘트는 4배로 증가하게 되어 공은 회전하기 더 어려워져서 초당 1/4회전을 하게 된다.

나. 스포츠 상황에 적용

1) 인체의 관성모멘트

인체가 지지대 없이 회전할 때는 인체의 3가지 주축인 전후축(antero-posterior axis), 좌우축(transverse axis), 수직축(vertical axis) 중 하나의 축을 중심으로 회전한다. 인체 전체의 관성

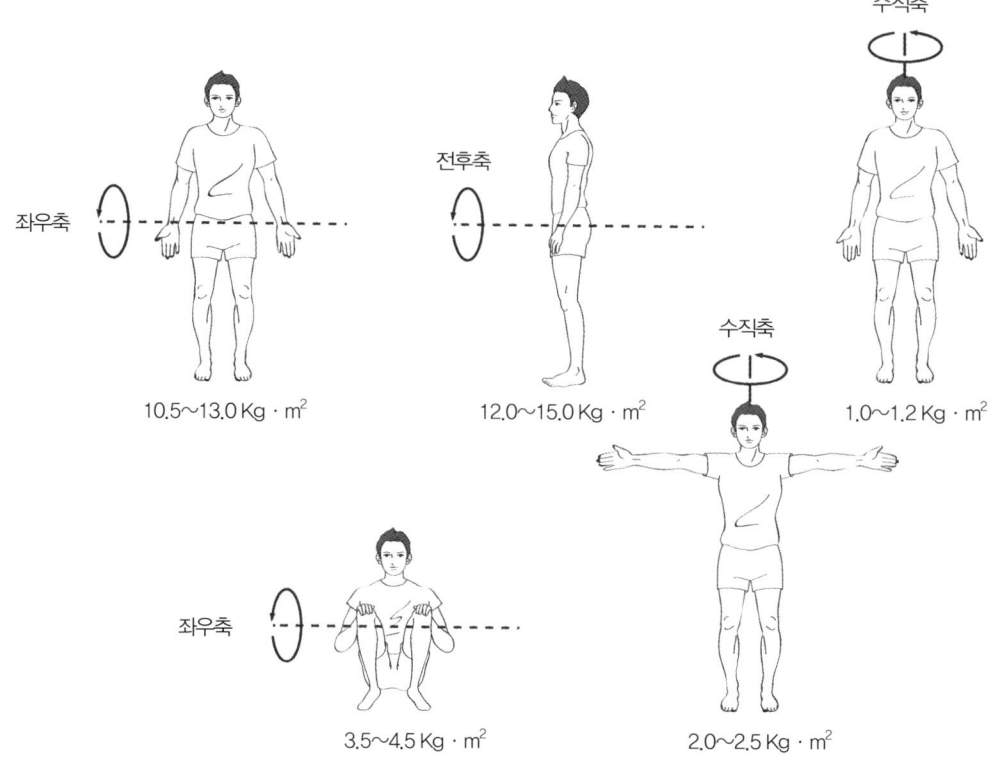

그림 5-25. 인체 축의 변화에 따른 관성모멘트

모멘트는 축에 따라 달라진다. 〈그림 5-25〉는 자세에 따른 관성모멘트의 크기를 나타낸 것이다. 각각의 동작에서 회전할 때 체중은 동일하지만 회전축으로부터 분절의 질량분포가 다르기 때문에 관성모멘트의 크기도 달라진다. 해부학적 자세에서 수직축을 중심으로 회전할 때의 관성모멘트에 비하여 팔을 수평으로 벌리고 수직축을 중심으로 회전할 때 관성모멘트는 2배가 증가하며, 전후축을 중심으로 회전할 때 관성모멘트는 12배 정도 증가한다.

이와 같이 인체의 관성모멘트는 해부학적 자세에서 수직축을 중심으로 회전할 때 회전반경이 짧기 때문에 가장 작으며, 전후축과 좌우축을 중심으로 회전할 때는 회전반경이 가장 길기 때문에 관성모멘트가 제일 크다. 그러므로 수직축을 중심으로 회전하는 스핀 동작은 쉽지만, 전후축을 중심으로 회전하는 옆으로 돌기와 좌우축을 중심으로 회전하는 핸드스프링 같은 동작이 가장 어렵다. 따라서 운동에서 이러한 원리를 이해하고 활용하면 회전운동을 하는 데 많은 도움이 된다.

2) 다이빙과 체조에서의 관성모멘트

인체 전체의 관성모멘트는 축에 따라 달라진다. 인체가 지지대 없이 회전할 때는 인체의 3가지 주축인 전후축, 좌우축, 수직축 중 하나의 축을 중심으로 회전한다. 〈그림 5-26〉은 다이빙과 체조 동작에서 좌우축에 대한 여러 자세의 관성모멘트를 보여주고 있다. 몸을 완전히 굽힌 터크(tuck) 자세는 좌우축에 대해 $3.5\ kg \cdot m^2$로 가장 적고, 다리를 펴고 엉덩관절(고관절, hip joint)만 굽힌 파이크(pike) 자세는 좌우축으로부터 거리가 좀 더 멀어지므로 $6.5\ kg \cdot m^2$, 몸을 완전히 편 레이아웃(layout) 자세는 가장 큰 $15.0\ kg \cdot m^2$로 터크(tuck) 자세에 비하여 4.28배의 관성모멘트를 보여준다. 철봉에 매달리는 경우의 관성모멘트는 레이아웃(layout)과 같은 자세임에도 불구하고 좌우축에서 $83.0\ kg \cdot m^2$로 터크 자세의 23.7배나 된다.

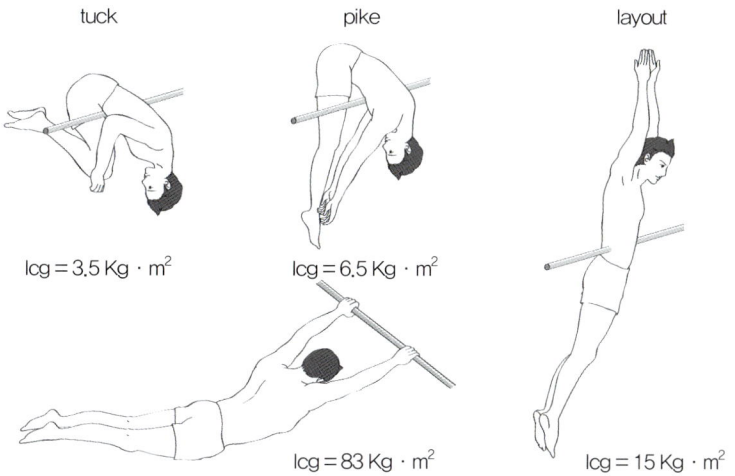

그림 5-26. 다이빙과 체조 동작에서 자세에 따른 관성모멘트

이와 같이 체중과 각 분절의 질량이 동일함에도 불구하고 관성모멘트는 자세에 따라 차이가 난다. 자세에 따라 관성모멘트에 차이가 나는 것은 관성모멘트 크기가 질량 × 회전반경^{2}으로 각각의 분절들이 회전축으로부터 떨어진 거리의 제곱에 비례하기 때문이다.

또한, 체조의 철봉과 같이 지지된 회전운동에서도 관성모멘트 조절이 매우 중요하다.

〈그림 5-27〉처럼 철봉 휘두르기 기술에서 회전하는 동안 다양한 자세를 볼 수 있다. 효과적인 회전 동작을 하기 위해 위에서 아래로 내려오는 자세 1, 2, 3에서는 발목에서 무릎까지 최대로 신전시켜 신체 무게중심을 철봉 축에서 최대한 멀리하여 회전반경을 크게 함으로써 관성모멘트를 증가시키고, 중력에 의한 토크를 크게 한다. 반면에 아래에서 위로 올라가는 자세 4, 5, 6에서는 발목과 무릎을 굴곡시켜 신체 무게중심을 철봉 축에 더 가깝게 유지하여 회전반경을 작게 함으로써 관성모멘트를 감소시키고, 빠르게 회전하도록 한다.

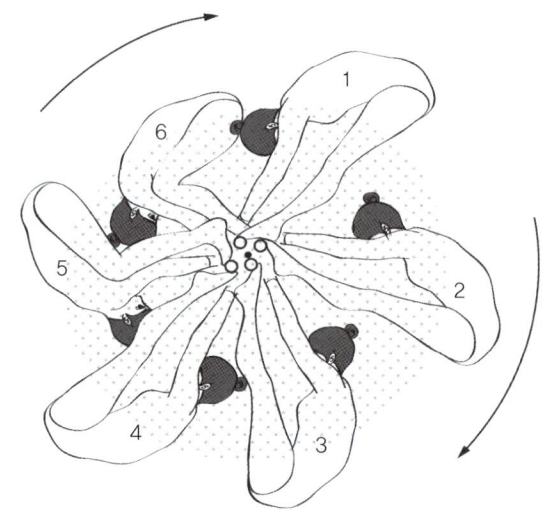

그림 5-27. 철봉 휘두르기 시 회전반경의 변화에 따른 관성모멘트

3) 달리기에서의 관성모멘트

달리기에서 다리를 등 뒤로 신전시킨 후에 다음 스트라이드를 위해 앞으로 나아갈 때는 다리를 구부리게 된다. 〈그림 5-28〉는 달리기의 회복 국면에서 다리를 앞으로 내뻗는 동작이다. 다리가 앞으로 나아가게 되면 대퇴를 들어 올리고 무릎을 굽힌다. 무릎 관절(슬관절, knee joint)을 굴곡시키면 하지의 질량이 회전축인 엉덩관절에 더

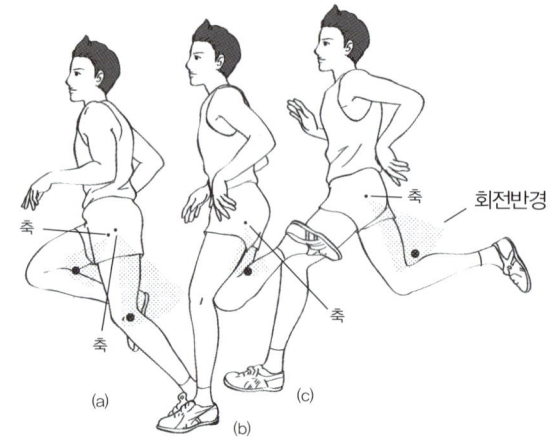

그림 5-28. 달리기 시 다리 동작에 따른 관성모멘트 변화

가까워져 회전반경이 짧아진다. 달리기에서 회전반경이 짧아지면 관성모멘트가 작아져 다리를 움직이는 것이 쉬우므로 더 빠르게 달릴 수 있다. 따라서 달리기 속도가 빠를수록 무릎을 더 많이 굽히는 동작을 하게 되며, 이러한 동작으로 인한 관성모멘트의 감소는 하지를 더 빠르게 회전하도록 한다.

4) 스포츠 장비와 관성모멘트

스포츠 장비 설계자들은 도구의 관성모멘트와 경기력과의 관계를 잘 이해하고 있다. 경사를 질주하는 알파인스키는 활강, 회전, 대회전, 슈퍼대회전, 슈퍼복합 등으로 나뉘며, 〈그림 5-29〉에 나타낸 것과 같이 스키 종목마다 모두 다르지만 크게 방향 전환에 유리한 회전스키와 속도 경쟁에 유리한 활강스키로 구분된다. 활강 스키어들은 회전 스키어들보다 더 긴 스키를 사용한다. 더 긴 스키는 관성모멘트가 크기 때문에 산 아래로 활강 시 활강 스키어들에게 더 큰 안정성을 준다. 그러나 급격한 방향 전환이 요구되는 회전 스키어들은 스키 길이가 길면 제어하기 어렵기 때문에 회전축에 대한 관성모멘트가 작아 좀 더 쉽게 조작할 수 있는 길이가 짧은 스키를 사용한다.

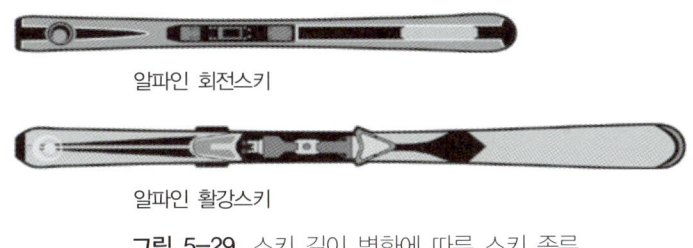

알파인 회전스키

알파인 활강스키

그림 5-29. 스키 길이 변화에 따른 스키 종류

3. 뉴턴의 각운동 법칙

우리는 앞에서 뉴턴의 선운동 법칙에 대해 공부하였다. 여기에서는 동일한 운동법칙을 각운동에 적용하는 각운동 법칙에 대해 알아보도록 한다.

가. 뉴턴의 각운동 제1법칙: 각관성의 법칙

관성이란 선운동에서 외부로부터 가해진 힘에 대해 물체의 운동 상태를 변화시키지 않으려는 특성으로, 물체에 외력이 작용하지 않는 한 그 물체는 현재의 운동 상태를 유지하려고 하는 것이다. 각관성은 각운동(회전운동)에서 외부로부터 가해진 회전력에 대해 물체의 운동 상태를 변화시키지 않으려는 저항 특성으로, 외부에서의 토크가 작용하지 않는다면 그 물체는 현재의 회전운동 상태를 유지하려고 하는 성질을 의미한다(그림 5-30 참조).

다시 말해, 물체가 회전운동을 시작하거나 정지하거나, 회전 속도를 낮추거나 높이거나, 또는 회전 방향을 바꾸기 위해서는 토크가 필요하다는 것을 의미한다. 하루 한 바퀴 자전하는 지구는 혜성이나 운석의 충돌 등과 같은 일이 발생하지 않는 한 자전 속도를 계속 유지한다는 것이다.

각관성의 법칙은 각운동량 보존의 법칙을 설명하는 데 중요한 개념이 된다. 각운동량 보존의 법칙은 다음 장에서 다룰 것이다.

그림 5-30. 각관성 상태의 물체들

나. 뉴턴의 각운동 제2법칙: 각가속도의 법칙

관성 상태가 깨지게 되면 물체는 본연의 운동 상태에 변화가 생기는데, 이러한 원인을 선운동에서는 '힘'이라고 하며 각운동에서는 '토크'라고 한다. 뉴턴의 각운동 제2법칙인 각가속도의 법칙은 강체에 비평형의 토크가 가해지면 그 토크에 비례하고 관성모멘트에 반비례하는 각가속도가 토크의 방향과 동일한 방향으로 발생한다는 것이다. 팽이 돌리기에서 팽이를 넘어지지 않게 하기 위해 채찍으로 팽이를 치면 팽이는 계속 회전하게 되는데, 이때 채찍의 힘이 팽이에 작용하는 토크가 된다.

$$선운동\,힘 = 질량 \times 선가속도\,(F = ma)$$
$$각운동\,토크 = 관성모멘트 \times 각가속도\,(\tau = I\alpha)$$

다시 말해 회전하고 있는 물체에 같은 방향으로의 토크가 가해지면 회전가속도가 증가하게 되고, 정지하고 있는 물체에 토크가 가해지면 물체는 회전하기 시작한다는 것을 의미한다. 따라서 큰 회전력을 생성하려면 관성모멘트와 각가속도를 모두 증가시키면 되지만, 관성모멘트와 각가속도는 서로 반비례 관계이기 때문에 둘 다 증가시키기는 어렵다.

선운동에서의 관성치인 질량은 불변하지만, 각운동에서의 관성치인 관성모멘트는 자세나 축의 변화에 따라 변화할 수 있으며 관성모멘트를 조절함으로써 각가속도의 조절이 가능하게 된다.

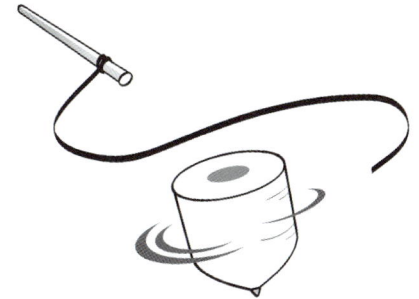

그림 5-31. 팽이치기

다. 뉴턴의 각운동 제3법칙: 각작용-반작용의 법칙

강체에 서로 영향을 미치는 토크는 첫 번째 강체에 대해 두 번째 강체에 의해 발휘되는 크기가 같고 방향이 반대인(반작용) 토크가 존재하는데, 이를 '각작용-반작용의 법칙'이라 한다. 야구 타격 시 오른손 타자의 경우 상체와 배트가 반시계 방향으로 회전할 때 하체는 크기는 같고 방향이 반대인 시계 방향으로의 반작용 토크가 발생하게 된다. 이로 인해 각운동량에는 서로 보상하고 전달되는 각운동량 전이가 발생하며, 뒤에서 좀 더 자세히 설명하도록 한다.

라. 선운동과 각운동의 통합

강체에 선운동과 각운동은 근본적으로 뉴턴의 운동법칙으로 설명할 수 있으며, 선운동의 관성치인 질량이 각운동에서는 관성모멘트이며 선운동의 원인인 힘은 각운동에서 토크라고 한다.

평행축 정리

어떤 물체의 중심축에 대한 관성모멘트를 알고 있을 때, 그와 평행한 다른 축에 대한 관성모멘트를 산출하는 방법이다. 그림은 대퇴의 중심에 대한 관성모멘트를 알고 있을 때, 엉덩관절을 지나는 평행축에 대한 관성모멘트를 산출하는 방법을 보여준다.

평행축 정리

$I_{hip} = I_{cg} + mr^2$

표 5-1. 선운동과 각운동의 물리량

구분	선운동	각운동
관성	관성질량	관성모멘트
속도	선속도	각속도
가속도	선가속도	각가속도
힘	힘 = 질량 × 가속도	토크 = 관성모멘트 × 각가속도
운동량	운동량 = 질량 × 속도	각운동량 = 관성모멘트 × 각속도
운동량 보존의 법칙	외부에서 힘이 작용하지 않으면 운동량은 일정	외부에서 토크가 작용하지 않으면 각운동량은 일정
충격량	충격량 = 힘 × 작용시간	각충격량 = 토크 × 작용시간

4. 각운동량과 회전충격량

운동량이란 운동하고 있는 물체의 특성으로서, 각운동량은 회전하는 물체가 가진 물리적 특성이며, 관성모멘트와 각속도의 곱으로 계산된다. 더 큰 관성모멘트를 지닌 물체일수록, 더 빠른 각속도로 움직이는 물체일수록 보다 큰 각운동량을 지닌다.

가. 각운동량

1) 각운동량의 개념

각운동량이란 간단히 정의해서 '회전운동의 양'이라고 할 수 있다. 회전운동의 각운동량은 관성모멘트(회전관성)와 각속도의 곱으로 나타내는 물리량이다. 선운동에서의 운동량은 질량 × 속도이며, 각운동에서의 각운동량은 관성모멘트 × 각속도로 표시된다.

선운동량 = 질량 × 선속도 $(p = mv)$

각운동량 = 관성모멘트 × 각속도 = 질량 × 회전반경^2 × 각속도 $(L = Iw = mr^2w)$

선운동량은 질량과 속도의 함수로, 선수나 도구의 질량이 운동 수행 중에는 거의 변화하지 않기 때문에 속도에 크게 의존하지만 각운동량은 관성모멘트와 각속도 두 변인(단, 강체의 경우에는 관성모멘트가 변하지 않기 때문에 각속도에만 의존)에 모두 비례한다. 즉, 관성모멘트가 클수록 또는 각속도가 빠를수록 각운동량은 높은 수치를 보이게 된다.

관성모멘트는 회전축에서 거리가 멀어질수록 증가하는 반면에 각속도는 회전축에서 거리가 가까워져야 증가하는 물리량이다. 즉, 회전축에서 거리가 멀어지면 관성모멘트와는 반대로 감소하는 물리량이기 때문에 회전축으로부터 거리에 비례하는 관성모멘트와는 달리 이에 반비례한다. 따라서 관성모멘트와 회전속도는 서로 반비례한다.

예를 들면 실 끝에 돌을 매달아 돌리면서 실을 짧게 하면 회전속도가 빨라지거나, 피겨스케이팅의 스핀 동작에서 갑자기 양팔 사이를 좁히면 회전이 빨라지는 것은 모든 회전체에 대하여 이 법칙이 성립하기 때문이다. 즉, 회전축으로부터의 거리가 짧아지는 대신 회전각속도는 커진다.

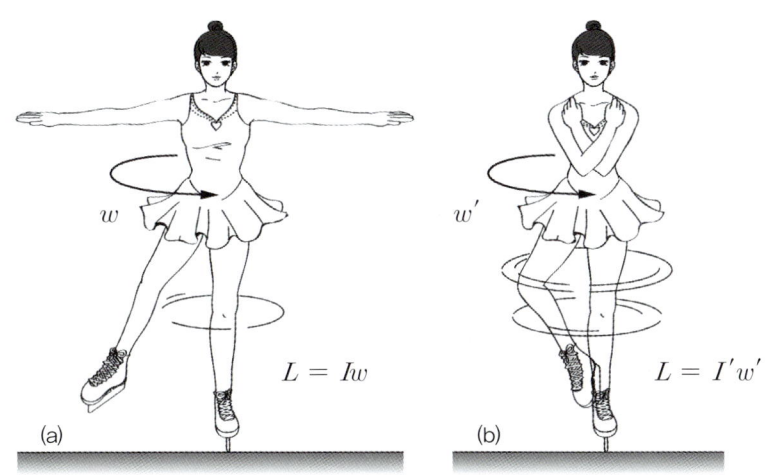

그림 5-32. 동일한 각운동량을 지닌 서로 다른 동작

2) 공전적 각운동량과 자전적 각운동량

각운동량은 공전적 각운동량(Remote term 또는 Transfer term)과 자전적 각운동량(Local term)으로 구분된다. 인체가 움직여서 각 분절의 각운동이 발생하게 되면 각 분절의 중심에 대해 분절 자체의 회전운동이 발생하고, 이와 더불어 인체 중심에 대해서도 각 분절이 회전하는 운동이 발생한다. 이때 전신의 중심에 대한 분절 중심의 각운동량을 '공전적 각운동량'이라고 하며, 분절 중심에 대한 분절 자체의 각운동량을 '자전적 각운동량'이라고 한다. 예를 들어 지구가 스스로 회전

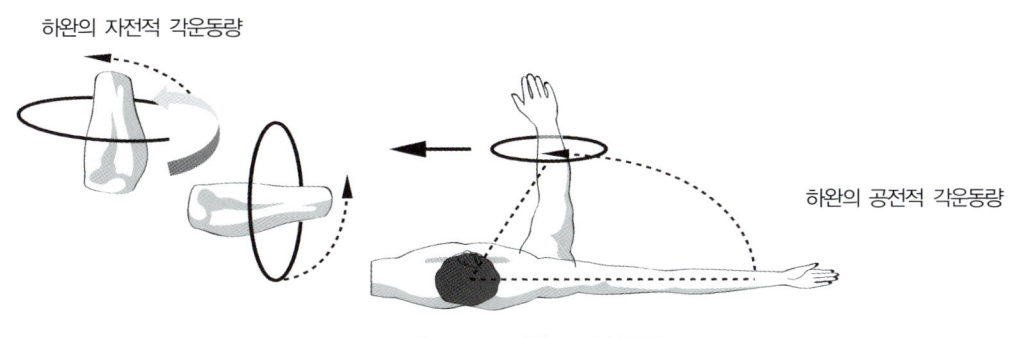

그림 5-33. 하완의 각운동량

하면서 태양의 주위를 도는 것은 지구의 중심에 대해 자전하면서 지구의 중심이 태양의 중심에 대해 공전하고 있는 것과 같은 개념이다. 〈그림 5-33〉에서와 같이 팔을 들어 수평 내전을 할 경우 하완의 움직임은 인체 중심에 대해 공전적 각운동량을 가질 뿐만 아니라 하완 분절의 중심에 대해서도 자전적 각운동량을 갖게 된다.

하지만 실질적으로 자전적 각운동량은 공전적 각운동량에 비해 매우 작다. 자전적 각운동량은 그 분절의 관성모멘트와 각속도가 공전적 각운동량의 위치벡터와 속도에 비해 매우 작으므로 무시해도 될 정도로 미미하다. 그럼에도 불구하고 정확한 각운동량을 계산하기 위해서는 각 분절이 갖는 공전적 각운동량과 자전적 각운동량을 모두 산출해야 한다.

나. 회전충격량

회전충격량은 주어진 시간 동안 가해진 회전력(토크)의 총량이며, 각운동량의 변화를 일컫는다.

회전충격량 = 토크 × 작용시간 ($\Delta L = \tau \Delta t$)

회전충격량은 각운동량의 변화, 즉 공전적 각운동량과 자전적 각운동량 변화의 원인이기도 하다. 각운동량의 변화가 크다는 것은 임팩트 이후 다른 물체에 큰 회전운동을 야기할 수 있다는 것을 의미한다. 따라서 스포츠 상황에서는 높은 각운동량을 만들어야 할 필요가 있으며, 큰 각운동량을 생성하기 위해서는 각충격량을 높여주는 것이 중요하다. 이를 위해서는 토크를 크게 하고 토크가 작용하는 시간을 늘려주는 방법을 사용하여야 한다.

그림 5-34. 도약 종목에서의 도약 순간

토크를 증가시키기 위해서는 선충격량을 크게 하는 방법을 사용하는데, 다이빙이나 높이뛰기 같은 도약운동에서 도약 시 각운동량을 높여주기 위해 발구름을 하지 않는 다리와 양팔을 위쪽 방향으로 빠르고 힘차게 스윙하여 지면을 강하게 밀쳐내어 수직 방향으로의 추진력을 얻는 동작을 생각하면 이해하기 쉬울 것이다.

다. 스포츠 적용

스포츠 상황에서 운동 수행력 향상을 위해 각운동량을 증가시키는 것은 매우 중요하다.

각운동량 = 관성모멘트 × 각속도 = 질량 × 회전반경^2 × 각속도

각운동량을 증가시키기 위해서는 관성모멘트를 늘리거나 각속도를 빠르게 하면 되지만 이 둘은 반비례관계이기 때문에 둘을 동시에 증가시키기는 무척 어렵다. 관성모멘트가 증가되면 회전운동에 대한 저항이 강해져 빠른 각속도를 낼 수 없기 때문이다. 이를 이겨내기 위해서는 결국 신체 능력을 향상시켜야 한다. 즉, 길이(회전반경)가 길고 무거운 도구를 사용하여 관성모멘트를 증가시키고, 가볍고 짧은 도구를 사용했을 때와 비슷한 각속도를 발현할 수 있는 강한 근력이 해답이 될 것이다. 선수 각자 본인의 근력에 따라 적절한 도구를 선택해야 한다는 것이다.

1) 야구

① 타격에서 각운동량을 증가시키는 방법
- 회전하는 물체의 질량을 증가시킨다(무거운 배트).
- 가능한 한 많은 질량을 회전축으로부터 멀리 이동시킨다(긴 배트).
- 회전하는 물체의 각속도를 증가시킨다(빠른 스윙).

② 배트 선택 기준

배트를 선택할 때는 배트의 무게, 배트의 길이, 그립 굵기 등을 고려해야 한다. 배트 무게는 자신의 체격, 팔의 힘, 악력, 근력 등을 고려해 자신이 마음대로 휘두를 수 있는 정도를 고른다. 또한 배트의 질량이 동일한 경우에도 배트를 짧게 잡고 타격을 하게 되면 축으로부터의 질량분포를 가깝게 유지할 수 있기 때문에 배트를 빠르게 스윙할 수 있게 된다.

길이가 긴 배트는 배트의 무게중심이 손끝에서 멀기 때문에 관성모멘트와 각운동량이 증가되어 장타를 치기에 유리하나, 스윙속도가 늦어질 수 있어 정확성이 떨어지는 단점이 있다.

길이가 짧은 배트는 단타를 치기 위한 정확성은 있으나, 아웃코스나 장타를 치는 데 단점이 있다.

배트의 손잡이 부분의 굵기가 가늘면 관성모멘트가 증가되어 장타를 치기에 유리하나 정확성은 떨어지는 반면, 손잡이가 굵은 배트는 일반적으로 밀어치기 좋고 정확성이 있으나 장타를 치기에는 단점을 갖는다. 또한 〈그림 5-35〉에서와 같이 배트의 무게중심이 손잡이 부분과 가까울수록 관성모멘트가 작아서 스윙하기 더 용이하지만(배트 B), 만약 선수가 배트 A와 배트 B를 동일한 속도로 휘두를

수 있다면 관성모멘트가 더 큰 배트 A가 높은 각운동량을 발생시켜 장타를 생성하기 용이할 것이다.

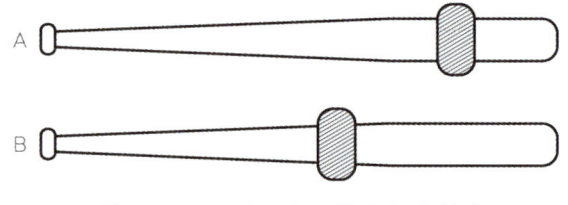

그림 5-35. A보다 B가 스윙하기 더 쉽다

③ 결론

결과적으로 배트의 각운동량을 증가시키기 위해서는 무거운 배트를 빠르게 회전시키는 것이 최선의 선택이며, 배트를 빠르게 회전시키기 위한 근력이 부족한 선수는 무거운 배트를 짧게 잡고 스윙하거나 가벼운 배트를 빨리 스윙하는 것이 효과적이라고 할 수 있다.

2) 단거리달리기

① 단거리달리기에서의 관성모멘트
 - 무릎각도는 달리는 다리의 관성모멘트에 영향을 미친다〈그림 5-36〉.
 - 단거리달리기 선수는 다리의 최대 각가속도를 얻기 위해 무릎을 최대한 크게 굽혀 달리는 다리의 관성모멘트를 감소시켜야 한다.
 - 다리의 관성모멘트가 작아지면 다리를 움직이는 것이 더 쉬우므로 더 빠르게 달릴 수 있다.

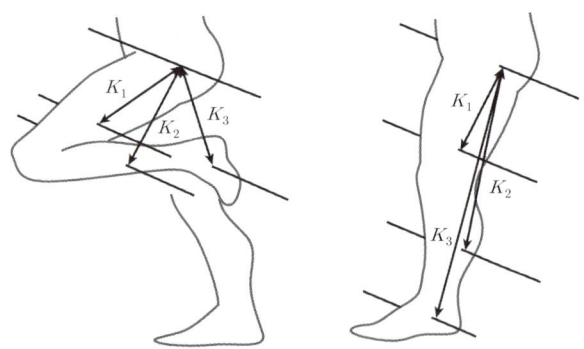

그림 5-36. 무릎각도에 따른 달리는 다리의 관성모멘트 차이

5. 각운동량 보존 및 전이

각운동량은 회전하는 물체가 가진 물리적 특성으로, 관성모멘트와 각속도의 곱으로 계산된다. 전체 각운동량은 외부에 작용하는 토크가 없다면 변하지 않으며, 이로 인해 다른 부위에서 보상이나 전이가 발생한다. 이에 대한 자세한 설명을 살펴보도록 한다.

가. 각운동량 보존의 법칙

뉴턴의 각운동 제1법칙에 의하면 외부로부터 받는 회전력이 없거나 그 총합이 0이라면 각운동량은 일정하며, 그 물체는 현재 진행하고 있는 회전운동을 그대로 유지한다고 한다. 물체에 작용하는 회전력으로 힘의 모멘트의 합이 0이라면, 그 물체의 각운동량은 시간이 지나도 달라지지 않는다. 이것을 '각운동량 보존의 법칙(law of conservation of angular momentum)'이라 한다. 외부 토크의 작용은 각충격량을 발생시키며, 이는 결국 각운동량의 양을 변화시킨다. 따라서 각운동량 보존의 법칙은 "외부 토크가 작용하지 않으면, 시스템 전체의 각운동량은 일정하다(constant)."는 것이다.

물체가 공중에 투사되어 체공 상태가 되면 중력만이 외력으로 작용하는데, 중력만으로는 회전력이 발생하지 않으므로 각운동량 보존의 법칙에 의해 전체 각운동량은 유지된다. 수영의 다이빙, 체조의 공중 동작 등은 각운동량 보존의 법칙에 따라 체공 상태에서의 각운동량이 일정하다. 즉, 도약 시 만들어지는 각운동량이 비행 중에도 그대로 보존된다는 것이다. 이때 관성모멘트와 각속도는 반비례관계이므로 어느 한 물리량이 줄어들면 다른 물리량이 증가하게 된다.

이를 이용하여 다이빙 시 공중 동작에서 회전수를 조정할 수 있다. 우선 도약 시 신체를 최대로 신전시켜 관성모멘트를 최대화하여 각운동량을 최대로 얻는 것이 첫 번째 중요한 기술이다. 최대로 획득한 각운동량은 공중 동작에서 몸을 웅크리거나 접어서 관성모멘트를 작게 한 다음 각속도를 최대한 빠르게 하여 많은 수의 회전을 획득함으로써 가산점을 받고, 입수할 때는 물을 적게 튀게 만들기 위해 수면으로부터 받는 저항력을 줄일 수 있는 레이아웃 자세를 취하여 회전을 줄인다〈그림 5-37〉. 이것은 공중에서는 몸을 최대한 작게 만들어 관성모멘트를 극소화하고, 반대로 입수 시에는 관성모멘트를 크게 하는 레이아웃 자세를 취하여 회전속도를 줄이고 이를 통해 수면의 저항을 감소시키며 입수하는 기술이다.

이러한 기술은 피겨스케이팅에서도 사용된다. 악셀(axel) 점프 시 다리와 양팔을 넓게 벌려 관성모멘트를 증가시켜 최대한의 각운동량을 생성하고, 공중에서 팔과 다리를 안쪽으로 당겨 관성모멘트를 줄여 각속도를 증가시킴으로써 높은 회전수를 획득하며, 착지 시에는 팔을 벌려 관성모멘트를 높여 각속도를 감소시킴으로써 넘어지지 않고 안전하게 착지하는 동작을 구사한다〈그림 5-38〉.

그림 5-37. 다이빙 경기 연속 그림

그림 5-38. 김연아의 점프 연속 사진

나. 각운동량의 전이

각운동량의 전이(transfer of angular momentum)는 각운동량이 일정할 때 신체 일부가 각운동량을 생성하면 신체의 나머지 부분이 전체 각운동량을 일정하게 맞추기 위해 그것을 보상하게 되는 원리이다. 또한 전체 각운동량은 일정하지만 이를 구성하는 자전적 각운동량과 공전적 각운동량은 상호 간에 보상을 하며 변할 수 있다는 것을 의미한다. 즉, 외부 토크가 개입되지 않는다면 전신의 각운동량은 일정하지만 신체의 일부가 각운동량을 만들면 전신 또는 신체의 나머지 부분이 그 각운동량을 보상해서 일정한 각운동량을 유지한다는 법칙이다.

이러한 원리는 〈그림 5-39〉와 같이 회전의자에서 비교적 간단하게 체험할 수 있다. 회전의자에 앉아서 발을 땅에 닿지 않게 들어 올리고 정지된 상태에서 허리를 왼쪽 방향으로 돌리면 의자는 반대 방향으로 돌아가게 된다.

수직축을 중심으로 한 회전에서 신체와 의자의 전체 각운동량의 합은 '0'이다. 정지하고 있는 상태, 즉 각운동량이 '0'인 상태에서 허리를 크게 돌리면 수직축에 대한 각운동량이 생성되며, 나머지 시스템이 그 각운동량을 보상하기 위해 반대 방향으로 회전하게 되고 전체 각운동량을 '0'으로 유지시킨다. 즉, 몸이 만든 각운동량을 의자가 반대 방향으로 회전하면서 보상하게 되어 전체 각운동량을 '0'으로 유지하게 하는 각운동량 보존의 법칙을 설명한다.

〈그림 5-40〉은 다이빙 시 공중 동작에서 좌우축에 대한 회전운동 시 전신 및 상·하체의 각운동량을 시간의 흐름에 따라 그래

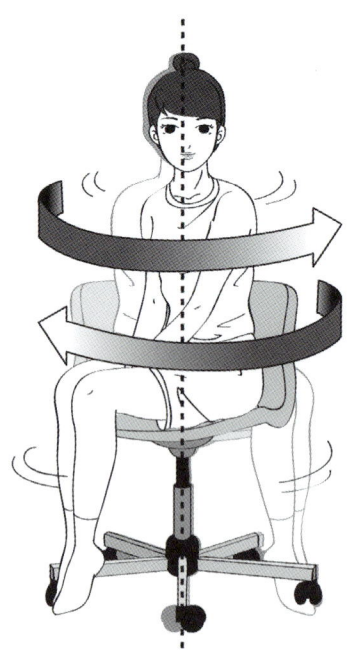

그림 5-39. 회전의자에서의 각운동량 전이

프로 작성한 것이다. 이를 살펴보면, 상체가 만든 각운동량은 공중 동작 초기에 증가하다가 몸을 구부린 후 감소하여 입수 직전에 소폭 상승하며, 하체가 만든 각운동량은 상체의 각운동량과 정반대의 경향을 보여 궁극적으로는 전체 각운동량이 일정하게 유지된다는 것을 알 수 있다.

또한 각운동량의 전이는 다른 회전축으로의 각운동으로도 전이될 수 있는데, 다이빙 선수가 도약 시 공중에서 좌우축을 중심으로 공중회전을 한 후 그다음 공중회전에서 생성된 각운동량의 일부를 빌려 장축에 대한 회전 운동인 트위스트에 적용시키는 것을 보면 알 수 있다.

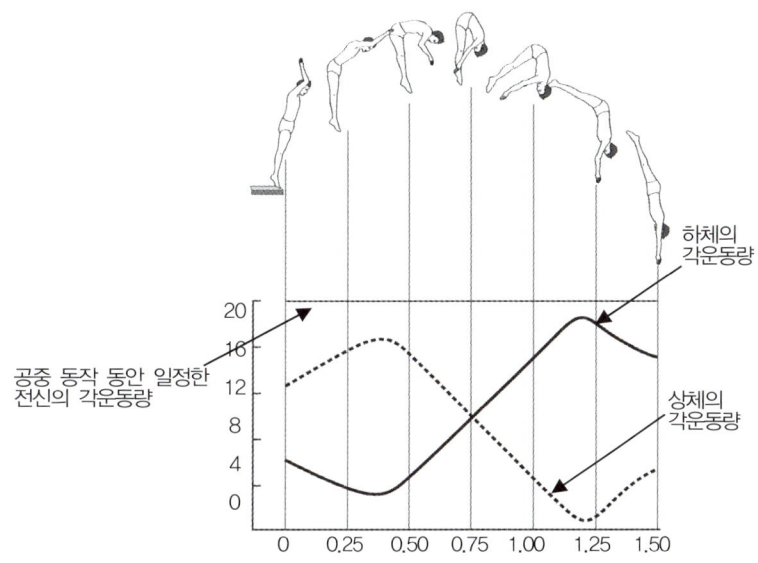

그림 5-40. 다이빙 공중 동작에서의 전체 각운동량(Hay, 1993)

다. 카운터 밸런스

높이뛰기, 멀리뛰기, 체조, 다이빙에서의 공중 동작 중 팔다리의 각운동량이 전신 또는 다른 신체 부위의 각운동량으로 전이되어 전체 신체의 균형을 유지하게 되는데, 이를 '카운터 밸런스(counter balance)'라고 한다. 공중 동작뿐만 아니라 일상생활의 동작에서도 카운터 밸런스가 없으면 동작이 원활하고 부드럽게 되지 않는다. 예를 들어 보행 시 다리와 팔을 서로 엇갈려서 걷지 않고 동일한 팔과 다리를 앞으로 내밀면서 걷는다면 균형을 제대로 잡지 못하게 된다.

인체의 모든 움직임에는 카운터 밸런스가 적절히 이용되어야 부드럽고 원활하고 빠른 동작이 가능해진다. 예를 들어, 멀리뛰기 선수들은 도약하기 전에 최대의 속도로 달리기를 하는데, 달리기 동작에서 양팔은 서로 각운동량이 상쇄되는 동작이지만, 다리는 뒤로 보낼 때 펴지게 되므로 신체 중심에 대해 전방으로 회전하는 각운동량을 만들게 된다. 따라서 달려오다가 도약했을 때에는 전신이 앞으로 기울어지려는 경향을 나타낸다. 멀리뛰기 종목은 착지 시 몸이 앞으로 기울면 착지거리에서 많은 손해를 보게 된다. 이를 보완하기 위해 도약 후 가위뛰기 공중 동작 기술을 수행하는데 이는 신체가 전방으로 기우는 것을 방지하기 위해 팔과 다리를 전방으로 휘둘러 전방으로 회전하는 각운동량을 발생시켜 상체의 전방으로의 각운동량을 상쇄시키는 기술이다.

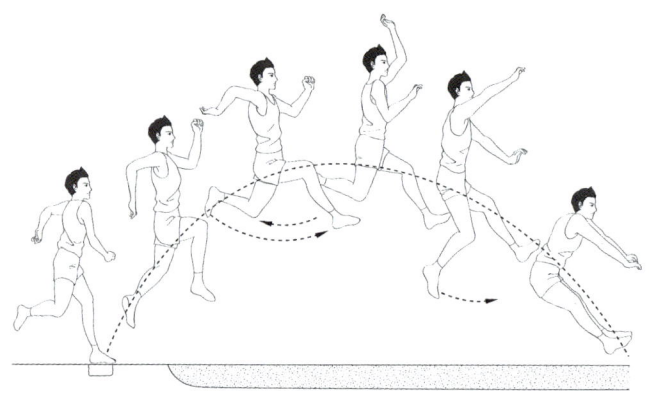

그림 5-41. 멀리뛰기 공중 동작 연속 그림(가위뛰기)

이러한 카운터 밸런스는 다른 종목에서도 쉽게 찾아볼 수 있다. 테니스 종목에서 그라운드 스트로크를 구사할 때 라켓을 들고 있지 않은 반대 팔을 자연스럽게 공을 보내야 하는 반대 방향으로 움직이면서 스트로크를 할 경우 빠르고 부드러운 스트로크를 할 수 있는데, 이는 장축을 중심으로 양팔이 서로 카운터 밸런스를 이루었기 때문이다. 야구에서 투수는 공을 던질 때 반대 팔을 앞으로 뻗은 후 릴리즈 구간에서 겨드랑이 밑으로 끌어들이는 동작을 취하는데, 이러한 카운터 밸런스를 통해 보다 빠르고 강한 투구를 할 수 있다. 또한 야구 타격에서도 임팩트 시 상체를 뒤로 보내는 동작은 카운터 밸런스를 이용하는 동작이다. 상체를 뒤로 보내면 각운동량을 보상하기 위해 팔은 공이 날아오는 방향으로 더 큰 각운동량을 생성하며, 이는 결국 임팩트 시 강한 충격량을 만들어주어 강한 타구를 날릴 수 있게 된다.

배구에서도 공중에 떠서 스파이크를 할 때 백스윙 구간에서 어깨와 상체를 뒤로 젖힘과 동시에 다리도 구부려 카운터 밸런스를 만들고, 포워드 스윙을 할 때는 다시 다리를 같이 펴서 원활한 스파이크 동작을 수행한다.

그림 5-42. 여러 종목에서의 카운터 밸런스

6. 구심력과 원심력

원운동을 하는 물체가 원의 궤도를 따라 운동하게 하는 힘을 구심력(centripetal force)이라 한다. 즉, 구심은 원의 중심을 의미하는 용어이며 구심력은 원운동을 하는 물체가 원의 중심 방향 쪽으로 작용하는 일정한 크기의 힘을 말한다. 예를 들어 달이 지구를 중심으로 원에 가까운 궤도를 유지하면 회전하는 이유는 달을 지구 중심으로 끌어당기고 있는 인력이 구심력으로 작용한 결과이기 때문이다.

이와 같이 일정한 원운동을 하기 위해서는 구심력이 필요한데 이 힘은 물체가 직선으로 운동하려는 관성을 구심으로 끌어당기는 것과 관계가 있다. 구심력은 새로운 종류의 힘이 아니라, 물체가 원운동을 하도록 구심 방향으로 잡아당기는 일종의 장력이다.

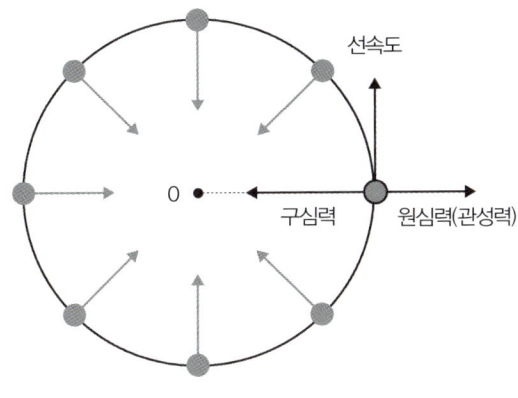

그림 5-43. 구심력과 원심력

원심력(centrifugal force)은 구심력과 크기가 같고 방향이 정반대인 힘이다. 구심력과 원심력의 크기가 같으면 일정한 궤도로 계속 운동하지만 구심력이 원심력보다 크면 회전반경이 점점 작아지는 운동 형태를 나타내고, 원심력이 구심력보다 크면 회전반경이 점점 커지는 운동 형태를 나타낸다. 이때 구심력의 방향은 속도의 방향과 항상 직각을 이루며 원의 중심 방향으로 작용한다.

구심력 = 질량 × 구심가속도 $(F_c = ma_c = m\dfrac{v^2}{r})$

선운동에서 언급했지만 등속운동을 하는 물체의 가속도는 '0'이다. 하지만 등속원운동을 하는 물체의 경우, 운동 속도는 일정하지만 원운동을 계속 유지하기 위하여 원의 중심방향으로 물체를 끌어당기는 힘이 필요한데 이를 구심가속도(centripetal acceleration)라고 한다.

직선운동을 하는 물체가 곡선운동을 하는 경우 운동방향과 수직 방향으로 작용하는 힘을 받게 된다. 이렇게 운동방향에 수직인 가속도 성분은 곡선궤도의 회전 중심을 향하게 된다. 이때, 물체의 속도를 v, 궤도의 회전반경을 r이라 하면 구심가속도의 크기는 v^2/r이 된다. 구심가속도는 곡선궤도의 법선 방향을 향하므로 법선가속도라고도 한다. 법선가속도가 물체의 운동 방향을 바꾸는 효과를 주는 것에 비해, 속도의 방향과 평행인 접선가속도는 물체의 속력을 증감하는 효과를 준다.

$$구심가속도 = \frac{선속도^2}{반지름} \quad (a_c = \frac{v^2}{r})$$

선속도는 물체의 회전반경(r)에 각속도(ω)를 곱하여 구한다. 따라서 위의 식을 풀어 쓰면 구심가속도의 크기는 rw^2가 된다. 선속도와 각속도(회전속도)는 일상생활에서 어떠한 의미를 갖는 것일까? 우리는 "회전목마의 안쪽에 있는 말과 바깥쪽에 있는 말 중 어느 것이 더 빠르다고 할 수 있을까?"라는 질문을 받을 수 있다. 이 문제에 대한 대답은 서로 다를 수 있는데, 그것은 선속도와 각속도의 개념을 혼동하고 있기 때문이다. 선속도는 물체의 회전반경에 각속도를 곱한 값이기 때문에 바깥쪽에 있는 말이 더 빠른 선속도를 갖는다. 즉 회전반경이 커질수록 또는 각속도가 빨라질수록 선속도는 증가하게 된다. 하지만 각속도는 위치에 의해 영향을 받지 않는다. 일정한 시간에 같은 각도를 이동하고 있기 때문에 모든 위치에서 각속도는 같다고 할 수 있다.

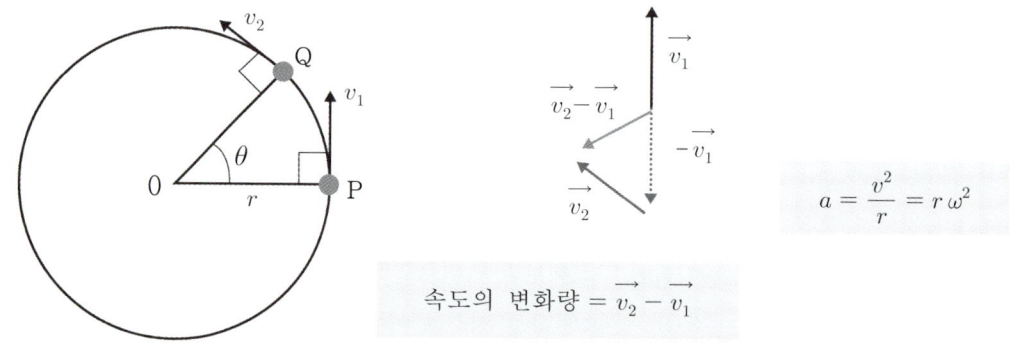

그림 5-44. 등속원운동을 하는 물체의 구심가속도 크기와 방향

〈그림 5-44〉는 등속원운동을 하는 물체의 구심가속도의 크기와 방향을 단순화시킨 것이다. 등속원운동을 하는 경우 물체의 반지름(r)은 변하지 않지만 원운동을 하다가 물체가 밖으로 뛰쳐나가는 경우에는 접선 방향과 직각이 되는 방향으로 물체가 운동을 하게 된다. 즉, P지점에서는 v_1 방향으로, Q 지점에서는 v_2 방향으로 운동을 한다는 것이다. 등속운동은 물체의 운동 방향과 속도가 일정해야 하는데 등속원운동의 경우에는 운동속도는 일정하지만 운동의 방향이 바뀌고 있다. 바꾸어 말해서 어떤 형태의 가속도가 존재한다고 할 수 있는데 이를 구심가속도라고 한다.

〈그림 5-45〉와 같이 줄에 물체를 달아 돌리면 손은 물체에 의해 바깥 방향의 힘을 느낀다. 그러나 이 힘은 물체를 잡아당기는 구심력에 대한 반작용일 뿐이며, 물체에 작용하는 힘은 아니다. 실제로 물체를 바깥 방향으로 가속시키는 힘, 즉 원심력은 존재하지 않는다. 만일 원심력이 존재한다면, 줄이 끊어질 때 물체는 원의 접선 방향으로 날아가지 못할 것이다. 자동차가 커브 길을 달릴 때 차에 타고 있는 사람은 원심력이 있는 것처럼 느끼지만, 실제로는 그런 것이 아니다. 다만 차가 회전을 하는 반면에 승객은 직진하려는 경향이 있어서 몸이 밖으로 밀리는 경향이 발생하는 것이다.

그림 5-45. 줄에 물체를 매달아 회전하는 모습

해머던지기 선수는 해머를 최대한 멀리 던지기 위하여 서클 안에서 신체와 해머를 회전시킨 후 던지기를 실시한다. 이때, 신체와 해머를 빠르게 회전시키기 위해서는 그만큼 큰 구심력이 필요하다. 결과적으로 큰 구심력을 얻기 위해서는 해머를 끌어당기는 힘이 중요하며 그러한 당기는 힘을 크게 낼 수 있는 근력이 좋은 선수가 유리하다는 것이다.

또한, 사이클 선수들의 질주 속도가 빠르면 빠를수록 선속도가 증가하고 이에 따라 큰 구심력이 요구되는데 이를 효과적으로 보완하기 위하여 구배를 형성한 벨로드롬 경기장이 사용되고 있다. 스케이트 경기에서는 선수가 원형의 트랙을 돌 때는 자세를 낮출 뿐만 아니라 빙면의 마찰력을 이용하여 구심력을 얻게 되는데 만약 마찰력이 충분하지 않다면 스케이트 선수는 트랙 밖으로 밀려 나갈 것이다. 이와 같이 스포츠에서는 다양한 방법으로 구심력을 활용하거나 극복할 수 있는 방법이 적용되고 있다.

그림 5-46. 사이클 경기장

쇼트트랙 경기나 사이클 경기와 같이 곡선 주로를 빠른 속도로 질주해야 하는 경기에서는 선수들이 자신이 받는 원심력을 적절히 조절할 수 있는 능력이 요구된다. 공식에서도 알 수 있듯이 원심력을 줄이기 위해서는 회전반경을 크게 하거나 속도를 줄여야 한다. 선수들이 코너링을 할 때 속도를 줄이거나 아니면 빠른 속도를 유지하기 위해서는 보다 큰 원을 그리면서 돌아야 한다. 하지만 속도 경기에서 속도를 줄이는 방법은 좋은 해결책이 아닐 것이다. 따라서 빠른 속도를 유지하고 짧은 반경으로 회전하기 위해서는 선수가 몸을 안쪽으로 기울이거나 지면에 경사를 만들어 몸이 안쪽으로 기울어지게 만드는 방법을 사용하는 효과적이다.

Ⅵ부
일과 에너지

본 단원은 '운동역학에서의 일과 에너지는 무엇인가'라는 개념 정리와 함께 스포츠에서 이러한 일과 에너지가 어떻게 적용, 활용되는지를 스포츠의 예를 통해 설명하고 있다. 제1장에서는 일과 일률에 대해, 제2장에서는 에너지 종류 및 일과 에너지의 관계를 이해하도록 하였다.

1장 일과 일률

> **학습목표**
> - 스포츠에서 일의 역학적 정의를 이해하고 일의 양을 계산할 수 있다.
> - 스포츠에서 음(-)의 일과 양(+)의 일을 설명할 수 있다.
> - 일률의 정의와 개념을 이해하고, 스포츠 상황에서 파워의 중요성을 이해한다.

1. 일(work)

'일'이라는 표현은 스포츠에서는 물론 일상생활에서도 자주 사용되는 용어이다. 운동역학에서 '일'은 '물체의 운동 상태를 변화시키기 위하여 저항을 극복하는 것'으로 정의된다. 물체가 움직이기 위해서 반드시 힘이 작용해야 하며, 그 힘에 의하여 물체가 움직여 거리 변화가 이루어졌을 때 비로소 일을 했다고 할 수 있다. 그러므로 일은 힘의 작용으로 나타난 결과이며 그 크기는 가해진 힘에다 이동거리를 곱한 값으로 계산된다. 그러므로 일의 단위는 힘의 단위가 뉴턴(N)이고 거리 단위가 미터(m)이기 때문에 뉴턴미터(Nm) 또는 줄(Joule, J)을 사용하고 있으며, 1J 이란 물체에 1N의 힘을 가해 1m의 거리를 움직인 것을 의미한다.

$$일 = 힘 \times 이동거리 (W = F \cdot d)$$

그러나 물체에 힘을 가한다고 해서 반드시 일을 했다고는 할 수 없다. 예를 들어 종아리 스트레칭을 할 때 손으로 벽을 밀어 힘을 가해도 벽은 움직이지 않아 거리 변화가 없으므로 역학적인 의미에서 일을 했다고 할 수 없다. 이와 같이 우리 인체에서 근육의 길이 변화가 없는 운동은 등척성(isometric) 운동으로 근육이 일을 하지 않은 반면에 근육 수축이 일어나는 등장성(isotonic) 운동은 일을 했다고 할 수 있다.

일은 벡터가 아닌 스칼라로서 방향성이 없는 물리량이라고 할 수 있다. 그러나 스포츠 상황에서 똑같은 일을 했지만 운동이 일어난 방향이 다른 경우를 볼 수 있다. 이를 구분하기 위해서 힘의 방향과 이동 방향이 같을 경우 '양의 일'(positive work)로 힘의 방향과 이동 방향이 다를 경우 '음의 일'(negative work)로 설명한다.

그림 6-1. 일이 아닌 경우(등척성 운동)

스포츠 상황에서 일을 설명하면, 역도선수의 경우 질량 100kg(약 1000N)의 바벨을 들고 가만히 서 있었다면 역도선수가 바벨을 움직인 거리는 0이므로 역도선수가 바벨에 대해서 행한 일은 0으로 일을 하지 않고 있다. 물론 바벨을 들고 있는 동안 근수축이 일어났으나 근본적으로 바벨을 움직이지 않았으므로 바벨에 대해서 일은 하지 않았다고 할 수 있다. 그러나 바벨을 들어 올리거나 내릴 때 조금이라도 거리 변화가 유발됐다면 역도선수는 분명히 일을 하고 있다. 역도선수가 바벨을 위로 들어 올리고 내릴 때 같은 거리를 움직였다고 할 때 들어 올릴 때 힘의 방향과 운동 방향이 같으므로 양의 일(+)을 하였다고 하며 내릴 때에는 음의 일(-)을 하였다고 역학적으로 표현한다. 이는 턱걸이를 실시할 때도 마찬가지로 몸이 올라갈 때는 양의 일을, 내려오는 동안은 음의 일을 했다고 할 수 있다. 또한 야구 투수가 공을 던질 때 투수는 양의 일을 그리고 포수는 음의 일을 했다고 설명한다.

그림 6-2. 역도 들기 동작 시 양의 일과 음의 일

그러나 일이 일어나는 주요인이 되는 힘은 반드시 수직 또는 수평으로 이루지지 않는다. 대부분의 스포츠 상황에서 지면의 수평면에 대하여 일정한 각도로 힘을 가하여 수평 또는 수직 거리를 이동시키는 경우가 빈번하다. 축구경기에서 공이 공중에 떠서 거리 이동이 이루어지기 위해서는 일정 각도로(0 < θ < 90°) 공을 차야만 한다. 이러한 경우 수평 또는 수직으로 가한 힘과 분명히 다르므로 각도 요인을 고려하여 일의 양을 계산해야 한다. 그러므로 이때 일은 각도를 고려한 힘의 수평성분(Fcosθ)과 이동 거리(d)를 곱하여 일의 양을 산출하여야 한다.

$$일 = 가해진\ 힘의\ 수평성분 \times 이동거리\quad (W = Fcos\theta \times d)$$

그림 6-3. 일정 각도로 거리 이동이 일어난 일의 예

일의 수행 정도는 가해진 힘과 밀접한 관련이 있다는 것은 다 아는 사실이다. 예를 들어 10kg의 바벨 두 개를 들어 1m 이동시켰다면 한 개를 들어 같은 거리만큼 이동시킬 때보다 2배의 일을 했다고 할 수 있으며 이때 한 개를 이동시킬 때보다 두 개를 이동시킬 때 2배의 힘이 든다는 것은 누구나 이해할 수 있다. 마찬가지로 같은 무게를 지닌 물체를 각각 1m와 2m 들어 올렸다면 2m 들어 올린 경우 2배의 거리를 이동시켰으므로 일도 두 배로 이루어졌다고 할 수 있다. 이와 같이 일의 물리적 양은 가해진 힘과 거리에 비례하고 있다.

또한 일은 효과적인 측면에서 2가지 종류로 나눠 설명할 수 있다. 하나는 다른 힘에 대해 일을 하는 것이다. 예를 들어 양궁 선수가 활을 잡아당길 때 선수는 활시위의 탄성력에 대해 일을 한다. 장작을 패기 위해 도끼를 들어 올리려면 중력에 대해 일을 해야 한다. 또한 엎드려서 팔굽혀펴기를 할 때 자신의 몸무게를 들어 올리는 일을 해야 한다. 또 다른 하나는 물체의 속도를 변화시킬 때 하는 일이다. 물체의 속도를 증가시키거나 감소시킬 때 하는 일이 이런 종류에 속한다. 동계 스포츠의 한 종목인 봅슬레이 경기에서 출발 직후 원통형 기구를 미는 동작이나 요트 경기에서 선수들이 요트의 속도와 방향을 조절하는 동작은 물체의 속도를 증감시키는 일을 하게 된다.

2. 일률(power)

어떤 일을 하는 데 걸린 시간은 일을 하는 능력과 관계가 있다. 땅을 파는 일을 하는데 포크레인으로 땅을 파는 경우가 삽으로 팔 때 보다 더 빠른 시간 내 많은 일을 할 수 있다. 즉, 일을 하는데 있어서 얼마나 빠르게 실시하는 가에 대한 정도, 즉 단위시간 당 행하는

그림 6-4. 일률의 이해

일의 양을 일률 또는 파워(power)라고 하며 이러한 일률에 대한 개념을 신체운동에 적용한 것이 순발력이다. 그러므로 일률에 대한 공식은 일을 시간으로 나눈 것으로 정리할 수 있으며 일의 공식은 이전에 설명한 것과 같이 힘이 일정한 경우 힘과 거리의 곱이므로 일률에 대한 공식은 다음과 같이 정리할 수 있다.

$$일률 = \frac{일}{힘이\ 작용한\ 시간} = \frac{힘 \times 거리}{시간} = 힘 \times 속도$$

$$P = \frac{dW}{dt} = \frac{d(\vec{F}\cdot\vec{d})}{dt} = \vec{F}\cdot\vec{v}$$

일률 공식에서 살펴볼 수 있듯이 일률은 물체에 가해진 힘에다 속도로 재정리될 수 있으므로, 일률 즉 파워를 늘리기 위해서는 힘과 속도 중 어느 하나만을 크게 하면 일률, 즉 파워는 증가하게 된다. 그러나 많은 사람들이 파워를 힘으로 혼동하여 사용하는 경우가 있다. 분명히 파워는 힘과 다르게 일을 수행한 시간과 관계하고 있다. 이러한 일률 단위는 J/s, Watt(W)이며, 1W란 1초 동안 1 Joule의 일을 했다는 것을 의미한다. 예를 들어 10초 동안 100J의 일을 했다면 1초 동안에는 10J 일한 것이므로, 이때의 일률은 10W이다.

일률에 대한 일반적인 예를 들어보면 체중이 같은 두 사람이 같은 시간 동안 5층까지 걸어 올라간 사람과 10층까지 뛰어 올라갔을 때 10층까지 뛰어 올라간 사람이 단위 시간 당 일을 더 많이 했다고 할 수 있다. 또한 5층까지 올라가는데 30초가 걸린 사람과 1분이 걸린 사람이 한 일의 양을 비교해 보면 같은 일을 하는 데 시간이 적게 걸린 경우가 더 열심히 일한 것이다. 이와 같이 얼마나 열심히 일하는가를 나타내는 양을 일률이라고 한다. 일을 하는 데 걸린 시간이 같을 때 일률은 일의 양에 비례하고, 일의 양이 같을 때 일률은 걸린 시간에 반비례한다.

그림 6-5. 일률과 일의 양 및 시간의 관계

일반적으로 스포츠 상황에서 일률을 설명할 때 일률보다는 영어인 파워(power)라는 용어를 주로 사용한다. 파워를 요구하는 대표적인 스포츠인 역도 경기 상황에서 두 선수가 동일한 무게를 동일한 높이로 들어 올릴 때 A 선수는 1초, B 선수는 2초에 걸려 바벨을 들어 올렸다면 1초 걸린 A 선수가 더 파워플한 경기를 했다고 사람들은 이야기 한다. 이는 역학적으로 볼 때 같은 무게를 같은 높이로 들어 올리는데 일의 양을 같으나 걸린 시간이 짧은 A 선수가 일률, 즉 파워 값이 크기 때문이다.

파워와 함께 스포츠 상황에서 많이 사용하는 용어가 순발력인데 이는 일반적으로 신체운동에 적용하고 있으며 순발력이 좋다 또는 나쁘다고 하는 것 또한 한 일을 시간에 따른 평가를 의미한다. 이러한 순발력은 일률과 파워의 다른 용어로 육상에서 높이 뛰거나, 멀리 뛴다든가, 테니스와 배드민턴 스매싱을 빠르고 힘차게 실시하거나, 축구와 골프에서 공을 멀리 보내는 운동에서 한정된 시간 내에 많은 양의 일을 할 수 있는 능력과 관련이 있다. 운동은 근육이 수축함으로써 일어나며 근육의 순간적인 수축이 강하면 강할수록 순발력이 높다고 평가된다. 즉, 순발력은 가장 짧은 시간 내에 최대의 근력을 발휘할 수 있는 능력으로 힘과 속도로 표현되기 때문에 순발력을 향상시키기 위해서는 근력과 속도 증가를 유도하는 운동 프로그램을 고려해야 한다는 것을 시사한다. 이와 같이 일률 즉 파워, 순발력은 높이뛰기와 같은 도약경기, 야구, 투포환, 투척 등의 근력을 사용하여 빠른 움직임을 요구하는 운동에서는 매우 중요하다. 보다 높은 순발력이 발휘되기 위해서 근수축 시간의 단축이나 근력의 강화를 통해서 향상시킬 수 있다.

제자리멀리뛰기는 순발력을 측정하는 대표적인 종목으로 많은 체육학과 입시 종목으로 응용되고 있다. 순발력은 힘과 속도로 대변되기 때문에 제자리멀리뛰기 능력을 높이기 위해서는 근력과 스피드를 향상시키는 훈련을 포함하여한다는 것을 암시한다. 또한 골프 드라이브에서 비거리를 늘리기 위해서는 전신의 근력과 몸을 빠르게 움직였을 때 파워 증가로 비거리가 늘어나게 된다.

이와 같이 모든 스포츠에서 일률, 즉 파워의 구성 요소인 힘과 스피드가 강화되었을 때 경기력 향상이 이루어지게 된다. 1988년 서울올림픽과 1992년 바르셀로나올림픽에서 올림픽 2연패를 이

룩한 전병관 선수, 아테네 올림픽에서 안타깝게 준우승한 장미란 선수의 종목인 역도 경기는 순간적 파워를 요구하는 운동으로 바벨을 들어 올리는 근력과 이를 빠르게 수행하는 스피드와 관련된 체력을 요구한다. 한편 2012년 런던 올림픽 100m 결승에서 우사인 볼트는 9.7초 이내로 100m를 주파해야 우승 가능성이 있다고 판단했기 때문에 올림픽을 준비하는 과정에서 파워 증가를 위해 앞으로 지면을 치고 나가는 근력 훈련과 함께 스피드 훈련을 실시하였으며 그 결과 9.63초의 올림픽 신기록을 세울 수 있었다.

그림 6-6. 파워와 넓이뛰기

이와 같이 파워는 선수의 기술력 향상과 밀접한 관계를 지니고 있다. 파워는 아주 짧은 시간에 최대의 힘을 발휘하기 위한 근신경계의 능력으로 한정된 시간 내에 가능한 한 빠르게 강한 근력을 정확하게 수행했을 때 운동 능력을 최대로 발휘할 수 있게 된다. 일반인의 건강만을 염두에 둘 때 파워는 그다지 중요하지 않을 수 있으나 전문 운동 능력을 향상시키고자 할 때에는 고려해야 할 주요 훈련 요소이다. 파워 향상을 위한 훈련 프로그램은 모든 운동에 일정하게 요구되는 것은 아니다. 투포환던지기처럼 1회성 파워가 중요한 운동 종목이 있는 반면에 배구 블로킹이나 농구 리바운드의 경우처럼 많게는 5~6회 정도까지 연속적으로 점프를 해야 하는 경우도 있어서 운동 종목에 따라 요구되는 파워의 정도는 차이가 있다. 그러나 큰 힘을 빨리 발휘한다는 측면은 공통적인 내용이다. 이러한 점을 감안할 때 근육이 내는 힘도 중요하지만 뼈와 관절, 건과 인대 등의 강인성이 요구된다고 하겠다. 기본적으로 근육 및 골격계통을 강화시킬 수 있는 가장 좋은 방법이 웨이트트레이닝임은 입증된 사실이다. 따라서 점프력을 향상시키고자 할 때에는 맨몸으로 도약 연습만 할 것이 아니라 중량을 이용한 연습이 권장된다.

그러나 속도와 근력 운동과는 반비례 관계에 있다. 이 두 관계를 효율적 유지시킬 때 폭발적인 파워 발휘가 가능하다. 만약 오랫동안 헬스장에 가서 근력을 키운 남학생의 경우 농구를 하러 갔을 때 예전과는 다르게 스피드가 떨어지고 점프력도 이전같이 않다고 느꼈을 때 그 원인은 무엇이며 개선해야 하는 부분은 무엇인가? 올림픽 스프린터, NBA 농구 선수, 미국 축구 선수의 훈련을 살펴보면, 파워 향상 트레이닝을 반드시 포함하고 있다. 이러한 트레이닝은 주로 느린 역도 동작을 한 후, 빠른 스피드를 요구하는 운동 프로그램을 포함하고 있어 근육 및 스피드 향상에 효과적으로 평가되고 있다. 그러므로 남학생의 경우 스피드를 고려하지 않은 근력운동이 대부분을 차지하고 있어 나타난 결과이므로, 농구를 잘 하기 위해서는 반드시 근력과 속도 향상을 병행한 운동이 이루어졌을 때 파워풀한 농구 경기가 가능할 것이다.

파워 향상 프로그램에는 '플라이오메트릭 훈련'과 '저항운동', '스피드 훈련' 등이 있다. 이 중 가장 대중적인 저항운동으로 스쿼트(squat)를 들 수 있다. 과거 스쿼트 운동은 하지의 대퇴 및 둔부의 근육을 발달시켜서 점프력 향상에 기여하는 것으로 이해하고 있었으나 실제로 이 동작은 아주 느리게 행해지는 운동이기 때문에 스피드 향상에는 효율적으로 이루어지지 않는다는 단점을 지니고 있다고 지적되었다. 이에 스쿼드 운동을 대신하여 근력과 스피드를 함께 향상시킬 수 있는 파워 운동으로 역도의 용상에서 파생된 '파워클린(power clean)'이나 '행클린(hang clean)'을 실시하고 있다. 이 운동들은 점프와 유사하게 무릎을 살짝 구부렸다가 펴는 동작으로 빠른 시간에 이루어지므로 하지 근력과 스피드를 향상시킬 수 있는 장점이 있다.

또 다른 파워 향상 프로그램에는 플라이오메트릭 훈련이 있다. 플라이오메트릭 훈련은 국가대표 축구 훈련 프로그램에서 빈번히 사용되고 있다. 축구 경기의 속성은 빠른 패스와 순간적인 드리블 강력한 슈팅 폭발적인 스피드나 점프 그리고 순간적인 동작 전환이 요구되는 경기이므로 선수의 파워 능력이 경기력을 좌우할 수 있는 중요한 요인이 된다. 예전에는 많은 지도자들이 근력 강화와 스피드 강화를 위해 주로 스프린트 훈련을 실시하였지만 이러한 훈련 방법이 체계적이지 못하고 지나치게 고강도에만 역점을 두고 훈련함으로써 선수들에게 의욕상실이나 부상 등 오히려 역효과를 초래하는 경우가 종종 있었다. 그리하여 축구선수들의 파워 향상을 위한 필드 훈련 방법으로 플라이오메트릭 훈련이 활용되고 있다. 이 훈련은 신속한 가속 훈련을 실시한 직후에 반대 방향으로 신속한 감속 운동을 시도하는 순간적 속도와 근력 향상을 유도하는 방법으로 파워 향상에 효과적으로 평가되고 있다.

> **골프와 파워**
> 골프는 다양한 골프채를 사용하여 4시간에 걸쳐 18홀을 마무리해야 하는 스포츠이므로 골퍼의 근력과 파워가 경기력을 좌우한다고 할 수 있다. 아무리 우수한 장비를 가지고 있다고 하더라도 이를 컨트롤할 수 없는 근력과 파워를 가지고 있다면 경기력 향상을 기대할 수 없다. 우리나라의 골프 붐을 일으킨 최경주나 박세리도 골프선수로 활동하기 이전에 파워를 요구하는 대표적인 스포츠인 육상선수로 활동했다는 것은 골프 경기에서 파워가 얼마나 경기력 향상에 중요한 요인이 된다는 것을 시사한다. 그러므로 비거리 향상을 위해서 가벼운 골프채를 사용하여 속도에만 신경 쓸 것이 아니라 근력과 속도 향상을 함께 가져다주는 파워 트레이닝이 수반되어야 기대하는 경기력에 도달할 수 있을 것이다.

파워와 관계된 운동 프로그램은 단지 스포츠 활동뿐만 아니라 재활적인 측면에서도 적용된다. 재활운동은 도수나 기계로 적용된 외부의 힘에 대해 저항하여 동적 혹은 정적인 근수축을 일으키는 능동적 운동의 한 형태로, 기능 손상이 있는 사람들에게는 재활 운동 프로그램의 필수적인 요소이다. 이러한 재활 저항운동은 근력과 움직임의 속도와 관련이 있으며 운동의 강도가 점점 커지고, 시간이 짧아질수록 근육이 하는 일률, 즉 근 파워는 점점 커지도록 하는 원리에 기초하고 있다.

2장 에너지

 학습목표

- 에너지의 정의와 종류를 설명할 수 있다.
- 위치에너지와 운동에너지의 개념과 계산방법을 이해할 수 있다.
- 역학적 에너지 보존법칙을 스포츠 현상에서 설명할 수 있다.
- 일과 에너지와의 관계를 설명할 수 있다.

1. 에너지(energy)의 정의와 종류

우리가 직접 보거나 만져볼 수는 없지만 에너지는 우리에게 익숙한 용어이며, 생활의 거의 모든 부분에서 사용되고 있다. 에너지는 어떤 종류이든 일을 할 수 있는 능력을 나타내는 물리량이다. 일상생활에서 에너지가 많거나 없다고 말하는 것을 종종 듣는데, 이는 에너지가 많은 사람이 일을 더 잘할 수 있는 능력을 지닌 사람으로 이해할 수 있다. 즉, 에너지가 높다는 것은 물체의 변화를 가져오게 할 수 있는 능력이 크다는 것을 의미한다.

이와 같이 에너지는 물체의 변화를 가져오게 하는 운동의 원천으로 전기에너지, 열에너지, 위치에너지, 운동에너지, 화학에너지, 빛에너지, 열에너지 등 많은 종류가 있다. 많은 에너지 중 물체의 움직임과 관계하는 역학적인 에너지는 운동에너지(kinetic energy)와 위치에너지(potential energy)로 분류하여 설명될 수 있으며, 다시 위치에너지는 중력(gravity)에 의한 위치에너지와 탄성(elastic)에 의한 위치에너지로 나눠진다. 위치에너지에서 탄성에 의한 에너지를 포함시키는 것은 위치에너지의 영어 뜻에서 살펴볼 수 있듯이 '잠정적으로 숨어 있는 에너지'라는 뜻을 지니고 있으며, 탄성 또한 물체가 지닌 탄성계수로 인한 에너지이므로 위치에너지에서 탄성에 의한 에너지를 포함하고 있다. 이러한 에너지의 단위는 일과 같은 단위인 Joule을 사용한다.

가. 위치에너지(potential energy)

1) 중력에 의한 위치에너지

스키는 중력을 이용해 높은 곳에서 낮은 곳으로 내려오면서 위치에너지가 운동에너지로 변하는 동안 누가 더 빠르게 목표지점에 도달하는지를 기록하는 운동이다. 또한 그네의 경우도 높은 곳에 올라가면 내려올 때 위치에너지가 운동에너지로 변하면서 움직이게 된다. 이와 같이 에너지 중 물체가 그 위치를 변화시켜 일을 할 수 있는 에너지를 '위치에너지(PE: potential energy)'라고 한다. 위치에너지는 높은 위치에 있는 물체가 그 높이에 따라 잠정적으로 보유하게 되는 에너지이다. 물체가 기준면(h=0)보다 높이 있을 때 지구상에 있는 모든 물체는

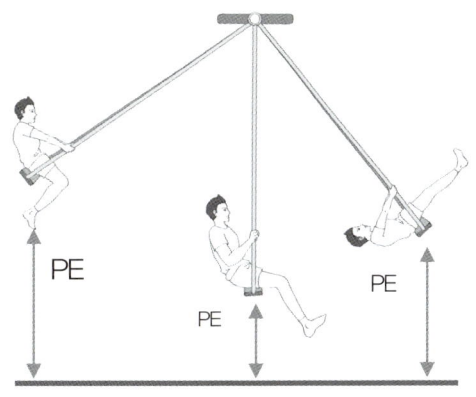

그림 6-7. 높이에 따른 위치에너지

중력의 영향을 받기 때문에 중력에 의해 낙하하게 되며, 이 물체는 기준면까지 내려오면서 중력에 의해 일을 하게 된다. 즉, 물체의 높이에 따라 보유하게 되는 위치에너지의 양은 그 물체를 들어 올릴 때 중력에 대해 수행한 일과 같으므로 '중력에 의한 위치에너지'라고 하며, 다음과 같이 표현된다.

$$위치에너지 = 물체의\ 질량 \times 중력가속도 \times 높이 = 무게 \times 높이$$
$$(E_p = mgh = wh)$$

공식에서 볼 수 있듯이 물체의 위치에너지는 물체의 높이와 무게에 비례한다. 즉, 무거운 물체와 높은 곳에 있는 물체의 위치에너지가 더 크다. 예를 들어 10m 높이 다이빙 경기에서 체중이 70kg중 나가는 선수와 50kg중 나가는 선수가 있을 때, 각 선수가 갖는 위치에너지는 각각 70kg × 9.8 m/s^2 × 10m = 6,860J과 50kg × 9.8m/s^2 × 10m = 4,900J이 된다. 따라서 무게가 많이 나가는 선수가 적게 나가는 선수보다 위치에너지가 크므로 같은 자세로 다이빙 연기를 하더라도 물에 입수하는 순간 무게가 많이 나가는 선수가 받는 충격력이 크다. 또한 같은 높이에서 가벼운 공과 무거운 공을 아래로 던졌을 때 가벼운 공이 무거운 공보다 훨씬 작은 충격을 받게 된다. 이는 위치에너지가 질량과 비례하기 때문에 지면과 접촉할 때 작은 충격을 받게 되는 것이다.

이러한 위치에너지는 물체가 위치, 즉 높이가 같을 때 물체의 질량에 비례하며, 물체의 질량이 같을 때 높이에 비례한다. 스포츠 경기에서 위치에너지를 높이기 위한 예는 스키 활강 선수에게서 살펴볼 수 있다. 스키 활강 선수의 체격 조건은 경기력에 중요한 영향을 미친다. 일반적으로 서양 활강 선수들의 몸무게는 100kg중 이상으로, 소치동계올림픽에서 금메달을 딴 마이어도 재활치료 과정에서 체중이 줄어 출전을 포기할 뻔했을 정도로 스키 선수에게 체중은 경기력에 중요한 요인으로 작용하고 있다. 이와 같이 스키 활강 선수가 활강지점 높이에 오르면서 갖게 되는 위치에너지는 선수의 질량에 비례하므로 체중이 많이 나가는 선수는 당연히 큰 위치에너지를 보유하게 되면서 이를

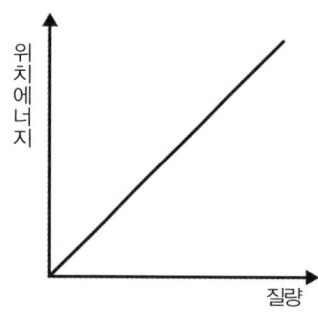
그림 6-8. 높이가 같을 때 위치에너지와 질량 관계

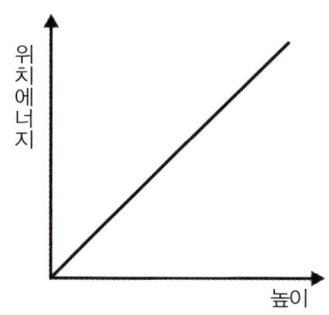
그림 6-9. 질량이 같을 때 위치에너지와 높이 관계

통해 효율적인 활강운동이 이루어질 수 있게 된다. 또한 탁구 선수가 공을 높이 던져 서브를 하는 이유도 탁구공의 위치에너지를 최대로 증가시켜 이 힘에 비례해서 빠르게 서브를 넣을 수 있는 것을 가능하게 하는 위치에너지의 활용 예이다.

2) 탄성에 의한 위치에너지

이상에서 설명한 물체의 높이에 따라 정해지는 중력에 의한 위치에너지 외에 탄성력에 의해서도 물체는 잠정적인 에너지를 보유하게 된다. 이를 탄성에 의한 위치에너지라고 한다. 어떤 물체에 힘을 가하여 변형시켰다가 놓았을 때 원래의 모양으로 되돌아가려는 성질을 '탄성'이라고 하며, 이때 그 물체가 외부에 작용하는 힘을 '탄성력'이라고 한다. 이렇게 탄성을 가진 물체가 변형되면 원래의 모양으로 되돌아가면서 일을 할 수 있다. 이때의 에너지는 탄성력에 의해 저장되는 에너지이며, 이는 물체가 잠정적으로 가지고 있는 탄성에너지이므로 위치에너지에서 설명하고 있다. 그 크기는 탄성체가 지닌 탄성계수와 변형된 길이에 의해 결정되며, 그 산출 공식은 다음과 같다.

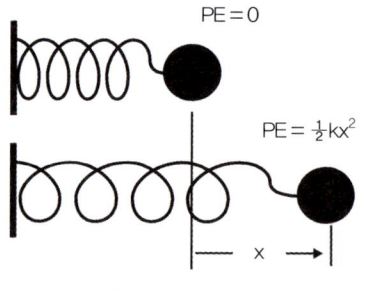
그림 6-10. 탄성에너지

$$\text{탄성에너지} = \frac{1}{2} \times \text{탄성계수} \times \text{변형된 길이}^2$$
$$(E_{pk} = \frac{1}{2}k\chi^2)$$

외부에서 작용하는 힘의 크기가 클수록 물체의 변형도 함께 많이 일어나게 되는데, 변형이 많을수록 탄성력도 함께 비례하여 커지게 된다. 이러한 현상을 '훅(Hook)의 법칙'이라고 한다. 스포츠 상황에서 이러한 훅의 법칙이 적용되는 것을 살펴볼 수 있다. 장대높이뛰기 선수가 빠른 속도로 달려와 장대 끝을 지면에 접촉시키면서 장대에 자신의 몸무게를 실어 장대가 휘어지게 되면서 몸이 공중에 위치하게 된다. 이때 장대가 휘어지는 것이 탄성력으로, 선수는 장대의 탄성력을 통해 에너지를 보유하여 이를 운동으로 연결시키게 된다. 그러나 무조건 탄성력이 좋은 장대가 선수를 높이 뛸 수 있게 하지는 않는다. 이는 탄성이 좋은 장대의 경우 에너지 전달이 비효율적이기 때문이다. 장대높이뛰기 선수의 에너지 전달 체계를 살펴보면, 장대높이뛰기 선수가 전력을 다해 뛰어오면서 보유하게 되는 운동에너지는 장대의 탄성에너지로 전환되고 이후 이것이 위치에너지로 전환되면서 운동을 수행하게 된다. 이때 위치에너지가 클수록 선수는 높이 뛰는 것이 가능하게 된다. 그러나 선수가 뛰어오면서 보유하게 되는 운동에너지가 모두 위치에너지로 전환되지는 않고 장대가 지닌 탄성의 반발력으로 에너지의 손실이 이루어지기 때문에 탄성이 좋은 장대가 반드시 경기력과 관계하지는 않는다. 그러나 장대높이뛰기 운동은 달려오는 선수의 운동에너지가 장대를 통해 회전운동과 위치에너지 운동의 복합운동으로 바뀌며, 이 과정에서 장대 도약 점에서 접촉면에 의한 마찰 손실 및 장대의 반발계수 등 매우 복잡한 현상들이 연관되어 있다.

활 또한 탄성력을 이용한 대표적인 스포츠로, 화살을 빠른 속도로 발사하여 표적에 닿도록 하는 운동이다. 궁수가 활을 완전히 당기고 있으면 활줄이 지닌 탄성 때문에 일을 할 수 있는 능력을 가지게 된다. 궁수가 활줄을 놓게 되면 활은 화살에 대하여 일을 하게 된다. 이때 활이 가지고 있던 탄성에너지는 결과적으로 화살의 운동에너지로 바뀌어 과녁을 향해 운동이 이루어진다.

아이들이 많이 하는 트램펄린 또한 탄성에너지 활용의 또 다른 예이다. 트램펄린은 그 위에서 균형을 잡기 어려울 정도로 높은 탄성을 지닌 운동 기구이다. 트램펄린 위에서 점프하는 어린아이를 보면 어린아이의 발이 트램펄린 면과 접촉할 때 트램펄린이 변형되면서 탄성에너지를 지니게 되며, 이 트램펄린이 정상 상태로 복귀할 때 운동에너지와 위치에너지를 동시에 지니게 되어 어린아이는 위로 뛰어오르게 된다. 이와 같이 실제 스포츠 상황에서는 물체에 작용하는 힘이 변형되면서 발생하는 탄성에너지는 운동에너지와 위치에너지에 영향을 미치게 된다.

나. 운동에너지(kinetic energy)

운동에너지는 물체가 운동함으로써 가지게 되는 에너지로, 물체가 운동하기 시작하면 그 물체는 일을 할 수 있는 능력을 보유하게 된다. 스포츠 활동에서 이러한 운동에너지는 직선운동의 운동에너지와 회전운동의 운동에너지로 분류할 수 있다.

1) 직선운동의 운동에너지

직선운동을 하는 물체가 지니게 되는 운동에너지로, m(kg)의 질량을 지닌 물체가 속력 v(m/s)로 운동하고 있다면 운동에너지의 크기(J)는 다음과 같이 표현된다.

$$직선운동운동에너지 = \frac{1}{2} \times 물체의질량 \times 속도^2$$
$$(Ek = \frac{1}{2}mv^2)$$

 볼링공이 움직이기 시작하면서 일정한 위치에 정지하고 있는 핀과 충돌하면, 볼링공은 정지할 때까지 핀에 힘을 가하게 되면서 핀이 넘어지게 된다. 이와 같이 운동하는 물체가 일을 할 수 있는 능력, 즉 에너지를 가지게 된다. 운동하고 있는 물체가 가지는 에너지는 운동에너지로, 물체가 수행하는 일과 직접적으로 관계하고 있다. 즉, 직선운동 하는 물체의 운동에너지는 운동하는 물체의 질량과 속도의 제곱에 비례한다. 질량이 일정할 때 운동에너지는 물체의 속도의 제곱에 비례하며, 물체의 움직이는 속도가 일정할 때 물체의 질량과 비례한다.

 이와 같이 직선운동을 하는 물체의 운동에너지 공식에서 살펴볼 수 있듯이 직선운동은 속도와 밀접한 관계가 있다. 즉 물체의 속도가 2배가 되면 운동에너지는 4배가 되므로 물체의 속도를 2배로 증가시키기 위해서는 4배의 일이 가능하다는 것을 의미한다. 예를 들어, 수영 선수가 스타팅보드에서 속도를 2배 증가시키면 물과 접촉 시 물을 밀어내는 운동을 4배 증가시킬 수 있다. 결과적으로 직선운동 에너지를 높이기 위해서는 물체의 질량보다 속도가 갖는 의미가 더 크다는 것을 암시한다. 예를 들어 볼링장에서 무거운 공을 컨트롤 할 수 있는 근력을 가지고 있다면 가벼운 공보다 무거운 공을 가지고 했을 때 운동에너지가 증가하여 핀에 대해 더 큰 일을 할 수 있으나, 가벼운 공을 가지고도 더 빠르게 스윙을 하면 운동에너지는 증가하게 된다. 이와 같이 직선운동 시 운동에너지는 질량이 클수록 속도가 증가할수록 커지게 된다.

2) 회전운동의 운동에너지

 형태가 고정되어 변하지 않는 물체인 강체의 운동에서는 직선운동만 존재하는 것이 아니라 축을 중심으로 한 회전운동도 포함하고 있으므로 회전운동 시에도 강체는 운동에너지를 보유하게 된다. 회전하는 강체는 작은 입자들의 집합으로 생각할 수 있으며, 이 강체가 한 축을 중심으로 각속도 ω로 회전한다고 가정했을 때, 질량이 m인 입자가 회전축으로부터 r만큼 떨어진 지점에서 회전하는 강체가 가지는 운동에너지는 다음과 같이 정리할 수 있다.

$$회전운동운동에너지 = \frac{1}{2} \times 물체의\ 질량 \times 회전축과의\ 거리^2 \times 각속도^2$$
$$= 관성모멘트 \times 각속도^2$$
$$(Er = \frac{1}{2}mr^2\omega^2 = \frac{1}{2}I\omega^2)$$

회전하는 물체의 운동에너지는 새로운 형태의 에너지는 아니고 물체를 이루는 입자들의 각각의 회전운동에너지의 합으로부터 유도하였으므로 일반적인 운동에너지로 정리될 수 있다. 이상에서 살펴볼 수 있듯이 회전하는 물체가 보유하는 에너지는 그 물체의 회전 관성모멘트, 즉 축으로부터의 질량분포를 나타내는 물체의 관성모멘트와 각속도에 의해 결정된다. 이러한 회전 관성모멘트가 크면 클수록 주어진 각속도(ω)로 회전하는 강체의 운동에너지는 더 큰 값을 가지면서 일을 하게 된다.

대부분 물체의 움직임은 단순하게 직선운동 또는 회전운동으로 이루어진 것이 아니라 복합적인 운동이므로 이때 물체가 가지는 전체 운동에너지는 물체의 위치에 따른 에너지, 직선운동에서의 에너지, 각운동에서의 운동에너지의 합에 의해 운동이 일어나게 된다. 즉, 테니스에서 백핸드 동작은 직선운동과 회전운동으로 설명할 수 있으며 이때 움직임의 전체 에너지는 라켓 높이에 따른 위치에너지, 체중의 이동에서 나타나는 직선운동 에너지, 어깨나 허리, 즉 몸의 회전에 따른 회전운동 에너지의 합으로 움직임이 일어난다.

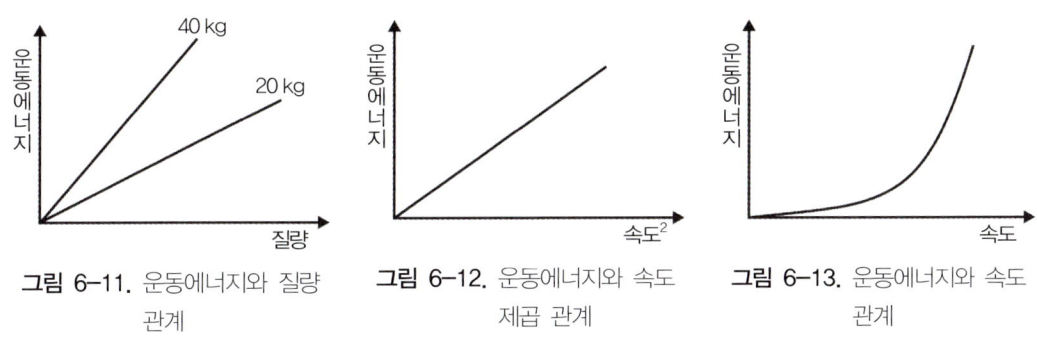

그림 6-11. 운동에너지와 질량 관계

그림 6-12. 운동에너지와 속도 제곱 관계

그림 6-13. 운동에너지와 속도 관계

이러한 운동에너지에서 질량, 속도와의 관계를 살펴보면, 같은 속도로 움직이는 물체라면 질량이 큰 물체의 운동에너지가 더 클 수 있다는 것을 시사한다. 이상과 같이 운동에너지는 질량에 비례하여 질량이 클수록 기울기가 높으나 같은 질량이라면 빠른 물체의 운동에너지가 더 커지는데, 이는 운동에너지가 속도의 제곱에 비례하기 때문이다. 그러나 운동에너지와 속도의 제곱과의 관계는 정비례하지만, 운동에너지와 속도와의 관계는 이차 그래프로 포물선 곡선 관계를 보이고 있다.

2. 역학적 에너지 보존법칙

역학적 에너지는 물체가 운동함으로써 결정되는 운동에너지와 물체의 위치에 따라 결정되는 위치에너지의 합으로 이루어지고, 이러한 운동하고 있는 물체의 위치에너지와 운동에너지는 서로 전환할 수 있으며, 외력이 작용하지 않는 한 서로 전환하여 그 합은 항상 일정하게 유지된다는 것이 역학적 에너지 보존법칙이다. 만약 중력을 제외한 외부의 힘이 가해지지 않고 물체가 운동하는 도중에너지 손실 요인이 없을 경우 운동에너지가 감소하면 위치에너지는 증가하게 되며, 그 합은 항상 일정하게 유지되는데, 이러한 현상은 역학적 에너지 보존의 법칙으로 설명될 수 있다.

역학적 에너지 = 운동에너지 + 위치에너지 = 일정

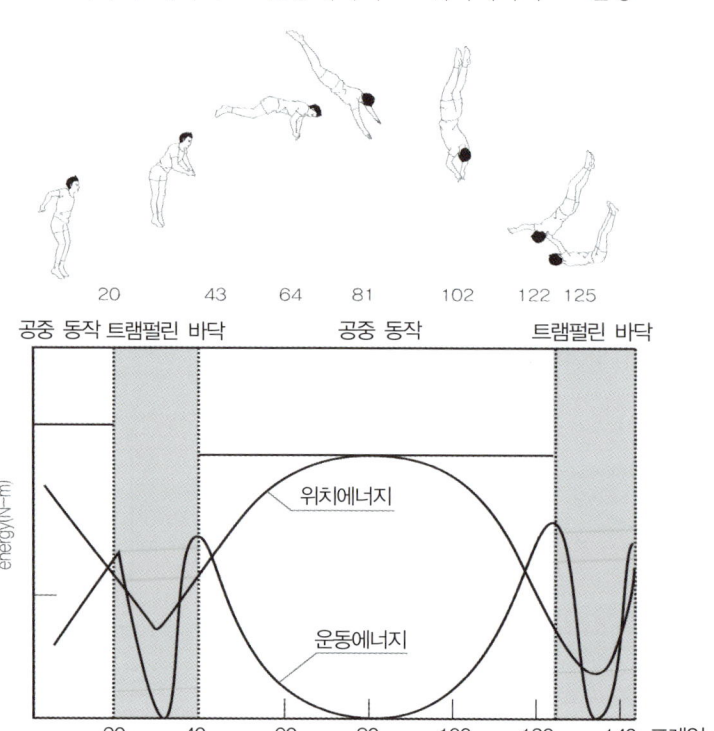

그림 6-14. 역학적 에너지의 보존과 운동에너지와 위치에너지(박성순 외 16명, 2005)

신체가 공중에서 자유롭게 운동하는 경우 공기저항이 없고 중력만이 외부의 힘으로 작용한다고 가정한다면, 신체의 운동에너지와 위치에너지의 합은 언제나 일정한 역학적 에너지 보존의 법칙을 따르게 될 것이며, 공중에서 이루어지는 대부분의 동작들은 이 법칙이 적용된다고 할 수 있다. 그러므로 트램펄린 위에서 텀블링을 할 때 공중에서의 역학적 에너지는 보존되어 항상 일정하게 되며 전체적인 역학적 에너지 내에서의 운동에너지와 위치에너지 크기만 변화하게 된다. 텀블링을 하는 동작에서 텀블러(tumbler)의 발이 트램펄린의 바닥면에 접촉한 후 바닥면이 처음의 위치보다 더 아래로 내려가 가장 낮을 때가 있는데, 이때 위치는 기준 높이를 0m로 했을 때 이 지점에서의 위치에너지는 0이 되나 이때 운동에너지는 최대가 된다. 그러나 텀블러가 공중으로 뛰어오르기 시작하면 수직속도가 점점 느려지는 반면 높이는 점점 높아지므로 운동에너지는 감소되지만 위치에너지는 증가한다. 이어서 텀블러가 최고 높이에 이르게 되면 수직속도는 0이 되는 반면 높이는 최대가 되어 운동에너지는 0이 되지만 위치에너지는 최대가 된다. 이때 텀블링을 하는 사람의 체중이 71.4kg

이라면 이 사람의 중량은 71.4kg × 9.81m/s² = 700N이며, 3m의 최고 높이에서의 위치에너지는 2,100J(700N×3m=2,100J)이고, 정점에서의 운동에너지는 0이 된다. 반면에 최하 높이인 기준점의 위치에서 텀블러의 위치에너지는 0이 반면에 운동에너지는 2,100J이 된다.

표 6-1. 트램펄린의 텀블링 동작 중 높이에 따른 역학적 에너지 변화

높이(m)	운동에너지(J)	위치에너지(J)	역학적 에너지(J)
3.0	0	2,100	2,100
2.5	350	1,750	2,100
2.0	700	1,400	2,100
0.5	1,750	350	2,100
0.0	2,100	0	2,100

출처: 박성순 외 16명, 2005

역학적 에너지의 보존법칙은 트램펄린의 텀블링 동작에서 높이에 따른 위치에너지, 운동에너지 그리고 역학적 에너지를 살펴본 연구에서도 증명되고 있다. 〈표 6-1〉에서 보는 바와 같이 텀블링의 공동 동작 시 어떤 높이에서나 총 역학적 에너지는 일정하다는 것을 알 수 있다(Hay, 1985).

역학적 에너지의 보존법칙은 모든 운동 상황에서 적용될 수 있는 것이 아니며, 단지 외력이 작용하지 않는 공중 동작에서만 적용된다. 표에 나타난 예에서 살펴볼 수 있듯이 텀블러가 공중 동작을 시작하는 순간은 신체가 바닥에 근접해 있으므로 위치에너지는 '0'에 가깝다가 높이가 증가하여 가장 높은 정점의 위치에 도달했을 때 위치에너지는 가장 큰 값을 가지게 된다. 반면에 운동에너지는 이륙하는 순간 가장 큰 값으로 시작하여 최고 정점에 도달했을 때 운동에너지는 '0'이 되나 다시 하강하면서 상승되기 시작한다. 이와 같이 공중에서 운동하는 물체는 외부적인 힘이 작용하지 않는 한 전체적인 역학적 에너지의 일정 범위 내에서 위치에너지와 운동에너지의 두 에너지 간 서로 보완하면서 전체 역학적 에너지를 일정하게 유지시킨다. 이것이 바로 역학적 에너지 보존의 법칙이다.

역학적 에너지 보존의 법칙은 많은 운동기술 분석에서 활용되고 있다. 예를 들어 장대높이뛰기는 도움닫기에서 형성된 운동에너지를 장대의 탄성에너지로 전환시켰다가 높이인 위치에너지로 전환시키는 운동이다. 정확하고 좋은 기술을 가지고 있는 선수는 달려온 속도를 그대로 탄성에너지로 전환시켜 높이 솟구쳐 올라갈 수 있는 위치에너지를 만들게 된다. 그러나 기술적으로 미흡한 선수들은 운동에너지를 탄성에너지로, 이를 다시 위치에너지로 전환하는 데 오류를 범해 운동의 효율성이 감소하게 된다. 이러한 장대높이뛰기 과정의 역학적 에너지 변화에 대한 설명은 다음과 같이 간략하게 정리할 수 있다.

도움닫기 질주 ➡ 장대의 탄성 ➡ 높이 이동

운동에너지 ➡ 탄성에너지 ➡ 위치에너지

($\frac{1}{2}mv^2$ ➡ $\frac{1}{2}kx^2$ ➡ mgh)

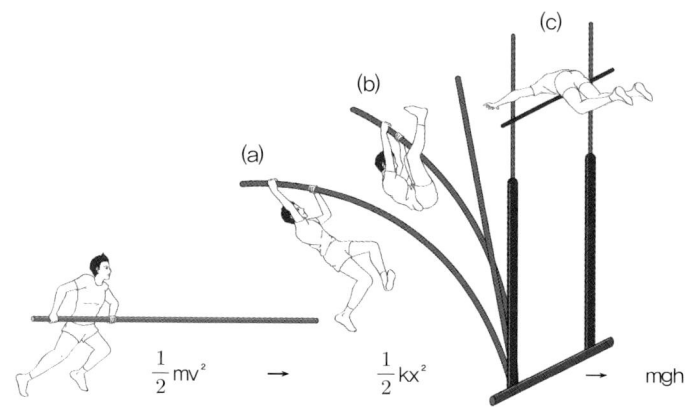

그림 6-15. 장대높이뛰기에서의 역학적 에너지 보존의 법칙(정철수 외 1명, 2005)

이 과정에서 '외부로부터 에너지 유입과 유실이 없다고 가정하여 선수가 뛰어오면서 얻는 운동에너지를 탄성에너지로 효율적으로 변환하여 다시 장대를 뛰어넘기 위한 위치에너지로 전환시키기 위해서는 어떠한 요인이 가장 중요한가'라는 궁금증에 이르게 된다. 이는 다음과 같은 높이에 대한 수식의 재정리를 통해 이해할 수 있다.

운동에너지 = 위치에너지 → 높이 = $\frac{속도^2}{2 \times 중력가속도}$ (중력가속도 = 9.81㎧)

($\frac{1}{2}mv^2$ = mgh ➡ $h = \frac{v^2}{2g}$)

그러므로 장대높이뛰기 경기력에 영향을 미치는 요인은 수식에서 볼 수 있듯이 속도가 제곱이므로 선수의 질주 속도가 가장 큰 영향을 미칠 수 있다는 것을 시사한다.

달리기와 같이 사람이 지상에서 운동을 할 때의 위치는 0이므로 운동에너지만 갖게 되며, 스프링보드에 올라가 서 있는 다이버는 높이를 지니고 있기 때문에 운동에너지는 없지만 위치에너지를 갖게 되며, 스프링보드를 떠나 공중 동작이 이루어지면서 다이버는 운동에너지와 위치에너지를 함께 갖는다.

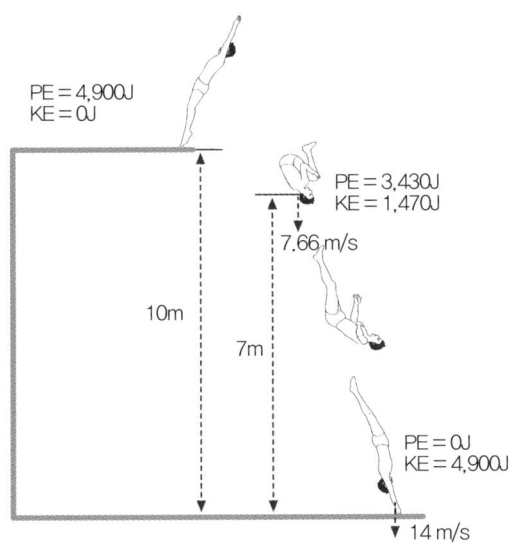

그림 6-16. 다이빙에서 역학적 에너지 보존(박성순 외 16명, 2005)

    다이버가 10m의 다이빙 보드로 올라가 다이빙을 준비하는 순간 운동에너지는 0이나 다이버는 10m 높이만큼의 위치에너지를 보유하게 된다. 이때 다이버의 몸무게가 50kg이라고 할 때 위치에너지는 4,900J이며(50kg × 9.8m/sec² × 10 m = 4,900J), 운동에너지는 0이다. 다이버가 보드로부터 3m를 내려와 수면으로부터 7m의 높이에 있을 때의 위치에너지는 3,430J(50kg × 9.8m/sec² × 7 m = 3,430J)이 된다. 만약 이 지점에서 다이버의 수직속도는 약 7.66m/sec이며 운동에너지는 약 1,470J(1/2 × 50kg × 7.66m/sec² = 1,470J)이 된다. 또한 수면에 입수하는 순간 높이는 0m이므로 위치에너지는 0이 되고, 이 순간 입수 속도는 14m/sec이며, 운동에너지는 4,900J(1/2×50kg×14m/sec² = 4,900J)이 된다. 이와 같이 다이버가 가지고 있는 총 에너지는 3가지 위치에서 모두 4,900J로 동일하게 보존되었으며 단지 수면에 입수하기 직전은 10m 높이에서의 위치에너지가 운동에너지로 전환되었을 뿐이다. 즉, 높은 곳에 있던 물체는 지구의 중력에 의해 아래로 떨어지면서 위치에너지는 감소하는 반면 운동에너지는 증가하여 역학적 에너지는 항상 일정하게 된다. 이와 같이 공기의 저항을 무시하고 물체에 외력이 작용하지 않는 한 역학적 에너지는 서로 전환될 뿐이며, 그 전체 양은 항상 일정하게 보존된다.

    공중에 수직으로 던져진 공의 역학적 에너지 변화를 보면 공이 높이 올라갈수록 위치에너지는 증가하지만 공은 높이 올라갈수록 중력가속도로 인해 속도가 줄어들기 때문에 운동에너지는 감소되며, 공이 최고 높이에 도달했을 때 위치에너지는 최댓값을 가지는 반면에 최고 정점에 도달하는 순간 속도는 0이므로 운동에너지는 0이 된다. 이후 공이 하강하면서 하강 속도를 지니면서 운동에너지는 증가하게 된다. 이와 같이 공중에서 이루어지는 모든 운동에서는 역학적 에너지 보존법칙이 적용된다.

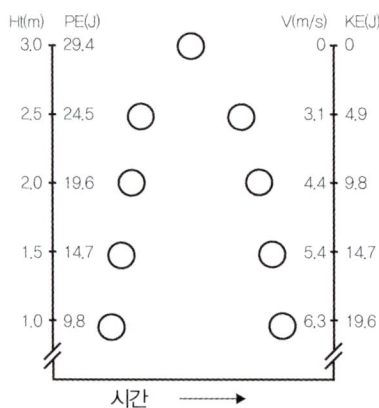

그림 6-17. 수직으로 던진 공의 운동에너지와 위치에너지의 상호관계로 작용하는 힘(김창국 외 1명, 2003)

3. 인체의 에너지 효율

인체의 에너지 효율은 인체가 소모한 에너지양에 대해 역학적으로 한 일의 비율로 설명할 수 있다.

$$\text{인체의 에너지 효율} = \frac{\text{역학적으로 한 일}}{\text{인체가 소모한 에너지양}}$$

운동을 하면 체온이 높아지는데, 이것은 체내의 영양소가 운동에너지원인 역학적 에너지로 변하면서 열을 생성하기 때문이다. 그 열을 식히기 위해 인체는 땀을 흘리거나 혈관이 피부 쪽으로 돌출되는 등의 체온조절을 위한 현상들이 나타난다. 이때 소모되는 에너지를 '대사에너지'라 하며, 생리학적으로 계산할 수 있고, 그 양과 역학적으로 계산한 일의 양이 똑같아야 가장 효율적인 운동을 했다고 평가된다.

그러나 대사에너지는 각 근육의 상태, 근육의 대사(피로) 상태, 식사법 및 기타 대사상의 결함 등에 따라 다르므로 구하기가 쉽지 않다. 한편, 인체가 역학적으로 한 일 역시 각 근육이 수행한 일을 알아야 하는데, 운동에 관련된 모든 근육의 속도와 힘에 대한 정보, 골격근 기계작용 요인, 즉 근육의 부착점에 관한 개인차, 분절에서 질량분포 등의 차이를 알 수 없기 때문에 정확한 일량을 구하기 어렵다.

따라서 대사에너지, 역학적 일량 등의 산출이 정확하지 않으므로 효율 또한 정확히 산출하기 힘들다. 실제 시뮬레이션을 통해 어떻게 하면 마라톤 전 구간을 적은 에너지로 소화할 수 있느냐를 연구하는 학자들도 있으나 아직까지 연구결과의 활용성은 미흡한 수준이다.

인체 에너지 효율(energy efficiency; 기호 η)은 넓은 의미로는 투입한 에너지에 대해 이용할 수 있는 에너지의 비이다. 좁은 의미로는 반응시키는 에너지 중 얼마나 에너지가 회수되는지의 비율이다.

$$\text{에너지 효율}(\eta) = (\text{이용할 수 있는 에너지} / \text{투입한 에너지}) \times 100$$

역학적 에너지가 서로 전환될 때, 마찰이나 공기의 저항 등으로 손실되는 에너지가 없다면 물체가 보유하는 에너지의 양은 에너지 보존 법칙에 의해서 항상 일정하게 유지되므로 인체 에너지의 효율을 최대화시킬 수 있는 방법은 목적한 일 외에 에너지 소모를 최소화하는 것이 필요할 것이다.

4. 일과 에너지의 관계

에너지는 일을 할 수 있는 능력으로, 어떤 물체에 일을 하게 되면 에너지가 생긴다. 물체에 힘을 작용하여 그 힘의 방향으로 물체가 이동할 때 그 힘이 일을 하였다고 한다. 또한 에너지란 물체가 일을 할 수 있는 능력을 일컫는 것으로, 이러한 일과 에너지는 서로 전환될 수 있는 관계에 있다.

외부에서 물체에 일을 해주면 물체의 에너지가 증가한다. 그러므로 물체가 받은 일의 양과 물체의 증가한 에너지의 양은 항상 같다. 이와 반대로 물체가 외부에 대해 일을 하게 되면 물체의 에너지는 감소하게 되므로 물체가 외부에 한 일의 양만큼 물체의 에너지가 감소하게 된다.

힘이 한 일은 측정할 수 있으나, 물체가 가지고 있는 에너지는 일로 전환되어야만 그 크기를 알 수 있다. 즉, 물체가 가지고 있는 에너지의 양은 그 물체를 그 상태로 만들기 위해 외부의 힘이 해준 일의 양이나 그 물체가 외부에 할 수 있는 일의 양을 측정함으로써 알 수 있는 것이다. 물체가 외부의 일을 하게 되면 물체의 에너지가 감소하며 또한 에너지를 가진 물체는 다른 물체에 대해 일을 할 수 있으므로 일은 에너지의 전달 수단으로 서로 밀접한 관계를 가지고 있다. 간단히 설명한다면 어떤 물체의 에너지가 100이 있는데 50의 일을 하게 되면 남은 에너지는 50이라고 설명될 수 있다. 즉 물체가 일을 하게 되면 에너지는 감소하게 되고 에너지는 일로 전환된다.

그러므로 물체에 준 힘이 물체에 한 일은 물체의 운동에너지 변화량과 같으므로 다음과 같이 정리할 수 있다.

$$\text{일} = \text{운동에너지 변화량} = \text{운동에너지}_2 - \text{운동에너지}_1$$

예를 들어 피칭머신에 의해 야구공이 공중으로 던져질 때 피칭머신에 의해 공에 가해진 일은 공을 움직이게 하는 에너지를 증가시킨다. 공이 던져지기 전의 공이 지닌 위치에너지는 공의 무게와 높이와 관계하고 있으며, 이때 공의 운동에너지는 0이다. 그러나 피칭머신은 공에 운동에너지를 가하여 공의 총 에너지를 증가시켜 공이 일을 하도록 돕게 된다.

이와 같이 물체가 보유하고 있는 총 에너지는 물체가 일을 하도록 하므로 운동 상황에서 일과 에너지를 별개로 생각하는 것은 있을 수 없다.

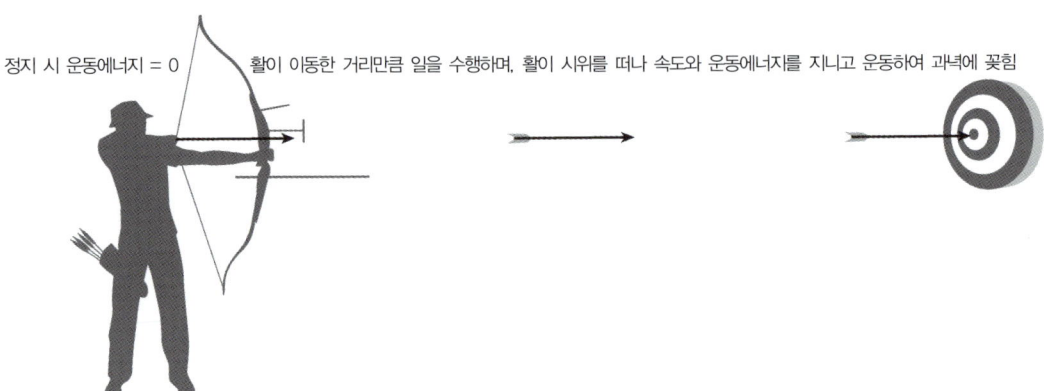

그림 6-18. 활을 쏘는 행위에서의 활의 일과 에너지의 관계

이러한 일과 에너지의 관계는 궁수가 활을 쏘는 행위에서 화살이 활을 떠나게 되면서 일을 하게 되는 경우에서도 설명이 가능하다. 즉 궁수가 화살을 수평으로 발사하기 위해 준비하는 화살은 정지되어 있으므로 운동에너지는 0이나 활줄을 당기면서 화살이 활을 떠나게 되면서 화살은 이동해서 일을 수행하게 되며 또한 활이 발사되어 속도를 지니면서 운동에너지가 생성되어 화살은 운동이 이루어지게 된다. 이때 화살이 활을 떠날 때 지니고 있는 운동에너지는 화살이 행한 일의 양과 같게 된다. 그러나 이 과정에서 에너지의 전부가 운동에너지로 전환되어 일이 수행되는 것은 아니고 일부는 소리에너지 또는 열에너지로도 변환되고 남은 에너지가 운동에너지로서 일을 수행하게 되는 것이다.

VII부
다양한 운동기술의 분석

이 단원에서는 운동기술 분석에 사용되는 운동역학적 방법에 대해 살펴본다. 1장에는 영상분석법 개요, 스포츠 영상분석, 2차원 및 3차원 영상분석 과정을 소개하였다. 2장에는 힘을 측정하는 원리와 방법 및 지면반력측정기를 이용한 분석 방법을 소개하였다. 3장에는 인체 근 활동 특성을 측정하는 원리 및 분석과정을 소개하였다.

1장 영상분석

 학습목표

- 인체 활동 또는 운동기술 분석을 위한 영상분석을 알아본다.
- 2차원 영상분석 과정과 그 활용에 대해 알아본다.
- 3차원 영상분석 과정과 스포츠 현장에서의 활용을 알아본다.

1. 영상분석의 개요

가. 영상분석의 정의

영상에 관련된 과학 기술이 발전됨에 따라 최근에는 가히 영상의 홍수시대를 살아간다고 할 만큼 많은 영상과 접하며 살고 있다. 각각의 영상은 나름대로 전달하고자 하는 메시지와 정보를 내포하고 있지만, 영상을 분석하는 방법에 따라 얻어지는 내용은 달라진다. 거꾸로 어떤 방법으로 영상을 만드느냐에 따라 영상에서 얻을 수 있는 정보의 종류나 수준이 벌써 결정된다. 따라서 얻고자 하는 정보를 정확히 찾을 수 있는 영상 촬영법과 분석법을 이해하는 것이 중요한 의미를 갖는다.

영상분석이 무엇인지 알아보기 위해 단어의 사전적 정의를 보면, 우선 영상(映像, image)이란 「광선의 굴절이나 반사에 따라 이루어지는 상(像)」이고, 분석(分析, analysis)은 「복잡한 사물을 낱낱의 성분이나 요소로 갈라서 그 구성 따위를 밝히는 일」이라 한다. 따라서 두 단어의 합성인 영상분석은 「상을 구성하고 있는 요소를 갈라서 상의 내용을 밝히는 일」이라 할 수 있다. 이를 조금 더 구체적으로 풀이해 보면, 영상분석이란 카메라와 같은 촬영 장비를 활용하여 인체의 움직임에 관한 영상자료를 수집하고, 이를 바탕으로 영상에 담긴 운동 관련 요소를 분해하고 밝혀 움직임의 정보를 얻는 것이라 할 수 있다.

여기서 중요한 것은 상의 구성 요소와 상의 내용이다. 먼저 상의 구성 요소를 살펴보자. 일반적으로 영상에는 피사체의 모양, 크기, 색상 등 육안으로 식별할 수 있는 피사체의 형태적 요소에 관한 정보가 담겨져 있다. 그리고 상이 얻어진 시각과 위치 정보가 매 프레임에 담겨 있다. 두 정보는 3대 기본물리량(시간, 길이, 질량)으로서 운동역학 분석에 필수적이다. 시각 변화량은 시간이고, 위치 변화량은 길이(거리)이기 때문에 영상에 담긴 정보는 운동역학 분석에 필요한 정보를 모두 제공하는 셈이다. 영상에 수록된 시간정보와 위치정보를 이용하여 이동거리, 속도, 가속도 등의 운동학적 변인을 추출할 수 있기 때문에 기술 동작을 정확히 분석하기 위해서는 두 요소가 반드시 필요하다. 둘째로 상의 내용에 대해 알아보자. 영상에 담긴 정보 가운데 무슨 내용을 얻어낼 것인가 하는 문제는 무엇을 찾기 위해 촬영했는가 하는 촬영목적과 같다. 스포츠 현장에서는 주로 운동학적 변인 (kinematic variables)을 찾기 위해 영상분석을 실시한다. 즉 구성요소가 실질적 의미가 있는 변인으로 연결되어 나타난 결과가 바로 내용이며, 영상에 담겨진 요소를 운동학적 변인으로 찾아내는 과정이 영상분석인 것이다.

나. 영상분석의 필요성 및 특성

영상자료를 수집하는 것은 눈으로 관찰하는 것만으로는 동작의 특성을 정확히 파악할 수 없기 때문이다. 우리 속담에 「백문(百聞)이 불여일견(不如一見)」이라는 말이 있다. 듣는 것보다 보는 것이 낫다는 뜻이다. 그러나 잠깐 사이에 이뤄지는 동작이나 복잡한 동작을 한 번 보고 판단하는 것은 아무리 전문가라 할지라도 기술동작에 담긴 정보를 모두 파악하기 어렵기 때문에 이를 보완할 필요가 있으며, 그 방안으로 영상 시스템(imaging system)을 이용한다. 다시 말하면 영상은 머릿속에 저장할 수 없는 것을 보관할 수 있으며(기록성, 역사성), 이것을 다시 볼(재생성 또는 반복성) 수 있을 뿐만 아니라, 현장에서 즉시(현장성) 재생할 수 있기 때문에 학생이나 선수 지도에서 피드백 효과가 크다는 장점도 있다. 그리고 영상분석 방법을 통하여 얻게 되는 영상은 자료수집 과정이 피험자에게 방해를 주지 않고 멀리 떨어져 촬영하기 때문에 편리하며, 원격으로 제어할 수도 있다. 또한 촬영과 분석 또는 재생의 시점이 다름에도 불구하고 동작을 수행할 때처럼 동일하게 재현해 볼 수 있기 때문에 시차를 극복하는 기능이 있고, 여러 사람의 동작을 비교(비교성)해 볼 수도 있다. 영상분석을 위한 촬영과 분석과정의 시간과 비용이 다소 많다는 단점이 있었지만, 오늘날에는 자료 수집을 위한 과정이 자동화됨에 따라 자료처리 및 분석과정도 축소되어 다양한 운동기술 또는 팀 전술 분석에 가장 널리 활용되고 있다. 영상자료를 수집하는데 소요되는 비용이 많이 줄었다고는 하지만, 자동으로 영상자료를 얻는 시스템 또는 분석 장비를 구입하는 데는 많은 비용이 필요하다.

다. 영상분석의 발전

인간이 생물체의 움직임에 관심을 갖고 이를 기록하고 묘사하기 위해 노력한 것은 아주 오래전 동굴에 그린 벽화나 조각 등을 통해 엿볼 수 있다. 그러나 움직이는 물체의 특성을 정량적으로 분석하는 영상분석은 카메라와 사진술의 발전을 통해 가능했다. 인류가 피사체의 상을 얻을 수 있었던 것은 1839년, 다게르(L. J. M. Daguerre)에 의한 은판 사진기 공개를 계기로 가능하게 되었다. 당시 카메라는 한 장면만 촬영할 수 있었기 때문에 20세기 말까지 가정에서 흔히 사용된 정지카메라(still camera)로 분류된다. 움직이는 물체의 연속 사진은 1878년, 머이브리지(E. Muybridge)가 육상

트랙에 가느다란 실을 일정한 간격으로 12줄 설치하고, 달리는 말이 지나면서 실이 끊기면 정지카메라 셔터가 작동하도록 고안하여 12장의 연속사진을 얻은 것이 효시라는 기록이 있다. 머레이(E-J Marey)는 1882년 사진총(Chrono-photographic gun)을 개발하고, 이를 이용하여 날아가는 새와 보행동작을 연속으로 촬영하였다. 정지카메라를 이용하여 한 장의 사진에 연속적인 동작을 수록할 수 있는 방법으로 다중노출법(multi-exposure)을 이용하기도 한다(Winter, 1990).

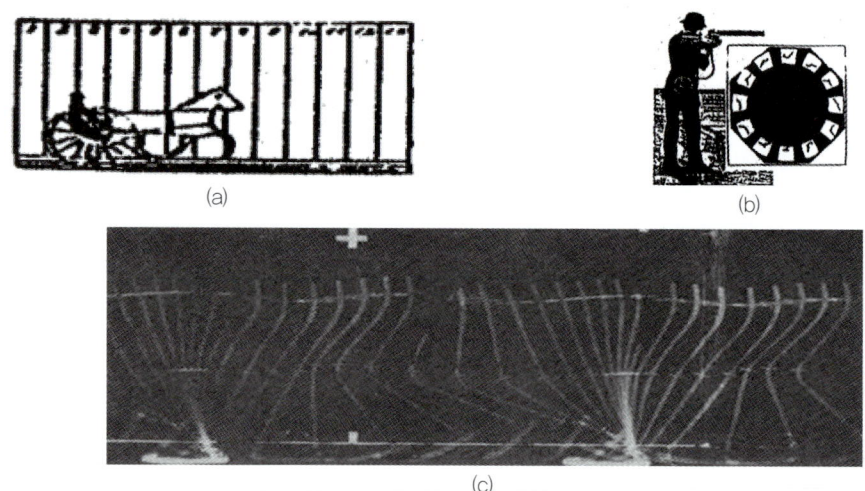

그림 7-1. (a) 머이브리지 실험 모형, (b) 사진총, (c) 다중노출법에 의한 보행 동작(출처: Murray 등, 1964)

연속된 영상을 본격적으로 얻게 된 것은 무비카메라(movie camera)가 개발되면서 가능해졌다. 무비카메라는 필름의 크기에 따라 8, 슈퍼 8, 16, 35, 72mm 카메라로 구분된다. 그리고 카메라를 작동시키는 방법에 따라 스프링 구동방식과 모터 구동방식으로 나뉜다. 우리나라에서는 1990년대 중반까지 영상분석에 거의 대부분 무비카메라를 사용하였으며, 운동기술 분석에는 주로 16mm 무비카메라를 사용하였다. 그러나 필름 구입과 현상에 소요되는 비용이 비싼 단점이 있었다.

1990년대 후반, 비디오카메라의 성능이 향상되면서 16mm 무비카메라를 대신하게 되었다. 과거의 비디오카메라는 빠른 동작을 촬영할 때, 피사체가 화면상에서 길게 번지는(blur) 현상이 생겨 정량적 분석에 사용하기 어려웠지만, 과학기술의 발전에 힘입어 촬영속도가 빨라지면서 이러한 현상이 개선되었고, 오늘날에는 고속 비디오카메라를 사용하여 이를 해소하기도 한다. 비디오카메라에 의한 영상분석은 16mm 무비카메라보다 훨씬 경제적이고, 훈련현장에서 즉각적인 피드백이 가능한 장점이 있지만, 무비카메라를 사용한 방법과 비교할 때 필름 현상시간이 제외될 뿐 여전히 분석시간이 오래 걸리는 단점이 남아 있다.

2000년대 들어 광전시스템(photoelectric system)의 활용이 늘게 되었다. 영상분석에 소요되는 시간이 많고, 피드백이 늦어지는 단점을 개선하기 위해 개발되었는데, 적외선카메라가 대표적인 사례다. 적외선카메라는 실제 동작을 영상으로 수록하지 않고, 인체에 부착한 반사 마커(reflective marker)의 위치좌표를 실시간으로 추적하여 컴퓨터로 송출하는 방식이다. 적외선카메라가 좌표값을 추적하는 것은 적외선 파장이 특정 반사물질에만 반응하기 때문에 마커에 이 반사물질을 코팅시켜 인체에 부착시킨 다음 마커를 추적함으로써 그 위치를 알아내는 원리다. 따라서 영상분석 과정에 가장 많은 시간을 차지하는 디지타이징(digitizing; 영상의 마커 위치좌표를 계수화시키는 것) 과정이 생략되기 때문에 소요시간이 많이 줄어드는 장점이 있지만 장비가 매우 고가이다. 최근 들어 관성 센서를 활용한 IMU(Inertial Measurement Unit) 기반 영상분석 장비가 보급되고 있다. 이 장비는 인체 동작의 3차원 측정과 분석이 가능하다. 장비의 부피가 작아 이동이 편리하고, 실내와 야외에서 모두 사용할 수 있으며, 적외선카메라에 비해 데이터 손실이 적다는 것이 장점이다. 비디오카메라나 적외선카메라를 사용할 때, 인체에 부착한 (반사)마커가 가려질 경우 영상분석의 정확성이 떨어지지만, 관성 센서를 적용한 장비는 마커 위치 추적이 상대적으로 정확하다는 장점이 있다. 영상분석은 운동기술에 대한 분석이 주류를 이루었지만, 최근에는 많은 동영상자료를 관리하는 형태의 시스템이 개발되어 경쟁 선수의 기술적 특성을 찾아내기 위한 분석이나 팀 종목의 경기운영 전술 분석에 활용하기도 한다.

라. 영상분석 장비

영상분석은 영상을 얻기 위해 사용하는 녹화매체의 종류에 따라 필름분석과 비디오분석으로 구분할 수 있다. 그리고 필름분석에 필요한 장비는 무비카메라, 비디오분석에는 비디오카메라다. 필름분석이 비디오분석에 비해 선명한 영상을 얻을 수 있어 과거에 많이 사용되었지만, 분석과정이 전반적으로 까다로운 단점이 있다. 이에 반해 비디오분석은 촬영하는 영상정보를 모니터를 통해 확인할 수 있고 즉시 분석할 수 있기 때문에 최근에는 대부분 비디오분석을 사용한다.

1) 카메라

① 무비카메라

운동기술 분석에 가장 많이 사용되는 무비카메라는 16㎜ 카메라다. 초기 촬영속도가 24, 32, 64프레임/초이던 것이 500프레임/초 또는 그 이상까지 촬영할 수 있는 고속 무비카메라로 발전하였다. 무비카메라에 의한 영상은 비디오카메라에 의한 것보다 해상도가 높지만, 필름 값이 비싸고 현상에도 추가 비용과 시간이 필요해 오늘날에는 거의 비디오카메라를 사용한다.

카메라는 렌즈, 필름을 감는 스풀(spool), 카메라를 작동시키는 배터리, 필름의 속도를 조절하는 장치 등으로 구성되어 있다. 카메라 설치 위치는 2, 3차원 영상분석방법에 따라 다르다. 2차원 분석에서는 운동면과 직교하도록 카메라를 설치해야 하며, 3차원 분석은 이를 준수할 필요가 없다.

분석하려는 기술동작에 따라 적절한 촬영속도를 선택한다. 촬영 전에 뷰파인더(view finder)를 통해 동작이 이뤄지는 전체 범위를 확인할 수 있다. 촬영을 마치고 필름을 꺼낼 때는 암실이나 간이 형태의 밀폐된 보자기 속에서 꺼내야 필름에 빛이 들어가는 것을 막을 수 있다.

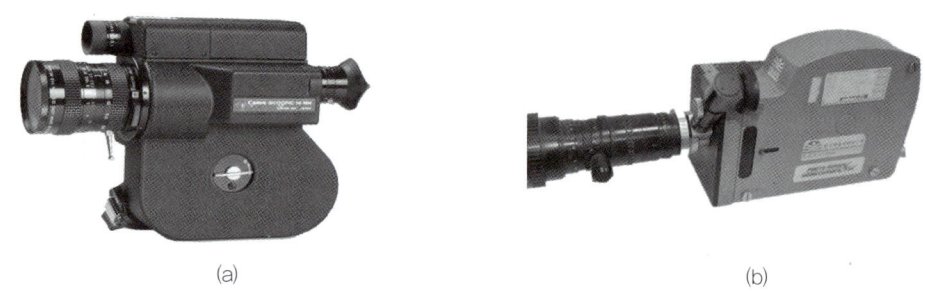

그림 7-2. (a) 16mm 무비카메라, (b) 16mm 고속 무비카메라

② 비디오카메라

비디오카메라 영상은 아날로그 또는 디지털 신호로 비디오테이프에 기록되거나 자체 메모리에 디지털 신호로 저장할 수 있다. 디지털 신호로 저장된 영상은 반복 사용해도 화질이 유지되는 반면, 아날로그 방식은 반복 사용하면 화질이 저하된다. 일반 비디오카메라는 아날로그, 디지털의 형태에 관계없이 한국, 미국, 일본 등에서 사용되는 NTSC 방식(60프레임/초)과 유럽에서 사용되는 PAL 방식(50프레임/초)으로 구분된다. 반면 고속 비디오카메라는 1초에 수만 프레임을 촬영할 수 있으며, 매우 빠른 움직임을 분석할 때 사용된다. 테이프에 수록된 영상자료를 컴퓨터로 읽어들여 분석하기 위해 프레임 그래버(frame grabber; 아날로그 신호용)나 DV보드(디지털 신호용)라는 별도의 장비를 사용해야 한다. 비디오카메라를 통해 얻은 영상은 .AVI, .MPG, .WMV 형태의 동영상 파일로 변환시켜 활용하기도 하며, 이런 이유로 비디오카메라를 통해 얻은 영상은 호환성과 활용성이 높다. 비디오카메라는 렌즈, 마이크, 배터리, 모니터, 테이프 등으로 구성된다.

그림 7-3. (a) 아날로그 비디오카메라, (b) 디지털 비디오카메라

③ 적외선카메라

적외선카메라는 인체에 부착한 반사 마커를 실시간으로 인식하여 인체 움직임이나 기술동작을 정량적으로 분석할 수 있다. 운동범위가 넓거나 빠르게 움직이는 경우 보다 많은 적외선카메라를 설치해야 한다. 이로써 다양한 각도에서 카메라 시야를 확보할 수 있고, 반사 마커의 위치 데이터 손실을 최소화할 수 있기 때문이다. 비디오카메라를 이용할 때보다 영상분석 절차가 간편하여 많은 영상자료를 수집할 수 있다. 그러나 장비 구입비용이 매우 고가이고, 반사 마커를 반드시 부착해야 하기 때문에 경기 상황에서는 사용할 수 없다는 단점이 있다.

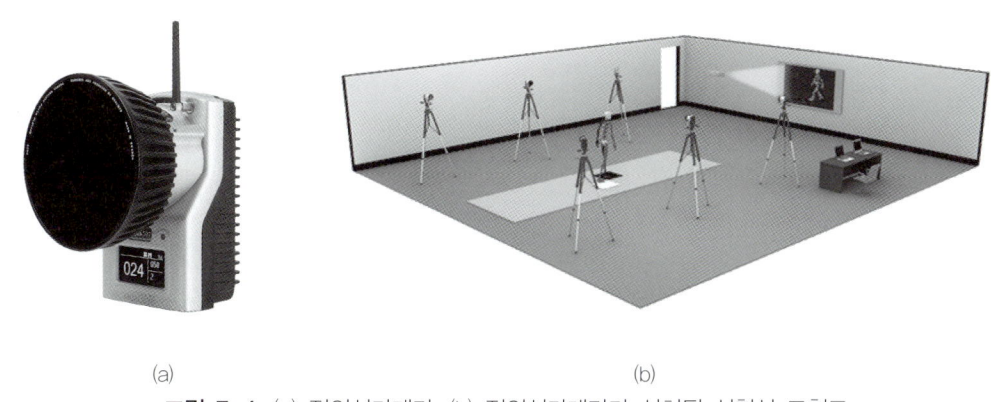

그림 7-4. (a) 적외선카메라, (b) 적외선카메라가 설치된 실험실 모형도

④ 관성 센서 기반의 카메라

관성 센서 기반의 영상분석 시스템은 운동의 관성을 측정하여 인체 분절의 각도, 가속도, 각속도 등을 실시간으로 측정하여 제공한다. 시스템이 작아 쉽게 이동시킬 수 있고, 가려지는 동작으로 인한 데이터 손실이 적지만, 자료 전송거리가 짧고, 측정시간이 길수록 오차가 커지는 단점이 있다.

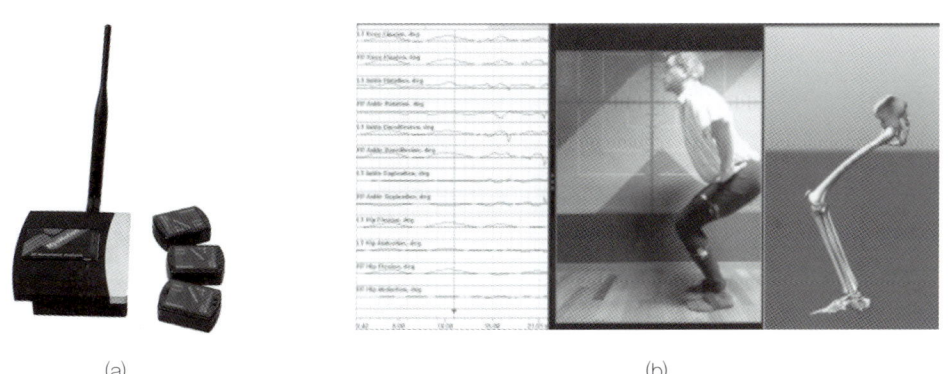

그림 7-5. (a) 관성 센서, (b) 관성 센서 측정치, 부착한 모습, 분석 형태

2) 통제점 틀

통제점 틀(control object)은 실제 공간과 영상 공간 사이의 관련 정보를 얻기 위해 사용되는 공간좌표 설정을 위한 구조물이다. 2, 3차원 영상분석에 사용되는 통제점 틀의 특성이 다르며, 현재는 대부분 3차원 영상분석을 실시하므로 3차원 좌표 설정을 위한 부분에서 설명하기로 한다.

통제점 틀은 피험자가 기술동작을 실시하기 전에 미리 촬영하고 철거시킨다. 2차원 분석에서는 주로 배율법(multiplier method)을 많이 사용한다. 이는 실제 공간의 운동평면과 영상평면 사이에는 크기가 다르지만 일대일 대응하는 '닮은꼴 관계'가 있다는 점에 기초를 두고 있다. 즉 실물의 크기가 몇 배로 축소된 영상으로 나타나는가를 비교하여 배율을 정한다(그림 7-6 참조).

그림 7-6. 운동평면과 영상평면 사이의 닮은꼴 관계

3) 조도계 또는 노출계

비디오카메라를 이용한 영상자료 수집 과정에서는 모니터를 통해 수록될 영상의 상태를 비교적 정확하게 예측할 수 있지만, 무비카메라를 사용하는 경우는 뷰 파인더(view finder)를 통해 기술동작이 이뤄지는 공간을 볼 뿐 필름에 담길 영상의 상태를 파악하기 어렵다. 따라서 선명한 상을 얻으려면 피사체에 정확히 초점을 맞추고 필름이 빛에 노출되는 시간을 조절하는 별도의 과정을 거쳐야 한다. 초점거리는 뷰 파인더에 나타난 상을 보면서 조절할 수 있지만, 필름이 빛에 노출되는 양에 영향을 주는 f-값(f-value)은 정확하게 설정하기 어렵다. 이때 사용되는

그림 7-7. 조도계

것이 조도계이며, f-값은 일반적으로 필름의 감광도(ASA나 DIN으로 표기), 촬영속도(프레임/초), 셔터의 개각도(shutter factor)에 따라 달라진다. f-값 설정을 위한 조도계가 반드시 필요하지만, 장비가 없을 경우에는 영상분석 경험이 많은 전문가의 조언을 얻어 촬영하는 것이 요구된다.

4) 영상신호 변환장치

과거에는 촬영에 의한 영상자료 수집 후 무비카메라에서 얻은 필름은 현상을 통해 네거티브 영상을 포지티브 영상으로 변환시켜야 하고, 비디오카메라에서 얻은 아날로그 신호의 영상은 A/D 변환기를 사용하여 디지털 신호로 변환시켜야 하며, 이를 '엔코딩(encoding)'이라 한다. 그러나 최근에는 디지털 비디오카메라를 사용하기 때문에 디지털 신호로 변환시켜줄 필요가 없다.

5) 영사기

영사기는 필름을 2개의 릴에 연결해 영상자료를 스크린 또는 디지타이저에 투사시키는 장비이다. 영사기는 영상을 투사시키는 렌즈, 필름을 감을 수 있는 릴, 필름을 구동시키는 모터, 냉각용 팬 등으로 구성되어 있다. 디지타이저에 영상을 투사시킬 때 영상의 크기가 커야 정확하게 디지타이징 할 수 있고, 정확한 분석 자료를 얻을 수 있다. 투사되는 영상의 크기는 영상을 투사시키는 렌즈의 구경, 영사기와 스크린 또는 디지타이저와의 거리, 디지타이저의 크기 등에 의해 결정된다. 정확한 디지타이징을 위해서는 적절한 크기의 영상을 투사하도록 영사기를 조절해야 한다.

그림 7-8. 영사기

6) 디지타이저

디지타이저는 수집된 영상자료에서 분석을 원하는 마커의 위치좌표 값을 찾아내기 위해 화면의 마커를 수치화시키는 장비이며, 이러한 과정을 통칭 '디지타이징'이라 한다. 디지타이저는 수동식, 반자동식, 자동식 형태로 발전되었지만, 영사기를 사용하여 벽에 투사시키거나 거울을 사용하여 바닥에 투사시키는 수동식에서 시작하여 영사 기능이 내장되고, 모니터 같은 분석용 화면이 별도로 설치되어 있는 반자동 또는 자동식 디지타이저가 사용되었다. 자동식이라 함은 분석하고자 하는 마커에 X축과 Y축의 커서를 맞추고 확인 버튼을 누르면 X, Y 좌표값이 자동 입력·저장되는 것이고, 반자동식은 X, Y 좌표값을 읽고 기록하는 방식이다. 그러나 앞서 언급한 바와 같이 오늘날 광전시스템을 사용하게 되면서 이 과정이 실시간으로 이뤄지게 되었다.

마. 영상분석의 종류

1) 경기 분석과 기술 분석

영상이 일상생활의 여러 분야에 사용되기 때문에 스포츠 분야에 사용되는 영상분석을 특별히 스포츠 영상분석이라 한다. 그리고 스포츠 영상분석은 분석 목적과 내용에 따라 크게 경기 분석과 기술 분석으로 나눈다. 경기와 기술이란 두 단어의 의미를 생각해 보면 알 수 있듯이 경기 분석은 큰 틀에서 경기 내용에 관한 분석, 이를테면 최종 경기 스코어, 세트 스코어, 한 라운드 득·실점, 야구 투구 구질이나 코스, 필드하키의 득실점이 이뤄진 패턴이나 경로, 축구의 패스미스 횟수 등, 경기내용의 전체/일부에 대해 여러 관점에서 분석하는 것을 말한다. 경기 분석은 경기내용 분석이라고도 한다. 경기분석을 주요 내용으로 하는 스포츠 영상분석 전문가 양성과정이 국민체육진흥공단 지원을 받아 한국운동역학회가 2017년부터 실시하게 되었다.

기술 분석은 경기에 포함된 특정 기술을 분석하는 것을 말하며, 동작 분석 또는 기술동작 분석이라고도 한다. 그리고 기술은 개인에 관련된 개념이기 때문에 정량적 분석을 통한 정교한 결과를 요구하는 경우가 많다. 야구에서 특정 투수의 투구동작에 대한 분석을 실시한다면 이는 기술 분석 범주에 포함되지만, 경기에서 보여준 투구의 코스를 인코스나 아웃코스로 또는 직구, 커브, 슬라이더 등으로 구분하는 것은 경기 분석에 포함된다.

2) 정성적 분석과 정량적 분석

정성적 분석(qualitative analysis)과 정량적 분석(quantitative analysis)은 영상분석뿐만 아니라 다른 분야에서도 사용되는 용어. 영상분석의 정성적 분석은 영상에 수록된 경기 또는 기술 특성에 대해 수치를 제시하기 보다는 개괄적 내용을 해석하고 서술한다. 영상자료를 1차적으로 계량화시키는 과정을 거치지 않지만, 특정 사례의 반복횟수 또는 그 비율을 수치로 나타내기도 한다. 그러나 이 수치는 분석 자료를 정리하는 과정에서 얻어진 것이므로 영상자료를 1차 계량화시키는 것과는 다르다. 훈련이나 경기 현장에서 기술수행 후 선수와 지도자가 실시간으로 이를 재생해 보면서 장단점을 협의하는 경우가 정성적 분석의 좋은 사례다. 지도자의 반복적인 설명 대신 선수 본인의 기술동작을 훈련 현장에서 생생하게 보여줌으로써 단점을 보완할 수 있는 것이 정성적 분석의 큰 장점이다. 경기 분석은 대부분 정성적 분석이다.

정량적 분석은 기술동작에 관련된 운동학적 변인의 현재와 과거의 변화량이나 다른 선수와의 차이 등을 수치로 제시함으로써 분석결과를 객관적으로 보여준다는 점이 정성적 분석과 근본적으로 다르다. 이를 위한 영상자료 수집 과정은 정성적 분석처럼 간단하지 않고, 다소 복잡하고 세밀한 준비과정이 필요하다. 그리고 디지타이징 과정을 거쳐야 정량적 자료를 얻을 수 있다. 디지타이징에 소요되는 시간은 실제 촬영에 소요된 것보다 몇 배나 많다. 기술 분석은 거의 대부분 정량적 분석을 실시한다. 정량적 분석결과가 종목별로 경기력을 잘 나타내는 변인에 대한 분석을 할 수 있도록 고민하는 노력이 중요하다.

3) 사후 분석과 실시간 분석

사후 분석은 영상자료를 얻은 후, 별도의 시간을 갖고 분석하여 그 결과를 피드백 하는 것을 말한다. 대부분의 정량적 분석은 사후 분석에 속하고, 정성적 분석도 분석할 양이 많을 때는 사후에 처리하기 때문에 사후 분석에 속한다. 기술동작에 대한 위치 좌표 값을 실시간으로 또는 디지타이징을 통해 얻은 다음, 별도의 처리과정을 거쳐 분석하고 피드백 하는 것이 아직도 통상적인 구조이다. 그리고 사후 분석을 통해 개인 기술 또는 팀 전술의 수정·보완 방법을 찾거나 훈련방향 설정의 준거로 활용하기도 한다.

실시간 분석은 영상자료를 수집하고, 자료처리, 분석 및 피드백이 현장에서 이뤄지는 체계를 말한다. 실시간 분석을 통하여 제공되는 자료는 거의 대부분 정성적 분석을 실시한 결과다. 그리고 현재 경기 분석은 실시간 분석이 가능하지만, 기술 분석은 실시간으로 처리할 수 없다. 광전시스템이나 관성센서 영상시스템을 사용해도 디지타이징 과정 없이 위치좌표 값만 수집했을 뿐, 별도의 자료처리 과정을 거치지 않으면 변인에 대한 정보를 구할 수 없기 때문이다. 실시간 분석은 경쟁 팀과 선수의 전술, 기술 분석 및 대응전술과 기술을 개발하는 분야에 자주 사용된다.

4) 2차원 분석과 3차원 분석

렌즈를 통해 얻어진 영상은 광축(light axis)에 수직인 단일평면상의 움직임을 수록한 것이다. 2차원 분석은 피사체의 움직임을 단일평면상의 운동으로 가정하고 분석하는 것을 말한다. 그러나 대부분의 운동은 공간상의 움직임이기 때문에 오류를 안고 있다. 그럼에도 불구하고 정성적 분석은 오류와 관계없는 내용을 분석하거나 오류를 무시한 채 분석한다. 오류가 있다 하더라도 영향이 적은 경우에는 오류를 최소화시키는 방법으로 2차원 분석을 실시하기도 한다. 예를 들면, 장대높이뛰기의 조주동작처럼 상·하지의 움직임을 전후면상의 운동으로 가정하고, 좌우 방향의 움직임은 제한적 요소로 간주하고 분석한다는 의미다. 자세한 내용은 이어지는 2절의 2차원 영상분석에서 설명하기로 한다.

3차원 분석은 공간상의 움직임에 대해 2차원분석이 안고 있는 투시오차(perspective error)를 없애기 위하여 2 대 이상의 카메라를 사용하여 정량적으로 분석할 때 사용되는 방법이다. 3차원 분석을 위해선 촬영 전에 별도로 준비해야 하고, 촬영 후 3차원 공간좌표 합성을 위한 별도의 과정도 거쳐야 한다. 이처럼 3차원 분석은 준비 및 후속 과정이 까다롭기 때문에 정밀한 결과나 정량적 분석이 요구되는 상황이 아니면 2차원, 정성적 분석을 실시하는 경우가 대부분이다. 자세한 내용은 이어지는 3절의 3차원 영상분석에서 설명하기로 한다.

스포츠 영상분석을 통한 결과가 현장에서 의미 있는 자료로 활용되기 위해서는 영상분석을 수행하는 사람의 해당종목에 대한 이해와 경험적 식견이 매우 중요하며, 따라서 이를 배양하기 위해 지속적으로 노력하는 것이 필요하다. 스포츠 지도자들은 한 분야에 여러 해 동안 종사해 온 베테랑이기 때문에 선수들의 장단점을 짧은 시간 내에 직감적으로 알아낼 수 있지만, 선수들이 갖고 있는 오류의 수준까지 정확히 읽어낼 수는 없다. 스포츠과학은 지도자의 이러한 한계를 계량적으로 보완할 수 있는 동반자나 조력자의 역할을 해야 한다.

2. 2차원 영상분석 과정 및 활용

2차원 영상분석은 단일평면 상에서 일어나는 인체 움직임을 분석하는 방법으로서, 현재는 거의 대부분 3차원 영상분석을 활용하기 때문에 2차원 영상분석 과정은 3차원 분석으로 미루고, 이 절에서는 2차원 영상분석의 개괄적인 과정과 분석사례를 설명한다.

가. 2차원 영상분석 과정

영상분석 과정은 2, 3차원에 관계없이 실험설계(계획)-실험(촬영)-자료처리-분석 단계로 구분할 수 있다(그림 7-9 참조). 실험설계 단계는 분석하고자 하는 기술동작, 대상, 목적, 목표 및 이를 달성하기 위한 방법 등에 관한 구체적 방안을 마련하는 것이다. 구체적 방안이 마련되면 이를 실현할 수 있는 장비를 준비하고 실제 촬영에 들어간다. 이때 고려해야 할 점에 대해서는 3차원 영상분석에서 설명할 것이다. 그리고 기준좌표계 설정과 분석대상 마커의 좌표값을 얻기 위한 디지타이징과 추출된 자료에 포함된 노이즈를 제거하기 위한 평활 또는 스무딩(smoothing) 과정을 거친 다음 분석 변인을 계산한다. 계산된 분석 변인을 기술동작과 연계시켜 실질적으로 의미 있는 정보로 가공하는 분석과정을 거쳐 분석결과를 피드백 하는 것이 일반적인 과정이다. 촬영을 통하여 얻는 정보는 사실 영상 자체보다는 영상 속의 동작과 관련된 기본 물리량(시간과 길이 또는 거리)에 대한 정보이기 때문에 이를 1차, 2차 가공하여 이해하기 쉬운 형태로 제시하는 것이 일반적이다.

2차원 영상분석은 단일평면상의 움직임을 대상으로, 주로 배율법을 사용한다. 실제 길이를 알고 있는 통제점 틀 또는 기준척을 촬영하여 실제 거리와 영상에서 거리와의 관계를 배율로 계산하는 원리이다. 그리고 2차원 영상분석은 광축에 수직인 평면상의 운동을 분석하는 방법이다. 그러나 운동평면과 광축이 직교하지 않을 경우 정확한 정보를 얻을 수 없기 때문에 2차원 DLT(Direct Linear Transformation) 방법을 활용하며, 구체적인 방법은 3차원 영상분석에서 설명한다.

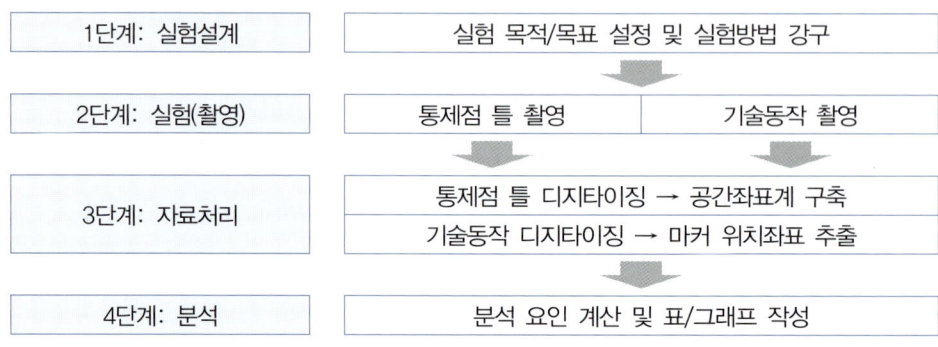

그림 7-9. 영상분석 과정

나. 2차원 영상분석의 활용

우리나라에서 영상분석이 스포츠 기술 연구에 활용되기 시작한 것은 1980년대 초반부터이며, 이후 1990년대 중반까지 각종 스포츠 기술의 구조를 정량적으로 규명하거나 운동선수의 기술적 오류를 탐지하고 개선하기 위한 운동학적 연구에 사용되었으나 거의 대부분 2차원 영상분석을 이용한 것이었다. 3차원 영상분석을 수행하기에는 분석 소요시간과 비용이 2배 이상 필요하고, 영상분석 프로그램의 기능이 오늘날처럼 좋지 못했기 때문이다. 2차원 영상분석은 기술동작이 단일평면에서 일어난다는 전제가 충족되어야 하므로 인체 관절이나 분절의 회전이 수반되는 기술, 방향 전환이 많은 동작 등은 분석할 수 없어 스포츠 기술에 대한 연구가 제한적이었다.

비록 단일평면상의 운동으로 가정한 2차원 분석이지만, 운동기술에 대한 정량적 정보를 피드백하는 것은 선수가 자신의 동작을 스스로 관찰하면서 오류를 인지할 수 있는 계기가 되고, 선수와 지도자가 오류의 근원적 정보를 공유함으로써 개선 방향이나 방안을 찾아내는 과정에서 함께 협력하는 관계로 발전할 수 있다. 특히 지도자와 다른 의견을 가졌거나 반복된 지도에도 불구하고 기술적 변화와 발전이 없는 경우에는 비디오 촬영에 의한 현장에서의 피드백보다 정량적 분석을 통한 체계적 분석결과를 활용하는 것이 효과적이다.

스포츠 현장에서 지도자로부터 자주 받는 질문은 "누가 더 빠른가?", "관절 가동범위가 넓은가?", "두 선수의 기술동작 형태 가운데 다른 점은 어떤 것인가?" 등이다. 이 질문에 대한 답은 2차원 영상분석을 통하여 비교적 쉽게 해결할 수 있다. 대표적인 사례로 베이징올림픽대회에서 금메달을 획득한 P 선수의 사례가 있다. 전신수영복과 반신수영복 사용을 놓고 고민에 빠졌을 때, 두 수영복을 입고 50m 구간 역영 기록을 여러 차례 반복하여 반신수영복을 사용하도록 피드백 했던 것이다.

2차원 영상분석법은 장대높이뛰기의 조주, 단거리달리기, 철봉 대차돌기, 역도의 바벨 이동 등의 기술동작 분석에 자주 활용된다. 이 기술동작들은 단일평면(전후면)상의 운동으로 간주해도 비교적 오차가 적게 발생하며, 대부분 인체 관절이 굴곡/신전되는 움직임으로 구성되는 특징이 있기 때문이다. 또한 보행 동작처럼 다리의 움직임이 분석의 주된 관심사인 경우에는 머리(head), 팔(arm), 몸통(trunk)을 합하여 하나의 분절(HAT)로 간주하여 분석하거나 좌우대칭 움직임(symmetric movement)으로 간주하여 한쪽 다리만 분석하기도 한다.

장대높이뛰기 종목은 장대를 들고 달린 속도를 이용하여 장대를 폴 박스(pole box)에 꽂으면서 운동에너지를 탄성에너지로, 다시 위치에너지로 변환시켜 바를 넘는 구조다. 따라서 조주의 가속 과정이 중요한 근원이고, 특히 이 과정의 마지막 3~4보(폴 박스 약 10m 앞)의 구간속도가 도약 높이에 많은 영향을 준다. 이때 카메라를 조주구간 정측면에 설치하고 2차원 분석을 실시하면 마지막 3~4보의 평균 구간속도 외에 총 보수, 평균 보폭, 도약 시 수평/수직속도, 바에 접근하는 각도, 인체중심고 등의 유용한 정보를 얻을 수 있다.

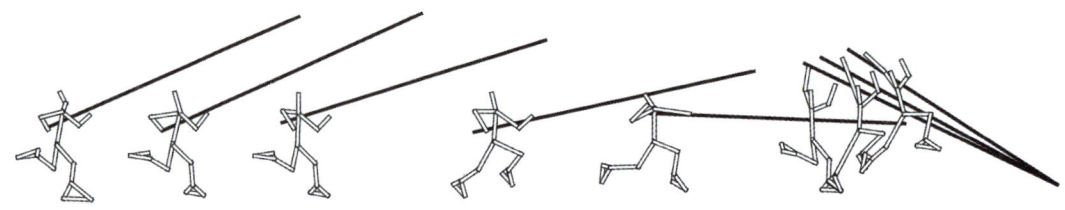

그림 7-10. 2차원 영상분석 사례(장대높이뛰기)

3. 3차원 영상분석

2차원 영상분석은 촬영을 통하여 얻어지는 모든 영상정보가 단일 운동평면상에서 운동하고 있다는 전제하에 가능하다. 그러나 인체 활동은 현실적으로 3차원 공간상에서 이루어지기 때문에 단일 평면상에서만 운동하는 것으로 간주하면 수집된 영상정보에 오차가 포함된다.

가. 3차원 영상분석의 필요성

3차원 영상분석은 2차원 영상분석이 안고 있는 이러한 구조적 오차 및 한계를 극복하기 위한 것이다. 2차원 영상분석에서는 분석을 위해 표시해둔 마커(표시점)가 단일 운동평면이라 가정했던 영역 밖으로 벗어나면 오차가 발생하게 된다(그림 7-11 참조). 그림을 보면 단일 운동평면 밖으로 벗어난 임의의 마커 O는 카메라 렌즈를 통해 영상평면(I; image)에 잡힌다. 그러나 영상에 수록된 I는 운동평면 O′을 인식한 결과에 해당되기 때문에 실제 마커 O와는 운동평면상에서 $\triangle y$만큼 차이가 있으며, 이를 '투시오차(perspective error)'라 한다.

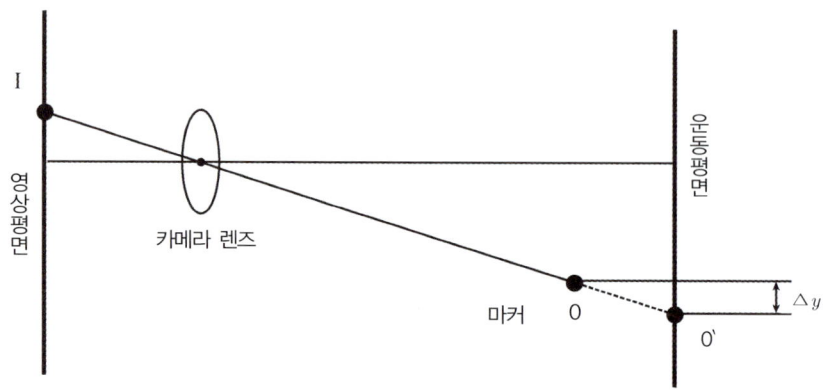

그림 7-11. 투시오차

투시오차는 실제 마커 O가 운동평면에서 멀리 벗어날수록, 카메라 렌즈와 운동평면 사이가 가까울수록 그 크기가 커진다. 따라서 투시오차를 줄이기 위해서는 운동을 수행하는 곳으로부터 되도록 먼 곳에 카메라를 설치해두고 촬영한다. 이 경우 촬영을 통하여 얻어지는 영상자료 I가 작아지는 단점이 발생하게 되는데, 이는 줌 렌즈(zoom lens)를 사용하여 분석에 필요한 적절한 크기로 상을 확대시킴으로써 해결할 수 있다. 그러나 공간이 좁은 실내는 2차원 분석의 투시오차를 줄이기 어렵기 때문에 단일 운동평면으로 가정할 수 있는 기술(예: 보행동작)만 분석할 수밖에 없다. 이처럼 투시오차는 2차원 영상분석방법이 안고 있는 구조적 문제이기 때문에 오차의 크기를 줄일 수는 있어도 완전히 배제시킬 수 없고, 따라서 정교한 운동기술 분석이나 경기력이 우수한 선수의 정밀기술분석에는 반드시 3차원 영상분석이 필요하다.

나. 3차원 영상분석의 발전

3차원 영상분석은 단일 평면이 아닌 공간상에서 이루어지는 복합적인 인체활동이나 운동기술을 2대 이상의 카메라를 이용하여 분석하는 방법으로, 이를 개발하기 위한 노력은 오래전부터 시작되었다. 번스타인(Bernstein, 1930)은 1대의 카메라와 반사경을 이용하여 공간좌표를 얻었으나, 거울의 왜곡으로 인하여 발생되는 오차를 적절히 보정하지 못하여 일반화시키지 못하였고, 위스콘신대학의 라마스터와 모티너(Lamaster & Mortiner, 1964)는 1대의 카메라와 보조 장비를 이용하여 회전각을 구한 연구결과를 발표하였으나, 애트워터(Atwater, 1970)에 의하여 투시오차로 인한 결과의 부적절함이 지적되기도 하였다.

1대의 카메라만으로 3차원 영상분석을 정확히 구현하는 것이 어렵다는 현실을 인식하면서 2대 이상의 카메라를 이용하여 3차원 영상분석 방법을 개발하려는 노력이 시작되었다. 노스(Noss, 1967)와 노벨(Noble, 1968)은 3대의 카메라를 X, Y, Z축에 나란히 설치하는 방법을 제안하였고, 뒤케 등(Duquet et al., 1971)은 2대의 카메라를 평지에서 직교시킨 다음 머리 위에 카메라 1대를 추가로 설치하는 방법을 고안하였다. 왈턴(Walton, 1970)과 애트워터(Atwater, 1970)는 2대의 카메라를 사용하여 공간좌표를 얻고, 얻어진 자료의 투시오차를 보정하기 위한 수단으로 각각 2대, 1대의 카메라를 추가로 사용하는 방법을 제안하기도 하였다.

그러나 오늘날 사용되고 있는 3차원 영상분석 방법이 보편화될 수 있었던 계기는 밀러와 페택(Miller & Petak, 1971), 압델-아지즈와 캐라라(Abdel-Aziz & Karara, 1971)의 연구에서 찾을 수 있다. 밀러와 페택(1971)은 미국체육학회에서 카메라 2대를 이용하여 공간좌표를 얻는 방법을 일반화하였고, 압델-아지즈와 캐라라(1971)는 미국사진측량협회 학회지를 통하여 2대의 카메라를 사용하여 얻은 좌표값을 3차원 좌표로 계산하는 DLT(direct linear transformation) 방법을 제시하였다. 이를 통하여 현재 우리가 사용하고 있는 3차원 영상분석 방법이 일반화될 수 있었던 것이다.

3차원 영상분석방법은 영상자료를 얻는 기본적 하드웨어(예: 16mm 무비카메라, 비디오카메라 등)의 발전과 정확한 위치좌표를 얻을 수 있는 촬영기술의 발전뿐만 아니라 영상자료의 변환 및 많은 자료를 신속히 처리할 수 있는 소프트웨어(시스템 운영 및 연산 프로그램 등)의 발전을 통하여 발전이 빨라지게 되었다. 3차원 영상분석 프로그램은 1980년대 들어 하드웨어의 발전과 함께 선보이기 시작하였으며, 우리나라에서는 권영후 박사(현재 텍사스 주립 여자대학교)가 1980년대 후반에 개발한 Kwon 3D 프로그램이 널리 사용되면서 3차원 영상분석이 보편화되기 시작하였다. 현재는 3차원 영상분석이 보편화되었음은 물론, 실시간으로 마커 위치를 추적하는 시스템을 활용하게 되면서 과거에 비해 훨씬 짧은 시간 내에 각종 스포츠 기술을 정확히 분석할 수 있게 되어 스포츠 발전에 크게 기여하고 있다.

다. DLT 방식을 통한 3차원 좌표

3차원 좌표를 얻기 위하여 〈그림 7-12a〉처럼 2대의 카메라를 직교시키고 촬영하였다고 하자. 즉, 카메라 1은 렌즈의 광축이 Y-Z평면에 수직이 되게, 카메라 2는 X-Z평면에 수직이 되게 설치하였다. 실제 마커 O는 카메라 1을 통해 Y-Z평면 위에 있는 O′을, 카메라 2를 통해 X-Z평면 위에 있는 O″의 상을 얻게 된다. 따라서 마커 O의 좌표값 (x, y, z)은 카메라 1을 통해 얻은 (y, z)값과 카메라 2를 통해 얻은 (x, z) 값을 합성하여 얻을 수 있다. 이는 2대의 카메라를 직교시킬 때만 가능한 것으로 실제 실험 상황에서는 이 조건을 갖추기가 현실적으로 쉽지 않다. 이러한 현실적 제약을 해결하기 위한 것이 바로 DLT 방식이다.

DLT 방식은 실제 운동이 일어나는 X-Y-Z 공간좌표계를 영상평면에 있는 U-V-W 좌표계로 변환시키는 것이며, 2대의 카메라를 어떤 곳에 설치하더라도 마커 O와 렌즈를 통하여 얻은 영상 사이의 대응관계가 일직선을 이룬다는 점에 기초하여 변환을 통하여 3차원 좌표값을 합성시킨다〈그림 7-12b〉. 따라서 DLT 방식은 카메라를 직교시키기 위해 위치를 맞추는 어려움이 없으며, 다양한 실험 상황-예를 들면 카메라 높이가 서로 다른 관중석과 경기장 바닥-에서도 활용할 수 있다. 그러나 DLT 방식은 3차원 좌표값을 계산해내기 위해 실제 좌표값을 알고 있는 통제점 틀(control objects)을 사전에 운동이 이루어지는 공간에 설치하고 촬영한 다음 계수화시키는 과정을 거쳐야 가능해진다. 이 과정을 카메라 캘리브레이션(calibration)이라고 하며, 캘리브레이션을 통하여 DLT에 필요한 정보(카메라 설치조건에 해당됨)를 알아낼 수 있고, 정확한 3차원 좌표를 구할 수 있게 된다.

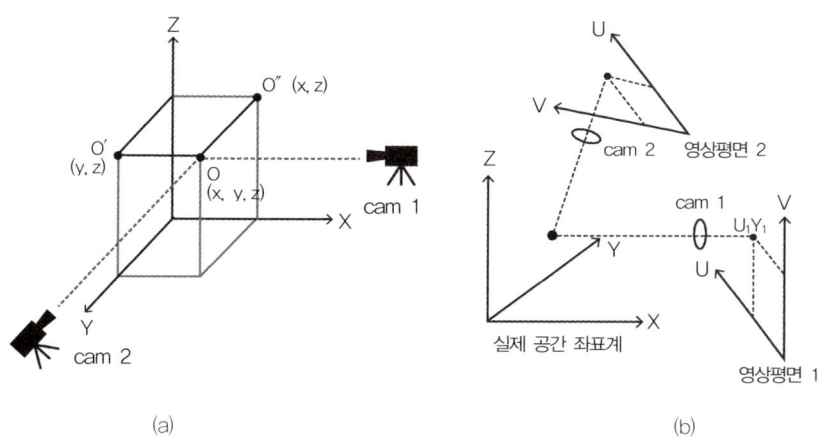

그림 7-12. (a) 2대의 카메라(직교)에 의한 3차원 좌표, (b) DLT에 의한 좌표계 변환

카메라 캘리브레이션에 사용되는 통제점 틀은 좌표값을 정확하게 알고 있는 표식이 있는 구조물이며, 〈그림 7-13〉에서 보는 것처럼 일반적으로 직육면체 형태가 많이 사용된다. 통제점 틀은 어느 곳에 설치해도 공간좌표 설정의 기준이 되기 때문에 조립을 통하여 완전한 형태를 갖추게 할 때 표식의 위치좌표가 항상 일정하도록 견고하게 제작된 것을 사용해야 한다. 그리고 통제점 틀에는 최소 6개 이상의 표식이 있어야 하며, 이 표식의 점들은 동일 평면 위에 있어서는 안 되고, 반드시 공간을 형성해야 3차원 영상분석에 활용할 수 있다.

3차원 영상분석에 필요한 기준좌표계를 설정하는 절차는 ① 임의의 위치에 2대의 카메라를 설치하고, ② 피험자가 활동하는 공간에 통제점 틀을 설치하고 촬영하며, ③ 촬영을 통해 얻어진 영상에 담긴 통제점 틀의 표식을 디지타이징하여 계수화시키고, ④ DLT 관련 정보를 계산하는 순으로 이어진다. 통제점 틀을 이용한 카메라 캘리브레이션을 마친 후에는 카메라를 조금이라도 움직여서는 안 된다. 그것은 캘리브레이션을 실시했던 조건이 조금이라도 달라지면 설정된 기준좌표계가 달라지고, 분석하고자 하는 기술동작의 위치좌표가 변하게 되어 분석결과가 잘못 설정된 공간좌표 값

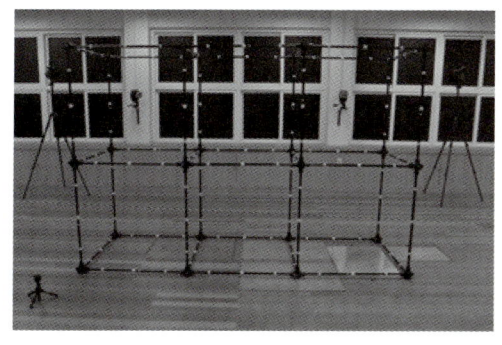 

그림 7-13. 직육면체 통제점 틀과 세단뛰기 분석 사례

으로 계산되기 때문이다.

　DLT 방식을 이용한 3차원 영상분석에서 가장 중요한 점은 통제점 틀을 사용하여 운동이 일어나는 공간좌표계를 정확하게 설정하는 것이다. 그리고 통제점 틀은 피험자가 운동을 수행하는 공간을 충분히 수용할 수 있을 정도로 설치하는 것이 필요하다. 설치된 통제점 틀의 영역 밖에서 동작이 이루어지면 벗어난 영역에서 이루어진 동작의 분석결과가 정확하지 않게 되기 때문이다. 장대높이뛰기, 세단뛰기처럼 넓은 범위에 걸쳐 수행되는 운동기술을 분석하는 경우에는 직육면체 형태의 통제점 틀을 일정 간격으로 반복 설치하여 사용하거나 막대형 틀을 전체 운동 수행 공간에 걸쳐 설치하고, 각 틀 간의 거리를 측정하여 기준좌표계를 설정하기도 한다. 이때도 막대형 틀에는 좌표값을 알고 있는 표식이 있어야 한다. 막대형 틀을 사용하는 경우 정확한 위치좌표 값을 얻기 위해 도로나 토지 측량에 사용되는 측량기(theodolite)를 사용하기도 한다.

　DLT 방식은 2차원 영상분석에도 사용할 수 있다. 배율법을 사용한 2차원 영상분석 시에는 운동평면과 반드시 수직이 되도록 카메라를 설치해야 하지만, DLT 방식을 사용하면 운동평면과 반드시 직교시킬 필요가 없기 때문에 다양한 조건에서 영상자료를 수집할 수 있다. 그러나 3차원 분석과 마찬가지로 사전에 카메라 캘리브레이션을 실시해야 한다. 2차원 DLT 방식을 사용할 때는 통제점 틀에 4개 이상의 표식이 있어야 하며, 이때는 하나의 평면에 위치해야 한다.

라. 3차원 영상분석 과정

　DLT 방식을 이용한 영상분석은 카메라 캘리브레이션을 위한 통제점 틀을 설치하는 방법만 다를 뿐 2차원 분석과 3차원 분석의 전반적 과정이 다르지 않고, 영상분석법을 이용한 최근의 연구결과가 대부분 DLT 방식을 이용한 3차원 영상분석이기 때문에 3차원 영상분석을 중심으로 설명하고자 한다. 3차원 영상분석 과정은 크게 실험설계, 실험(촬영), 자료처리 및 분석의 4단계로 구분할 수 있으며, 각 단계에 포함된 주요 내용은 다음과 같다.

1) 실험설계 단계

　실험설계 단계는 원하는 영상분석에 대한 전반적인 구상과 계획을 수립하는 것으로, 가장 먼저 실험을 추진하는 목적을 확실히 정하고, 분석을 통해 알아내고자 하는 목표를 구체화시키는 것이 중요하다. 이는 실험 목적에 따라 실험에 동원되는 피험자, 실험 장소, 실험 장비, 실험 방법 등이 다르고, 적절한 방안을 선택하는 것이 분석결과의 정확성을 높이고, 경제적으로 실험할 수 있기 때문이다. 따라서 실험설계 단계에서는 다음과 같은 요소에 대해 면밀히 검토하여 결정하는 것이 필요하며, 이 가운데 특히 영상자료 수집 장비와 실험 방법에 대해서는 연구목적과 연계시켜 결정하는 것이 중요하다.

① 촬영장비 선택: 16㎜ 무비카메라, 비디오카메라, 광학시스템 등
② 보조 장비 준비: 통제점 틀, 마커, 실험용 의복, 조명 등
③ 실험 공간 확보: 분석하려는 운동기술에 따라 실내 또는 실외, 피험자 대기 공간 등
④ 실험방법 선택: 2차원/3차원, 배율법/DLT 방식, 카메라 수, 촬영 위치, 실험 순서 등
⑤ 자료처리 준비: 동영상 파일 저장 방안, 분석용 프로그램 등
⑥ 기타 준비: 실험 일자, 실험 소요시간 및 실험일정, 피험자 선정, 실험 보조인력 등

2) 실험 단계

실험 단계는 의도한 목적을 달성하는 데 필요한 영상자료를 수집하는 실제 촬영 과정을 의미한다. 촬영을 통해 얻어진 영상은 다음의 자료처리 과정에서 마커의 위치좌표를 얻기 위해 수치화하는 과정을 거치게 되는데, 이 단계에서 얻어지는 모든 정보의 정확성이 실험 단계에서 설정한 조건에 의해 결정되기 때문에 실험 전에 세심한 주의를 기울여 준비하는 것이 필요하며, 실험 중에도 자주 이를 다시 점검하고 확인해야 한다. 특히 피험자의 전체 동작이 빠짐없이 영상에 담겨야 하고, 화면에 담긴 상의 크기는 가급적 커야 하며, 얻어진 영상의 화질이 선명해야 하고, 빠른 동작일지라도 영상의 번짐 현상이 없어야 하며, 마커의 표식이 다른 인체 부위에 의해 가려지지 않아야 한다. 그리고 마커는 자료처리 과정에서 주변과 잘 식별되는 표식을 부착하여야 하며, 촬영 주위를 밝게 하는 조명도 고려해야 한다.

① 전체 기술동작을 한 화면상에 수집

영상분석을 통한 동작, 기술 분석에는 분석하고자 하는 움직임이 하나의 화면에 모두 잡히도록 카메라 앵글을 설정해야 한다. 그러나 세단뛰기나 장대높이뛰기처럼 전체 기술동작이 넓은 범위에 걸쳐 이루어지는 경우, 카메라를 먼 곳에 설치하고 기술동작을 하나의 화면에 수록하면, 영상에 있는 마커의 크기가 너무 작아 식별하기 어렵기 때문에 계수화시키기 어렵거나 많은 오차를 수반하게 된다. 이와 같은 경우에는 구간을 나누어 촬영하는 것이 좋다. 〈그림 7-14〉는 장대높이뛰기 전체 동작 가운데 조주구간이 길기 때문에 카메라 1과 2로 나누어 2차원 분석을 실시하고, 다시 카메라 2를 카메라 3, 4(경기장이 두 곳으로 나뉘어 실시됨)와 연계하여 폴 박스 진입 이후 바를 넘는 단계까지 3차원 분석을 실시한 사례를 나타낸 것이다. 나뉜 영상은 운동기술 분석 프로그램을 사용하여 하나의 영상으로 연결시킬 수 있다.

전체 기술동작이 포함되도록 카메라를 설치했다 하더라도 피험자의 동작으로 인해 분석하고자 하는 마커가 가려지는 경우가 있다. DLT 방식에 의한 3차원 영상분석에는 카메라 설치상의 제약이 없다고는 하지만, 가급적 마커가 가려질 가능성이 적은 곳에 카메라를 설치해야 한다. 그리고 이런 경우가 불가피할 경우에는 카메라 수를 늘려 촬영하는 것이 필요하다. 카메라 수를 늘리면 마커가

최소한 2대의 카메라에 잡힐 가능성이 커지기 때문에 3차원 영상분석에는 되도록 2대 이상의 카메라를 사용하는 것이 좋다.

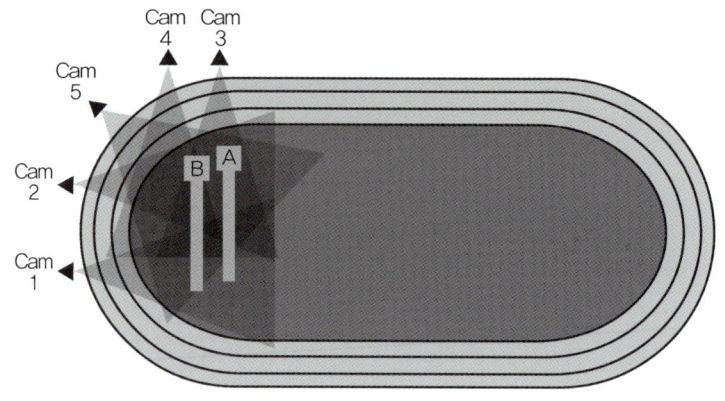

그림 7-14. 장대높이뛰기 기술의 촬영구간 구분 사례

출처: 최규정 등, 2014

② 화면에 담긴 상은 되도록 크게

영상분석을 위한 촬영에서 가장 크게 염두에 두어야 하는 점은 분석하고자 하는 마커가 영상에 적절한 크기로 선명하게 수록될 수 있도록 하는 것이다. 이는 영상분석 과정에 포함된 디지타이징 과정에서 마커의 위치좌표를 정확하게 추정하는 것과 관련되고, 이것이 바로 정확한 분석결과에 직결되기 때문이다.

화면상의 피사체 크기는 렌즈 초점거리와 관련 있다. 초점거리가 짧은 렌즈(광각렌즈)는 가까운 거리에 있는 피사체 촬영에 좋고, 초점거리가 긴 렌즈(망원렌즈)는 먼 곳에 있는 피사체 촬영에 유용하다. 오늘날 많이 사용되는 줌 렌즈는 초점거리가 고정되지 않고, 넓은 범위에 걸쳐 사용할 수 있기 때문에 다양한 실험에 모두 활용할 수 있다.

한 가지 유의할 점은 영상분석을 위해 적절한 크기로 화면을 설정한 다음 초점을 맞추고 카메라 캘리브레이션을 마치면, 줌 렌즈를 조금이라도 움직여서는 안 된다. 만일 줌 렌즈를 움직이게 되면 상의 크기가 변하고, 이는 카메라 설치조건을 변화시킨 것과 같으며, 따라서 카메라 캘리브레이션이 달라지기 때문에 얻어지는 모든 영상분석 결과가 잘못된 것이 되고 만다.

③ 번짐이 없는 선명한 화질

촬영을 통하여 얻어진 영상의 화질은 촬영을 위해 설정한 촬영속도(frame rate), 초점거리, 노출(exposure), 노출시간(shutter speed) 등의 촬영조건과 카메라 렌즈의 성능(심도, 수차 등)에 따라 달라진다. 영상분석을 위한 촬영속도는 어떤 동작기술을 분석하는가, 즉 동작기술의 특성이 무엇인가에 따라 달라진다. 만일 골프, 배드민턴, 테니스 같은 종목의 스윙 또는 스매싱 동작에서 인체 말단 부위나 스포츠 장비의 이동속도를 분석하려 한다면, 빠른 촬영속도(300프레임/초)로 촬영할 수 있는 고속 무비카메라 또는 고속 비디오카메라를 사용하는 것이 적절하다. 그러나 일상적인 보행 동작이나 빠르지 않은 전신의 동작을 분석하는 경우에는 일반 비디오카메라를 이용해도 충분하다. 빠르게 움직이는 동작을 느린 속도로 촬영하면 빠르게 움직이는 물체의 영상이 선명하지 못하고 화면상에 넓게 번진 것처럼 보여 정확한 분석을 어렵게 한다. 그러나 촬영속도가 지나치게 빠르면 경제적 손실이 크고(특히 16㎜ 카메라를 사용한 경우), 분석에 소요되는 시간도 길어지기 때문에 비효율적이다. 이러한 딜레마를 해결하기 위해 실험 전에 간단한 예비실험 등을 통해 촬영속도를 결정하거나 사전 경험이 있는 전문가의 조언을 얻는 것이 바람직하다.

선명한 상을 얻기 위해서는 피사체에 정확히 초점을 맞추는 것이 요구된다. 대부분의 카메라는 수동 방식과 자동 방식으로 피사체에 초점을 맞출 수 있다. 영상분석을 위한 촬영 시에는 반드시 수동 방식으로 카메라 초점을 맞춰야 한다. 자동 방식을 선택하면 카메라 캘리브레이션 후에 피사체의 움직임에 따라 초점거리가 자동으로 변하게 되어 앞서 설명한 것처럼 카메라 설치조건이 바뀌고, 이는 잘못된 분석결과로 이어지기 때문이다. 수동 방식으로 설정한 경우에도 같은 이유로 동작기술을 촬영하는 동안에는 설령 상이 흐려져도 카메라를 조작하여 초점거리를 맞추는 행위를 해서는 절대로 안 된다. 카메라와 피사체 간의 거리에 따라 초점이 달라지므로 카메라를 향해 움직이는 방식으로 카메라를 설치하면 선명한 상을 얻지 못하는 경우가 벌어지기 때문에 이러한 형태로 카메라를 설치하는 것은 피하는 것이 좋다. 렌즈의 심도(depth of field)가 좋은 것은 피사체와의 거리가 바뀌어도 더욱 선명한 상을 얻을 수 있다.

비디오카메라로 촬영할 때와는 달리 16㎜ 무비카메라를 사용할 때는 선명한 상을 얻기 위해 필름이 빛에 노출되는 양이 적절해야 한다. 영상분석 장비(조도계 또는 노출계)에서 설명한 바와 같이 16㎜ 무비카메라를 사용할 때는 비디오처럼 모니터를 통해 화질을 예측할 수 없기 때문에 적절한 노출(exposure)과 노출시간(shutter speed)을 설정하는 것이 중요하다. 노출은 렌즈를 통과하는 빛의 양이고, 노출시간은 말 그대로 필름이 빛에 노출되는 시간을 말한다. 필름이 빛에 노출되는 양은 렌즈 조리개(iris)에 의해 조절된다. 렌즈 조리개의 f-값은 22, 16, 11, 8, 5.6, 4, 2.8, 2, 1.4 등으로 표시되며, 열거된 f-값은 $1/\sqrt{2}$만큼 줄어드는 수열 형태다. f-값의 수치는 렌즈의 원래 구경을 1이라 할 때, 각 수치의 역수만큼 렌즈의 구경이 줄어든 상태로 빛이 통과되는 것을 뜻하며, 따라서 f-값이 한 단계 감소할수록 조리개를 통과하는 빛의 양은 2배씩 증가하게 된다. 필름이 빛에 노출되는 시간은 셔터의 종류에 따라 달라지며, 셔터는 개각도(shutter factor)에 따라 2, 3, 6, 12 분할셔터 등으로 나뉜다. 예를 들어 6분할 셔터는 360° 원주 형태의 셔터가 1/6만

터져 있기 때문에 빛이 필름에 비추는 시간이 1/6로 줄어든다는 것을 의미한다. 따라서 촬영속도를 100프레임/초로 설정한 경우, 필름이 실제로 빛에 노출되는 시간은 1/100초가 아니라 1/600초이며, 이 값을 조도계에 적용하여 적절한 f-값을 알아낼 수 있다. 영상분석을 위한 촬영에는 일반적으로 촬영속도와 개각도를 정하여 노출시간을 정하고, 그에 따른 f-값을 정한다.

④ 카메라 동기화

3차원 영상분석에는 2대 이상의 카메라가 사용되는데, 이때 가장 중요한 점은 얻어진 영상이 모두 같은 시점의 것이어야 한다는 것이다. 카메라가 독자적으로 작동하면 셔터가 열리고 닫히는 시점이 각기 달라 서로 다른 시점의 좌표를 얻게 되고, 이를 3차원 좌표로 합성하여 분석하는 것은 현실을 왜곡시킨 결과가 되기 때문이다. 실험에 사용된 카메라가 동시에 작동하도록 맞추는 것을 '동조(synchronization)'라 한다. 영상분석에 사용되는 동조 방법에는 하드웨어 방식과 소프트웨어 방식이 있다. 하드웨어 방식은 일반적으로 'gen-lock'이라 표시된 단자를 연결하여 전자적으로 제어하는 방식이고, 소프트웨어 방식은 컴퓨터 프로그램을 이용하여 수치상 영상의 동시성을 갖게 하는 방식이다.

3) 자료처리 단계

자료처리 단계에서 맨 처음 수행하는 일은 수록된 영상을 사용하여 통제점 틀과 분석대상 마커의 표식을 수치화하는 것이며, 이를 '디지타이징(digitizing)'이라 부른다. 영상분석에 가장 많은 시간이 소요되지만, 자동 분석 프로그램이나 광전시스템을 사용한 경우에는 소요시간을 많이 줄일 수 있다. 자동 디지타이징 시스템은 기술동작을 실시한 배경과 마커의 밝기 차이(contrast)를 이용하여 마커의 위치를 자동적으로 추적하는 방식이다. 따라서 자동 분석을 위해서는 촬영 전에 주변과 구별이 잘되는 마커를 부착하는 것이 전제되어야 하며, 마커의 표식이 가려지지 않는 동작의 영상분석에 적합하다. 디지타이징은 보통 통제점 틀, 마커 순으로 실시하며, 영상의 기준좌표계에 해당되는 카메라 설치조건(캘리브레이션 정보)을 먼저 설정한다. 그리고 각 영상으로부터 마커의 좌표가 얻어지면, 이를 카메라 설치조건과 연계시켜 마커의 실제 좌표를 계산한다.

디지타이징은 모니터에 있는 영상을 바라보면서 마커의 위치를 펜처럼 생긴 도구를 사용하거나 커서를 클릭하여 좌표를 입력시키는 과정이다. 특히 수동 방식인 경우에는 모든 작업을 사람이 실시하기 때문에 디지타이징을 통해 얻은 마커의 원 자료(raw data)에는 오차(random error) 또는 노이즈(noise)가 포함되어 있다. 따라서 원 자료에서 노이즈 성분을 제거한 후에 변인을 계산하는 것이 정확한 분석을 위한 과정이라 할 수 있다. 원 자료에서 노이즈 성분을 제거하고 실제 동작과 유사한 형태로 가공하는 과정을 필터링(filtering), 평활화 또는 스무딩(smoothing)이라 한다. 이 과정을 거치지 않으면 원 자료에서 파생된 속도·가속도 변인들은 오차가 2배, 4배로 증폭되는 결과를 가져온다. 필터링 방법에는 유한차 방법, 곡선 적합도 방법, 디지털 필터링 방법 등 여러 가지가 있지만 가장 많이 사용되는 방법은 디지털 필터링 방법이다. 이 방법은 원 자료의 신호 성분이 비교적 주파수가 낮고, 노이즈 성분은 주파수가 높다는 특성을 이용하여 저주파 영역의 신호는 통과시키고, 고주파 영역의 노이즈는 걸러내는 방식이다. 이를 저역통과 필터(low pass filter)라 하며, 운동역학 연구에 가장 많이 사용되고 있다. 신호 성분과 노이즈 성분을 구분하는 기준을 차단주파수(cutoff frequency)라 하며, 대부분의 인체 활동 영상분석에는 5~10(대표적으로 6)Hz를 차단주파수로 사용한다. 차단주파수 결정을 위해 임의의 마커(가장 빠르게 움직이는 곳)의 위치좌표 변화 양상을 그래프로 먼저 그려보고 조절하는 것이 바람직하며, 차단주파수를 너무 낮게 설정하면 신호성분을 잃게 되고, 반대로 차단주파수가 너무 높으면 노이즈가 많이 포함된 결과를 얻게 된다.

디지타이징과 필터링 과정을 통해 마커의 위치좌표를 얻고 3차원 좌표로 합성하고 나면, 실험 목적을 달성하기 위해 선정된 분석 변인을 계산하는 과정이 남아 있다. 일반적으로 영상분석을 통해 산출되는 운동학적(kinetic) 변인에는 구간별 동작 소요시간, 인체 분절의 무게중심 위치, 분절 사이의 각도, 분절의 이동변위, (각)속도, (각)가속도 등이 있다. 그리고 이들 변인으로부터 (각)운동량, 파워, 에너지 등의 변인을 구할 수 있다. 나아가 지면반력측정기로부터 얻은 힘에 관한 자료와 연계하여(실험 전에 반드시 동조해야 함) 관절에 작용되는 순수한 힘이나 토크를 구하는 데 활용하기도 한다.

4) 분석 단계

분석 과정은 처음 연구 설계 과정에서 의도한 연구목적 및 목표와 관련이 많다. 설정된 목적을 달성하기 위해 숙고하되, 가장 먼저 염두에 두어야 하는 것은 기술동작의 효율적 측면이다. 그것은 운동역학 연구의 가장 큰 목적이 '운동의 효율성 제고'에 있기 때문이다. 효율성에 기초하지 않은 기술동작으로는 경쟁을 본질로 하는 스포츠에서 최고 수준의 경기력을 갖기 어렵다. 영상분석 결과는 피드백 과정을 거친다. 피드백 내용은 1차적으로 기술동작을 명확히 평가할 수 있어야 하고, 2차적으로는 분석된 변인이 경기력이나 기술동작 수준과 유기적으로 연계될 수 있는 논리가 있어야 하며, 이들이 기술동작의 효율성 측면에서 다뤄져야 한다는 뜻이다.

영상분석을 실시하는 목적은 크게 운동기술의 기전(mechanism)을 파악하는 것과 상호 비교를 통한 개선점을 도출하는 것으로 나눠볼 수 있다. 운동기술의 기전을 파악하는 것은 운동기술을 구성하고 있는 운동역학적 변인들이 상호 어떤 형태로 영향을 주고, 이를 통해 전체적인 운동수행능력에 미치는 영향이 어떤 것인지 규명하려는 것이다. 그리고 이를 기반으로 운동기술 능력이 서로 다른 두 집단 사이에 차이를 보이는 변인을 비교함으로써 부족한 부분이나 차이를 보이는 부분에 대한 피드백이 이뤄지는 것이 일반적이다. 예를 들어 움직이는 원판 위에 서 있는 사람이 중심을 유지하기 위해 취하는 사지분절의 활동 형태를 분석하는 것은 중심을 잃지 않기 위한 인간의 활동 기전을 분석하는 전자에 속하고, 세계육상선수권대회에 참가한 선수들 가운데 결승에 오른 8명과 예선에 탈락한 최하위 8명의 장대높이뛰기 기술을 분석하여 비교하는 것은 후자에 속한다. 일반적으로 비교분석방법은 경기력이 앞선 선수의 기술이 효율적이라는 가정 하에 그들과 차이를 보이는 변인을 찾아내 개선점을 얻는 모델로 삼거나 차이를 보이는 요인이 경기력에 중요한 영향을 주는 것으로 간주하고, 이를 향상시키기 위한 기술훈련 포인트로 삼기도 한다.

분석 단계에서는 연속된 전체 기술동작을 몇 개의 중요한 순간(이를 '이벤트'라 함)을 기준으로 구간(또는 국면)으로 나누는 것이 편리하다. 장대높이뛰기 종목의 경우 출발, 장대를 폴 박스에 꽂는 순간, 장대가 최대로 휘는 순간, 장대가 곧게 펴진 순간, 장대를 놓는 순간, 인체 중심이 최고 높이에 도달한 순간 등을 주요 이벤트로 설정할 수 있으며, 이벤트 사이를 하나의 단계로 정의할 수 있다. 출발 순간부터 장대를 폴 박스에 꽂는 순간까지를 조주 단계라 하고, 이후 장대가 최대로 휘는 순간까지는 조주를 통해 얻은 직선 운동에너지를 장대에 탄성에너지로 저장하는 단계라 할 수 있다. 이처럼 이벤트를 정하는 것은 이벤트를 중심으로 기술동작의 특성이 변하는 경계를 삼는 것이 바람직하다. 그리고 기술동작에 대한 영상분석은 단계별 동작이 서로 연결된 것으로 변인들이 연관성을 갖기 때문에 경기력에 관련된 중요한 요인과 이 요인들의 상호관계를 규명하는 것이 중요한 의미를 갖는다.

마. 3차원 영상분석 활용

걷기, 달리기와 같이 좌우 대칭으로 간주할 수 있는 운동기술은 2차원 영상분석을 통한 정보 제공으로도 비교적 피드백 효과가 있다. 그러나 기술동작이 복잡하고 난이도가 높은 경우에는 단일평면상의 운동으로 간주할 수 있는 굴곡/신전 외에 관절을 중심으로 회전이 발생하므로 2차원 분석이 거의 불가능하다. 대부분의 구기 종목 기술은 방향 전환이 급격하게 이뤄지는 특성이 있기 때문에 단일평면상의 운동으로 간주하기에는 많은 오류를 포함할 수밖에 없다. 따라서 이러한 기술동작들에 대한 영상분석은 반드시 3차원으로 실시해야 하며, 최근에는 대부분의 기술동작 분석이 3차원 영상분석을 통해 이뤄지고 있다.

기계체조 도마경기는 스타트 라인으로부터 힘차게 달린 다음 두 발을 모아 도약한 후 양손을 도마에 짚고, 도마를 넘으면서 공중회전과 비틀기 동작을 실시한 후 착지하는 동작으로 구성된다. 조주를 통하여 얻은 직선 방향의 가속성분은 도마를 짚는 팔에 저장되고, 그 힘은 다시 팔을 축으로 하여 전후좌우 방향으로 분산시켜 공중에서 동체를 좌우축을 중심으로 회전시키거나 수직축을 중심으로 비트는 데 사용된다. 조주구간에서는 빠른 속도로 전신을 가속시키는 것이 가장 중요한 포인

트이기 때문에 인체 중심의 가속 형태를 분석하는 것이 중요하다. 이때 장대높이뛰기 조주구간을 2차원으로 분석했던 것처럼 도마경기의 조주구간도 2차원 영상분석으로 충분히 정량적으로 분석할 수 있지만, 이후의 동작들은 전신이 전후좌우로 회전하기 때문에 2대 이상의 카메라를 동원한 3차원 영상분석이 필요하다. 도마경기 기술동작에 대한 3차원 분석을 실시하여 인체 중심의 전후·좌우·상하 방향의 이동변위, 속도, 동체 회전각(속)도, 비틀기 각(속)도 등의 유용한 정보를 얻을 수 있다(그림 7-15 참조).

최근 들어 적외선카메라 같은 광전시스템의 보급이 확산되면서 과거에 비해 영상분석 소요 시간이 줄어듦에 따라 운동역학 연구가 폭넓게 진행되고 있다. 광전시스템을 활용한 좋은 사례로 점프 후, 착지 시 발생하는 무릎관절의 내번(inversion)과 외번(eversion)이 부상으로 연결되는 기전을 밝혀내는 연구를 들 수 있다. 아직까지 디지타이징이 자동화되지 않은 것도 많이 사용하고 있지만, 광전시스템의 활용이 점차 증가되는 추세다. 또한 반사 마커를 활용한 3차원 영상분석에서 3차원 위치좌표의 실시간 전송이 가능하게 되어 광역좌표계(global coordinate system)와 지역좌표계(local coordinate system) 간의 연동이 자유로워졌고, 역동역학(inverse dynamics) 해석을 위한 정확한 운동학적 정보를 제공할 수 있게 되었다. 아울러 3차원 영상분석을 통하여 얻은 분절의 길이 변화를 시뮬레이션하여 세부 근육의 길이를 추정하는 데까지 이용하고 있어 향후 운동역학 발전에 더욱 기여할 것으로 기대된다.

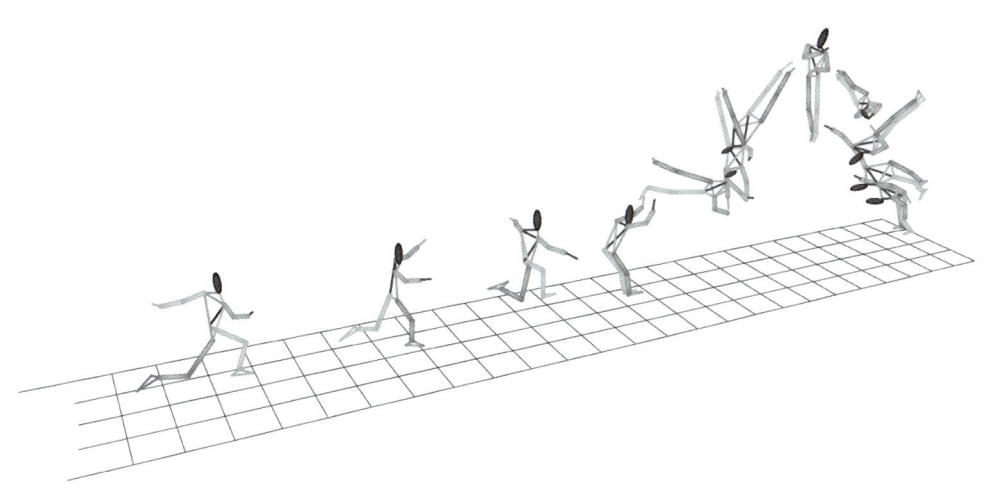

그림 7-15. 3차원 영상분석 사례(기계체조 도마) 출처: 송주호, 2013

2장 힘 분석

 학습목표

- 인체에 작용하는 다양한 힘에 대해 알아보고, 이러한 힘들을 측정하는 원리를 이해한다.
- 다양한 힘들을 측정하는 방법을 알아본다.
- 지면반력 측정을 이해하고 다양한 활용방법을 알아본다.

1. 힘 측정 원리

힘[Force, 力]이란 물체의 형태를 변형시키거나 속도의 변화를 일으키는 원인이다. 다시 말해 물체에 힘을 가하면 그 물체의 형태가 변하거나 움직임이 바뀌게 된다. 우리는 이러한 힘들에 의해 신체를 움직일 수 있고, 다양한 활동을 할 수 있게 된다. 스포츠 상황에서 신체에 영향을 미치는 힘을 찾아보고, 이러한 힘들을 측정하는 원리를 알아보자.

가. 스포츠 상황에서 신체활동에 영향을 미치는 힘

우리는 신체 내부에서 발생하는 힘과 신체 외부에서 발생하는 힘에 의해 움직이고 다양한 활동을 하게 된다. 신체 내부에서 발생하여 신체 활동에 영향을 미치는 힘은 근력이다. 신체는 근육의 수축을 통해 각 관절의 회전력을 생성하고, 이때 발생한 각 관절의 회전력에 의해 신체의 움직임이 발생한다. 이러한 움직임을 통해 걷고, 뛰고, 던지고, 차고, 잡고, 밀고, 당기는 등의 다양한 활동을 할 수 있다. 신체 외부에서 발생하여 신체활동에 영향을 미치는 힘은 중력, 지면반력, 마찰력, 부력, 항력, 양력 등이 있다. 중력은 지구와 신체가 서로 당기는 힘을 의미하며, 지면반력은 인체 또는 물체가 지면과 접촉해 있을 때 지면을 누르는 힘의 반작용력이다. 마찰력은 접촉된 두 물체 사이에서 물체 이동 방향의 반대 방향으로 작용하는 힘이다. 항력은 유체 속에서 움직이는 물체에 작용하는 저항력으로 움직이는 방향의 반대 방향으로 작용하는 힘이며, 양력은 항력의 수직 방향으로 발생하는 힘이다. 부력은 유체 속에 있는 물체에 중력 반대 방향으로 작용하는 힘이다.

이러한 힘들을 통해 우리는 걷기, 뛰기, 잡기, 던지기, 회전하기 등 다양한 활동을 할 수 있으며 움직임을 유발하거나 움직임을 통해 생성된 힘들을 분석하면 보다 안전하고 효율적인 움직임을 찾을 수 있다.

나. 힘 측정 원리

스포츠 상황에서 발생하는 다양한 힘들의 측정 방법은 간접 측정과 직접 측정이 있다. 힘을 간접적으로 측정하는 대표적인 방법은 영상분석이다. 영상분석을 통해 물체의 가속도 또는 변형 정도를 파악하여 힘의 크기를 알 수 있다. 이 방법은 실제 동작에 영향을 최소화하는 측정 방법이지만 힘을 산출하는 과정이 복잡하고 정확성이 떨어진다는 단점이 있다. 직접 측정 방식은 영상분석을 통한 측정 방법과는 반대로 힘을 정확하게 측정할 수 있지만, 실제 동작에 영향을 미치지 않고 측정하기 어렵다는 단점이 있다. 사람이나 물체에 힘을 가하게 되면 속도가 변하거나 형태가 변하게 된다. 사람 또는 물체에 작용하는 힘을 직접적으로 측정하는 원리도 물체에 가해진 속도의 변화(가속도)를 측정하거나 변형되는 정도를 측정하는 것이다. 속도의 변화(가속도)는 가속도계를 통해 측정하게 되며, 가해지는 힘을 직접적으로 측정할 때에는 물체에 힘을 가하게 되면 가한 힘에 비례하여 물체가 변형되는 성질을 이용한 스트레인 게이지(strain gauge)를 주로 사용한다.

그림 7-16. 스포츠 상황에서 발생하는 다양한 힘

1) 영상분석을 통한 힘의 측정

오른쪽 그림과 같이 투수가 공을 던지는 동작을 촬영하여 영상분석을 하면 공의 실제 좌표값을 얻을 수 있다. 공의 변위를 시간으로 미분하면 속도를 구할 수 있으며, 속도를 다시 시간으로 미분하면 가속도를 얻게 된다. 여기서 구한 가속도를 통해 매 순간 투수가 공에 가한 힘의 크기와 방향을 알 수 있다.

그림 7-17. 순간가속도

2) 가속도계를 이용한 힘의 측정

오른쪽 그림과 같이 샌드백에 가속도계를 설치하여 가속도를 측정하면 '힘 = 질량 × 가속도' 공식을 통해 외부에서 샌드백에 가하는 힘을 측정할 수 있다. 실제 동작에 영향을 미치지 않고 직접적으로 힘을 측정할 수 있지만, 물체(샌드백)의 변형에 의해 힘이 분산되거나 늦게 전달되는 것은 밝히기 어렵다.

그림 7-18.
3축 가속도계

3) 스트레인 게이지를 이용한 힘의 측정

스트레인 게이지(strain gauge)는 물리적인 변형량을 전기 신호로 바꾸어 변형된 정도를 알려주는 저항센서로, 금속 저항체가 늘어나거나 줄어들 때 전기 저항값이 변하는 원리를 이용한다. 전자체중계는 일상생활에서 스트레인 게이지 방식을 통해 힘을 측정하는 가장 일반적인 장비이다.

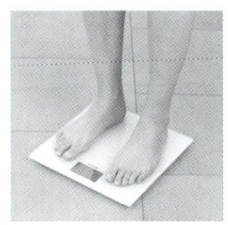

그림 7-19. 전자체중계

2. 힘 측정 방법

앞에서 알아본 신체활동에 영향을 미치는 다양한 힘들의 측정 방법에 대해 알아보자.

가. 근력 측정 방법

신체 내부에서 발생하여 신체의 움직임을 발생시키는 근력은 직접 측정 방식과 간접 측정 방식으로 나눌 수 있다. 근력을 직접 측정하기 위해서는 근육과 건에 스트레인 게이지를 직접 연결하여야 한다. 이 방식은 각각의 근육에서 발생하는 근력을 정확하게 측정할 수 있다는 장점이 있지만, 수술을 통해 인체에 장비를 삽입해야 하는 등 다양한 제한사항이 발생하게 된다. 이러한 단점으로 인하여 일반적으로 근력은 간접 측정 방식을 통해 측정한다.

근력을 간접적으로 측정하는 방법은 크게 두 가지로 나눌 수 있다. 하나는 영상분석과 시뮬레이션을 활용한 방법, 또 하나는 근전도를 측정하는 방법이 있다. 첫 번째 방법은 영상분석을 통해 각 분절의 움직임과 각 관절에서의 발생한 회전력을 측정하여 시뮬레이션을 통해 각 근육의 길이와 근

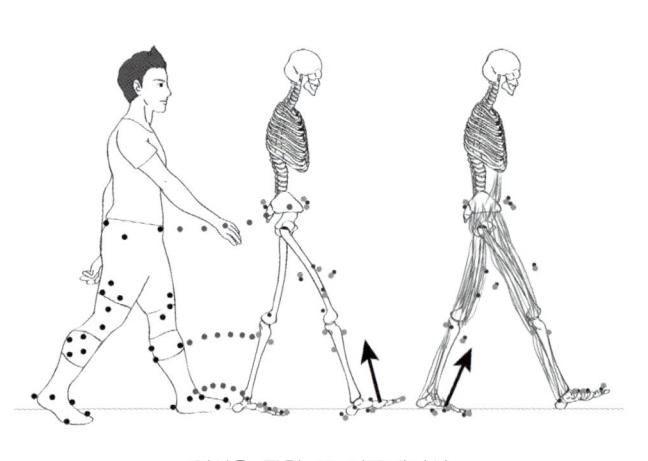

영상을 통한 근 시뮬레이션

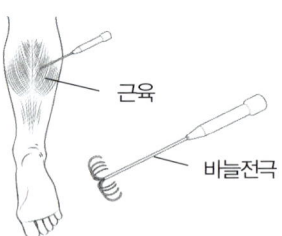

근육 내 근전도 검사

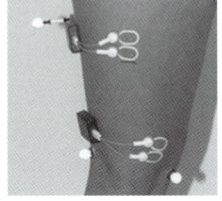

표면 근전도 검사

그림 7-20. 근력 측정 방법

력을 추정하는 것이다. 두 번째 방법은 근육이 수축할 때 발생하는 활동전위를 측정하는 방법으로, 근육에 바늘이나 미세 섬유를 삽입하여 근전도를 직접 측정하는 방법(근육 내 근전도 검사)과 피부에 전극을 붙여서 근육에서 발생한 활동전위들의 신호를 측정하는 방법(표면 근전도 검사)이 있다. 이때 측정된 근전도의 상대적인 크기를 통해 근육의 활성 정도를 추정하게 된다. 근전도 측정 방법은 다음 단원에서 상세하게 배우게 된다.

나. 중력 측정 방법

동일한 위도와 고도에서는 항상 일정한 중력이 작용한다. 반대로 위도와 고도가 변경되었을 때 중력의 크기는 미세하게 변하게 되며, 이러한 중력의 크기는 스포츠 결과에 영향을 미치게 된다. 예를 들어 높이뛰기의 경우 중력이 약한 고지대에서 할 때 더 높은 기록을 달성할 수 있다. 투포환, 투원반, 투해머 등 던지기 종목과 멀리뛰기 종목도 중력의 영향을 많이 받는다. 중력은 작용한 힘이 클수록 추를 매단 용수철이 많이 늘어나는 원리를 이용한 '중력 측정 장비'를 통해 측정한다.

그림 7-21. 중력 측정 장비
(사진 출처: 두산백과)

다. 지면반력 측정 방법

지면반력은 대부분의 스포츠에서 퍼포먼스에 가장 큰 영향을 미치는 힘으로, 항상 중력의 영향을 받는 근력을 이용하여 능동적으로 조절할 수 있다. 이러한 지면반력의 측정 방법에 대해서는 다음 단원에서 상세히 배우게 될 것이다.

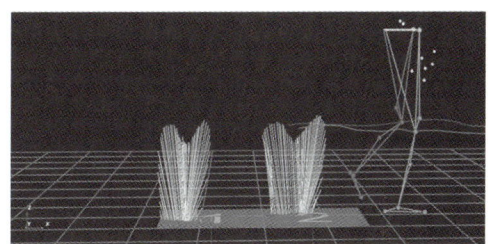

그림 7-22. 지면반력 측정

라. 마찰력 측정 방법

마찰력은 정지 마찰력과 운동 마찰력으로 나뉜다. 정지 마찰력은 두 물체의 상대적인 운동이 없을 때 작용하는 마찰력이며, 운동 마찰력은 두 물체가 접촉하여 상대적인 운동이 있을 때 작용하는

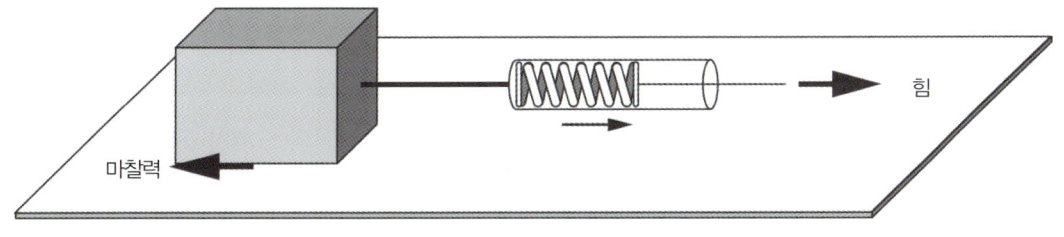

그림 7-23. 마찰력 측정

마찰력이다. 정지 마찰력과 운동 마찰력은 접촉된 두 물체의 재질과 형태, 수직항력에 영향을 받는다. 정지 마찰력은 물체에 마찰력과 수직 방향으로 가해지는 힘과 방향이 반대인 동일한 크기를 갖게 되며, 운동 마찰력은 두 물체의 상대적인 속도와 상관없이 항상 일정한 크기다.

정지 마찰력과 운동 마찰력 모두 앞의 그림과 같이 측정할 수 있다. 물체에 장력을 측정할 수 있는 장력측정기를 설치한 후 일정한 힘으로 물체를 당긴다. 물체가 정지해 있을 경우 당기기 힘과 동일한 크기의 정지 마찰력이 측정될 것이며, 물체가 움직이기 시작한 이후로는 물체의 속도와 관계없이 일정한 장력(마찰력)이 나타날 것이다.

마. 항력/양력 측정 방법

항력은 유체 속에서 움직이는 물체의 반대 방향으로 작용하는 힘으로, 물체의 움직임을 방해하는 힘이다. 항력은 유체의 점성, 물체의 형태, 단면적, 표면 재질 그리고 물체의 속력에 영향을 받는다. 양력은 유체 속에서 움직이는 물체에 항력의 수직 방향으로 작용하는 힘이다. 공기 중에서의 항력과 양력은 풍동 실험을 통해 직접 측정이 가능하며, 실제 스포츠 동작의 영상분석을 통해서도 측정이 가능하다.

1) 풍동 실험을 통한 항력과 양력 측정

공기 중에서의 항력과 양력을 측정하는 대표적인 방법은 풍동 실험을 통해서다. 정지해 있을 때의 지면반력과 일정한 속도로 상대적인 바람(유체의 흐름)이 발생할 때의 지면반력을 비교하여 양력과 항력을 구할 수 있다.

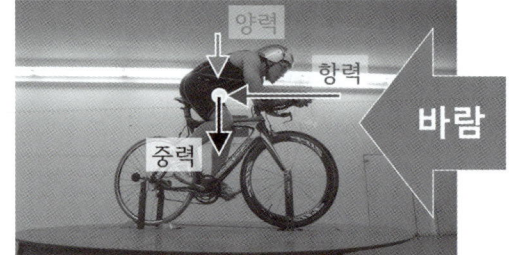

그림 7-24. 풍동을 이용한 힘 측정

2) 영상분석을 통한 항력과 양력 측정

오른쪽 그림과 같이 투사체운동을 영상분석하여 순간가속도를 구하면 투사체에 작용하는 중력 이외의 힘(항력, 양력)을 구할 수 있다.

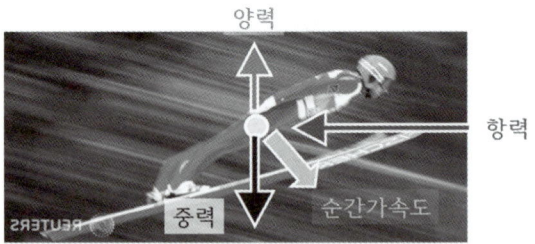

그림 7-25. 영상분석을 통한 힘 측정

바. 부력 측정 방법

부력은 유체 속에 있는 물체의 밀도의 차이에 의해 발생하는 힘이다. 공기는 기체로 액체와 고체에 비해 상대적으로 밀도가 매우 낮기 때문에 공기 중에서의 부력은 거의 느끼지 못하며, 스포츠 동작에도 크게 영향을 미치지 못한다. 하지만 물의 밀도는 높아서 물속에서의 부력은 매우 중요하며, 수상 스포츠에서 부력은 종목이나 물체의 특성에 따라 서로 다른 영향을 미친다.

1) 유체에 잠긴 물체의 부피를 통해 부력 측정

부력의 크기는 유체에 잠긴 물체의 부피만큼 유체의 무게와 동일하므로 유체에 잠긴 물체의 부피를 구하면 부력을 구할 수 있다. 아래 그림과 같이 물이 담겨 있는 비커에 물체를 넣어 증가한 물의 부피만큼의 무게를 재면 부력의 크기를 알 수 있다.

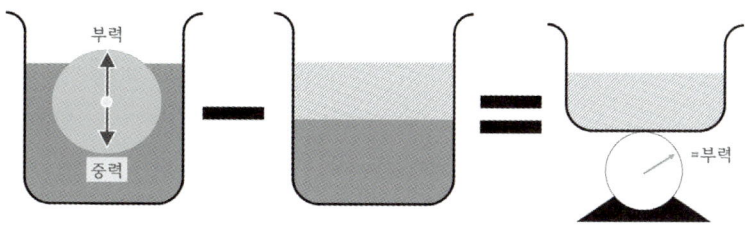

그림 7-26. 유체의 부피를 이용한 부력 측정

2) 부력의 크기를 직접 측정

오른쪽 그림과 같이 물을 담은 비커를 저울에 올려놓고 부력을 측정하고자 하는 물체를 그림과 같이 비커 속에 넣으면 부력의 크기만큼 저울 눈금이 움직인다. 이렇게 하면 부력을 직접 측정할 수 있다.

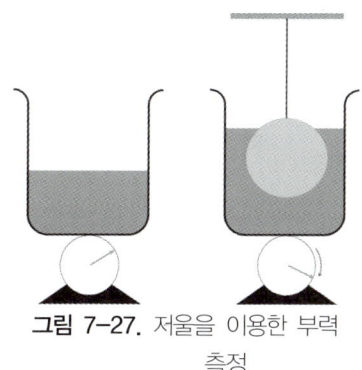

그림 7-27. 저울을 이용한 부력 측정

3. 지면반력 측정의 활용

가. 지면반력이란?

뉴턴의 제3법칙은 물체 A가 다른 물체 B에 힘을 가하게 되면(작용) 물체 B가 물체 A에 동일한 크기의 반대 방향의 힘을 가하는(반작용) 것을 말한다. 지구상의 모든 물체는 항상 중력의 영향을 받는다. 다시 말해 지구상의 모든 물체는 지구 중심 방향으로 일정한 힘을 받고 있으므로 끊임없이 지구 중심 방향으로 가속해야 한다. 지면에 닿아 있는 사람이나 물체는 지면을 누르는 힘과 동일하고 방향이 반대인 반작용력을 지면으로부터 받게 된다. 이렇게 사람이나 물체가 지면에 접촉하여 지면을 누르는 힘에 반하여 지면이 사람과 물체를 밀어내는 힘을 '지면반력(ground reaction force, GRF)'이라고 한다.

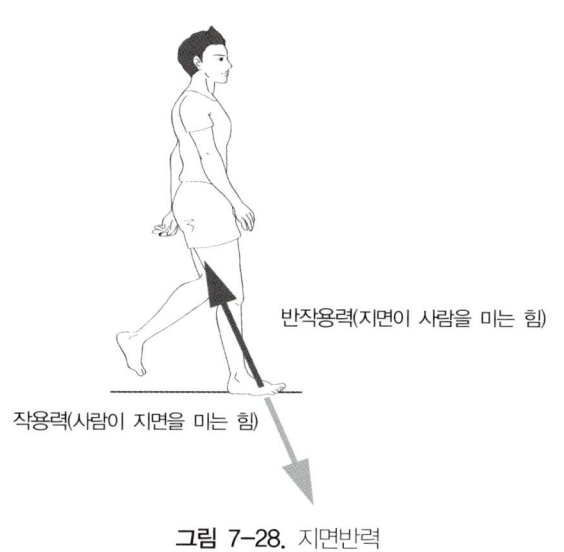

그림 7-28. 지면반력

나. 지면반력의 중요성

신체활동에 영향을 미치는 다양한 힘 중 지면반력은 대부분의 스포츠에서 중요한 요인으로 작용한다. 높이뛰기의 경우 지면반력이 클수록 더 높이 뛸 것이고, 멀리뛰기는 지면반력의 크기도 커야 하지만 지면반력의 방향도 경기 기록에 영향을 미칠 것이다. 체조에서 체공시간을 증가시키기 위해서는 지면반력을 크게 하여 점프를 하여야 하지만, 착지 동작에서는 무릎을 굽히면서 충격 완화시간을 길게 하여야 지면반력의 순간적인 크기(충격력)가 작아져 부상을 방지할 수 있다. 야구에서 투수가 공을 던질 때, 그리고 타자가 공을 칠 때 지면반력은 공을 더 빠르고 멀리 보내게 도와주고, 양궁이나 사격에서의 지면반력은 선수의 안정성을 평가하는 요인으로 사용된다. 이러한 지면반력을 정확히 분석하면 안전하고 효율적이고 효과적인 퍼포먼스를 발휘할 수 있도록 도움을 줄 수 있다.

다. 지면반력 측정 방법

1) 지면반력 분석 시스템

우리 주변에서 가장 흔하게 볼 수 있는 지면반력 측정 장비는 체중계다. 체중계는 물체가 중력 방향으로 지면을 누르는 힘만 측정하는 도구로, 수직 방향으로의 지면반력만 측정할 수 있는 장비다. 중력의 반대 방향뿐 아니라 전후좌우의 힘(force) 그리고 각 방향의 회전력(moment)을 모두 측정할 수 있는 장비를 '지면반력측정기(force plates 또는 force platforms)'라고 부른다. 지면반력의 수직성분의 힘(중력 반대 방향의 힘, F_z)은 일반적으로 중력의 영향을 받는 힘이며, 수평성분의 힘(전후좌우의 힘, F_x & F_y)은 마찰력에 의해 발생된 힘이다. 지면반력의 단위는 N이며, 지면반회전력의 단위는 Nm이다.

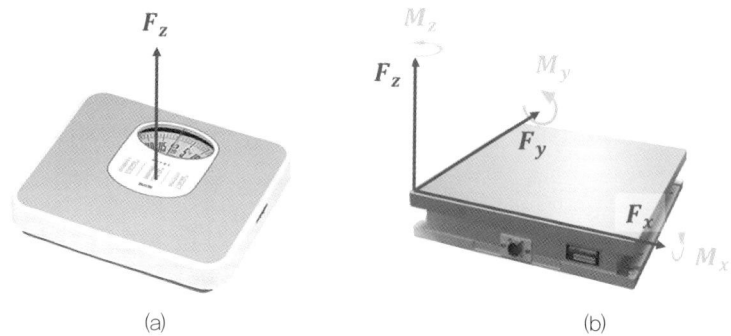

그림 7-29. (a) 체중계, (b) 지면반력기(AMTI, USA)

지면반력 분석 시스템은 지면반력측정기, 증폭기, A/D 변환기, 컴퓨터로 구성되어 있다. 지면반력측정기 내부에는 스트레인 게이지 방식의 감지기(sensor)들이 내장되어 있다. 각각의 감지기는 지면반력기에 가해지는 힘의 크기에 비례하여 전압이 발생한다. 이때 발생하는 전압의 크기는 매우 작아서 증폭기를 통해 전기 신호를 증폭한다. 증폭된 아날로그 신호는 A/D 변환기를 통해 컴퓨터가 인식할 수 있는 디지털 신호로 변환된다. 변환된 신호는 컴퓨터로 전달되어 저장되며, 이 자료는 분석프로그램을 통해 여러 가지 변인들로 계산되어 사용된다.

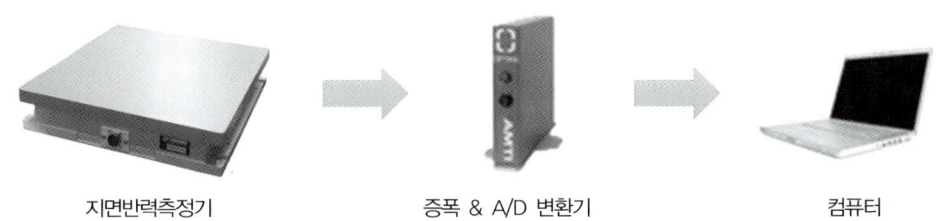

그림 7-30. 지면반력 분석 시스템의 구성(사진 출처: AMTI, USA)

2) 지면반력 분석

지면반력측정기로부터 측정되는 것은 힘이나 회전력이 아닌 전압의 변화량이다. 각 지면반력측정기의 감지기에서 측정된 전압을 고유의 수학 공식을 통해 실제 가해진 힘과 회전력 그리고 지면반력 작용점(force application point, 압력중심점)을 산출하게 된다. 지면반력의 단위는 N, 지면반회전력의 단위는 Nm이다.

지면반력의 수직성분(F_z)은 사람 또는 물체를 중력 반대 방향으로 미는 힘이다. 정지해 있는 사람이 지면반력측정기 위에 서 있을 때 측정된 지면반력의 수직성분은 그 사람의 체중과 동일하다. 제자리수직점프 시 지면반력의 수직성분을 분석하면 첫 번째 피크의 경우 몸을 띄우기 위한 추진력, 두 번째 피크는 착지할 때 몸에 전달되는 충격력을 의미한다〈그림 7-31〉. 지면반력의 전후성분(F_y)은 전후 방향의 운동 변화를 이끌어낸다. 보행 시 전후 방향의 지면반력을 분석하면 첫 번째 피크는 제동력, 두 번째 피크는 추진력을 의미한다.

지면반력의 좌우성분(F_x)은 좌우 방향의 운동 변화를 이끌어내는 성분이다. 방향 전환 같은 동작에서 좌우성분의 지면반력은 추진력으로 작용하며, 힘의 크기가 클수록 전단력(shear force)이 증가해 상해의 위험이 증가할 수 있다.

> **지면반력 작용점(force application point) 또는 압력중심점(center of pressure)**
> 사람 또는 물체는 지면에 접촉한 전체 접촉면으로 힘이 작용하지만, 힘이 한 점에 집중적으로 작용하는 것으로 간주할 수 있는데, 이때 힘이 집중되는 한 점을 '지면반력 작용점'이라고 한다.

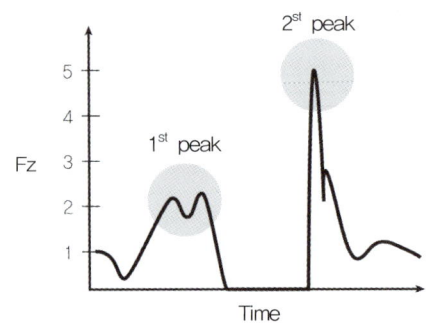

그림 7-31. 제자리수직점프 시 수직 방향의 지면반력

〈그림 7-32a〉는 보행에서 관찰되는 전형적인 지면반력 곡선으로, 수직성분(Fz)이 두 개의 극값을 보여준다. 지지기의 전반부는 착지 후 몸의 추락을 방지하기 위해 다리의 펼치기근육군이 신장성 수축을 하는 국면이며, 후반부는 몸의 무게중심이 발 위를 지난 후 몸을 전상방으로 추진하는 국면을 나타낸다. 따라서 전반부의 극값은 최대충격력을, 후반부의 극값은 최대추진력을 각각 의미한다. 최대충격력은 상해와 깊은 관련이 있는 변인이며, 최대추진력은 몸을 추진하는 데 필요한 힘을 의미한다. 신발 연구에서는 신발창의 물성이나 두께 및 경도를 조절하여 신발의 충격흡수 특성을 향상시키는 데 많은 노력을 기울이는데, 여기에 지면반력의 수직성분이 사용된다. 한편 〈그림 7-32b〉는 장거리 달리기에서 관찰되는 전형적인 지면반력 곡선으로, Fz의 경우 걷기와 달리 충격흡수 국면과 추진국면이 합쳐져 하나의 극점만이 관찰된다. 착지 직후에 나타나는 작은 극점은 발과 판의 충돌로 나타나는 현상이다.

보행 및 달리기를 할 때 나타나는 지면반력의 수직성분의 크기는 하지 관절에 가해지는 충격력의 크기를 나타내는 것이다. 보행을 할 때에는 체중의 1.2배 정도의 부하가 관절에 가해지나 달리기를 할 때는 약 2.5배 정도의 부하가 관절에 가해진다. 부하의 크기는 체중이나 연령에 의해서도 영향을 받을 수 있으므로 지나치게 비만인 경우나 노인의 경우에는 이러한 점을 감안하여 자신의 수준에 맞는 운동을 실시하도록 해야 한다.

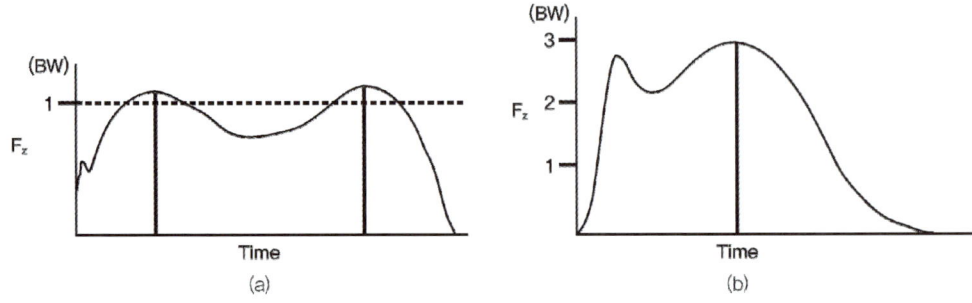

그림 7-32. (a) 보행시 수직 지면반력 (b) 달리기시 수직 지면반력

수직 방향으로의 지면반회전력(T_z)은 발과 지면반력측정기 사이의 회전 마찰력에 의해 생성되는 회전력으로, 이를 '프리토크(free torque)'라고 한다. 프리토크는 발을 판에 접촉한 채 수평으로 비틀 때 발생하는 토크의 크기를 의미하며, 그 크기는 하지 관절의 상해와 높은 상관관계가 있다.

지면반력 작용점의 위치와 궤적은 안정성을 평가하는 지표로 사용되며, 양궁이나 사격 같은 정적인 운동에서 분석 변인으로 많이 사용된다. 지면반력 작용점의 위치 정보를 가공(변화폭, 변화 방향, 누적변화거리, 변화 속도 등)하게 되면 더 많은 안정도 평가를 할 수 있다. 그리고 여러 대의 지면반력측정기를 사용할 경우 각각의 지면반력측정기에서 제공된 정보를 통해 하나의 지면반력 작용점을 산출할 수 있다.

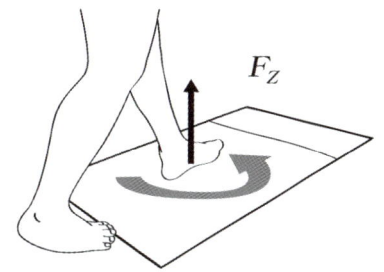

그림 7-33. 수직 방향의 지면반회전력

라. 지면반력 활용의 예

1) 지면반력을 이용한 신발의 충격완충성 평가

달리기 시 지면반력의 수직성분은 일반적으로 그림과 같이 나타난다. 이 지면반력은 착지(또는 접지) 직후의 충격력인 지면반력(A)과 추진력인 지면반력(B)이 합쳐진 것이다. 추진력으로 쓰이는 지면반력(B)의 경우는 신발의 완충성에 크게 영향을 받지 않으므로 첫 번째 피크의 지면반력(A)을 통해 신발의 충격 완충성을 평가한다. 일반적으로 달리기 시 첫 번째 피크의 최대 크기는 체중의 2~3배 정도가 된다. 충격 완충성이 높은 신발은 충격 완충성이 낮은 신발에 비해 첫 번째 피크의 최대 크기(충격력)가 더 낮고 최댓값에 도달하는 시간도 길다. 이러한 정보는 신발의 충격 완충성을 평가하는 주요 변인으로 사용될 수 있다.

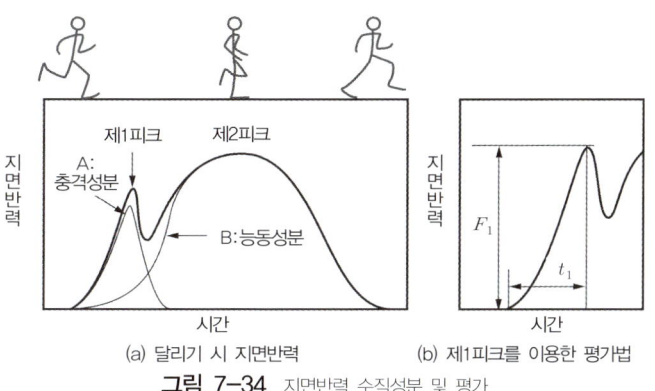

그림 7-34. 지면반력 수직성분 및 평가

2) 높이뛰기 높이의 추정

오른쪽 그림은 제자리높이뛰기 동작을 가정하여 지면반력과 도약 높이의 관계를 보여주는 그림이다. 그림을 살펴보면 제자리높이뛰기에서 도약 높이(또는 도약 순간의 신체 중심의 속도)는 지면반력이 작용한 전체 시간 동안의 전체 충격량의 크기에 의해 결정되는 것을 보여준다. 이는 높이뛰기 동작의 파워플롭과 스피드플롭의 차이를 설명할 수 있는 근거가 될 수 있다. 파워플롭은 높이뛰기 발구름 동작에서 지면을 미는 시간을 길게 하여 큰 충격량을 생성하는 기술이며, 스피드플롭은 지면에 힘을 가하는 시간을 짧게 하는 대신 힘의 크기를 크게 함으로써 상대적으로 발구름 시간이 긴 파워플롭과 비슷한 충격량을 생성할 수 있는 방법을 말한다.

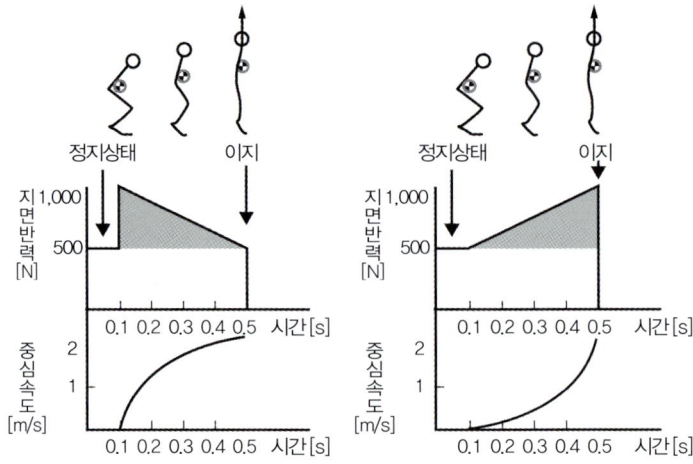

그림 7-35. 지면반력과 높이와의 관계

3장 근전도 분석

 학습목표

- 근전도 활용 목적과 근전도 신호를 측정하는 원리를 알아본다.
- 근전도를 측정하는 방법을 알아본다.
- 근전도를 분석하고 활용하는 방법을 알아본다.

1. 근전도의 원리

근전도(electromyogram, EMG)는 근 수축 시 발생하는 전위차를 신호를 통해 관찰하여 근육의 활성 정도, 활성 시점 그리고 근육의 피로 정도 등을 확인하는데 사용되며 의학(medical research), 재활(rehabilitation), 인간공학(ergonomics), 스포츠과학(sports science) 등 여러 분야에 다양하게 활용된다. 스포츠과학 분야에서는 생체역학(biomechanics), 동작분석(motion analysis), 선수 근력 강화훈련(physical therapy), 스포츠 재활(sports rehabilitation) 등에서 많이 활용되고 있다.

가. 근전도의 활용 목적

근전도를 분석하고 그 결과를 활용하는 목적은 다양하다. 근육을 통해 발생하는 힘을 추정하거나 근육의 피로도를 확인하기 위해 그리고 근육들의 활성화 시점을 알아보기 위해서도 근전도 분석을 한다.

1) 근전도를 통한 근력의 측정

근육에서 발휘하는 힘의 크기를 추정하기 위해서도 근전도를 활용한다. 하나의 운동신경이 지배하는 근섬유수를 운동단위라 하는데 각 운동 단위가 발휘하는 힘은 일정하므로 근육에서 큰 힘을 발휘할 때에는 많은 수의 운동단위가 동원되어야 한다. 다시 말해 작은 힘을 발휘할 때에는 적은 수의 운동단위가, 큰 힘을 발휘할 때에는 많은 수의 운동단위 즉 근섬유가 동원되어야 한다. 근전도를 측정하

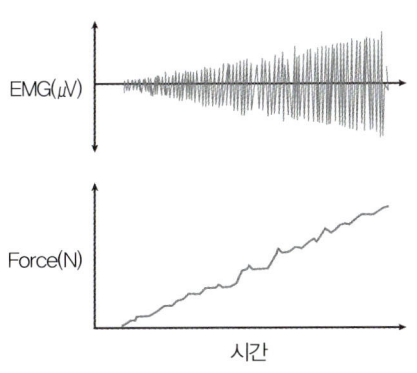

그림 7-36. 근전도와 근력의 관계 예시

여 근육의 활동 정도를 정량화하면 근육에서 발휘하는 힘의 크기를 추정할 수 있게 된다. 〈그림 7-36〉은 근전도(근육의 활성)와 근력의 관계를 나타낸 그래프이다. 근육이 발현하는 힘이 클수록 근전도 측정시스템에서 측정되는 전위차도 크게 나타난다.

2) 근전도와 근피로의 관계

근육의 피로 정도를 확인하기 위해서도 근전도를 측정·분석한다. 근육이 수축할 때 근섬유는 반복적으로 수축된다. 근전도를 측정하였을 때 근섬유의 수축 속도가 빠른(fast twitching) 백색근의 활용빈도가 높아짐에 따라 고주파의 신호가 많아지고, 반대로 근섬유의 피로 저항성이 높고(fatigue resistant), 수축 속도가 낮은(slow twitching) 적색근의 활용 빈도가 높아짐에 따라 상대적으로 저주파의 신호가 많아진다. 근육이 피로하게 되면 근 수축을 위한 주 에너지원인 ATP(adenosine triphosphate)가 감소하고 노폐물이 축적된다. 그 결과 근섬유의 수축 빈도는 감소하게 되며 근전도에 저주파가 증가하게 된다. 정리하면, 근육이 피로하게 되면 근섬유의 수축 빈도가 느려지고, 결과적으로 근전도의 주파수가 저주파로 증가한다. 근전도의 주파수 분석을 통해 근육의 피로 정도를 확인할 수 있다.

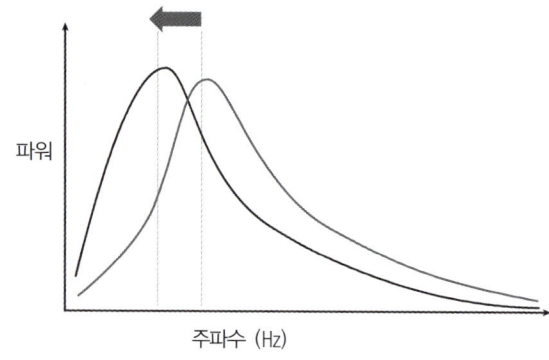

그림 7-37. 근피로도 비교를 위한 근전도의 주파수 분석

3) 근력의 활성 시점 확인

근전도 분석을 통해 근육이 활성되는 시점을 확인할 수 있다. 스포츠 동작에서 각 근육들의 협응은 근력 발휘 이상으로 중요하다. 이러한 근육 발현 시점을 측정·분석하면 각 근육들의 협응과 발현에 대해 확인할 수 있고, 초보자에게 기술을 더 빠르게 습득할 수 있도록 도와준다. 〈그림 7-38〉은 스키점프에서 주요 근육들의 활성 시점을 볼 수 있도록 도와주는 그래프이다. 이륙 전, 비행 중, 착지 이후에 어떤 근육이 언제 얼마나 활성화되고 있는지 확인할 수 있으며, 이러한 자료를 통해 스키점프 동작을 더 잘 이해할 수 있게 된다.

나. 근전도의 원리

1) 운동단위(motor unit)

운동단위는 하나의 운동신경에 의해 지배되는 모든 근섬유의 집합을 의미한다. 이러한 운동단위는 해당 근육의 특성에 따라 보통 1~150개의 근섬유를 지배하고, 많게는 1,000개 이상의 근섬유

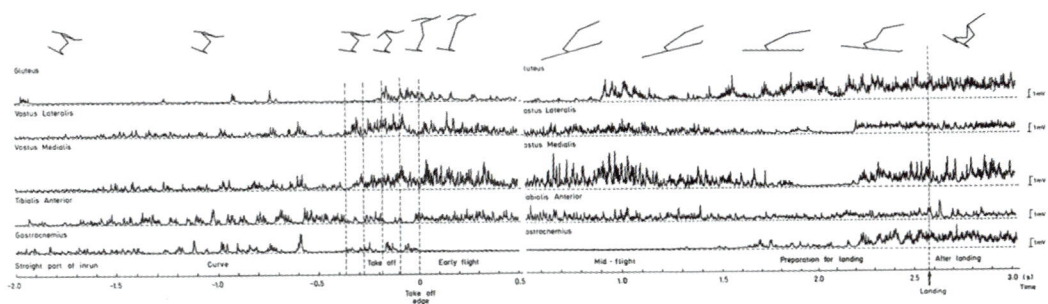

그림 7-38. 스키점프의 근전도 활동(사진 출처: Virmavirta & Komi, 1991)

를 지배하기도 한다. 하나의 운동신경이 지배하는 근섬유의 비율은 근육 동작의 정확성, 섬세성, 협응성 등에 의해 결정된다. 정밀한 동작을 하는 근육의 경우 적은 수의 근섬유를, 큰 힘을 발휘하는 큰 근육의 경우 많은 수의 근섬유를 지배하게 된다. 근육이 수축할 때 발생하는 힘의 크기는 근육의 단면적과 근 수축에 동원된 운동단위의 수(근섬유의 수)에 의해 결정된다.

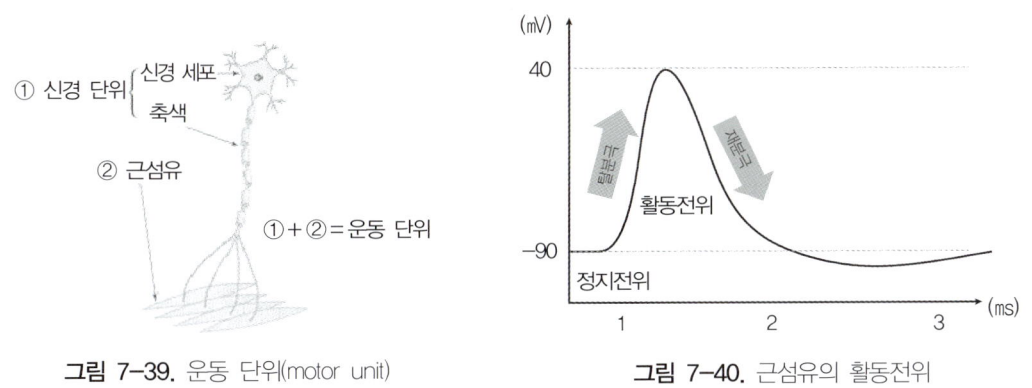

그림 7-39. 운동 단위(motor unit)

그림 7-40. 근섬유의 활동전위

2) 활동전위

생물체의 세포 중에는 외부로부터 자극(전기, 화학, 압력, 빛 등)을 받으면 세포 내에서 자발적으로 반응하는 세포(excitable cell: 신경세포, 감각세포, 근육세포 등)가 있다. 그 반응 중에는 일정한 양상의 전기적 상태가 변화하는 활동전위(action potential)라는 현상이 있다. 근 수축은 중추신경계로부터 시작된 신호가 운동신경을 통해 근섬유에 전달되어 이루어진다. 이때 신호는 전기화학적인 방법으로 전달되며, 전기적 신호는 탈분극/재분극이라는 과정으로 발생 및 전이된다. 안정 시 근섬유 세포막의 내부의 전위는 외부에 대해 약 -90mV의 전압을 유지하고 있다(분극, polarization). 이렇게 근섬유의 내·외부 전위가 안정된 상태를 '정지전위(resting potential)'라고 한다. 근섬유 외부로부터 자극을 받으면 세포막의 내·외부 물질들이 이동하여 전위의 차이가

40mV까지 상승하게 된다(탈분극, depolarization). 이렇게 전위가 상승하여 흥분되어 있는 상태를 '활동전위'라고 하며, 이때 발생한 전기 신호(전압)를 증폭하여 나타낸 것이 근전도이다. 이후 재분극(repolarization)이라는 활동을 통해 다시 안정된 상태로 돌아간다.

3) 활동전위의 확산 과정

〈그림 7-41〉과 같이 세포에 자극이 가해지게 되면 세포막 내외의 전위 차이가 바뀌는 탈분극이 일어나며 활동전위가 발생되는데, 이 활동전위가 근접 지점을 자극하여 다시 탈분극이 일어나게 되고 활동전위도 생성된다. 탈분극이 발생한 지점은 재분극을 통해 원래의 분극 상태로 돌아간다. 이러한 현상이 순차적으로 일어나면서 활동전위가 확산되는 데 한 번 탈분극이 이루어진 지점은 바로 자극을 받아도 재분극 과정으로 인하여 탈분극이 일어나지 않으며, 이러한 이유로 활동전위는 한 방향으로만 확산되고 반대 방향으로 되돌아오지 않는다.

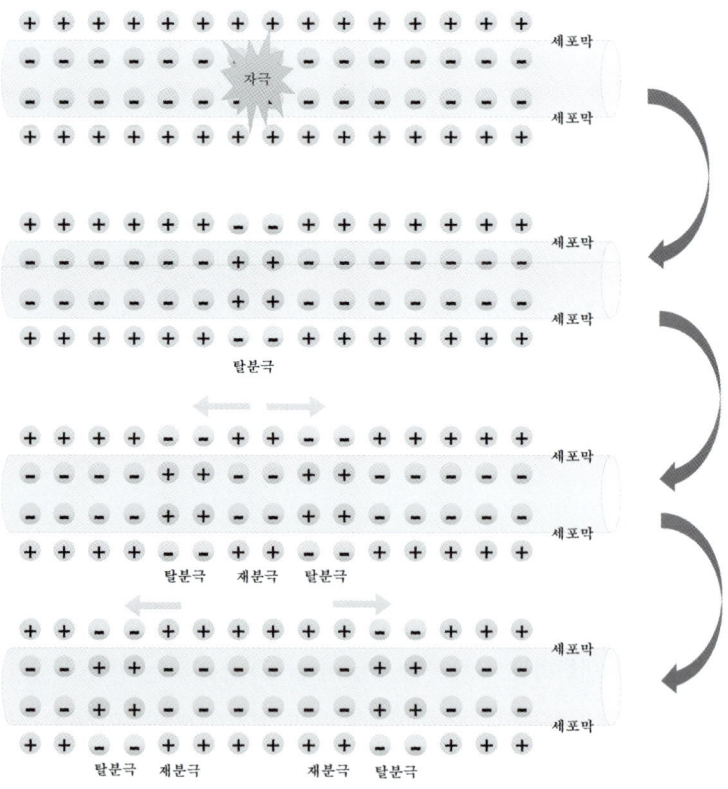

그림 7-41. 탈분극과 재분극을 통한 활동전위의 확산

2. 근전도의 측정

가. 근전도 측정기의 구성

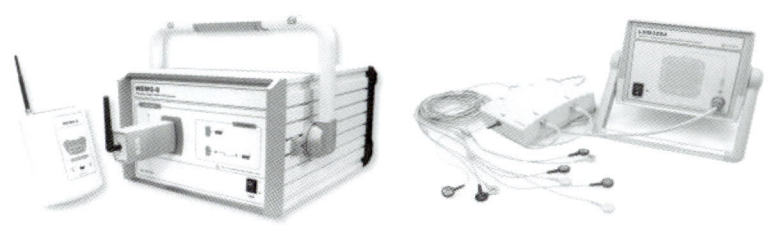

그림 7-42. 근전도 측정기

근전도 측정기는 근육 수축 시 발생하는 미세 전류를 수집하는 전극, 미세 전류 신호를 눈으로 관찰하고 분석 가능한 크기로 증폭시켜주는 증폭기, 근전도 신호에 포함된 노이즈(noise)를 줄여주는 필터로 구성되어 있다. 증폭시키는 전극의 수에 따라 2채널(channel)에서 16채널까지 다양한 종류가 있고, 전선 없이 따로 몸에 부착하여 신호를 검출하고 나중에 본체에서 증폭을 시키는 무선(wireless) 측정기와 물속에서도 측정할 수 있는 방수(waterproof) 측정기 등도 있다.

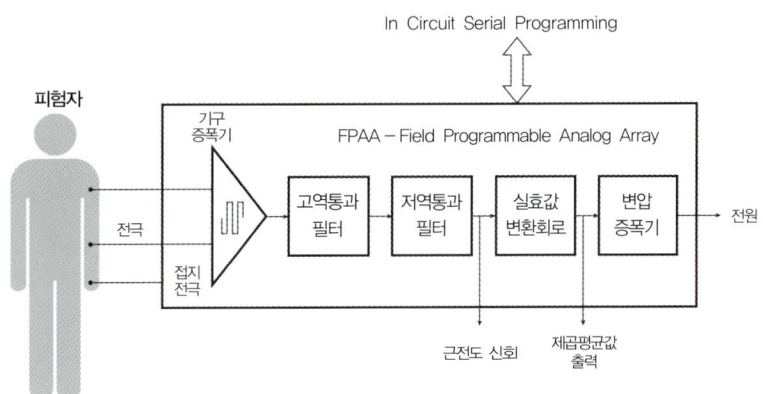

그림 7-43. 근전도 측정기의 구성

나. 전극

1) 전극의 종류

근육의 활동전위를 검출하는 데 쓰이는 전극은 크게 침습(in-dwelling)전극과 표면(surface)전극으로 나뉘고, 침습전극은 바늘전극과 가는 전선 전극이 있으며 이외에 항문이나 질 등에 넣는 탐침 등이 있다.

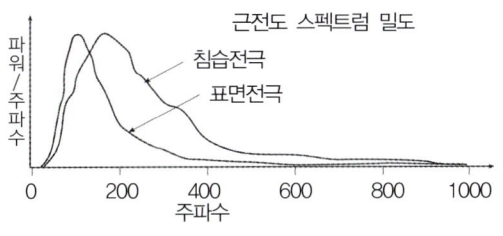

그림 7-44. 침습전극과 표면전극의 주파수 차이

① 바늘전극(needle electrode): 그림과 같은 여러 형태의 가는 바늘 모양으로, 몸속 깊은 곳의 근육 가까이 삽입하여 활동전위(action potential)를 수집하는 전극이며, 제한된 좁은 면적에서의 특정 근육의 활동 상태를 관찰할 때 쓰인다. 삽입할 때의 통증이나 전기적 화상의 위험도 있어 일반적인 운동 동작의 분석에서는 거의 쓰이지 않고, 주로 움직임이 적고 임상적인 경우에 많이 쓰인다.

그림 7-45. 바늘전극, Mono(Uni)-polar & Bi-polar

② 가는 전선전극(fine-wire electrode): 바늘 관 사이에 끝만 벗겨진 절연된 가는 전선을 넣어 몸속 깊은 부위의 근육에 가까이 삽입시키는 전극으로, 바늘전극과 마찬가지로 제한된 좁은 면적에서의 특정 근육의 활동 상태를 관찰할 때 쓰인다. 삽입할 때의 통증과 전극의 끝이 부러지는 경우도 생길 수 있어 주로 움직임이 적고 임상적인 경우에 많이 쓰인다.

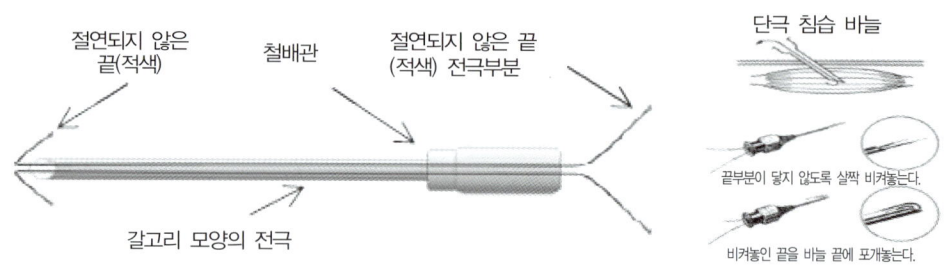

그림 7-46. 가는 전선전극

③ 표면전극(surface electrode): 삽입시키는 통증이 없어 가장 널리 쓰이는 전극으로, 바늘전극과 가는 전선전극에 비해 비교적 넓은 부위의 피부 가까이에 있는 근육활동을 관찰할 때 쓰인다. 과거에는 오목한 컵 모양의 은/염화은(ag/agcl) 전극에 전해질을 담아 테이프로 피부에 붙였는데, 최근에는 전해질이 단자에 미리 발라져 있고 전극도 접착제로 쉽게 잘 부착될 수 있도록 고안된 전극이 주로 쓰이고 있다.

그림 7-47. 표면전극

④ 탐침(probe): 항문이나 질 등에 넣어 괄약근 등의 활동 상태를 관찰하는 전극이다.

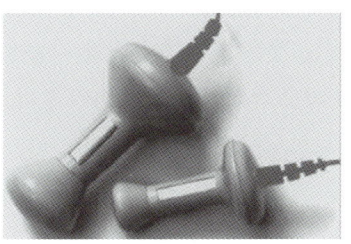

그림 7-48. 항문 및 질 탐침

2) 측정 피부의 준비사항

① 먼저 전극을 부착할 부위의 털을 깎아야 한다. 이는 격렬한 운동 시 습도가 높거나 땀이 많이 나는 상황 등에서 전극을 피부에 잘 붙이기 위함이다.

② 좋은 피부저항 상태를 만들기 위해 알코올, 면봉, 고운 사포(fine sand paper), 연마재성의 전도 연고 등을 이용하여 죽은 피부 조직, 먼지나 땀 등을 제거하는데, 피부에 상처가 나지 않으며 피부가 약간 붉은색을 띨 정도로 문질러준다.

③ 전극과 전극 사이의 전기저항(impedance)을 전극 전기저항 측정기(electrode impedance tester)를 사용하여 측정한다. 낮은 전기저항의 경우를 채택하나 실험 상황에 따라 높은 전기 저항의 경우도 채택할 수 있다.

표 7-1. 전극 전기저항의 범위와 판정

전기저항의 범위(KOhm)	판정
1~5	Very Good
5~10	Good
10~30	Accept
30~50	Not Good
>50	Reject

3) 전극의 부착 위치

전극은 운동점(motor point)과 건(tendon) 사이 중 근복(belly)에 가깝게 붙여야 한다〈그림 7-49〉. 다른 근육과 근접한 부위를 피해 근육의 횡면(가로면)으로는 중앙에, 또 종면(세로면)을 따라 두 전극이 1~2cm 정도 떨어지게 붙여야 한다. 접지전극의 위치는 측정 근육의 영향을 받지 않는 위치에 부착시키는데, 주로 손목이나 발목 등 피부 밑의 지방층이 적은 곳에 부착시킨다. Forearm 근육을 측정할 경우 측정근육과 가까운 손목에 붙이는 것은 오류를 유발할 가능성이 있으므로 주의가 필요하다. 근전도 측정에 많이 쓰이는 근육들의 전극 부착 위치는 〈그림 7-50〉과 〈그림 7-51〉에 나타나 있다. 각 근육의 신언어, 한자어 및 영문원어는 이 장의 뒷부분 참고표에 제시하였다.

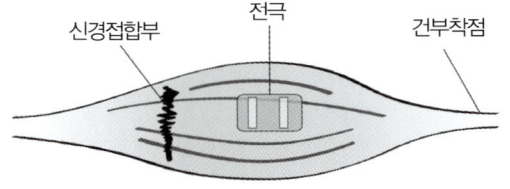

그림 7-49. 전극 부착의 예

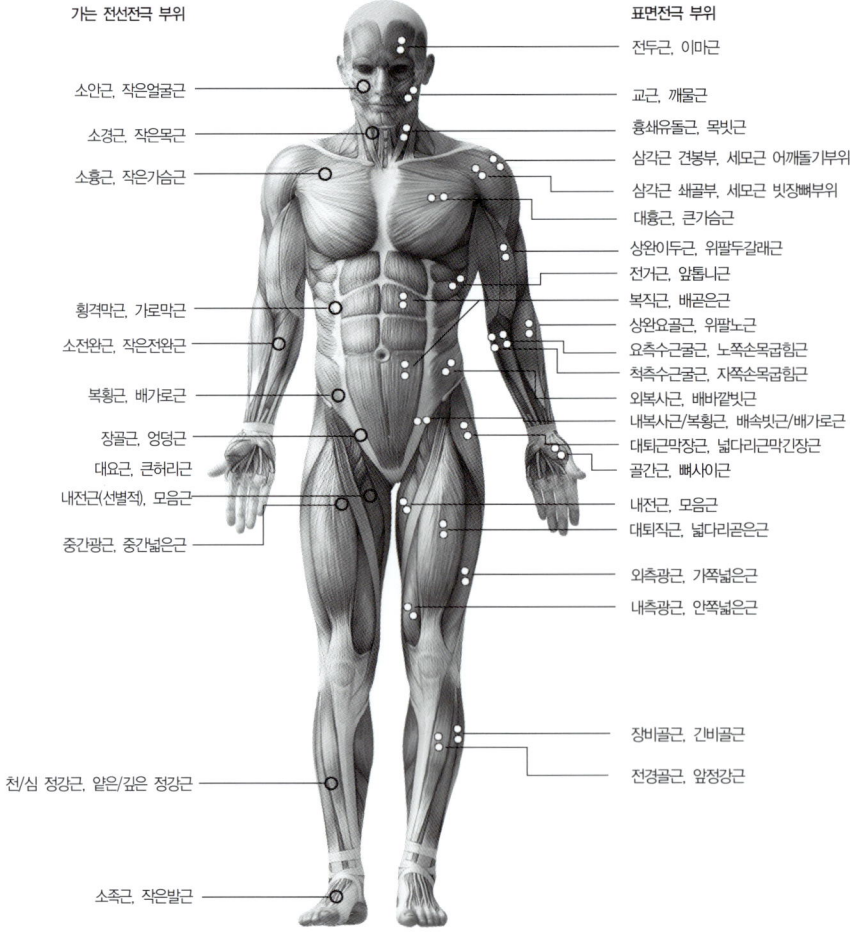

그림 7-50. 가는 전선전극과 표면전극의 부착 위치(전면)[Konrad, 2005]

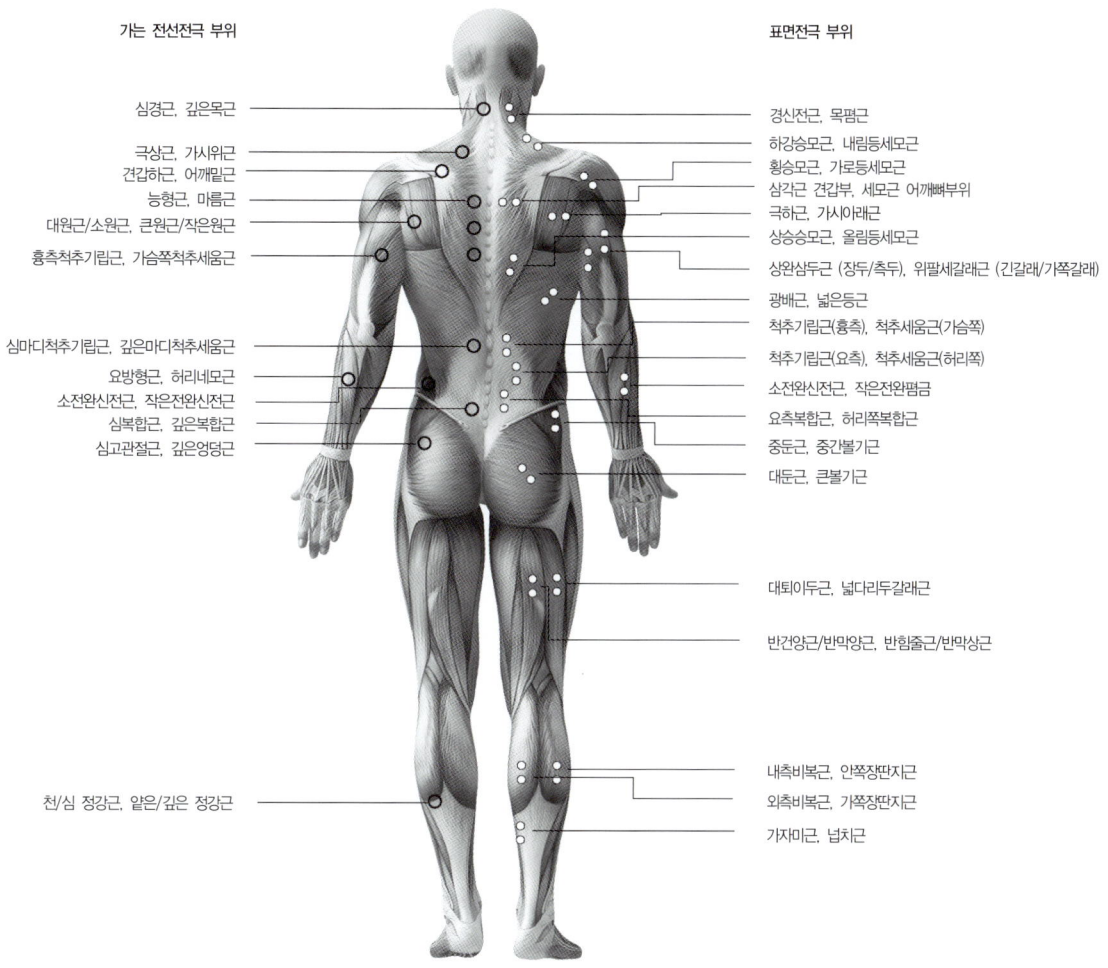

그림 7-51. 가는 전선전극과 표면전극의 부착 위치(후면)[Konrad, 2005]

다. 증폭기

1) 전치증폭기(pre-amplifier)

작은 크기의 증폭기로 전극 가까이에 위치하며 신호를 일찍 검출하여 주 증폭기(main amplifier)에서 증폭하기 전에 1차로 증폭하는 기기로, 미리 신호를 증폭하면 저항이 낮아져 전선의 흔들림 등에 의한 영향을 덜 받게 된다.

2) 주 증폭기(main amplifier)

근섬유 하나의 활동전위는 약 $100\mu V$ 정도이고, 표면전극으로 검출된 활동전위는 약 $5mV$, 침습전극으로 검출된 활동전위는 약 $10mV$로 주 증폭기는 이 신호나 pre-amplifier에 의해 증폭된 신호를 눈으로 관찰할 수 있으며 분석도 가능한 크기로 증폭하는 역할을 한다. 차등증폭기(differential amplifier)를 사용하는데, 이 차등증폭기는 두 전극 간 차등모드신호(differential mode signal)만 증폭시키고 공통(동상)모드신호(common mode signal, humming noise)는 제거하는 역할을 한다. 공통모드신호는 외부에서 두 전극으로 전해지는 신호로 같은 모드단계(phase)와 진폭(ampltude)을 갖는 신호이며, '웅' 하는 소리가 나는 hum 같은 신호이다. 공통모드신호는 주로 60Hz의 교류전기장이나 인접한 기계류에서의 전자기장 에너지 등으로부터 인체가 안테나 역할을 하면서 생기는 신호로 약 20~50μV 정도이다. 이 노이즈를 제거하는 공통모드제거비(common mode rejection ratio, CMRR)는 차등모드신호와 공통모드신호의 비율을 나타내는 것으로 높은 수치의 증폭일수록 노이즈 제거에 좋은 기능을 가진다. 노이즈의 최소 수치는 >95dB 정도여야 한다. CMRR = A_{dm} / A_{cm}, (차등모드신호 / 공통모드신호)

증폭되지 않은 rEMG(raw EMG, 원 EMG)는 몇 μV에서 2 내지 3mV의 크기를 나타내는데, 이 신호가 증폭기에서 전치증폭기를 거칠 때는 최소 500배, 수동케이블을 거칠 때는 1,000배 정도로 증폭된다. 증폭기의 입력 전기저항(impedance)은 전극의 전기저항의 10배가 되어야 하는데, Winter(1990)는 1~10 MegaOhm을 제시하였다. 밴드패스필터(bandpass filter)는 10Hz highpass와 500Hz lowpass를 사용하고, 특정 주파수 대역을 제거하는 노치필터(notch filter)는 전후 대역의 신호까지 파괴하기 때문에 사용하지 않는 것이 좋다.

라. 근전도 신호의 여과(filtering)

측정된 근전도에는 5~500Hz의 주파수 성분이 포함되어 있는데, 이 중 20~200Hz 주파수 대역에 대부분의 정보가 존재하며, 움직임 등에 의한 노이즈는 10Hz 이하에 존재한다. 10Hz 이하의 신호를 차단하고 그 이상을 통과시키는 필터를 '고역통과필터', 500Hz 이하의 신호를 통과시키는 필터를 '저역통과필터'라 한다. 근전도의 원신호(raw EMG)에서 노이즈를 제거하기 위해 필터를 사용하는 필터의 종류는 다음과 같다.

① 저역통과필터(low pass filter, LPF): 차단 주파수 아래쪽 신호만 통과시키는 필터
② 고역통과필터(high pass filter, HPF): 차단 주파수 위쪽 신호만 통과시키는 필터
③ 대역통과필터(band pass filter, BPF): Butterworth filter, Bessel filter, Chebychev filter
④ 대역저지필터(band reject filter, BRF 또는 band stop filter, BSF) notch filter
⑤ 노치필터(notch filter): 일정 대역의 주파수를 차단(band stop)시키는 필터로, 근전도에서는 60Hz의 전류 노이즈를 제거하기 위해 쓰인다. 보통 40~80Hz 사이의 주파수도 조금씩 함께 차단시키기 때문에 보통 사용하지 않고, 사용하려면 60Hz 성분만 차단시킬 수 있는 고성능의 노치필터를 사용해야 한다.

신호의 선형성(linearity)은 Butterworth filter가 가장 양호하다.

⑥ 차단주파수(cut-off frequency)

원신호를 최대한 보호하고 노이즈를 최대한 줄이기 위해 전하는 기준 주파수 혹은 저역이나 고역의 주파수 대역에서 그전 주파수와의 차이가 3dB(약 0.7배) 차이가 나는 주파수. $R(fc) = SQRT(\Sigma(Xri - Xfi)^2$. R은 원자료와 정류된 자료의 차이(Residual), fc는 차단주파수, Xri는 원자료, Xfi는 정류된 자료. 차이가 가장 적을 때의 주파수를 차단주파수로 정한다(Winter, 1990).

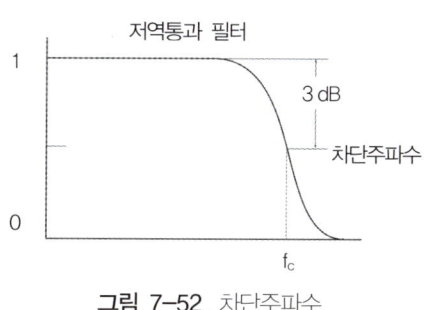

그림 7-52. 차단주파수

마. 신호 검출 비율(sampling rate)

Sampling theorem of Nyquist-Shannon에 의하면 신호를 검출할 때 샘플링 빈도는 예상 빈도의 2배 이상이 되어야 모든 정보를 나타낼 수 있다고 하였다. 근전도 신호의 대부분은 10~250 Hz 사이에 존재하고, 과학적인 증폭기의 band setting은 10~500Hz를 요구하고 있다. 따라서 실제 근전도 검출 비율은 보통 1,000Hz나 1,500Hz 정도가 된다.

1) 근전도의 분석과 활용

① 근전도 신호

정류(filtering)되지 않은 EMG 신호를 원 EMG 신호(raw EMG signal, rEMG)라고 한다. 이 rEMG를 여러 가지 방법으로 변환시켜 의미 있는 변인들을 분석하고 활용하게 된다.

근전도를 측정할 때는 먼저 근육이 완전히 이완되어 있을 때의 기선(baseline) rEMG를 측정하여야 한다. 기선 rEMG가 제대로 측정되어야 근전도 분석의 신뢰도가 높아진다. 기선 rEMG에는 증폭기의 질이 불량하거나, 전극의 전선이 많이 흔들리거나, 자기장 및 전기장의 방해에 따라 잡음이 섞일 수 있다. 전기장이나 자기장이 모두 차단된 실험실에서 질 좋은 증폭기를 이용하여 좋은 피부저항의 rEMG를 측정하면 $3\sim5\mu V$ 이하가 되어야 한다(Gheab and Saleem, 2008). 근전도 분석 시 기선 rEMG가 증가한 신호와 근육의 수축에 의해 증가한 신호를 잘 구별하는 것이 중요하다.

근전도 분석 중 시간 영역에서 가장 많이 사용하는 방법이 적분 EMG(integrated EMG, IEMG)와 제곱평균(root mean square, RMS)이다. 주파수 영역에서는 평균주파수(mean power frequency, MPF)와 중앙주파수(median frequency, MF)가 쓰이고, 이러한 변인들을 계산하기 위해 고속 푸리에 변환(fast Fourier transform, FFT) 연산법이 사용된다.

② EMG 정류(rectification)

근전도 신호 분석 시 신호의 정류(rectification)는 기본이다. 양의 신호와 음의 신호의 평균을 내면 0이 되므로 의미 있는 정보를 수집하기 위해서는 음의 신호를 제거하거나 음의 신호를 모두 양의 신호를 바꾸어 양의 신호에 합치는 방법을 사용한다. 정류된 신호의 크기를 비교하는 데 평균, 최댓값 등을 그래프에 나타내어 비교할 수도 있다. 또한 수축 타이밍도 분석할 수 있다.

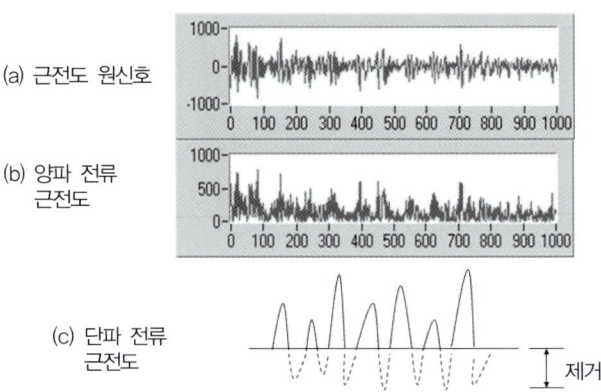

그림 7-53. EMG 정류. (a) 원신호, (b) 음의 신호 양으로 정류, (c) 음의 신호 제거(www.nyu.edu)

③ 적분 EMG(integrated EMG, IEMG)

정류된 EMG는 그래프 아랫부분을 적분하여 분석한다. 적분은 처음부터 끝까지 적분하는 법, 수축 주기마다 적분하는 법, 일정 시간별로 적분하는 법, 사전에 정한 Voltage 값에 도달하면 재적분하는 법 등이 있다. 근 수축력의 지표로 일정한 주기 내의 근전도 활성도의 총합을 비교하는 데 쓰이는데, 절댓값을 적분할 때 노이즈 때문에 생기는 일정한 수학적 적분값의 증가는 고려하여야 한다.

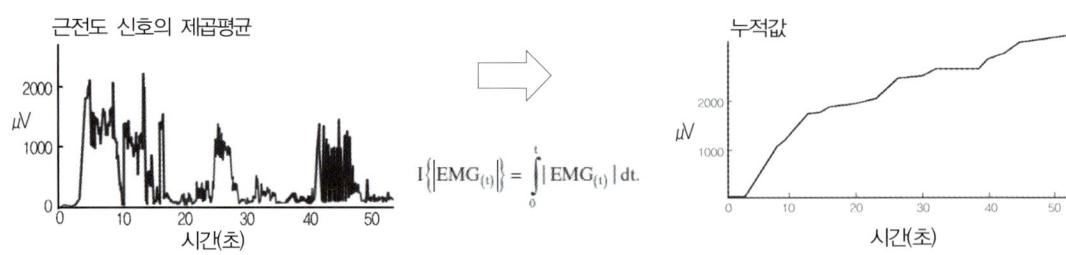

그림 7-54. 적분된 EMG(출처: 김태완 외, 2013)

④ 제곱평균(root mean square, RMS)

EMG의 제곱평균값은 정류된 신호를 사용하지 않으며, EMG 신호를 평활화(smoothing)할 때 유용하다. 제곱평균값은 신호의 평균 파워와 근 수축력(근 긴장력) 등을 반영한다(RMS EMG).

RMS-확률분포(probability distribution), RMS 상관함수(cross-correlation) 등의 기법도 개발되어 있다.

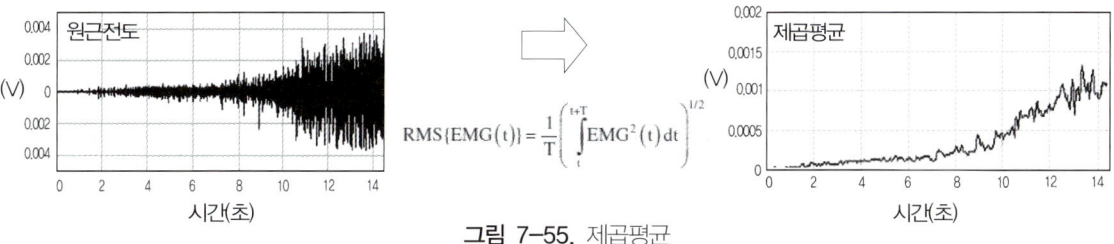

그림 7-55. 제곱평균

⑤ 이동평균(moving average, MOV)

한정시간대(time window)를 정하여 시간을 움직여가며 앞의 시간대와 새로운 시간대의 평균을 구해나가는 기법으로, 근육활성도 등의 변화 경향을 파악할 수 있다.

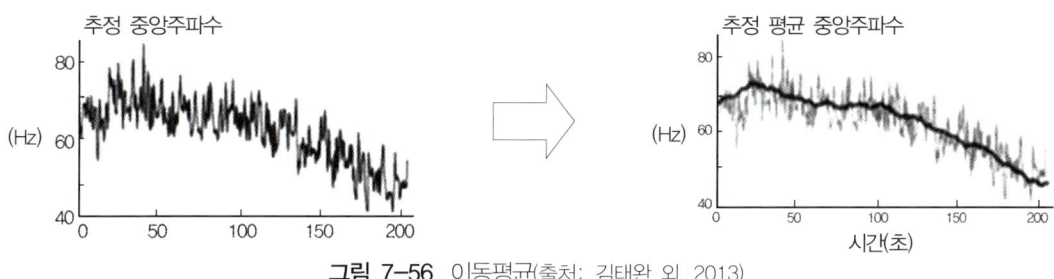

그림 7-56. 이동평균(출처: 김태완 외, 2013)

⑥ 평균주파수(mean power frequency, MPF)와 중앙주파수(median frequency, MF)

평균주파수는 모든 주파수의 평균값이고, 중앙주파수는 주파수 분포의 50%에 해당하는 주파수이다. 중앙주파수가 평균주파수보다 노이즈의 영향을 덜 받는다. 평균주파수 분석은 근육의 파워 스펙트럼에서 평균값이 어느 주파수에 있는지, 중앙주파수 분석은 근육의 파워 스펙트럼에서 무게중심이 어느 곳에 있는지를 분석하여 근피로도를 분석하기도 한다.

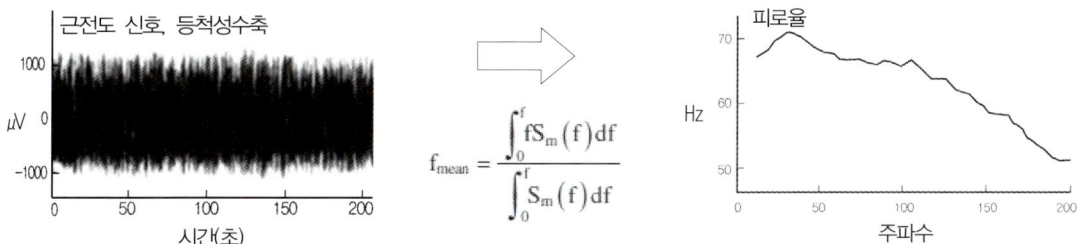

그림 7-57. 중앙주파수, f_{mean} : MPF, fS_m : median frequency, $S_m(f)$: power density function(Basmajian and Luca, 1985)[출처: 김태완 외, 2013]

⑦ 파워 스펙트럼 영향(power spectral density, PSD), 주파수 피로도 분석(frequency analysis of muscular fatigue)

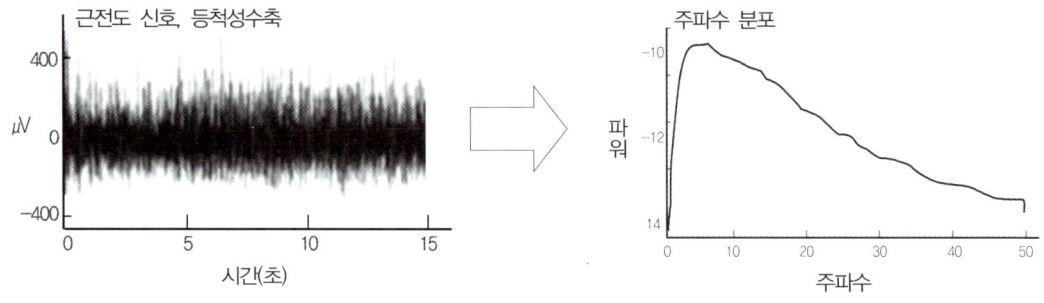

그림 7-58. 파워 스펙트럼 영향(출처: 김태완 외, 2013)

근육 피로는 주로 주파수 영역에서 매개변수를 계산하는 주파수 분석(frequency domain processing)을 사용한다. 오래전에 사용되던 간단한 매개변수로는 zero crossing rate, spike counting, turns 등이 있으나 응용성과 일반성이 떨어진다. zero crossing rate는 근전도가 x축을 몇 번 지나갔는지 세는 것이고, spike counting은 근전도 peak의 개수를 세는 것으로, 근전도가 증가할 경우 spike가 간섭을 일으키므로 근육 힘이 약한 수준에서 적합하다. turns는 +, - 방향이 몇 번 바뀌는지 계산하는 것으로, 약 30~50% MVC 수준에서는 힘이 증가하면 turn의 수도 증가한다. 따라서 spike와 마찬가지로 낮은 수준의 근육 활동에서는 이 방법이 훌륭한 수단이지만, 높은 수준에서는 구별이 불가능하다(U. S. Department of Health and Human Services, 1992).

근육 피로 여부는 시간 영역보다는 근전도의 주파수에서 많은 정보를 얻고 있다. 이러한 분석을 하기 위해 우선되어야 할 것이 시간 영역에서 추출한 근전도를 이산 푸리에 변환(discrete Fourier transform, DFT)이라고 하는 수학적 기법을 이용하여 진폭과 주파수 관계를 나타내는 PSD를 구한다. 그러나 DFT보다 훨씬 계산량이 적은 고속 푸리에 변환(fast Fourier transform, FFT) 알고리즘을 이용하여 보다 효과적으로 PSD를 구할 수 있다.

PSD를 기초로 널리 사용되고 있는 매개변수로는 MPF, MF, 고저 주파수 비율(ratio of high to low frequencies, HLR) 등이 있으며, 〈그림 7-59〉에 나타나 있다.

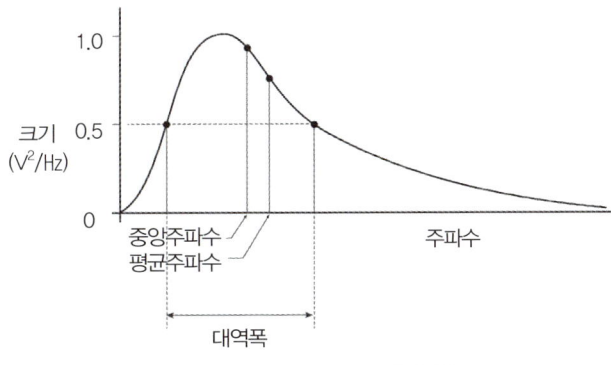

그림 7-59. 근피로도 매개변수

　MPF와 MF는 피로도 측정에 많이 사용되는 매개변수로, 각각 주파수의 평균과 중앙값으로 정의된다. 〈그림 7-60〉에 나타난 것처럼 많은 힘을 낼수록 더 빠르게 낮은 주파수 쪽으로 이동하며, 심하면 50%까지 감소한다. 이는 근육과 사람에 따라 다르며, 심한 피로를 제외하면 쉴 때 다시 회복하게 된다.

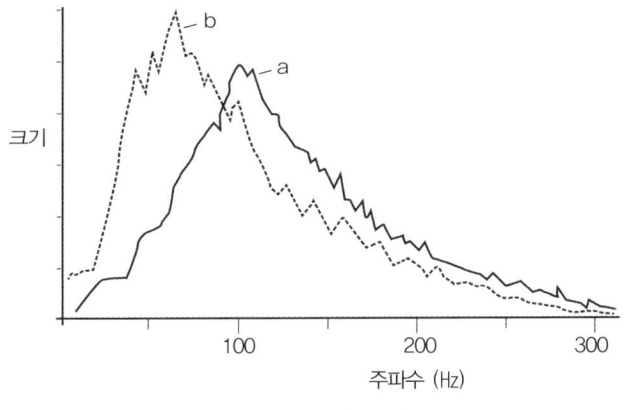

그림 7-60. 주파수 이동

　고저 주파수 비율(HLR) 매개변수는 쉽고 빠르게 사용할 수 있는 방법으로, 저주파 대역폭(20~40Hz)과 고주파 대역폭(130~238Hz)에서 임의로 구간을 정하고, 두 주파수 대역폭 사이에 있는 주파수 평균을 구하여 고주파/저주파의 비율을 구한다. 즉, 근육이 피로할수록 비율이 낮아진다. 그러나 이 변수의 문제점은 비율이 주파수 이동뿐만 아니라 근육의 종류와 길이, 실험대상 사이에 영향을 받는 스펙트럼 모양에도 민감하다는 것이다. 또한 대역폭을 임의로 정하기 때문에 실험 간에 표준화나 이해가 어렵다는 것이다(U. S. Department of Health and Human Services, 1992).

최근 피로도의 주파수 분석 시 시간이 지나도 평균과 표준편차는 변화가 없어야 하는 고정률(stationarity)에 문제점이 많다고 보고되고 있다. 이러한 문제점을 보완하기 위해 많은 학자들이 고정률이 좋게 나타나는 한정시간대와 %MVC를 제안하고 있다(Cho and Kim, 2012; Merletti 등, 1992). 또한 동적 수축 시 근육의 길이, 근 수축력, 속도와 전극의 위치가 변하는 이유로 근전도 신호가 비고정적이라는 문제도 제기되고 있다(Roy 등, 1998). 이렇듯 주파수 분석에서 사용되는 매개변수들에서 유용한 정보를 얻을 수 있으나 피로의 정의가 불명확하고, 긴 시간 동안 일어난 피로도는 잘 들어맞지 않으며, 근육의 길이에 영향을 많이 받는다는 한계가 있다.

⑧ 근전도 신호의 시간에 대한 표준화(time normalization)

달리기나 걷기처럼 반복되는 주기를 갖는 운동의 EMG는 똑같은 주기별로 나눈 후 0~100%까지의 시간대로 표준화하여 평균을 비교할 수도 있다. 또한 표준편차를 분석하면 반복주기의 일관성이나 검사 표준의 타당성을 평가할 수도 있다. 대상자나 운동집단의 평균을 비교하면 EMG의 크기에 대한 표준화 없이도 신경감응 활동을 분석할 수 있는 장점도 있다.

다만 180ms 이하의 근육 수축/이완 주기 시의 빠른 수축이나 반사작용에 나타나는 신경 감응 특성에 대한 분석을 할 때는 아주 짧은 시간에 일어나는 시간 특성을 파괴할 수 있기 때문에 시간에 대한 표준화를 사용하지 않는 것이 바람직하다.

⑨ 근전도 신호의 크기에 대한 표준화(EMG amplitude normalization)

같은 힘으로 수축한 근육의 근전도 신호는 실험대상자의 피부 조직의 상태나 근육의 위치 등에 따라 크기가 서로 다르게 나타날 수 있다. 이렇게 다른 크기의 신호의 크기를 절댓값 %로 변환시키는 표준화를 통해 대상자 간 혹은 근육 간 비교하는 방법을 이용하기도 한다. 즉, 최대(maximum) 수축 시의 근전도 신호에서 휴식기 근전도 신호를 뺀 크기를 기준으로 하여 운동수행 시의 근전도에서 휴식기 근전도 신호를 뺀 크기를 %로 나타낸 것이다. 노령이나 통증 등에 의해 최대로 수축하기 어려울 때는 최대하(submaximum) 수축 시의 EMG를 사용하기도 하고(Allison 등, 1998; Marras and Davies, 2001; Dankaerts 등, 2004), 재활이 목적인 biofeedback 처치를 위해 허용 최대 노력치(acceptable maximum effort) EMG를 사용하기도 한다. 아래의 근전도 크기에 대한 표준화 공식은 Seroussi & Pope(1987), Marras 등(1987)에 의해 소개되었다.

$$\text{Normalized EMG}(\%) = (\text{EMG}_{Task} - \text{EMG}_{Rest}) / (\text{EMG}_{Max} - \text{EMG}_{Rest}) \times 100$$

⑩ 근전도의 평활화(smoothing)

근전도의 평활화는 이동평균(MOV)과 제곱평균(RMS) 기법이 주로 쓰이는데, 두 기법 모두 time window의 시간은 20ms(점프같이 빠른 동작이나 반사운동 측정 시)에서 500ms(느리고 정적인 운동 시) 사이의 시간을 채택한다. 일반적으로 50ms와 100ms 사이에서 주요 동작이 행해지는데, 시간 간격이 커질수록 신호의 가파른 증가와 함께 위상 변화의 위험이 높다는 것을 고려해야 한다.

⑪ 신경전도 속도 검사

신경전도 검사는 운동신경이나 감각신경에 자극을 주고 그 자극이 근육까지 전달되는 시간을 근전도로 측정하여 거리 ÷ 시간의 공식을 사용하여 신경전도 속도를 측정하는 검사이다.

그림 7-61. 운동신경과 감각신경의 신경전도 속도 검사

앞에 소개한 근전도 분석법 이외에도 근육 부위 간의 상호상관함수(cross-correlation) 분석법으로는 근 수축 타이밍 등의 정보를 알 수 있어 비정상 근육의 특징을 더욱 정확하게 파악할 수 있다. 또 최근에는 시간-주파수(time-frequency method) 분석기법인 단시간 푸리에 변환(short-time Fourier transform, STFT), 웨이블렛(Wavelet) 분석, 주성분분석(principal component analysis, PCA), 비선형동역학 분석(non-linear dynamical analysis), 고차통계 분석, 라플라시안 매핑(Laplacian mapping) 등 다양한 분석법들이 개발되어 근전도 분석의 질을 더욱 높여가고 있다(Beck 등, 2005).

[참고표] 전·후면 근육의 신언어, 한자어 및 영어원어

■ 전면 근육

가는 전선전극 부위		
작은얼굴근	소안근	Smaller face muscles
작은목근	소경근	Smaller neck muscles
작은가슴근	소흉근	Pectoralis minor
가로막근	횡격막근	Diaphragma
작은전완근	소전완근	Smaller forearm muscles
배가로근	복횡근	Transversus abd.
엉덩근	장골근	Illiacus
큰허리근	대요근	Psoas major
모음근	내전근(선별적)	Adductors(selective)
중간넓은근	중간광근	Vastus intermedius
얕은/깊은 정강근	천/심 정강근	Thin/Deep shank muscles
작은발근	소족근	Smaller foot muscles

표면 전극부위		
이마근	전두근	Frontalis
깨물근	교근	Masseter
목빗근	흉쇄유돌근	Sternocleidomastoideus
세모근 어깨돌기부위	삼각근 견봉부	Deltoideus p. acromialis
세모근 빗장뼈부위	삼각근 쇄골부	Deltoideus p. clavicularis
큰가슴근	대흉근	Pectoralis major
위팔두갈래근	상완이두근	Biceps brachii
앞톱니근	전거근	Serratus anterior
배곧은근	복직근	Rectus abdominis
위팔노근	상완요골근	Brachioradialis
노쪽손목굽힘근	요측수근굴근	Flexor carpum radialis
자쪽손목굽힘근	척측수근굴근	Flexor carpum ulnaris
배바깥빗근	외복사근	Obliquus externus abdominis
배속빗근/배가로근	내복사근/복횡근	Internus/Transversus abd.
넓다리근막긴장근	대퇴근막장근	Tensor fascia latae
뼈사이근	골간근	Interosseus
모음근	내전근	Addutores
넓다리곧은근	대퇴직근	Rectus femoris
가쪽넓은근	외측광근	Vastus lateralis
안쪽넓은근	내측광근	Vastus medialis
긴비골근	장비골근	Peroneus longus
앞정강근	전경골근	Tibialis anterior

■ 후면 근육

가는 전선 전극 부위		
깊은목근	심경근	Deep neck muscles
가시위근	극상근	Supraspinatus
어깨밑근	견갑하근	Subscapularis
마름근	능형근	Rhomboideus
큰원근/작은원근	대원근/소원근	Teres major/minor
가슴쪽척추세움근	흉측척추기립근	Thoracic erector spinae
위팔세갈래근 안쪽갈래	상완삼두근 내측두	Triceps brachii c. med.
깊은마디척추세움근	심마디척추기립근	Deep segmental erector spinae
허리네모근	요방형근	Quadratus lumborum
작은전완신전근	소전완신전근	Smaller forearm extensors
깊은복합근	심복합근	Deep multifii
깊은엉덩근	심고관절근	Deep hip muscles
얕은/깊은 정강근	천/심 정강근	Thin/Deep shank muscles

표면 전극 부위		
목폄근	경신전근	Neck extensors
내림등세모근	하강승모근	Trapezius p. descendenz
가로등세모근	횡승모근	Trapezius p. transversus
세모근 어깨뼈부위	삼각근 견갑부	Deltoideus p. scapularis
가시아래근	극하근	Infraspinatus
올림등세모근	상승승모근	Trapezius p.(pars) ascendenz
위팔세갈래근 (긴갈래/가쪽갈래)	상완삼두근 (장두/측두)	Triceps brachii (c. long/lat.)
넓은등근	광배근	Latissimus dorsi
척추세움근(가슴쪽)	척추기립근(흉측)	Erector spinae(thoracic region)
척추세움근(허리쪽)	척추기립근(요측)	Erector spinae(lumbar region)
작은전완폄금	소전완신전근	Smaller forearm extensors
허리쪽복합근	요측복합근	Multifiduus lumbar region
중간볼기근	중둔근	Glutaeus medius
큰볼기근	대둔근	Glutaeus maximus
넓다리두갈래근	대퇴이두근	Biceps femoris
반힘줄근/반막상근	반건양근/반막양근	Semitendinosus/membranosus
안쪽장딴지근	내측비복근	Gastrocnemius med.
가쪽장딴지근	외측비복근	Gastrocnemius lat.
넙치근	가자미근	Soleus

4장 기타 분석

 학습목표

- 정성적 분석과 정량적 분석에 대해 알아본다.
- 운동학적 분석과 운동역학적 분석에 대해 알아본다.
- 시간 분석에 대해 알아본다.

운동기술은 학습, 훈련 및 적절한 피드백의 반복적 과정을 통해 발전된다. 이 과정에서 피드백은 기술에 대한 정보를 포함하고 있기 때문에 기술 발전에 중요한 영향을 끼친다. 따라서 기술에 대해 평가할 때, 정보의 정확성이 피드백 효과를 좌우한다고 할 수 있다. 일반적으로 운동기술에 대한 정보 형태는 두 가지로 대별할 수 있다. 첫째는 정성적 관찰에 의한 것이고, 둘째는 정량적 측정이나 실험을 통해 얻는 것이다. 이를 각각 정성적 분석(qualitative analysis)과 정량적 분석(quantitative analysis)이라 부르기도 한다. 정성적 분석은 일반적인 인체 활동이나 운동선수가 경기기술을 수행하는 동안 교사나 지도자가 동작을 눈으로 확인하고, 움직임의 특성을 주관적 관점에서 평가하는 것을 말한다. 동작을 인식하고 평가하는 기준이 다분히 주관적이지만, 오랜 경험과 노하우를 지닌 사람에 의한 것이라면 충분히 피드백의 효과를 얻을 수 있고, 특히 훈련 및 학습 현장에서 즉각적으로 피드백이 이루어질 수 있는 적시성을 갖기 때문에 커다란 장점이다. 그러나 반대로 지도자가 갖고 있는 평가나 인식의 기준 또는 중요하게 간주하는 초점이 다를 경우에는 피드백의 효과가 낮거나 오히려 역효과를 얻을 수도 있다는 단점이 있다.

정성적 분석의 단점이 주관적 관찰 과정에 기인된다는 사실로부터 이를 객관화시키기 위한 방법으로 많이 사용되는 것이 촬영을 통한 정성적 분석이다. 예를 들어 체조 지도자가 도마 종목 선수의 발 구름판을 밟는 위치, 도마에 입수하는 팔의 각도, 도마를 짚는 지점 등에 대해 지도하는 경우를 상상해보자. 선수가 동작을 실시하는 동안 비디오카메라로 촬영하고, 이를 훈련현장에서 직접 재생하여 보여주면서 피드백 하면 영상 동작을 함께 보면서 느낄 수 있고, 체조경기 기술의 효율성에 관한 일반 원칙의 측면에서 객관적 피드백이 가능하게 된다.

그러나 선수의 경기력 수준이 높은 경우는 정성적 분석에 한계가 있다. 그것은 경험이 많은 사람이라 하더라도 화면의 영상만으로 얻을 수 있는 정보의 질적 수준에 한계가 있기 때문이다. 따라서 기술의 고도화를 위해서는 정밀한 자료가 뒷받침되어야 하고, 이를 위한 것이 정량적 분석이다. '정량적'이라 함은 측정이나 실험을 통해 관찰 대상의 본질적 특성을 구체적인 수치와 단위로 객관화시키는 것을 말한다. 예를 들어 투창종목에서 창의 릴리스 속도가 35m/s라면, 창이 이동하는 빠르기가 35이고, 단위 m/s는 빠르기의 본질적 특성에 해당된다. 이처럼 정량적 분석을 통해 운동의 특성을 수치로 객관화시킬 수 있고, 변화 형태도 비교할 수 있다.

정량적 분석의 측정/실험에는 장비가 필요하다. 장비를 사용하여 인체활동을 분석하기 위한 운동역학적 방법에는 앞부분에서 설명한 영상분석, 지면반력분석 및 근전도 분석이 있고, 이 외에도 시간분석을 포함한 기타 분석방법이 있다〈표 7-2 참조〉.

운동기술 분석을 위해 동원되는 변인에는 시간 변인, 운동 변인, 자세 변인 및 힘 변인이 있으며, 이 가운데 시간 변인, 운동 변인, 자세 변인은 운동학적(kinematic) 변인에 포함되기 때문에 이들 변인을 분석하는 것을 운동학적 분석이라 부르며, 이를 위해 가장 많이 사용되는 방법이 영상분석이다. 힘 변인은 운동역학적(kinetic) 변인에 포함되며, 이에 대한 분석을 운동역학적 분석이라 부르고, 지면반력 분석이 가장 많이 사용된다. 그리고 영상분석과 지면반력 분석은 운동역학(sport biomechanics) 분석에 가장 많이 사용되는 방법으로, 운동역학 분석의 양대 산맥으로도 불린다.

표 7-2. 운동역학 분석방법에 따른 분석 변인

분석 방법	분석 변인	비고
영상 분석	시간, 운동, 자세 변인	운동학적 분석
지면반력 분석	힘 변인	운동역학적 분석
근전도 분석	–	–
기타 분석	시간, 운동, 자세, 힘 변인	운동(역)학적 분석

시간 요인은 3대 물리량(거리, 시간, 질량) 가운데 하나로, 일정한 거리를 빠르게 이동해야 하는 기록경기에서는 가장 중요하게 간주된다. 일반적으로 초시계를 많이 사용하지만, 초시계는 시작과 종료 시점이 정확하지 않고, 측정의 일관성도 없기 때문에 정확한 분석이 어렵다.

육상, 수영, 빙상 등의 종목에서는 전자타이머나 구간속도측정기를 이용하여 더욱 정확하게 측정한다. 구간속도측정기는 전자 광(光)을 보내고 받을 수 있는 광전센서(photoelectric sensor) 2개를 이용하여 전기를 통하게 하는 광전지 원리를 이용하거나 전자 광을 보내고 반사시켜 일종의 전자 빔을 형성하는 원리를 이용한 것이다. 두 가지 모두 사람이 지나면서 전자 광이 차단되면 동시에 발생하는 전압 변화를 컴퓨터에 입력시킴으로써 특정 시각을 알 수 있고, 두 시점의 구간 소요시간을 계산할 수 있다. 오늘날에는 인공위성의 GPS(Global Positioning System)를 사용하여 축구, 하키 등의 종목에서 좌표 변화, 이동거리, 이동 형태, 속도 등을 분석하여 포지션별 운동량을 분석

하는 데 사용하기도 한다. 특히 이 시스템은 실시간 분석이 가능하기 때문에 지도자들이 운동량 증가에 따른 피로 추적 및 선수 교체에 활용하기도 한다. 이들 장비 외에도 비디오카메라를 이용하여 특정 구간의 소요시간을 분석하기도 한다. 비디오카메라는 일정한 시간 간격으로 인체의 움직임을 영상자료로 수집하는 특성이 있기 때문에 운동 소요시간을 측정할 수 있다. 즉, 비디오 영상으로부터 특정 운동이 포함된 영상의 프레임 수를 세면 소요시간을 계산할 수 있다.

시간 분석은 구간별 소요시간을 알아보기 위해 가장 많이 사용한다. 구간별 소요시간을 분석하면 구간별 평균속도나 동작의 전체적인 가속 형태를 알 수 있고, 이를 비교함으로써 기록에 부정적인 영향을 주는 구간을 찾아낼 수 있기 때문에 운동선수의 기술 분석 포인트를 찾아내기 위한 예비 실험으로 활용되기도 한다. 예를 들어 투창 선수가 창을 던지기 위해 조주를 시작하여 가속하는 동작의 크로스 스텝(cross step)을 실시하기 전과 후로 나누어 분석해보면 크로스 스텝에 의한 감속성분을 분석할 수 있고, 이를 통해 기술적 보강훈련의 방향을 찾아낼 수 있다. 육상이나 수영종목처럼 동일한 형태의 동작이 반복되는 경우 시간분석을 통해 전체 또는 일부 구간에서 실시된 동작의 빈도[1주기의 평균 빈도(frequency)]나 1주기의 평균 거리(cycle distance)를 계산하기도 한다. 예를 들면 육상 100m 경기의 전체 스텝 수, 1 스트라이드(stride)당 평균보폭 등을 분석하기도 한다.

참고문헌

Ⅰ부. 운동역학 개요

1장 운동역학의 정의

Basic Biomechanics (2007), Susan J. Hall, McGraw-Hill.
Biomechanical basis of human movement (1995), J. Hamill & K. Knutzen, Williams & Wilkins.
Biomechanics of the musculo-skeletal system (2007), Benno M. Nigg & Walter Herzog, Wiley.
Kinesiology and applied anatomy (1978), R. Burke, Lea & Febiger.

2장 운동역학의 목적과 내용

Biomechanical basis of human movement (1995), J. Hamill & K. Knutzen, Williams & Wilkins.

Ⅱ부. 운동역학의 이해

1장 해부학적 기초

Blandine Calais-Germain. (2009). 움직임 해부학(2판). 정형국 역. 서울: 영문출판사.
Donald C. Rizzo. (2008). 해부생리학(2판, 김원·김성로·김숙정 공역) 서울: 고문사(KMS).
Hall, S. (2011). Basic Biomechanics(6 edition), New York, NY: McGraw-Hill.
Rolf Wirhed. (2011). 운동기능 해부학. 이재구·김형돈·이삼준·오창석·권정현·이강구 역. 서울: 군자출판사.

Ⅲ부. 인체 역학

1장 인체의 물리적 특성

Hall, Susan Jean. (2003). Basic Biomechanics, McGraw-Hill Korea, Inc.
Tongue, B. H. & Sheppard, S. (2005). Dynamics: Analysis and design of systems in motion. Hoboken, NJ: John Wiley & Sons.
만유인력의 법칙(2014년 6월 16일). 위키백과. 2015년 1월 28일, 14:31에 확인.
무게(2013년 4월 6일). 위키백과. 2015년 1월 28일, 03:01에 확인.
중력가속도(2013년 7월 4일). 위키백과. 2015년 1월 28일, 15:23에 확인.
질량(2014년 12월 14일). 위키백과. 2015년 1월 28일, 03:02에 확인.

3장 인체의 구조적 특성

Akuthota, V., Nadler, S. F. (2004). Core strengthening, Arch Phys Med Rehabil
Carr, Gerry. (1997). Mechanics of Sport, Human Kinetics Publishers, Inc.

참고문헌

Debra J. Rose. (2010). Fallproof! A Comprehensive Balance and Mobility Training Program, U.S.A: Human Kinetics
Dempster, W. T. (1955). Space Requirements of the Seated Operator, WADC Technical Report 55-159, Wright-Patterson Air Force Base, OH.
Hall, Susan Jean (2003). Basic Biomechanics, McGraw-Hill Korea, Inc.
Hamill, J., Knutzen, K., M. (1995). Biomechanical Basis of Human Movement. Williams & Wilkins
Hanavan, E.P. (1964). A mathematical model of the human body. AMRL-TR-64-102, Wright-Patterson Air Force Base, OH.
http://cnx.org/resources/71661397d806de1204691a800fe804ab/Figure_10_06_03a.jpg
http://www.gremmo.net/_wp_generated/wpbb82e806_1b.jpg
http://www.schoolphysics.co.uk/age11-14/Mechanics/Statics/text/Centre_of_gravity/images/4a.png
http://www-tc.pbs.org/opb/circus/media/uploads/images/classroom/unit_07a.jpg
http://encrypted-tbn0.gstati.com
Illustration copyright (2004) Nucleus Communications, Inc. All rights reserved. http://www.nucleusinc.com
Marshall, P. W., Murphy, B. A. (2005). Core Stability Exercises On and Off a Swiss Ball, Arch Phys Med Rehabil
Marshall, P. W., Murphy, B. A. (2006). Evaluation of Functional and Neuromuscular Changes After Exercise Rehabilitation for Low Back Pain Using a Swiss Ball: A Pilot Study, Journal of Manipulative and Physiological Therapeutics
McGinnis, Peter M (1999). Biomechanics of Sport and Exercise, Human Kinetics Publishers, Inc.
Miller, D.I., & Nelson, R.C. (1976). Biomechanics of Sport. Philadelphia, PA: Lea and Febiger.
Vicon Motion Systems Limited (2016). Vicon Nexus User Guide.
Willson, J. D., Dougherty, C. P., Ireland M. L., and Davis, I. M. (2005). Core stability and its relationship to lower extremity function and injury, The Journal of the American Academy of Orthopaedic Surgeons
Winter, D. A. (1990). biomechanics and motor control of human movement, Toronto: John Wiley & Sons
Winter, David A. (2005). Biomechanics and Motor Control of Human Movement, Wiley John Wiley & Sons, Inc.
김규성(2009). 인체평형과 공간정위, Research in Vestibular Science, Symposiums.
박성순 외 12인(2005). 운동역학, 서울: 대경북스.
박성순 외 12인(2005). 운동역학, 서울: 대경북스.
박찬희. 스포츠 생체역학(1996), 부산: 세종출판사.
이경옥(2010). 낙상관련 여성노인성질환과 통합기능체력운동. 한국여성체육학회 학술세미나 자료집.
이경옥·권보영(2011). Aero Equipment를 이용한 통합기능체력운동이 리듬체조 선수의 자세 및 균형기술 난도에 미치는 영향, 한국체육학회지.
정철수·신인식(2005). 운동역학총론. 서울: 대한미디어.
진성태 외 3인(1997). 1급 경기지도자 연수교재: 스포츠생체역학 II, 한국체육과학연구원 경기지도자연수원.

Ⅳ부. 운동학의 스포츠 적용

1장 선운동의 운동학적 분석

BrianMAC SPORTS COACH. http://brianmac.co.uk/sprints/
Shrestha, A. Effects of velocity of stretch on countermovement jump. Applied Exercise Physiology KINE 4300 research project. http://wweb.uta.edu/faculty/ricard/Bertical-Jump.html
김창국(2010). 생체역학. 대경북스

2장 각운동의 운동학적 분석

Cummings, K, Laws, P., Redish, E., Cooney, P. (2004). Understanding Physics, New Jersey: Wiley.
Hamill, J. & Knutzen, K. M. (1995). Biomechanical Basis of Human Movement, Media: Williams & Wilkins.
Hay, J. G. (1985). The Biomechanics of Sports Techniques, New Jersey: Prentice Hall.
Touger, J. (2006). Introductory Physics, New Jersey: Wiley.
국민체육진흥공단 체육과학연구원. 스포츠 생체역학(2003). 체육과학연구원

Ⅴ부. 운동역학의 스포츠 적용

1장 선운동의 운동역학적 분석

Cummings, K., Laws, P., Redish, E., Cooney, P. (2004). Understanding Physics, New Jersey: Wiley.
Hamill, J. & Knutzen, K. M. (1995). Biomechanical Basis of Human Movement, Media: Williams & Wilkins.
Hare, A. P. (1976). Handbook of small group research, New York: Free Press
Hay, J. G. (1985). The Biomechanics of Sports Techniques, New Jersey: Prentice Hall.
Touger, J. (2006). Introductory Physics, New Jersey: Wiley.
국민체육진흥공단 체육과학연구원(2003). 스포츠 생체역학. 체육과학연구원
물리학교재편찬위원회(2002). 알기 쉬운 생활 속의 물리. 서울: 청문각.
박성순 외 16인(2005). 운동역학. 서울: 대경북스.
서국웅 · 윤양진 · 서국은 · 이중숙 · 김용재 · 이훈식(1996). 생체역학. 부산: 부산대학교 생체역학실험실.
이성철(2014). 운동역학. 서울: 대경북스.
전영석 · 김태일(2006). HIGH TOP 개념 물리. 서울: 두산동아.
주명덕(2001). 운동역학. 서울: 대한미디어.
주명덕 · 이기청(2001). 운동역학. 서울: 대한미디어.

2장 각운동의 운동역학적 분석

Hay, J. G. (1993). The biomechnics of sports techniques.4th edition, Prentice Hall, figure 5.18, 6.42.
정철수 · 신인식(2005). 운동역학총론. 대한미디어.

참고문헌

VI부. 일과 에너지

1장 일과 일률

Anthony Blazevich (2010). Sports Biomechanics: The Basics: Optimizing Human Performance. A&C Black
백윤선 역(1993). 재미있는 물리여행. 김영사.
손영운, 김은선(2008). 스포츠 속에 과학이 쏙쏙. 도서출판 이치.
이연종, 백진호(2002). 스포츠 생체역학. 도서출판 홍경.
정철수, 신인식(2005). 운동역학 총론. 대한미디어.
체육과학연구원(1996). 스포츠 생체역학. 동원사.
한국물리학학회(2005). 힘과 운동 뛰어넘기. 동아사이언스.

2장 에너지

Anthony Blazevich (2010). Sports Biomechanics: The Basics: Optimizing Human Performance. A&C Black
Steve M. (2014). Biomechanics For Dummies. For Dummies.
Tien, T. D., Marie, C. H. (2014). Biomechanics of the Muscluloskeletal System. Wiley-ISTE.
김창국, Husan Jean Hall (2003). 생체역학. 대경북스.
네이버(2015). http://kin.naver.com/index.nhn. 네이버지식인.
류지선, Joseph Hamill (2003). 운동역학실험. 도서출판 대한미디어.
박성순 외 16인.(2005). 운동역학. 대경북스.
백윤선 역(1993). 재미있는 물리여행 I. 김영사.
손영운·김은선(2008). 스포츠 속에 과학이 쏙쏙. 도서출판 이치.
예종이(1991). 생체역학. 형설출판사.
이민형·배원환(1992). 생체역학. 형설출판사.
이연종·백진호(2002). 스포츠 생체역학. 도서출판 홍경.
이중숙(2009). 과학적인 운동역학. 으뜸출판사.
정철수·신인식(2005). 운동역학 총론. 도서출판 대한미디어.
주명덕·이기청(2001). 운동역학. 도서출판 대한미디어.
체육과학연구원(1996). 스포츠 생체역학. 동원사.
한국물리학회(2005). 힘과 운동 뛰어넘기. 동아사이언스.
한국운동역학회(2015). 운동역학. 도서출판 대한미디어.

VIII부. 다양한 운동기술의 분석

1장 영상분석

Abdel-Aziz, Y. I., & Karara, H. M. (1971) Direct linear transformation from comparator coordinates into object coordinates in close-range photogram-metry, Urbana Illinois. 1-19. Falls Church, VA : American Society of Photogrammetry.
Atwater, A. E. (1970). Movement Characteristics of the Overarm Throw: A Kinematic Analysis of Man and

Women Performers. Unpublished Doctoral Dissertation, University of Wisconsin.

Bernstein, N. (1930). Untersuchung der Korperbewegungen und Korperstellungen im Raum mittels Spiegelaufnahmen. Int. Z. Angew. Physiol., 3, 179–206.

Duquet, W., Borms, J., and Hebbelinck, M. (1971). A Method of Tridimensional Analysis of Twisting Movement. Paper presented at the Third International Seminar on Biomechanics, Rome.

Lamaster, M. A., and Mortimer, E. M. (1964). A Device to Measure Body Rotation in Film Analysis. Paper Presented at the AAHPER Convention, Washington, D. C.

Miller, D. I. and Petak, K. L. (1973). Three Dimensional Cinematography. In Kinesiology Washington: AAHPER.

Murray, M. P., A. B. Drought, R. C. Kory (1964). Walking Patterns of Normal men, J. Bone Joint Surg. 48A; 335–360.

Noble, M. L., and Kelley, D. L. (1969). Accuracy of Tri-Axial Cinematographic Analysis in Determining Parameters of Curvilinear Motion. Res. Q. Amer. Assoc. Health Phys. Ed., 40, 643–645.

Noss, J. (1967). Control of Photographic Perspective in Motion Analysis. JOHPER, 38, 81–84.

Walton, J. S. (1970.) A High Speed Timing Unit for Cinematography. Res. Q. Amer. Assoc. Health Phys. Ed., 41, 213–216.

Winter, D. A. (1990). Biomechanics and motor control of human movement, 2nd ed. Toronto: John Wiley and sons, inc. 52~58.

국민체육진흥공단 체육과학연구원(2009). 스포츠 생체역학(1급 경기지도자 연수교재). 서울: 대한미디어

권영후(1994). 촬영술을 이용한 인체운동의 분석 : Ⅲ. 3차원분석법, 스포츠과학 제50호, 23-26.

송주호(2013). 도마 신기술(손 짚고 옆 돌아 뒤 공중 돌며 1260도 비틀기) 착지 유형별 특성 연구. 미출간 연구 논문. 국민체육진흥공단 한국스포츠개발원.

신인식, 권영후(1987). 3차원 영상분석법의 비교 연구. 스포츠과학 리뷰. 8(1), 33~43

최규정·문제헌·이경옥·정범철(2014). 2011 대구세계육상선수권대회 남자 장대높이뛰기경기 우수/준 우수선수 경기기술의 운동학적 요인 비교 분석. 체육과학 연구 25권 4호, 680-689.

한국체육과학연구원(1992). 1급 경기지도자 연수교재. 서울: 대한미디어.

2장 힘 분석

Peter M. McGinnis (2002). 스포츠생체역학. 서울: 대한미디어.

국민체육진흥공단 체육과학연구원(2009). 1급 경기지도자 연수교재: 스포츠생체역학. 서울: 대한미디어.

아메 미치요시·후치이 노리히사 외(2008). 스포츠 생체역학 20강. 서울: 대한미디어.

정철수·신인식(2011). 운동역학총론. 서울: 대한미디어.

주명덕·이기청(2012). 운동역학. 서울: 대한미디어.

3장 근전도 분석

Allison, G.T., Godfrey, P. and Robinson, G. (1998). EMG signal amplitude assessment during abdominal bracing and hollowing. Journal of Electromyography Kinesiology, 8(1), 51-57.

Basmajian, V. and Luca C.J. (1985). 「Muscles Alive: Their Functions Revealed by Electromyography (5th ed.)」. Williams & Wilkins, Baltimore, MD.

Beck, T.W., Housh T.J., Johnson G.O., Weir J.P., Cramer J.T., Coburn J.W. and Malek M.H. (2005). Comparison

참고문헌

of Fourier and wavelet transform procedures for examining the mechanomyographic and electromyographic frequency domain responses during fatiguing isokinetic muscle actions of the biceps brachii. Journal of Electromyography and Kinesiology, 15(2), 190-199.

Cho, Y.J. and Kim J.Y. (2012). The effects of load, flexion, twisting and window size on the stationarity of trunk muscle EMG signals. International Journal of Industrial Ergonomics, 42(3), 287-292.

Dankaerts, W., O'Sullivan, P.B., Burnett, A.F., Straker, L.M. and Danneels, L.A. (2004). Reliability of EMG measurements for trunk muscles during maximal and sub-maximal voluntary isometric contractions in healthy controls and CLBP patients. Journal of Electromyography Kinesiology, 14, 333-342.

Gheab, N.H. and Saleem, S.N. (2008). Comparison study of electromyography using wavelet and neural network. Al-Khwarizmi Engineering Journal, 4(3), 108-119.

Konrad, P. (2005). 「The ABC of EMG: A Practical Introduction to Kinesiological Electromyography」. Scottsdale, AZ: Noraxon INC

Marras, W.S., Rangarajulu, S.L. and Lavender, S.A. (1987). Trunk loading and expectation. Ergonomics, 30, 551-562.

Marras, W.S. & Davis, K.G. (2001). A non-MVC EMG normalization technique for the trunk musculature: Part 1. Method development. Journal of Electromyography and Kinesiology, 11, 1-9.

Merletti, R., Knaflitz M. and De Luca C. (1992). Electrically evoked myoelectric signals. Critical Reviews in Biomedical Engineering, 19(4), 293-340.

Roy, S.H., Bonato P. and Knaflitz M. (1998). EMG assessment of back muscle function during cyclical lifting. Journal of Electromyography and Kinesiology, 8(4), 233-245.

Seroussi, R.E. and Pope, M.H. (1987). The relationship between trunk muscle electromyography and lifting moments in the sagittal and frontal planes. Journal of Biomechanics, 20, 135-146.

U. S. Department of Health and Human Services. (1992). Selected Topics in Surface Electromyography for Use in the Occupational Setting - Expert Perspectives. National Institute for Occupational Safety and Health.

Virmavirta, M. & Komi, P.V. (1991). Electrornyographic Analysis of Muscle Activation During Ski Jumping Performance. International Journal of SPort Biomechanics, 7, 175-182.

Winter, D.A. (1990). 「Biomechanics and motor control of human movement」. New York: John Wiley & Sons, Inc.

김태완 외(2013). 「근전도 분석-이론 및 적용」. 서울: 도서출판 한미의학.

찾아보기

[ㄱ]

가는 전선전극 ·· 233, 234
가속도(acceleration) ····················· 49, 121, 122
각거리(angular distance) ·························· 49, 104
각변위(angular displacement) ················· 49, 105
각속도(angular velocity) ··························· 45, 50
각속력(angular speed) ····························· 49, 107
각운동(angular motion) ································· 103
각운동학(angular kinematics) ······················· 103
갈렌 ·· 13, 14
갈릴레오 갈릴레이(Galileo Galilei) ············· 133
갈릴레이 ·· 14, 120
감광도 ··· 200
강체(rigid body) ··· 121
개각도(shutter factor) ····························· 200, 213
거리(distance) ··· 48, 86
고역통과필터 ··· 238
공기저항 ·············· 76, 78, 95~98, 125, 126, 186
공통모드신호 ··· 238
관성 센서 ·· 197, 199
관성(inertia) ·· 120, 133
광역좌표계 ··· 217
광전시스템 ······························ 196, 201, 214, 217
국제생체역학학회 ··· 11
국제운동역학회 ··· 17
근력의 활성 시점 ··· 230
근전도 신호 ························· 233, 238, 239, 240, 244
근전도 신호의 크기에 대한 표준화 ············· 244
근전도 측정기의 구성 ··································· 233
근전도의 분석과 활용 ··································· 239
근전도의 측정 ··· 233
근전도의 평활화 ·· 245
기능해부학 ··· 10, 34
기준척 ·· 204

[ㄴ]

노이즈 ······································ 204, 214, 233, 238
노출(exposure) ·· 212, 213
노치필터 ·· 238
뉴턴 ································· 14, 53, 96, 121, 133, 155, 223

[ㄷ]

다중노출법 ··· 196
달리(Dally) ··· 10
대역저지필터 ··· 238
대역통과필터 ··· 238
동역학 ··· 14, 23
동조 ··· 214
디지타이저 ··· 201
디지타이징 ······ 197, 201, 204, 209, 212, 214, 217

[ㄹ]

라디안 ······································ 112, 113, 116
라디안(radian) ··· 104, 111
레오나르도 다빈치 ··· 13

[ㅁ]

마구누스 효과 ··· 131
머레이 ·· 16, 196
머이브리지 ······································ 15, 16, 195
모소 ··· 16
무게(weight) ··· 121
무비카메라 ······························ 196, 197, 208, 213

[ㅂ]

바늘전극 ······································ 220, 233, 234
반사 마커 ······································ 197, 199, 217
배율법 ······································ 204, 210, 211
베살리우스 ·· 14
벡터(vector) ··· 121

257

찾아보기

변위(displacement) ·················· 48
보렐리 ······························ 14, 15
분할셔터 ····························· 213
비디오카메라 ········· 196, 198, 211, 248

[ㅅ]

상대투사높이 ················ 98, 99, 100
생체역학(biomechanics) ··· 10, 11, 12, 14, 229
선속도 ··· 22, 110~112, 115~117, 158, 168, 169
선운동(linear motion) ······ 133, 147, 150, 155~158
선운동학(linear kinematics) ············· 22
속도(velocity) ··················· 48, 88, 90
속력(speed) ····················· 48, 87, 90
수직성분 ······················ 95, 124, 224
수평성분 ······················ 95, 124, 224
순발력 ······························ 175, 176
스무딩 ······························ 204, 214
스칼라 ···················· 48, 49, 122, 172
시간분석 ····························· 250
16mm 무비카메라 ········· 196, 208, 211, 213
3차원 영상분석 ····· 194, 197, 204, 206, 208, 216

[ㅇ]

아르키메데스 ···················· 12, 13, 56
아리스토텔레스(Aristoteles) ········· 12, 13, 133
아이작 뉴턴(Isaac Newton) ·················· 133
알렉산드리아 ····························· 12
양(+)의 가속도 ························ 92, 93
양의 일 ································· 172
에너지 ········ 122, 180, 183, 185, 190, 215, 238
에너지 보존법칙 ······················ 180, 185
에너지 효율 ····························· 190
엔코딩 ································· 201
영사기 ································· 201
영상분석 ········ 16, 18, 194, 197, 200, 216, 249
영상분석법 ························ 205, 210
영상시스템 ····························· 203
운동 방향 ······················ 91, 120, 138
운동 역학 ···················· 10, 17, 121, 249
운동 역학적 분석 ················ 120, 147, 249

운동에너지 ············· 18, 144, 180, 183, 205
운동역학(sport biomechanics) ·········· 10, 22, 249
운동학 ··························· 10, 16, 22
운동학적 변인 ······················ 195, 202
운동학적 분석 ············ 1, 22, 86, 103, 249
원 ································ 214, 239
위치에너지 ············· 180, 181, 185, 189, 205
음(-)의 가속도 ···························· 92, 94
음의 일 ······························ 172, 173
이동평균 ···························· 241, 245
일 ······································ 172
일률 ·························· 172, 175, 176
2차원 영상분석 ··········· 204, 206, 210, 216, 217

[ㅈ]

장센 ····································· 15
저역통과 필터 ···················· 215, 238
적외선카메라 ···················· 197, 199, 217
전극 ······························ 233~244
전기저항 ······························ 235
전치증폭기(pre-amplifier) ················ 237
정량적 분석 ··············· 12, 196, 205, 248
정성적 분석 ····························· 248
정역학 ································· 12, 23
제곱평균 ···················· 239, 240, 245
주파수 피로도 분석 ······················ 242
중력 ································ 218~225
중력가속도(gravity) ········ 94, 121, 122, 127, 189
중앙주파수 ·························· 239, 241
증폭기 ···················· 225, 233, 237~239
지역좌표계 ····························· 217
질량(mass) ···················· 52, 120, 121, 122

[ㅊ]

차단주파수 ························ 215, 239
차등모드신호 ····························· 238
차등증폭기 ························ 237, 238
차원 영상분석 ····························· 194
처음 위치 ······························ 105
축(axis) ······························ 35, 156

침습전극 ································· 237

[ㅋ]
카메라 캘리브레이션 ············ 208, 210
큐어턴 ···································· 16
키네시올러지(kinesiology) ···· 10, 11, 12, 13, 16, 17

[ㅌ]
탄성에너지 ·········· 144, 182, 183, 187, 205, 216
탐침 ································ 233, 235
통제점 틀 ················ 200, 204, 208, 214
투사각도 ···················· 98, 99, 101, 102
투사궤도 ·························· 98, 99
투사속력 ······················ 98, 99, 100
투사체 ·················· 14, 94, 95, 97, 222
투시오차 ···················· 203, 206, 207

[ㅍ]
파워 ·············· 67, 139, 172, 175, 215, 240
파워 ···································· 84
파워 스펙트럼 영향 ··················· 242
평균 각속력 ············ 113, 114, 115, 116
평균 속력 ·································· 87
평균 속력(average speed) ··············· 88
평균주파수 ·························· 239, 241
평활 ···································· 204

표면전극 ························ 234, 237
프레임 그래버 ························ 198
필터링 ································ 214

[ㅎ]
한국운동역학회 ····················· 17, 202
함수표 ···························· 124, 125
헉슬리 ···································· 16
호(arc) ································ 111
활동전위 ···················· 221, 233, 237
활동전위(action potential) ············ 231
활동전위의 확산 ······················ 232
회전(revolution) ··················· 104, 111
효과(effectiveness) ······················ 17
효율(efficiency) ·························· 17
히포크라테스 ························ 12, 13
힐 ·· 16
힘(Force) ································ 46
힘(force) ···························· 45, 120

[A~Z]
DLT ················ 204, 207, 208, 209, 210, 211
DV보드 ································ 198
f-값 ································ 200, 213
Kwon 3D ······························ 208
smoothing ···················· 204, 214, 240, 245